本 书 系

浙江大学"世界顶尖大学合作计划"

资助项目

中国法典型案例

TYPICAL CASES OF CHINESE LAW

（一）

钱弘道　主编

知识产权出版社
全国百佳图书出版单位
——北京——

图书在版编目（CIP）数据

中国法典型案例．一／钱弘道主编．—北京：知识产权出版社，2023.6
ISBN 978－7－5130－8581－6

Ⅰ.①中…　Ⅱ.①钱…　Ⅲ.①案例—中国　Ⅳ.①D920.5

中国国家版本馆 CIP 数据核字（2023）第 001588 号

策划编辑：齐梓伊　　　　　　　　责任校对：王　岩

责任编辑：刘　雪　　　　　　　　责任印制：刘译文

封面设计：杰意飞扬·张悦

中国法典型案例（一）

钱弘道　主编

出版发行	知识产权出版社 有限责任公司	网　　址：	http://www.ipph.cn
社　　址：	北京市海淀区气象路 50 号院	邮　　编：	100081
责编电话：	010－82000860 转 8112	责编邮箱：	jsql2009@163.com
发行电话：	010－82000860 转 8101/8102	发行传真：	010－82000893/82005070/82000270
印　　刷：	天津嘉恒印务有限公司	经　　销：	新华书店、各大网上书店及相关专业书店
开　　本：	720mm×1000mm　1/16	印　　张：	27.25
版　　次：	2023 年 6 月第 1 版	印　　次：	2023 年 6 月第 1 次印刷
字　　数：	385 千字	定　　价：	118.00 元

ISBN 978－7－5130－8581－6

序　言

　　中国曾经在历史上创造了自成体系的法律文明。赓续传统，立足实际，借鉴国外，今天的中国建立了与市场经济相适应的法律体系，创造了崭新的法律文明，开辟了一条中国式的法治现代化道路。2019 年，《中国法典型案例（一）》作为世界顶尖大学战略合作计划项目正式启动。本书旨在通过分析典型案例展示中国法风貌，强化法学实践教学，促进国际交流与合作，为国内外法科学生提供学习中国法的典型案例教材。本书所选取的素材均为各部门法的典型案例，这些典型案例从各个角度反映了中国法的宏观样式和微观逻辑。

一

　　提起"判例"一词，人们自然就会将它与英美法系的"判例法"挂钩。如果我们从更广泛的意义上使用判例概念，那么任何国家都有判例。判例概念架起了不同法系之间的桥梁，是不同法系比较的共同语言基础。判例，可以理解为"判决的先例"，是法院对具体案件的判决统称。虽然判例在不同的法系具有不同的表现方式以及不同的地位和意义，但具有共通性。在英美法系国家，对判例的运用构成了一种判例法制度。在大陆法系国家，虽然不存在英美法系的判例法制度，但这并不影响既有判例对于待决案件产生作用。中国具有不同于英美法系判例法的判例传统。中国今天的案例指导制度也不同于英美法系判例法制度。

英美法系和大陆法系代表了两种不同的法律思维模式、法律运行方式和法律发展道路。英美法系是以判例法为主要表现形式的普通法为基础逐渐形成的独特法系。判例法是英美法系国家法律的主要渊源，成文法是判例法的补充。判例法依赖历史的沉淀，本质上是一种经验的积累。法官造法是英美法系国家的主要特色。判例法的一个基本原则是"遵循先例"（Stare Decisis）。美国实用主义法学创始人、大法官霍姆斯的一句名言在很大程度上道出了英美法系的精髓："法律的生命不在于逻辑，而在于经验。"大陆法系是以罗马法为基础逐渐发展起来的。大陆法系国家拥有条理清晰、概念明确的成文法典，强调成文法的权威性。成文法偏重逻辑，本质上就是一种逻辑架构。法官只能严格执行法律规定，不得擅自创造法律。理论上，大陆法系国家不承认判例的法律拘束力。然而，同为大陆法系的德国、法国和日本等国都存在判例或案例制度。一个多世纪以来，大陆法系的判例汇编日益完善。总体看，两大法系对判例的态度正在逐渐趋同，但制度差异将长期存在。

中国古代法律以成文法为主，同时也注意运用判例。成文法不可能包揽无遗，单单制定法律不能实现一劳永逸，生硬的条文也难以在纷繁的社会现象中随机应变。法律漏洞永远存在。从众多的史料看，判例是中国古代成文法的补充。战国末期的荀子说："其有法者以法行，无法者以类举，听之尽也。""类举"也就是"类推"，即对于法律上没有明确规定的案件，比照法律原则、类似的规范和判例进行处理。法律思维是一种类推思维，既有从普遍性向特殊性的推导，也有从特殊性向特殊性的推导。德国法学家考夫曼认为，所有法律发现的过程都是类推的过程。类推在中国古代是司法实践中常见的方法。

学界对睡虎地秦简《法律答问》中的"廷行事"是不是"判例"存在争议，但大多数学者认为"廷行事"就是判案成例，与汉代"决事比"的判例意义相近。"决事比"的内容是判例汇编，本质上是一种在判例汇编基础上形成的法律规范形式及法律存在形式。"比"的本意是"比照""比附",也是一种近似类推的审判制度。在两汉法律实践中,"比"是重要的法律渊源之一,引用判例作为断案的法律依据成为通常的做法。西汉董仲舒倡导创立了将《春秋》等儒家经典作为审理案件依据的司法制度,史称"春秋决狱"或"引经决狱"。"引经决狱"所引用的"经"不是抽象的"经",而是"理"和"事"统一的"经"。《春秋决狱》载典型案例 232 件,对当时的审判活动具有指导作用。中国古代的"例"与判例有关。"例"在《说文解字》中训作"比",有"类比""类推"之义。"以例辅律"的"例"属于"条例"性质,不能理解为就是"判例"。"律为一定不易之成法,例为因时制宜之良规",断法有律,准情有例,例的主要功用是根据形势需要,调整律在用刑上的轻重宽严。"例"可以追溯到唐高宗时期详刑少卿(即大理寺少卿)赵仁本所撰的《法例》。《法例》是大理寺断狱的特殊案子,因唐高宗反对,废弃不用。唐代成文法高度发达,《唐律疏议》享有"一准乎礼,而得古今之平"之美誉,但司法活动中援例决事现象时有出现,判例是附带各种限制的次要法源。张鷟的《龙筋凤髓判》、白居易的《百道判》(《甲乙判》)等案例汇编文辞典雅华丽,多为律学考试编写的"拟判"。"拟判"大多从"实判"演化而来。宋朝有"断例",如北宋《熙宁法寺断例》、南宋《绍兴刑名疑难断例》等。史料显示,宋朝断例的内容既有判例,也有成文法内容。蒙古人建立的元朝非常重视判例。《元史·刑法志》称《大元通制》"大概纂集始祖以来法制事例而已"。有元一朝,引用判例断案司空见惯,甚至出现"有例可援,无法可守""甲乙互讼,甲有力则援此之例,乙有力则援彼之例"的情况。明清两朝是判例汇编最活跃的时期。清代《刑案汇览》以收录案例众多、内容精良而备受世人关注。光绪年间的《增订刑部说帖》收录了许多处理得当的案件,该书的显著特点是"法律条文+典型案例",将律例条文与通行案例紧密结合、浑然一体。这些例文有的内容直接来源于司法案例,有些则直接来自皇帝对重大疑难案件的断案;判决中的一般规范性文字被抽离出来作为之后处理同类型案件应遵行的法律规范。判例不断被抽象、提炼成某种原则和规范，作为"例"附在"律"的后面。"例"积累到一定程度又通过立法活动被"律"所吸收。在明清时期，将判例定为条例入律的现象是很普遍的。民国时期，判例传统并未因为清末变法而中断。从《大理院判决录》到《大理院判例要旨汇览》，再到"判例要旨的独立汇编"，判例弥补了成文法的缺失。总体上看，判例在司法实践中发挥了弥补成文法不足和推进成文法发展的作用，但与英美法判例法意义上的判例制度不能相提并论。

中国在带有明显大陆法系特色的成文法编纂基础上创设了富有特色的"案例指导制度"。早在 20 世纪 80 年代，最高人民法院以及地方各级人民法院在审判实践中，就有以发布"典型案例""示范案例""参考案例""参阅案例""先例判决"等方式指导下级法院审判或提供本级法院内部参考的做法。2005 年，最高人民法院发布《人民法院第二个五年改革纲要》，第一次以文件的形式提出建立和完善案例指导制度。2009 年，最高人民检察院在申报检察改革规划中提出建立案例指导制度。2010 年 7 月，最高人民检察院发布《关于案例指导工作的规定》；同年 11 月，最高人民法院发布《关于案例指导工作的规定》。上述两个规定的发布，标志着中国特色案例指导制度的正式建立。

中国案例指导制度借鉴了英美法系的判例制度，但在本质上与之并不相同。在英美法系判例制度框架下，判例就是法。英国著名法官戴维林（Lord Devlin）说："法官说法律为何物，法律便为何物。"在中国案例指导制度下，"指导性案例"不具有正式法源的地位，只是对法律规则的一种解释，或者是在法律原则指导下对法律空白的一种填补或补充。建立案例指导制度的目的是通过遴选指导性案例，概括总结其裁判要旨，以便各级法院在遇到相同或类似案件的时候参照处理，解决"同案不同判现象"。指导性案例可以起到解释、明确、细化相关法律的作用。指导性案例是法官释法而不是法官造法，是总结法律经验而不是创制法律。由于政策和法律的变化，某些具体的指导性案例可能丧失存在的基础，因而会被宣告失效而废止。英美法系判例制度强调的是"遵循先例"，中国案例指导制度强调的是"指导性"。"遵循"意味着法官必须按照判例行使审判权，服从先例的拘束力。"指导"则意味着法官在服从法律规定行使审判权的同时，"参照"或"援引"判例。"遵循先例"这个理念应该借鉴，但前提是必须"依法"。"依法"就是，有法律规定遵循法律规定，没有法律规定遵循法律原则，没有法律原则遵循法律精神。一个不能忽略的事实是，在司法裁判的实际运行中，"遵循先例"往往成为法官行为的"隐形原则"，这似乎植根于司法的经验本性。

二

案例教学法是一种运用案例进行启发式授课的法学教学方法，是一种注重实践的教学模式。有人主张对"案例教学法"和"判例教学法"加以区分。这里，我们统称为"案例教学法"。案例教学在英美法系国家的法学教育中占据主导地位。针对传统法学教育模式存在的弊端，中国在法学教育改革过程中也把案例教学作为一个突破口。

英国最早的法律教育模式是学徒制。学徒制就是一种"师傅带徒弟"的实践教育模式。12世纪至13世纪，英国产生了由法官和律师组成的法律职业者阶层。在当时的英国，法律职业是年轻人跻身上层社会的重要阶梯。由于缺乏学院式的法学教育，加上英国普通法不成文的特点，学徒制教育模式因此产生。有志于从事法律工作的年轻人拜成功的律师或法官为师，以学徒的身份，协助师傅处理一些法律事务性工作。他们被称为"法律学徒"，他们的聚居学习之地被称为"律师会馆"。伦敦四大法律会馆——林肯会馆、格雷会馆、内殿会馆、中殿会馆成为公认的培养法律职业人的殿堂，被称为英国法的"心脏"。在律师会馆里，师傅通过案例讲解与模拟审判传授法律实践经验和知识。学徒制有别于以法学院为主体的大陆法系学院制模式。大陆法系占主导地位的是理性主义，强调的是理论建构和逻辑严密，法学院成为法学教育的主体；英国普通法系占主导地位的是经验主义，注重实用技能的学习与培训，学徒制自然就有了孕育成长的土壤。

18 世纪和 19 世纪，英国发生了从学徒制到学院制的重大转变。由于在学徒制下学徒长年累月埋首于案例，忽视了对英国法整体和法律理论的学习把握，其局限性逐渐显露，学徒制最终走向衰落。著名法学家威廉·布莱克斯通爵士（Sir William Blackstone）独辟蹊径，在牛津大学开设英国法系列讲座，被认为是把烦琐的普通法搬上大学讲坛的第一人。在布莱克斯通之前，普通法教育长期被律师学院所垄断。布莱克斯通担心学徒制的授业方式最终将培养不出能维护全体国民财产、自由甚至生命权的"才华出众或学识卓越"的律师、政治家，试图找到学徒制和学院制融合之法。布莱克斯通获得了空前的成功。他以讲稿为基础的《英国法释义》文笔优雅，充分阐述了自然法学说，成为对普通法最为清晰简明的表达。他的有关理论和实践象征着一个新的法学教育时代的到来，使法学教育实现了从传统经验型向现代科学型的转变。《英国法释义》遭到了布莱克斯通的学生杰里米·边沁（Jeremy Bentham）的激烈批评。边沁认为，《英国法释义》与人们改进法律、促进人类幸福的努力是相违背的。但边沁仍然由衷地称赞他的老师："他以学者和绅士的语言来教授法律……将其从布满灰尘和蛛网的办公室中清理出来，他以来自科学的真正宝库的那种精确性来丰富她，以古典学识打扮装饰她，赋予其隐喻和暗示，并使其海外留名。"《英国法释义》系统阐述了英国法，认为英国法可以与罗马法和欧洲大陆的民法相媲美，对英国、美国的法律界和法律研究影响深远，促成了普通法的近代化，被誉为"法律圣经"。《英国法释义》也是美国早期最流行的法律教科书。

美国在殖民地初期，法学教育主要通过英国创建的"学徒制"或者"律师助理制"来进行，采用师傅对徒弟的言传身教方式。1870年，美国著名法律教育家兰德尔（Christopher Columbus Langdell）就任哈佛大学法学院院长，开始一系列法学教育改革，在教学中采用"案例教学法"。兰德尔被认为是现代大学案例教学法的创立者。自哈佛法学院使用案例教学法以来，案例教学法成为美国占主导地位的法学教育方法并延续至今。耶鲁大学第十任校长西奥多·伍尔西（Theodore Woolsey）说："案例教学法就像婆罗门的种姓制度那样，已然成为一流法学院的名片。"美国的法学教育是以司法判例为中心的。法学院的教科书被称为"判例汇编"，教学与考试也主要是针对判例所进行的讨论、辩论、分析、评价等。美国法学教育的根本目的是指导学生如何"像法律人那样思考"，是为了培养学生提出问题、分析问题和解决问题的能力。

成立于1915年的东吴大学法学院以英美法教育为特色，采用案例教学法。这种案例教学方法是中国法学教育史上的首次尝试，也是东吴大学法学院办学的成功经验。时至今日，中国整个社会科学研究领域都已经引入了"案例教学法"。案例研究、案例教学正在对中国的法学研究和教学产生着深刻影响。法律思维能力的培养成为中国当前法学教育改革中的重大课题。获取案例已经是一件不困难的事，中国裁判文书网、北大法宝、中国法律知识资源总库等专业的法律数据库收集了大量案例。很多法学教师也已经将案例教学法付诸实践，以加强学生的法律思维能力训练。

法律诊所即诊所式的法律教育（Clinical Legal Education）或"临床法律教育"，指法科学生仿效医学院学生在医疗诊所临床实习的做法。20世纪70年代初期，法律诊所起源于美国。拉丁美洲、非洲、欧洲、南亚等地国家都纷纷仿效。实践证明，诊所式法律教育是一种学生获得法律经验、培养实务能力的有效方法。法律诊所的主要目的是培养学生的动手能力。法律诊所一般是在有律师执业资格的教师指导之下，由法学专业学生为处于生活困境而又迫切需要法律援助的人提供法律咨询，"诊断"问题，开出"处方"。法律诊所一般由课堂教学和案件代理两部分组成。课堂教学围绕学生承办的案件，进行模拟和讨论，在互动交流中增长学生的知识，培养学生的能力。中国法学院的法律诊所普遍以教学为主、办案为辅，部分诊所甚至不涉及办案，而只是围绕案件进行讨论。与单纯课堂教育相比，法律诊所的优势是明显的。目前，中国著名大学的法学院和政法院校几乎都开设了法律诊所，成为推进法学教育改革的一项措施。

三

中国法律体系包括宪法和相关法、民商法、知识产权法、行政法、环境法、经济法、社会法、刑法、诉讼与非诉讼程序法等。本书按照上述法律体系构成选取典型案例。有的案例是最高人民法院的指导性案例；有的案例虽然不是指导性案例，但具有典型性。本书的内容不局限于一般的案件分析，而是通过案例揭示理论，让读者充分理解并把握案件法律背景与知识。每篇文章都深入浅出，条分缕析，可读耐看。

在宪法和相关法领域，莫纪宏撰写的《作为合宪性审查依据的"宪法精神"》选取"齐玉苓案"，对宪法精神如何作为合宪性审查的依据进行了认真探讨。案例推动了宪法学界对合宪性审查的研究。宪法学界对宪法条文能否以及如何作为个体行为评价标准作出了科学说明。韩大元撰写的《以〈宪法〉为基础寻求宪法适用的共识》是已经公开发表过的文章，也把"齐玉苓案"作为实证案例；文章中的另外一个案例——"罗彩霞案"也同样具有典型性。探讨宪法适用问题，有助于我们在宪法文本的基础上，理解把握法院在具体行使审判权时的宪法适用边界，从而寻求和凝聚宪法适用的共识。

在民法领域，蒋惠岭、陈洁蕾撰写的《诚实信用原则与司法解释之间的博弈——李某某与西安闻天科技实业集团有限公司确认合同无效纠纷案》对民法中的诚实信用原则与相关司法解释之间的关系进行了深入分析。作者认为，法院通过援引社会主义核心价值观，赋予了《民法典》第7条"诚实信用原则"更丰富的法律意义，传统文化也为诚实信用原则的适用提供了说理支持。公丕祥、王成撰写的《人体冷冻胚胎法律适用问题研究——郭某与淮安市妇幼保健院医疗服务合同纠纷案》选取发生在江苏的"人体冷冻胚胎移植合同纠纷案"，对人体冷冻胚胎移植的法律地位等相关问题进行了讨论。作者认为，将人体冷冻胚胎界定为特定的物或者生命伦理物更为合适；公序良俗作为克服私法自治异化的解释原则而存在，故其应当保有底线性、消极性与防御性之节制品格；该案当事人的身份有别于要求实施人类辅助生殖技术的单身妇女，并不违反社会公德。郑永流撰写的《道德立场与法律技术——中国泸州情妇遗嘱案和德国情妇遗嘱案评析》涉及的泸州情妇遗嘱案曾引起中国公众和学界广泛讨论，争论的焦点集中在如何看待遗赠人与受赠人的婚外同居关系与遗嘱的关系。中国学界多数人对泸州市两级法院的判决持批评立场，认为他们以道德的宣判替代了法律的宣判。作者通过比较中德两起情妇遗嘱案，提出了自己的观点。

在商法领域，钱弘道撰写的《股权纠纷的司法应对——鲁南制药股权之争》对"鲁南制药股权纠纷案"所涉及的股权和信托问题进行了深入分析。作者认为，公司股权架构不清晰是引发风险的重大因素，会给公司发展带来各种负面影响，甚至直接导致公司经营管理失败；受托人管理信托财产，必须恪尽职守，履行诚实、信用、谨慎、有效管理的义务。鲁南制药脱胎于一家国有企业，是中国改革开放过程中企业不断成长的一个缩影。鲁南制药股权和信托设计存在的潜在风险具有普遍警示意义。

在知识产权法领域，吴汉东、刘鑫撰写的《商标权与在先姓名权冲突的司法应对 "乔丹"商标争议系列案》对一件具有国际影响并在中国具有标志性意义的"乔丹"商标争议案的判决所体现的尊重在先权利立场和商标注册善意原则的分析进行了详细阐述。该案判决对商标授权、确权规则与商标注册制度的修改完善提供了重要的参考资料。孔祥俊撰写的《商业秘密构成要件研究——香兰素侵害技术秘密纠纷案》对迄今为止中国法院判决赔偿额最高的侵害商业秘密案件——嘉兴中华化工公司、上海欣晨公司诉王龙集团公司侵害商业秘密纠纷案进行了深入分析。该案判决在商业秘密认定、侵权认定以及解决商业秘密案件取证难、审理难等问题上进行了积极探索。

在行政法领域，胡建淼、金承东撰写的《公民取姓权的行政规制——"北雁云依"案评析》对中国1990年《行政诉讼法》生效以来首例姓名登记案所涉及的公民民事权利、姓名登记规制、伦理观念等问题进行了阐释。法院对该案保持克制，对法律规定不明确的地方提请全国人大作出解释，这在我国行政诉讼历史上尚属首次。江必新、耿宝建撰写的《行政复议机关撤销采矿权的司法监督——饭垄堆公司采矿权纠纷案》通过对一起典型的采矿权纠纷案的分析，对行政行为的确定力、公定力、违法性继承以及信赖利益保护原则等问题进行了深入讨论。作者认为，信赖利益保护原则在行政许可领域的适用，是为了保护被许可人对行政许可这一授益行政行为的信赖利益，必须对涉及该行为的撤销、变更或者撤回予以限制。法院在公共利益与私人利益之间作出权衡；只要私益相对于公益而言值得保护，就不得撤销该违法决定，而应保护其存续力。

在环境法领域，吕忠梅撰写的《检察公益诉讼，守护长江生物多样性——王某某等59人非法捕捞、贩卖、收购鳗鱼苗案》对南京环境资源法庭成立后受理并开庭审理的第一起案件进行了讨论。该案判决从捕捞、贩卖到收购长江鳗鱼苗的"全链条"均需承担损害赔偿责任，体现了中国环境公益诉讼制度的特点，对于《民法典》的顺利实施也具有良好的推动作用。汪劲撰写的《以公式模型推算生态环境损害费用的司法裁量研究——泰州环境污染侵权案、巨蟒峰公益诉讼案等》中所讨论的最高人民法院的典型案例或指导性案例，均涉及因环境损害发生后无法得到实际修复工程费用的情况，司法机关通过适用公式模型和理论推算方法得出"天价"生态环境损害赔偿，因而受到社会各界以及法学研究者的关注。

在经济法领域，李友根撰写的《论企业名称的竞争法保护——天津青旅擅用他人企业名称纠纷案》对天津中国青年旅行社诉天津天青国际旅行社擅自使用他人企业名称纠纷案进行了认真讨论。法院判决指出，"天津青旅"已与天津中国青年旅行社之间建立了稳定的关联关系，具有可以识别经营主体的商业标识意义；经营者擅自使用"天津青旅"，属于不正当竞争行为。

在刑法领域，贾宇撰写的《正当防卫限度的司法适用问题研究——以侯某某正当防卫案和盛某某正当防卫案为例》对两起典型刑事案件中的正当防卫情节涉及的防卫限度问题进行了深入讨论。正当防卫的成立需要同时具备或符合防卫前提、防卫时间、防卫对象、防卫意图、防卫限度五个条件，其中防卫限度条件在实践中对正当防卫的判定至为重要。陈兴良撰写的《婚恋纠纷引发的杀人行为之死刑适用研究——以王某某故意杀人案和李某故意杀人案为例》通过对典型的婚恋纠纷引发的杀人案的认真细致分析，深入讨论了死刑立即执行与死刑缓期执行的界限区分问题。虽然刑法条文为死刑立即执行与死刑缓期执行的区分提供了教义学根据，但在个案中对犯罪分子是否判处"死缓"，取决于法官对该犯罪分子是否应判处死刑立即执行的内心确信。

在刑事诉讼法领域，胡云腾撰写的《错案是如何避免的——以陶某故意杀人案和范某某故意杀人案为例》对两起典型杀人案进行了详尽分析。作者提出，要高度关注两个案例的警示价值，要认真研究如何根治刑讯逼供这个顽疾，要敢于并善于排除非法证据，必须坚守证据裁判原则，必须坚持以审判为中心。胡铭撰写的《认罪认罚案件的二审问题研究——以余某某交通肇事案为例》对一起典型的交通肇事案进行了细致分析。该案中检察院给出的量刑建议、一审判决、二审判决都不同，学界也有不同的观点。该文对如何理解二审程序的"全面审查原则"、如何认定自首情节、如何理解上诉不加刑原则等问题进行了阐释。

本书是中国法治实践学派通过案例研究探寻法治发展规律、推动法治发展、开展国际法学交流与合作的一种尝试。我们邀请中国具有代表性的专家学者为本书主要撰稿人。本书收录文章均写于 2022 年 3 月 30 日前，相关领域的案例分析文章大部分是未发表的成果。虽然若干篇文章已经公开发表过，有的法律也已经修改，但因为典型案件真实反映了中国法治变迁情况，对读者学习法律知识、把握具体问题大有裨益，所以将其收录于本书。

在项目申请、作者约稿、书稿编辑等方面，我们得到了来自各方面的支持。最重要的支持无疑来自各位作者，他们的热忱回应令我们非常感动。本书得到了浙江大学教育基金会"浙江大学—世界顶尖大学合作计划基金"的支持。胡铭教授、赵骏教授全过程支持了本项目工作的推进。武树臣教授、武建敏教授对本书提出了宝贵建议。姜少平博士在申请项目、联系出版社等方面做出了贡献。叶兰云老师在联系作者、组织协调等方面做了大量工作。杜维超研究员、易凌教授、冯烨博士后、郭晔副教授、段海风教授参与编辑工作，对书稿名称、内容和结构等方面提出了宝贵意见。钱无忧、吴越、徐向易、张元华、强盛、安帆参与编辑工作，付出了辛劳。出版社编辑具有高度的责任心，一丝不苟，对本书提出了宝贵意见。

本书适合作为中外法学院学生学习中国法的案例教材或教学参考。本书出版后，我们将启动申报国家社科基金中华学术外译基金项目。我们希望本书能为国际法学教育、法学研究、法学交流做出重要贡献。虽然因为新冠疫情，一些实质性的国际合作内容难以付诸实施，但我们会努力通过本书系列的出版传播来推动国际交流与合作。本书第二卷的编撰工作已经启动。

钱弘道

2022 年 5 月 9 日

目　录

商　法

知识产权法

行 政 法

环 境 法

刑事诉讼法

宪法

案例一

作为合宪性审查依据的"宪法精神"

◀ **莫纪宏**

中国社会科学院法学研究所所长、研究员，中国社会科学院大学法学院院长、教授。毕业于北京大学法律学系和中国社会科学院研究生院，获法学博士学位。兼任中国法学会学术委员会委员、中国法学会宪法学研究会常务副会长，2004 年获得"全国十大杰出中青年法学家"称号，2018 年被国际宪法学协会执行委员会授予终身名誉主席称号。已出版个人专著 20 余部，在《中国社会科学》《法学研究》《中国法学》等期刊发表论文 30 余篇，代表作有《现代宪法的逻辑基础》《依宪立法原则与合宪性审查》等。

一、基本案情

最高人民法院 2001 年"8·13"批复的由来是著名的"齐玉苓案"。齐玉苓与陈晓琪均系山东省滕州市第八中学（本文以下简称滕州八中）1990 届应届初中毕业生，陈晓琪在 1990 年中专预选考试时成绩不合格，失去了升学考试资格。齐玉苓则通过了预选考试，在统考中成绩为 441 分，超过了委培录取的分数线。后来，山东省济宁商业学校（本文以下简

_003

称济宁商校）发出了录取齐玉苓为该校 1990 级财务会计专业委培生的通知书。陈晓琪在其父陈克政的运作下，从滕州八中领取了该通知书后，即以"齐玉苓"的名义进入济宁商校就读。陈晓琪从济宁商校毕业后，以"齐玉苓"的姓名在中国银行滕州支行工作。齐玉苓经过复读，后就读于邹城劳动技校，1996 年 8 月被分配到山东鲁南铁合金总厂工作，自 1998 年 7 月开始，有相当一段时间下岗待业。1999 年，齐玉苓得知陈晓琪冒用其姓名上学并就业这一情况后，以陈晓琪及有关学校和单位侵害其姓名权和受教育权为由诉至法院，要求被告停止侵害，并赔偿经济损失和精神损失。枣庄市中级人民法院一审认为：陈晓琪侵害了齐玉苓的姓名权，判决陈晓琪停止侵害；陈晓琪、陈克政、济宁商校、滕州八中、山东省滕州市教育委员会（本文以下简称滕州教委）向齐玉苓赔礼道歉并赔偿其精神损失费 35 000 元。齐玉苓不服，提出上诉，要求陈晓琪等赔偿各种损失 56 万元。

本案二审期间，山东省高级人民法院就本案中存在的法律问题向最高人民法院提出请示。最高人民法院于 2001 年 8 月 13 日专门就本案作出了《关于以侵犯姓名权的手段侵犯宪法保护的公民受教育的基本权利是否应承担民事责任的批复》（法释〔2001〕25 号），明确指出"根据本案事实，陈晓琪等以侵犯姓名权的手段，侵犯了齐玉苓依据宪法规定所享有的受教育的基本权利，并造成了具体的损害后果，应承担相应的民事责任"。

山东省高级人民法院遂于 2001 年 8 月 23 日作出终审判决，判决陈晓琪停止对齐玉苓姓名权的侵害；陈晓琪、陈克政、济宁商校、滕州八中、滕州教委向齐玉苓赔礼道歉；齐玉苓因受教育的权利被侵犯造成的直接经济损失 7 000 元由陈晓琪和陈克政赔偿，济宁商校、滕州八中、滕州教委承担连带赔偿责任；齐玉苓因受教育的权利被侵犯造成的间接经济损失由陈晓琪、陈克政赔偿，济宁商校、滕州八中、滕州教委承担连带赔偿责任；陈晓琪、陈克政、济宁商校、滕州八中、滕州教委赔偿齐玉苓精神损害赔偿费 50 000 元。

以上所述，就是著名的最高人民法院 2001 年"8·13"批复的来龙去脉。最高人民法院在"8·13"批复中第一次明确地通过司法解释的方式对宪法所规定的公民基本权利进行具体保护，凸显了人民法院作为"守护宪法基本权利制度上最后一道防线"的护宪功能，一改以往"回避宪法判断"的司法主义态度。法学界对最高人民法院 2001 年"8·13"批复对于推动宪法学发展和宪法实施实践的重要意义进行了非常热烈的讨论，有人甚至认为，最高人民法院 2001 年"8·13"批复可媲美于美国最高法院 1803 年"马伯里诉麦迪逊案"，是"中国司法审查第一案"。①

由最高人民法院审判委员会 2008 年 12 月 8 日第 1457 次会议通过，并于 2008 年 12 月 24 日起施行的《最高人民法院关于废止 2007 年底以前发布的有关司法解释（第七批）的决定》中，《关于以侵犯姓名权的手段侵犯宪法保护的公民受教育的基本权利是否应承担民事责任的批复》（法释〔2001〕25 号）被确认为"已停止适用"。该决定有两个鲜明的特点。一是"8·13"批复被明确作为"司法解释"的一种形式，盖由 1997 年 6 月 23 日颁布的《最高人民法院关于司法解释工作的若干规定》第 9 条规定，司法解释的形式分为"解释""规定""批复"三种。对于如何应用某一法律或者对某一类案件、某一类问题如何适用法律所作的规定，采用"解释"的形式；根据审判工作需要，对于审判工作提出的规范、意见，采用"规定"的形式；对于高级人民法院、解放军军事法院就审判工作中具体应用法律问题的请示所作的答复，采用"批复"的形式。由此，从司法解释的意义上来看，"8·13"批复的法律性质是显而易见的。二是该决定中的"已停止适用"的含义存在一定的歧义，最合理的解释是"8·13"批复在该决定作出之前就已经被最高人民法院停止适用了，决定只是再确认一下这一停止适用的司法事实。但由此带来的问题是，如果"8·13"批

---

① 方念念：《美法两国司法审查第一案比较》，载《法制与社会》2012 年第 36 期。

复在该决定作出之前就"已停止适用"了，这是一种事实状态，还是法律状态。如果是法律状态，必须有一个停止适用的司法文书，但最高人民法院并没有对此加以说明。如此只能推定，在该决定作出之前，"8·13"批复在事实上已经被停止适用，该决定只是以司法解释的方式正式确认一下，并且按照决定要求，从 2008 年 12 月 24 日起在法律上正式停止适用。故合理推测，该决定中的"8·13"批复"已停止适用"应合理解释为在该决定作出之前已经在事实上处于停止适用的状态，只待正式的司法解释加以正式确认即具有停止适用的司法拘束力。①

二、"宪法规定"适用的法理困境

最高人民法院"8·13"批复（"齐玉苓案"）对改革开放后我国宪法学理论的影响和推动是巨大的，其最大的理论贡献就是推动宪法学界必须科学说明现行《宪法》中的具体条文如何在实践中作为判断行为是否对错的标准，也就是说，宪法条文如何作为"裁判规则"。

从案件与宪法文本的相关性来看，最高人民法院"8·13"批复与现行《宪法》第 46 条第 1 款直接相关，该款规定，"中华人民共和国公民有受教育的权利和义务"。上述条款规定的字面含义也非常清晰，根据该条款，只要是中华人民共和国公民，就依法享有受教育权。最高人民法院"8·13"批复针对现行《宪法》第 46 条第 1 款规定的公民受教育权作出相关司法解释也是天经地义的事情。所以，在常规意义上看，在实践中将侵犯公民依据宪法享有的"受教育权"行为确认为违法的侵权行为，这种直接适用宪法条文的规定作为裁判规则的宪法适用行为是绝对"没有毛病"的。然而在实践中，这一行为受到了广泛的质疑。

---

① 参见莫纪宏：《合宪性审查法理问题研究》，中国民主法制出版社 2022 年版，第 241～243 页。

最高人民法院"8·13"批复明确指出：根据本案事实，陈晓琪等以侵犯姓名权的手段，侵犯了齐玉苓依据宪法规定所享有的受教育的基本权利，并造成了具体的损害后果，应承担相应的民事责任。上述司法批复，从字面上看也没有问题。现行《宪法》第 46 条第 1 款确实规定了公民的"受教育权"，最高人民法院"8·13"批复确认陈晓琪等以侵犯姓名权的手段，侵犯了齐玉苓依据宪法规定所享有的受教育的基本权利，是把现行《宪法》第 46 条第 1 款关于公民享有"受教育权"的规定作为司法审查的法律依据，这也没有法理上的明显瑕疵，是最高人民法院履行宪法序言所规定的保证宪法实施的重要职责的体现。但为何《最高人民法院关于废止 2007 年底以前发布的有关司法解释（第七批）的决定》中，《关于以侵犯姓名权的手段侵犯宪法保护的公民受教育的基本权利是否应承担民事责任的批复》（法释〔2001〕25 号）被确认为"已停止适用"？是宪法上规定的公民受教育权不需要人民法院保护了吗？从目前正式公布的文献来看，没有看到最高人民法院对此作出明确的说明。最高人民法院是否有权引用现行《宪法》第 46 条第 1 款规定的公民受教育权条款作为判断陈晓琪冒名顶替上学构成对齐玉苓侵权的裁判规则？同期的《教育法》《义务教育法》《高等教育法》中都有公民享有受教育权的规定，最高人民法院为什么要跳开上述法律中的公民受教育权规定，直接引用《宪法》第 46 条第 1 款规定的公民受教育权？是因为在制度上《教育法》《义务教育法》《高等教育法》中规定的公民受教育权的法律要求和约束力不如现行《宪法》第 46 条第 1 款的规定吗？况且，现行《宪法》第 62 条、第 67 条只把宪法实施的监督职权赋予了全国人大及其常委会，在全国人大及其常委会有明确关于公民享有受教育权的相关法律规定的情形下，最高人民法院跳开相关法律规定，直接引用宪法规定，是否规避了全国人大及其常委会的监督宪法实施职权？宪法学界对此展开了深入研讨①。由此产生了两大类重要的法理问题：一是"合宪性推定"原则的功能；二是"合宪性审查"与"合法性审查"的关系。关于"合宪性推定"原则②，其法理来自美国、德国等宪法审判中的违宪审查方法，即作为违宪审查专门机关，针对违宪对象的审查，首先必须尊重被审查对象的实施主体自身的宪法所赋予的立法权威，除了少数死刑案件之外，通常情形下要推定合宪。这表明宪法审查机构对被审查对象的实施机构，主要是立法机关具有的宪法上所规定的立法权的尊重。对于"合宪性审查"与"合法性审查"之间的关系③，涉及法律在宪法的具体化方面的制度功能。通常，立法机关有义务通过具体的立法将宪法的相关规定具体化和制度化。因此，违宪在制度上的风险主要来自立法机关制定的法律是否准确地体现了宪法规定的要求。对于国家机关履行法定职责的一般行为，首先应当进行合法性审

---

① 参见最高人民法院 2008 年 12 月 18 日发布如下公告：该院审判委员会第 1457 次会议于 2008 年 12 月 8 日通过了《关于废止 2007 年底以前发布的有关司法解释（第七批）的决定》，其中包括以"已停止适用"为理由，废止了《最高人民法院关于以侵犯姓名权的手段侵犯宪法保护的公民受教育的基本权利是否应承担民事责任的批复》，该决定自 2008 年 12 月 24 日起施行。《法学》（主编童之伟）专门在 2009 年第 3 期、第 4 期对最高人民法院 2001 年"8·13"批复的被废止组织了专家笔谈。关于讨论最高人民法院废止"8·13"批复的代表性论文有：《宪法适用应依据宪法本身规定的路径》（童之伟）、《宪法适用如何走出"司法化"的歧路》（童之伟）、《以〈宪法〉第 126 条为基础寻求宪法适用的共识》（韩大元）、《齐案"批复"的废止与"宪法司法化"和法院援引宪法问题》（陈弘毅）、《废止齐案"批复"是宪法适用的理性回归——兼论"宪法司法化"的理论之非与实践之误》（董和平）、《呼唤符合中国国情的合宪审查制度》（虞平）、《齐案"批复"的废止与中国宪法适用的未来》（林峰）、《理性看待最高人民法院对齐玉苓案"批复"的废止》（朱福惠）、《从废止齐玉苓案"批复"看司法改革的方向》（董茂云）、《"停止适用"齐玉苓案"批复"之正面解析》（郑贤君）、《齐案"批复"并非解释宪法最高人民法院不应废止》（胡锦光）等。

② 参见韩大元：《论宪法解释程序中的合宪性推定原则》，载《政法论坛》2003 年第 2 期。

③ 参见莫纪宏：《合宪性审查与合法性审查"制度分工"的几个尺度探寻》，载《备案审查研究》2021 年第 1 辑。

查，在合法性审查仍然不能解决被审查对象的正当性时，才能启动合宪性审查。对于"齐玉苓案"来说，最高人民法院"8·13"批复实际上只需要引用《教育法》《义务教育法》《高等教育法》中关于公民受教育权的规定就足以作出陈晓琪是否构成侵权的法律判断，无须直接引用《宪法》第46条第1款的规定。故引用"宪法规定"作为判断行为是否对错的依据和裁判规则必须"谨小慎微"，不能"无权""越权"或随意适用宪法规定来解决普通的法律纠纷。

最高人民法院"8·13"批复中宪法作为裁判规则引发的法理困境，主要来自如何对待现行宪法的各项具体条文规定，这在法理上直接牵涉到科学解释"宪法规定"的法学理论和审查技术事项。机械地适用"宪法规定"，必然会导致宪法实施的实践中出现一些似是而非的做法，特别是宪法条文规定的字面含义与社会公众对宪法价值的认同和期求出现明显的差异和冲突时。为此，必须对"宪法规定"作为裁判规则的价值缺陷作出进一步细致辨析。

三、"宪法精神"作为合宪性审查依据的确定性

关于合宪性审查的依据，虽然尚未出台专门的宪法解释法或者是合宪性审查工作程序法，但是，现有相关制度规定得已经比较清晰了。最有说服力的当为2019年12月16日第十三届全国人民代表大会常务委员会第四十四次委员长会议通过的《法规、司法解释备案审查工作办法》（本文以下简称《工作办法》）。该《工作办法》第36条规定："对法规、司法解释进行审查研究，发现法规、司法解释存在违背宪法规定、宪法原则或宪法精神问题的，应当提出意见。"从字面上来看，《工作办法》已经将"宪法原则"或"宪法精神"作为与"宪法规定"相并列的合宪性审查法律依据对待。但上述规定需要解决的问题仍然至少有两个方面：一是作为合宪性审查的法律依据，"宪法原则"与"宪法精神"是否具有等同的内涵，两者之间有无一定的价值区别和形式差异？二是"宪法精神"与

"宪法规定"之间在逻辑上是排斥关系还是交叉关系？这里直接涉及法理上如何处理"宪法规定"中的"宪法精神"与"宪法规定"之外的"宪法精神"之间的逻辑关系。上述两个方面的法理问题直接关系到作为合宪性审查法律依据的"宪法精神"的概念确定性问题，也会直接影响对合宪性审查对象所作出的宪法判断。

从直观逻辑来看，对法规、司法解释进行合宪性审查，对于审查者来说，直接的、看得见的审查依据就是现行宪法的 143 个条文。当然，现行宪法 5 次修正产生的 52 条修正案也必须通过宪法解释的方式纳入"宪法规定"中。至少 143 个宪法条文和 52 条修正案是明示意义上的"宪法规定"，是审查者与被审查对象的实施主体都能抗辩的法律依据，也是为一般社会公众所能接受的，"白纸黑字"，不需要太多的辩解，照着字面来理解和把握宪法是最容易达成共识的。在"宪法规定"之外，增加"宪法精神"作为补充性的合宪性审查依据的制度设计完全符合宪法原理。《工作办法》为对法规、司法解释的合宪性审查工作打开了一扇科学的审查之门。

值得注意的是，在《工作办法》中是把"宪法原则""宪法精神"并列与"宪法规定"相对应。从宪法原理来看，"宪法原则"与"宪法精神"两个概念具有法理上的同质性，基本可以视为同一宪法概念或范畴。之所以会在《工作办法》中出现"宪法原则"与"宪法精神"相并列作为合宪性审查的法律依据的情形，是因为目前相关政策、法律的规定前后不一致。可以通过宪法解释的方法，将"宪法原则"与"宪法精神"的内涵和概念在逻辑上统一起来。

事实上，在传统宪法学研究体系中，并没有"宪法精神"这一概念，也没有作为宪法学专门术语的"宪法规定"。对宪法内涵的揭示是通过宪法规范与宪法原则、宪法指导思想等概念相对应的逻辑方法来实现的。宪法规范通常指宪法作为根本法指引人们行为的行为准则特性，具体包括宪法权利规范、宪法义务规范、宪法职权规范、宪法职责规范、宪法政策规范以及宪法责任规范，等等。宪法规范具有指引人们行为的直接性和具体性，是可以在实际生活中直接引导人们行为方向的具体行为规则。宪法原则、宪法指导思想是抽象的宪法规范，或者说是确立具体宪法规范的依据，是规范的"规范"。作为抽象的宪法规范，宪法原则、宪法指导思想是解决宪法规范之间的价值矛盾的宪法规范设计标准，其存在的价值功能是要保证宪法规范的价值统一性和对人们行为指引的规范实效性。宪法规范与宪法原则、宪法指导思想是实质意义上的宪法，强调的是宪法的行为规范特性。而宪法作为根本法，必须通过一定的宪法形式表现出来。

2000 年出台的《立法法》使用了"宪法原则"概念来体现立法中的"宪法精神"特点。《立法法》第 3 条规定："立法应当遵循宪法的基本原则，以经济建设为中心，坚持社会主义道路、坚持人民民主专政、坚持中国共产党的领导、坚持马克思列宁主义毛泽东思想邓小平理论，坚持改革开放。"党的十八届四中全会审议通过的《中共中央关于全面推进依法治国若干重大问题的决定》首次提出了"宪法精神"对于立法工作的要求，实际上为立法的合宪性审查提供了政策依据。该决定指出："要恪守以民为本、立法为民理念，贯彻社会主义核心价值观，使每一项立法都符合宪法精神、反映人民意志、得到人民拥护。"

2018 年 1 月 19 日，习近平总书记在党的第十九届中央委员会第二次全体会议上的讲话中指出："全国人大常委会的备案审查工作，当然就包括审查有关规范性文件是否存在不符合宪法规定、不符合宪法精神的内容，要加强和改进这方面的工作。"① 很显然，习近平总书记上述讲话中，提出了与"宪法规定"相对应的"宪法精神"概念，并将"宪法规定""宪法精神"作为合宪性审查的两项重要法律依据。这是从推动合宪性审

---

① 习近平：《切实尊崇宪法，严格实施宪法》（2018 年 1 月 19 日），载习近平：《论坚持全面依法治国》，中央文献出版社 2020 年版，第 207 页。

查工作的实践角度出发来认识传统宪法学意义上的"宪法规范"与"宪法原则"的，主要目的是为便于在合宪性审查工作中更好地查明和识别合宪性审查的法律依据。对于通过将"宪法规定"与"宪法精神"相对应概括宪法的全部内涵这一政策性要求，由于在传统宪法学理论中并没有相应的解释理论，所以，必须给予系统和科学的说明，才能在合宪性审查实践中有效地确认审查依据，确保被审查对象与审查依据之间产生严格、严密的逻辑对应关系，保证合宪性审查活动形成具有确定性的合宪或违宪的宪法判断。

四、"宪法精神"在合宪性审查中的价值功能

从宪法学原理来看，"宪法精神"这一术语被引入合宪性审查领域，作为与"宪法规定"相对应的合宪性审查法律依据，其有着自身独特的概念价值和审查优势。

首先，宪法文本中的"宪法规定"只是"宪法精神"的一种外在表现形式，或者是在一个特定国家、特定时空段所体现出来的"宪法精神"的外在化。对"宪法规定"的遵守就是遵从宪法精神的要求，对于宪法的遵守者来说，所有来自作为根本法的宪法行为规范的要求，都可以通过阅读和理解宪法文本的规定进行，没有宪法文本的详细规定，宪法的根本法特征无法得以体现，宪法价值的各项内在要求就会失之于空洞。所以，遵守宪法，对于一切国家机关、社会组织和公民个人来说，首要的是遵守宪法的明文规定。宪法的明文规定清晰可见，便于识别，作为行为标准容易被发现和查明，故宪法规定作为合宪性审查的法律依据，简单明了，具有普遍性，能为所有的遵守者所认可并遵照执行。

其次，"宪法规定"只是相对体现了"宪法精神"的要求，而没有囊括宪法的所有价值指引，有时甚至只是使用了宪法这个根本法的形式，而且，宪法规定可能与"宪法精神"相抵触或不一致。没有体现宪法精神的"宪法规定"也是一种不容忽视的宪法现象。

再次，因为宪法规定只是相对地体现了宪法精神的价值要求，所以，每一个宪法规定背后都蕴藏着以宪法原理形式存在的不同的宪法精神，不可能仅通过简单的阅读就能理解透彻这种精神，必须经过专门护宪机构的宪法解释，才能有效地理解宪法规定中所蕴藏的丰富的宪法精神。把宪法精神作为合宪性审查的法律依据，必须依托宪法解释技术的支持。可以说，宪法解释是掌握宪法精神的制度抓手，没有科学和有效的宪法解释制度和宪法解释活动，宪法精神就无法有效发挥自身作为合宪性审查法律依据的积极作用。

最后，将宪法精神作为合宪性审查的法律依据，可以纠正单纯机械地适用宪法所带来的法理困惑和实践困境，便于从根本上有效地推动宪法实施，提高宪法实施工作的效率。最高人民法院"8·13"批复中以陈晓琪侵犯齐玉苓姓名权为由作出陈晓琪侵犯了齐玉苓依据《宪法》第46条第1款所享有的受教育权这一司法判断，与"宪法精神"不一致或相互抵触。因为，我国《宪法》第46条第1款所规定的公民受教育权的义务保障主体是国家和政府，而不是公民个人。公民个人不可能无条件地冒名顶替上学，必须以户籍登记机关和教育行政机关实施了违反宪法和法律规定的保障公民受教育权义务的违宪行为为基础。因此，"齐玉苓案"中真正实施了侵犯齐玉苓所享有的宪法上的受教育权违法行为的主体是有关户籍登记机关和教育行政机关，陈晓琪本人作为普通公民无法实施侵犯齐玉苓所享有的宪法上的受教育权的违宪行为。因此，最高人民法院"8·13"批复没有吃透宪法精神的内涵，作出了违背宪法精神的司法解释，也就不得不主动中止这一司法解释继续生效。

总之，从最高人民法院"8·13"批复引申出的对"宪法精神"作为合宪性审查法律依据的价值功能的认识意义是巨大的，值得宪法学界进一步加以认真研究，并在合宪性审查工作实践中加以参考。

以《宪法》为基础寻求宪法适用的共识*

◀ 韩大元

中国人民大学法学院教授、教育部"长江学者"特聘教授，中国人民大学人权研究中心主任，全国人民代表大会常务委员会香港基本法委员会委员。兼任中国法学会宪法学研究会名誉会长、国际宪法学协会执行委员会委员、中国法学教育研究会常务副会长、最高人民法院国家责任基地主任等。主要研究领域为中国宪法、比较宪法、人权理论、基本法等。

一、基本案情

（一）齐玉苓案

齐玉苓是山东省滕州市第八中学（本文以下简称滕州八中）学生，

---

　* 本文以现行《宪法》（2018 年修正）第 131 条为切入点，展开分析宪法适用的法律问题。尽管该条文与本文所涉案件判决时适用的《宪法》版本有所不同（1999 年、2004 年修正版中均为第 126 条），但其条文内容未作改变，即仍为"人民法院依照法律规定独立行使审判权，不受行政机关、社会团体和个人的干涉"，并且与其相关的齐玉苓案和罗彩霞案在中国宪法史上所具有的历史作用和典型个案意义是没有变化的，故将其纳入本书。

1990 年统考（统一招生考试）后，填报志愿。当年录取工作结束后，山东省济宁商业学校（以下简称济宁商校）发出了录取齐玉苓为该校 1990 级财务会计专业委培生的通知书，该通知书由滕州八中转交。

陈晓琪为齐玉苓同级同学，本因成绩不合格无法继续参加统考，但从滕州八中领取了齐玉苓的录取通知书。陈晓琪之父陈克政欲以此录取通知书让其女升学，故联系了滕州市鲍沟镇政府作为陈晓琪的委培单位，并让陈晓琪持齐玉苓的录取通知书到济宁商校报到。陈晓琪持齐玉苓的录取通知书到济宁商校报到时，没有同时携带准考证；报到后，陈晓琪以齐玉苓的名义在济宁商校就读。陈晓琪在济宁商校就读期间的学生档案，仍然是齐玉苓初中阶段的学生档案及中考期间形成的考生资料，其中包括贴有齐玉苓照片的体格检查表、学期评语表以及齐玉苓参加统考的试卷等相关材料。陈晓琪读书期间，陈克政将原为陈晓琪联系的委培单位变更为中国银行滕州支行。1993 年，陈晓琪从济宁商校毕业，自带档案到委培单位中国银行滕州支行参加工作，并在此期间变造了部分档案材料。

多年后事发。1999 年，齐玉苓起诉陈晓琪、陈克政、济宁商校、滕州八中、山东省滕州市教育委员会侵犯其姓名权、受教育权等权益。之后，山东省高级人民法院作为二审法院报请最高人民法院，对此最高人民法院作出司法解释，并在《最高人民法院关于以侵犯姓名权的手段侵犯宪法保护的公民受教育的基本权利是否应承担民事责任的批复》（法释〔2001〕25 号，已失效，本文以下简称《批复》）中认为："根据本案事实，陈晓琪等以侵犯姓名权的手段，侵犯了齐玉苓依据宪法规定所享有的受教育的基本权利，并造成了具体的损害后果，应承担相应的民事责任。"山东省高级人民法院据此作出判决。

（二）罗彩霞案

2004 年，罗彩霞作为湖南省邵东市第一中学应届毕业生参加高考，她填报了三批专科院校志愿，但之后罗彩霞没有收到任何高校的录取通知书。王佳俊是罗彩霞的同班同学，同年高考落榜。2004 年 9 月，王峥嵘为了让其女儿王佳俊能够读上本科二批大学，便冒用罗彩霞的高考信息，伪造了罗彩霞户口迁移证，从而使王佳俊成功地冒名顶替罗彩霞入读贵州师范大学。王佳俊毕业后用罗彩霞的名字办理了毕业证、教师证等相关证件，致使罗彩霞本人大学毕业后无法办理毕业证、教师证等相关证件。

2009 年 3 月，罗彩霞意外发现，竟然有一个女孩和她有着相同的名字和身份证号码。最终东窗事发，罗彩霞提起姓名权、受教育权侵权之诉。2010 年 8 月 13 日，本案在长沙市中级人民法院调解结案，王峥嵘因伪造国家机关证件获罪。

二、法院宪法适用问题的提出

2001 年对于齐玉苓案的法释〔2001〕25 号批复出台后，曾在学术界引起争鸣。例如，在 2001 年召开的宪法学年会上，学者们曾围绕该批复对我国宪法适用的利弊进行严肃的学术讨论。虽然学术观点有不同，但无论是肯定者还是批评者都有一个基本共识：尽管该批复存在一些"瑕疵"，但作为个案，齐玉苓案给宪法学研究与教学带来了值得探讨的新课题，特别是在个案中推动基本权利的宪法救济，探讨宪法与审判权的关系以及扩大宪法的社会影响方面起到了一定的促进作用。2008 年 12 月 18 日，最高人民法院公布废止该批复，又为我们重新审视批复的宪法价值，进一步理性地思考与此有关的宪法文本、宪法原理与宪法实施提供了契机与素材。[①] 而齐玉苓案与罗彩霞案同为姓名权、受教育权受到侵犯，却获得不同路径的救济，这从另一个角度说明了法院对于宪法适用的认知、方法和

---

① 笔者认为，有关中国宪法适用问题的探讨应该以宪法文本与宪法规定的宪制制度为基础。只有在宪法文本基础上，我们才能寻求共识，推动宪法制度的发展。但回到宪法文本，寻求文本依据时，我们仍然面临如何解读文本的含义与界限的问题。尤其是在既没有宪法解释的传统，又没有宪法解释实践的背景下，理解文本内涵时容易出现分歧。因而，如何理解我国《宪法》第 131 条中的"依照法律"的规范内涵，是深入探讨批复时值得思考的问题之一。

态度的变迁，以及 2008 年最高人民法院废止批复对宪法适用产生的实质性影响。从我国现行《宪法》第 131 条切入，探讨法院在宪法秩序中的宪法适用问题，有助于我们在宪法文本的基础上，分析法院在具体行使审判权过程中宪法适用的妥当内涵及其边界，从而基于宪法寻求和凝聚宪法适用的共识。

三、法院宪法适用的职权基础演变

在齐玉苓案中，山东省高级人民法院在审判过程中面临法律适用难题，报请最高人民法院解释"以侵犯姓名权的手段侵犯宪法保护的公民受教育的基本权利"问题，这实际上首先关涉法院作为国家审判机关的宪法规定的职权范围问题。现行《宪法》第 131 条虽然规定了"人民法院依照法律规定独立行使审判权，不受行政机关、社会团体和个人的干涉"，但其规范内涵并非十分清晰，存在解释空间。任何宪法文本的形成都具有特定的历史背景与文化因素，对特定先法条款的规范分析首先需要挖掘历史元素。

早在 1946 年，《陕甘宁边区宪法原则》首次将司法机关作为重要部门加以规定，其中有"各级司法机关独立行使职权，除服从法律外，不受任何干涉"的内容。1949 年《中国人民政治协商会议共同纲领》没有具体规定司法权的行使，只规定要建立"人民司法制度""人民和人民团体有权向人民监察机关或人民司法机关控告"。

1954 年《宪法》在法院职权上，首次规定了"中华人民共和国最高人民法院、地方各级人民法院和专门人民法院行使审判权"（制定过程中经历了由"司法权"到"审判权"的广泛争论[①]）；在审判原则上，这部《宪法》第 78 条明确规定"人民法院独立进行审判，只服从法律"。1954

---

① 参见韩大元：《1954 年宪法制定过程》，法律出版社 2014 年版，第 248～249 页。

年《宪法》第 78 条是 1982 年《宪法》第 126 条①最初的规范渊源。本条
内容最初规定在中共中央提出的宪法草案第 71 条中，其表述是："各级人
民法院独立行使职权，只服从法律。"后来于 1954 年 6 月 14 日中央人民
政府委员会第 30 次会议通过的《1954 年宪法草案》第 78 条将这一内容
修改为"人民法院独立进行审判，只服从法律"。在第一届全国人民代表
大会第一次会议上讨论宪法草案时，有些代表曾提出将第 78 条改为"各
级人民法院以服从法律的精神，独立进行审判"，或改为"各级人民法院
以法律的精神独立进行审判，不受任何国家机关的干涉"；也有代表建议
将"只服从法律"改为"只服从宪法和法律"，意图强调司法审判中宪法
作为审判依据的作用。但 1954 年正式颁布的《宪法》中第 78 条仍沿用了
原草案的内容，并没有吸收代表们的修改建议。

　　1975 年《宪法》和 1978 年《宪法》取消了审判独立原则，极大地弱
化了法院的宪法地位。伴随 1979 年《人民法院组织法》的出台和 1982 年
《宪法》的修改，独立审判原则被全面恢复。现行《宪法》第 131 条继承
了 1954 年《宪法》第 78 条的基本精神，将独立审判原则表述为："人民
法院依照法律规定独立行使审判权，不受行政机关、社会团体和个人的干
涉。"② 为什么要作这样的调整？曾参加 1982 年《宪法》修改工作的肖蔚
云教授认为，当时有人觉得 1954 年《宪法》用语不够准确，像 1954 年
《宪法》那样规定人民法院只服从法律是不确切的，有些绝对化。关于这
一条的含义，他的解释是，审判权只能由法院依法行使，别的任何机关都
不能行使审判权。他还特别强调，"不受行政机关、社会团体和个人的干
涉"，这句话规定得比较适当。③

　　宪法文本的解释往往伴随着宪法学说史的发展。1954 年《宪法》颁
布后，学术界曾围绕第 78 条的内涵进行讨论，试图挖掘该条款所隐含的

---

①　1982 年《宪法》第 126 条即为现行《宪法》（2018 年修正）第 31 条内容。
②　韩大元：《1954 年宪法制定过程》，法律出版社 2014 年版，第 502 页。
③　参见肖蔚云：《论宪法》，北京大学出版社 2004 年版，第 548 页。

独立审判原则的价值与法律功能。有学者认为，这一条规定了独立审判原则，认为"我们国家的法律是以工人阶级为领导的全体劳动人民利益的意志的反映，人民法院只服从法律来独立地进行审判"。[①] 也有学者认为，这一条规定的意义是"人民法院审理案件时，不受任何外来干涉，只是根据它所认定的事实，依照法律进行判决"。[②] 从学者们的解释看，"只服从法律"中的"法律"仅指全国人民代表大会制定的国家法律，突出了审判权的国家性，不包括任何其他的规范。"依照法律"的意义在于，法院在审判时能独立地开展工作，不受其他国家机关、人民团体和他人的干涉。

在齐玉苓案和罗彩霞案中，没有发现其他国家机关、人民团体和他人对独立审判进行干涉的事实。但是，最高人民法院的批复使《宪法》成为山东省高级人民法院进行民事审判的依据，这点实际上触及了法院的国家权力配置及其在宪法中的地位与职权，触及宪法是否可以作为法院裁判依据的问题，即我国现行《宪法》第 131 条的"依照法律"是否包括了"依照宪法"。

四、法院依照的法律是否包括宪法

1982 年《宪法》公布后，一些学者围绕第 126 条（即现行《宪法》第 131 条）中的"法律"是否包括宪法、法律的范围以及在宪法解释学上的意义等问题进行了探讨。如有学者把"依照法律规定"解释为"按照法定程序并正确适用法律"，[③] 审判工作贯彻独立审判原则的实质就是一切服从法律，严格依法办事，即人民法院在其职权范围内的活动必须独立进行，对行政机关、团体和个人保持应有的独立性，而对国家法律则必

[①] 楼邦彦：《中华人民共和国宪法基本知识》，新知识出版社 1955 年版，第 156 页。

[②] 李达：《中华人民共和国宪法讲话》，人民出版社 1956 年版，第 198 页。在中国的制宪史上，仅有 1946 年的《中华民国宪法》对"法律"作出明确界定，该法第 170 条规定："本宪法所称之法律，谓经立法院通过，总统公布之法律。"

[③] 许崇德：《中国宪法》（修订本），中国人民大学出版社 1989 年版，第 304 页。

须绝对服从。① 从解释学的角度看，当时的理解侧重于说明法定程序意义（形式意义的法律），而国家法律是法定程序的基础。到了20世纪90年代，随着宪法实践的发展，宪法与司法关系，特别是法院能否适用《宪法》的探讨成为学术界关注的话题。齐玉苓案以及2001年的最高人民法院的批复出台之后，"宪法司法化""宪法的司法适用性"等逐渐成为学术讨论的重大热点课题。而最高人民法院对于齐玉苓案的批复更是促使这一热点的影响超出了宪法学乃至法学，辐射到其他学科领域。不过2008年批复被废止，以及后来法院对类似罗彩霞案的不同处理，又让学界开始反思如何通过宪法适用救济受教育权等基本权利的问题。

目前，对《宪法》第131条规定的"法律"的范围，学者们的观点是不一致的。如有的学者认为，《宪法》第131条"依照法律规定"的六个字中，"法律"二字是狭义的，不包括《宪法》在内，② 并以此作为人民法院不能将《宪法》进行司法适用的依据。但也有学者在主张狭义"法律"时将《宪法》包括在其中，认为这个法律是狭义的，具体指《宪法》《人民法院组织法》《刑事诉讼法》《民事诉讼法》《行政诉讼法》等。③ 也有学者把"依照法律"中的"法律"解释为广义上的法律，包括法律、法规等，④ 认为这是一种客观的规范体系。

（一）宪法文本上"法律"的学说史梳理

从宪法学说史的发展看，对宪法文本上"法律"一词的解释一直是有争议的。在德国，从19世纪30年代开始，形成了形式意义与实质意义的

---

① 许崇德：《中国宪法》（修订本），中国人民大学出版社1989年版，第305页。

② 参见童之伟：《宪法适用应依循宪法本身规定的路径》，载《中国法学》2008年第6期。

③ 参见蔡定剑：《宪法精解》，法律出版社2004年版，第402页。

④ 有学者把"依照法律"分为两层含义：一是法律为人民法院独立行使审判权提供保障；二是法院在审判活动中依全国人大及其常委会制定的实体方面的法律。参见许安标、刘松山：《中华人民共和国宪法通释》，中国法制出版社2004年版，第328页。

"双重法律概念"理论，积累了宪法解释的经验与学理基础。所谓实质意义的法律，一般包括法规，在内容的解释上又可分为"社会的限定设定规范""一般抽象的规范"与"自由、财产侵害规范"。在法国，传统的法律概念形成于《人权宣言》的颁布，当时只有经过宪法程序由国会通过的形式意义上的法律才具有法律效力。但到了第三共和国时期，只承认形式意义法律的观念受到了批判，也有学者主张承认客观存在的实质法律，推动从无限制的形式法律向依据立法管辖而受限制的法律概念的转变。在日本，围绕《日本宪法》第 76 条第 1 款的解释形成了丰富的学术传统，其学说的争论可追溯到明治宪法时代。在明治宪法时代，对宪法文本中的"依照法律"的基本理解是"根据议会制定的法律（经帝国议会协赞和天皇裁可程序的国法）"。① 目前，在宪法解释学上，围绕宪法上的"依照法律"形成了三种学说。一是诉讼程序法律说，即用形式意义的法律来规定法院裁判活动的程序。二是裁判标准说，即法律是作为裁判依据的标准，不仅包括形式意义上的法律，而且包括法规的一般内容，最初由美浓部达吉提出，到了昭和时代逐步被人们普遍接受。② 三是职务态度说，即认为裁判官进行司法活动应采取的方法只受宪法和法律的约束，不能以政令、规则、处分规定裁判官的司法行动，其目的是从多元价值判断审判活动中的法律范围。③ 这是日本学术界的晚近研究动向。须贺博志以"双重法律概念"的学说为前提，主张"拘束法官的法律只能是国会的制定法"，强调形式法律在裁判过程中的意义。④ 在韩国，围绕宪法规定的"依据宪法和法律——进行裁判"的原则，也出现了学术争论，通说是裁判标准说。该学说认为，法官在裁判中只受宪法和法律的拘束，法官行使裁判权要依

---

① ［日］须贺博志：《依照法律行使司法权的含义》，载《国民主权与法的支配》，成文堂 2008 年版，第 379 页。

② 同上书，第 407 页。

③ 同上书，第 417 页。

④ 同上书，第 382 页。

据宪法和法律。所谓受宪法和法律拘束是指，法官根据宪法规范和法律进行裁判，除法之外不受其他规范的约束。这里的宪法不仅包括宪法典，还包括宪法惯例；这里的法律指实质意义上的法律，指涉一种法规范体系。法官进行审判时，应依据合宪的法律，不受违宪法律的约束。当法官发现作为裁判依据的法律有可能违宪时，其无权进行违宪判断，而应把有违宪疑问的法律或条文提请"宪法法院"进行审查，并根据"宪法法院"的审查结果再决定是否继续进行裁判活动。这种违宪审查的二元化体制有利于保证法官在行使职权时遵守宪法。可见，"依照法律"在宪法文本中的意义与功能需要以成熟的学说为基础，并在学理基础上发展解释的规则与方法。

（二）我国宪法文本中"法律"的界定

在对《批复》的讨论中，我国《宪法》第 131 条"依照法律"中"法律"的内涵以及是否包括宪法是学术界存在较大分歧的问题之一。这一问题直接关系到宪法的司法适用是否具有文本依据。

在中国宪法文本上，"法律"一词的含义十分丰富，不尽相同。即便同样的"依照法律规定""依照法律"等表述也可能有不同内涵。如《宪法》（2018 年修正）第 2 条第 3 款规定，人民依照法律规定，通过各种途径和形式，管理国家事务，管理经济和文化事业，管理社会事务。第 10 条第 4 款规定，土地的使用权可以依照法律的规定转让。这些条款中的"法律"明确表示要保障这些权利，指"能够作为保障相应权利内容的法体系的宪法基础"。有时"法律"内涵涉及主体和义务的情况。如《宪法》（2018 年修正）第 55 条第 2 款有关依照法律服兵役和参加民兵组织的规定，第 56 条规定的依照法律纳税的义务涉及公民的基本义务。按照立宪主义原则，有关征兵、征税方面的法律必须强调法律的"形式性"，由国家法律统一规范，其目的是限制国家的权力，保障公民的权利。还有一种情况是以国家作为主体的条款，如《宪法》第 10 条第 3 款、第 13 条第 2 款和第 3 款的规定等。这里的"依照法律"在客观上起到了对国家权力的限制作用，既有程序上的限制，也有职权上的限制，通常包括实质与形式上法律的意义。

首先，从法律渊源和立法体系角度分析"依照法律规定"中"法律"的内涵。法律的渊源通常指法的外在表现形式，我国的法律渊源一般包括宪法、法律、行政法规、地方性法规、自治条例和单行条例等。既然宪法是法律渊源中的首要渊源，在"依照法律"的解释上不可能完全排斥宪法。有关基本权利和义务以及国家机构的职权等只能由宪法和法律来设定，但也可以通过行政法规等形式将宪法的规定具体化。在这里，宪法作为法律体系中位阶最高的法律，保障公民权利的享有或行使，限制国家权力的行使，为制定下位法提供了依据，下位法对此进行具体化。同时宪法也对这种法律的具体化过程进行控制，使法律具有合宪性。

宪法是一个完整的价值体系，它并不因被普通法律具体化而失去对法律的控制权，它始终拘束其适用者。在解决现实的具体争议时，虽然经常被运用的是普通法律，但这只是宪法的自我"谦抑"，此时法律一般也是以符合宪法的合宪性审查方式来适用宪法。宪法上的基本权利被普通法律具体化之后，该法律又符合宪法，这时并不存在基本权利被侵犯的问题，存在的只是普通法律权利的救济问题。在这种意义上，需要区分宪法问题和法律问题、宪法救济和法律救济之间的界限。在宪法的规定没有被具体化的时候，人民法院要受到基本权利的直接拘束，可以援引《宪法》，但不能对宪法问题作出直接的司法判断。如法院不能在判决书中对《宪法》规定的基本法律与法律之间的效力关系作出具有司法性质的审查。[1] 因而，在侵犯姓名权、受教育权的案件中，既然法院审查的是被普通法律具体化了的基本权利，那么法院的裁判实际上面向的是法律权利而非基本权利，此时，法院不应轻易地直接对宪法规范作出司法判断。

---

① 参见韩大元：《全国人大常委会新法能否优于全国人大旧法》，载《法学》2008年第10期。

其次，从审判权的来源分析"依照法律规定"中"法律"的范围。从审判权的来源看，只有宪法和法律才能赋予法院审判权，而审判权的首要来源是宪法，审判活动本身是宪法和法律实施过程中的一个环节。由于宪法赋予人民法院审判权，"依照法律"自然包含着人民法院要遵循宪法约束的原则。例如，根据《宪法》序言的规定，宪法是人民法院审判活动的根本准则；法院负有维护宪法尊严、保证宪法实施的职责；如果"依照法律"时，只讲形式的法律，认为根本法的条款若没有通过法律被具体化，就不可以约束人民法院，那么根本法的最高法律效力又如何体现？人民法院如何维护宪法尊严、保证宪法实施呢？我国《法官法》也明确规定，法官应当严格遵守宪法和法律。人民法院受宪法约束，审判权既来自宪法，又以宪法为依据。但基于宪法和法律具有不同的功能，法院审理案件时首先以法律为依据，遵循宪法与法律的界限，区分"规范性的法律"和"具体的用于裁判案件的法律"，① 在承认合宪性原则的前提下，法官在具体裁判的案件中适用形式法律。②

或许有人会问，假如我国宪法文本明确写上"法院依照宪法和法律规定，独立行使审判权"，是不是就意味着宪法的司法适用具有文本上的依据呢？如果只写"法律"，不写"宪法"，是不是意味着审判活动不以宪法为依据？其实，从宪法解释学的角度看，文本上是否写有"依据宪法"并不是判断宪法司法适用的唯一标准。在宪法文本上，"依照法律"的表述形式是多种多样的，要根据本国的体制具体作出判断。以亚洲国家宪法为例，至少有三种模式。第一种模式是在宪法文本上同时规定"依据宪法和法律"，如根据《韩国宪法》第 103 条的规定，法官根据宪法和法律，凭其良心独立审判；根据《日本宪法》第 76 条第 3 款规定，

---

① 陈金钊：《法律渊源：司法视角的定位》，载《甘肃政法学院学报》2005 年第 6 期。

② 陈金钊在《法律渊源：司法视角的定位》一文中对形式意义的法源的解释。笔者的观点是以合宪性原则作为前提。

所有法官以良心独立行使职权，只受本宪法及法律的约束；根据《塔吉克斯坦宪法》第 87 条的规定，法官只服从宪法和法律。第二种模式是规定行使审判权（司法权）时只依照法律，如《朝鲜宪法》第 140 条、《泰国宪法》第 190 条、《菲律宾宪法》第 14 条等。第三种模式是虽规定"依照法律"，但依照法律要遵循合宪解释原则，宪法仍然控制法律本身的适用。在整个裁判活动中，法官对是否适用宪法问题的理解是不可避免的，但是否具有独立的判断权或者决定权，在不同的国家具有不同的体制。但无论采取何种体制，作为规范意义上的宪法始终存在于法院的审判活动之中。

再次，"依照法律规定"在不同的诉讼中具有不同的特点与要求。我国人民法院的审判活动要遵循宪法规定的基本原则，但不同的诉讼活动对"依照法律"的解释规则与要求是不同的，不宜将"依照法律规定"中的"法律"一律解释为"狭义"的法律。

在行政审判中，我国人民法院审理案件的依据是"法"。《刑事诉讼法》《民事诉讼法》采用"依照法律规定"的提法，明确审判的依据是"法律"；而《行政诉讼法》则表述为"依法独立行使审判权"，把"法"作为审判的依据。[①] 按照通常的理解，"法"的范围是非常广泛的。同时，现行《行政诉讼法》（2017 年修正）第 63 条规定："人民法院审理行政案件，以法律和行政法规、地方性法规为依据。地方性法规适用于本行政区域内发生的行政案件。人民法院审理民族自治地方的行政案件，并以该民族自治地方的自治条例和单行条例为依据……"这就说明，该条文中的

---

① 在 1989 年《行政诉讼法》试拟稿中，曾有"规章与行政法规相抵触，适用行政法规；行政法规与法律相抵触，适用法律"的规定。这就暗含着赋予人民法院审查和评价行政法规和规章合法性的权力。后来在正式立法中删去了这一规定，说明立法机关不准备授予人民法院此种司法审查权。但正式颁布的法律在关于法律适用的规定中，对规章使用了"参照"一词，仍暗含着赋予法院对规章具有一定的审查权的意思。参见姜明安：《行政诉讼法学》，北京大学出版社 1993 年版，第 44 页。

"法律"是狭义的，但行政审判的依据除法律外还包括行政法规、地方性法规等。因此，在行政诉讼中法院独立行使审判权的依据是"法"，而不是"法律"。按照《最高人民法院关于司法解释工作的规定》（法发〔2021〕20号，本文以下简称《司法解释工作规定》）的第5条规定："最高人民法院发布的司法解释具有法律效力。"这一条款明确规定了人民法院在审判中也可以把"司法解释"作为审理依据，扩大了"依照法律"的范围，使"司法解释"具有"法律效力"。①

在刑事审判中，我国人民法院适用的法律应以"狭义法律"为标准，严格限制法律内涵，遵循"罪刑法定主义"原则。在这一点上，1955年《最高人民法院关于在刑事判决中不宜援引宪法作论罪科刑的依据的复函》（已失效）禁止把宪法作为"论罪科刑"依据是有积极意义的，客观上起到了保护公民基本权利与限制国家权力的作用。②

在我国民事审判中，"依照法律"的标准与范围的确定具有一定的灵活性与弹性，"依照法律"的范围不能仅限于"狭义法律"，而是不仅包括实质性的制定法，必要时也可以采用习惯法等，要根据具体个案选择法律规范。例如，宪法明确列举的基本权利，经当事人"穷尽法律救济程序"而无法得到救济时，人民法院可以援引宪法原则或条文阐述救济的理由，来保护民事权利。通过宪法补强民事审判中公民权利的保障，文本上的基本权利得到具体落实是《最高人民法院关于以侵犯姓名权的手段侵犯宪法保护的公民受教育的基本权利是否应承担民事责任的批复》（已失效）的积极作用之一。在笔者看来，《批复》中"依据宪法规定所享有的

---

① 司法解释是否具有"法律效力"，如果有，属于什么性质的"效力"是值得研究的课题。至少在《司法解释工作规定》中的"司法解释具有法律效力"是缺乏正当性与合法性的，这给法律概念的理解带来了不确定性。

② 2009年发表于《南方周末》的由黄利特约撰稿的《援引宪法打官司的历史缘何终结》一文中，时任中国政法大学宪法研究所所长的蔡定剑教授也认为，对公民的权利要予以保护，对国家权力则应限制。1955年最高人民法院的批复体现的就是这种宪法原理。对于公民的权利剥夺必须依据具体的法律严格行使，否则会造成国家权力的滥用。

受教育的基本权利"的表述是"多余的",但不能简单地解释为侵犯了"全国人大常委会的宪法解释权",因为这种表述不属于严格意义上的宪法解释,只是重申宪法文本已有的规定。之所以说是"多余的",就是因为受教育权是基本权利,宪法已作出明确规定,最高人民法院没有必要在《批复》中再作出"说明"。

1986 年《最高人民法院关于人民法院制作法律文书如何引用法律规范性文件的批复》(已失效),对法律、行政法规、自治条例和单行条例等的引用作出了具体规定:"国务院各部委发布的命令、指示和规章……凡与宪法、法律、行政法规不相抵触的,可在办案时参照执行,但不要引用。最高人民法院提出的贯彻执行各种法律的意见以及批复等,应当贯彻执行,但也不宜直接引用。"从这一批复中,能否得出宪法在人民法院审理民事案件时制作的法律文书中被排斥了的结论?这一批复首先与《司法解释工作规定》是直接冲突的,《司法解释工作规定》第 27 条规定:"司法解释施行后,人民法院作为裁判依据的,应当在司法文书中援引。人民法院同时引用法律和司法解释作为裁判依据的,应当先援引法律,后援引司法解释。"一方面规定"不宜直接引用",另一方面又要求"作为裁判依据的,应当在司法文书中援引"。并且,从这个批复也不能简单地得出排斥宪法的结论,因为"命令、指示和规章"作为"参照"的前提是"与宪法和法律"不相抵触,而是否符合宪法、法律的选择权由法官行使,法官的选择中自然包括合宪性、合法性的基本理解与疑问。由此可见,人民法院在审理案件时,是有义务对低位阶的法是否符合高位阶的法作出判断的。人民法院依照实质法律进行判断是一个问题,实质法律之间的效力等级又是另外一个问题。

最后,人民法院"依照法律规定独立行使审判权"受宪法和法律的严格限制。我国实行人民代表大会制度,人民法院是行使审判权的机关,而审判权在国家权力配置中属于第二层面的范畴,第一层面是国家权力机关统一行使国家权力,人民法院的审判权从属于最高权力机关,应严格遵循宪法文本的界限。根据《宪法》的规定，我国实行最高权力机关的宪法监督体制，由全国人大常委会行使法律和宪法的解释权，普通法院无权行使解释权。在承认并尊重宪法文本的前提下，我们可以探讨如何加强宪法在人民法院审判活动中的作用。

宪法是人民法院进行审判活动的最高依据，但具体的审判活动要通过具体法律来调整，无须直接适用宪法，更不能直接以宪法为依据作出判决。当然，在行政审判中，"人民法院审查具体行政行为不直接以宪法为依据并不意味着人民法院的审查可以离开宪法，可以不考虑和顾及宪法的规定……人民法院审查行政机关具体行政行为的合法性，就包含着审查该行为的合宪性，因为法律、法规是对宪法的具体化。至于某一具体法律、法规是否符合宪法，人民法院不能作出发生法律效力的评价和判断，但人民法院在审查具体行政行为时，认为某一具体法律、法规有违宪情况，可以报请最高国家权力机关加以审查和确认。宪法虽然不是人民法院司法审查的直接标准，但它应该是司法审查的最高标准、最终标准"。① 因此，从广泛的意义上讲，可以认为作为司法审查依据的法律包括宪法。

宪法和法律的解释权主体是全国人大常委会，这是不可逾越的法律界限，但在人民法院审判活动中法官也需要具有宪法意识，对案件所适用的法律、法规等的合宪性进行必要的判断，如有违宪之嫌的法律、法规，应通过最高人民法院向全国人大常委会提出审查或解释的要求。我国现行《立法法》（2015 年修正）第 99 条是目前能够启动违宪审查程序的重要的制度安排之一，但遗憾的是，法定的有权提出审查要求的国家机关，特别是最高人民法院和最高人民检察院几乎不行使违宪审查要求权，而热衷于出台司法解释，没有积极回应民众权利保障的期待。尽管《立法法》第

---

① 姜明安：《行政诉讼法学》，北京大学出版社 1993 年版，第 183 页。

99 条没有包括对"法律"的审查要求权，[①] 但如果最高人民法院、最高人民检察院积极运用法律赋予的这一职权，有可能在一定程度上避免"法律问题宪法化"问题，能够为法官的审理活动提供确定性的规则，既维护国家体制，也有利于在法律框架内推进中国违宪审查制度的发展，有利于减轻地方人民法院在宪法问题上所承受的不必要的政治或社会压力。

五、法院有关宪法适用的新课题及其解决之道

无论是齐玉苓案还是罗彩霞案，实际上姓名权、受教育权的争议本质是民事案件，之所以能够在审判过程关涉宪法适用问题，是因为宪法是国家的根本法和最高法，是首要的法律渊源。在"依照法律"的解释中不可能完全排斥宪法，宪法始终是法律的拘束者。而法院的审判权首先来源于宪法，审判活动本身就是宪法和法律实施的环节之一。此间，法院负有维护宪法尊严、保证宪法实施的职责。而同时，我国法律实践中长期主张和坚持人民法院在制作裁判文书的过程中不得援引《宪法》条义，人民法院也无权就合宪性问题径自作出司法裁判。不过，在当事人已经穷尽法律提供的救济手段仍无法获得救济时，人民法院可以考量援引宪法原则或条文阐述救济理由，强化判决中的说理来保护当事人的民事权利。因而，在法律实践中存在宪法考量，是且应当是一种正常的现象。

当然，在法律实践中的宪法考量并非直接指向或援引宪法文本规范并以之为根据作出个案裁判，二者是需要区分开来的。而今再审度齐玉苓案和罗彩霞案，人民法院必然不能遵循彼时《批复》所表明的内容——侵犯受教育基本权利的应当承担民事责任，毕竟这在人民法院的职权配置、宪

---

① 如法官审理案件所适用的法律可能违宪时如何处理，《立法法》对此没有作具体规定。笔者认为，即使是在人民代表大会制度下，也会出现宪法与法律冲突的现象。法官在审理案件过程中容易发现宪法与法律的冲突，而法官又没有独立的判断权与决定权。除积极运用《立法法》（2015 年修正）第 46 条规定的最高人民法院法律解释要求权外，也有必要设立专门的提请程序，为未来可能出现的问题提供依据。

法解释权等诸多方面均存在疑窦。齐玉苓案和罗彩霞案归根结底仍然是民事案件，其解决当然应按照民事案件的逻辑，适用民事法律规范来救济相应的法律权利。此间出现宪法适用问题，主要是有两种情形被混淆了：第一，人民法院在审判过程中考量法律的合宪性问题，运用宪法文本与规范来解释法律规范内涵；第二，人民法院直接援引宪法条文进行裁判。在我国，人民法院的职权始终对应前者。宪法固然是人民法院进行审判活动的最高依据，但具体的审判活动首先要通过具体的法律来调整，无须直接适用宪法，更不能直接以宪法为依据作出判决。即便法院可以对宪法体现的原则和精神在裁判文书中的说理部分予以阐述，① 但实际上其核心仍旧是在解释和适用法律而非宪法。

《批复》实际上有超越宪法规定的职权的疑虑。宪法和法律的解释权主体是全国人大常委会，这一界限不可逾越。在审判活动中，法官固然需要有宪法意识，对案件适用法律、法规作出必要的合宪性判断，但如果存在有违宪之嫌疑的规范，应通过具有要求或建议解释权的主体向全国人大常委会提出解释或审查的要求或建议。可能的即时解决方法是中止适用存有合宪性疑虑的法律规范。

总之，从建设法治国家的基本原则看，法治首先是规则之治，必须以法律文本为基础。对法律文本的"批判性思维"不利于推进法治进程，不利于树立法治权威。要从宪法实施的实践出发，充分发挥法律解释与宪法解释的功能，在立法理性与司法理性之间寻求合理平衡，倡导学术民主，以理性、宽容和开放的姿态积极探索并完善适合我国国情的宪法适用机制。

---

① 参见《最高人民法院关于印发〈人民法院民事裁判文书制作规范〉〈民事诉讼文书样式〉的通知》，法〔2016〕221 号，2016 年 6 月 28 日发布。

民　法

诚实信用原则与司法解释之间的博弈

——李某某与西安闻天科技实业集团有限公司确认合同无效纠纷案*

◀ **蒋惠岭**

同济大学法学院院长、同济大学特聘教授。毕业于中国政法大学、蒙特利尔大学。兼任上海市习近平法治思想宣讲团成员，上海市政府立法专家，上海市重大行政决策咨询论证专家，上海市法学会学术委员会委员、多元解纷法治研究会副会长，上海市人工智能治理协同创新中心主任，中国商事调解发展合作机制主席，沈家本研究院院长。曾任最高人民法院司法体制改革领导小组办公室副主任、中国应用法学研究所所长、国家法官学院副院长等职。曾主持、参与起草最高人民法院的多个五年改革纲要，主要研究领域为宪法、行政法、司法制度、法理学等。

---

* 参见陕西省西安市中级人民法院（2018）陕01民终8145号民事判决书。本案入选人民法院大力弘扬社会主义核心价值观十大典型民事案例。

◀ **陈洁蕾**

同济大学法学院助理教授，意大利罗马第二大学法学博士，意大利研究中心研究员，中意司法研究中心执行主任。主要研究领域为民法、罗马法、意大利司法制度。

在民事诉讼过程中，法官经常会遇到《民法典》具体条款与民法原则、单行法具体条款与民法原则、司法解释条款与民法原则以及《民法典》条款与社会主义核心价值观之间的关系问题。在全面推进依法治国、全面实现国家治理体系和治理能力现代化的社会转型期，这些问题不仅具有重要的法律意义，也具有深远的时代意义和政治意义。诉讼程序中的各个角色为实现各自的目的，会从不同角度给出处理这些关系的方案，而作为最终裁判者的人民法院运用权威的法律思维方法对所涉及的法律问题给出权威、全面的答案。2018 年 12 月 28 日，陕西省西安市中级人民法院作出的（2018）陕 01 民终 8145 号民事判决书全面展现了民法中的诚实信用原则与相关司法解释之间的关系，恰当地运用了社会主义核心价值观来作为裁判理由的支撑，并对下级人民法院适用司法解释时的自由裁量权进行了深入的分析。

一、案件审理情况

（一）案件事实与判决结果

"紫杉庄园"项目（又名"澜香山"项目）由西安闻天科技实业集团有限公司（本文以下简称闻天公司）开发建设。2016 年 4 月 25 日，闻天公司与李某某签订认购合同一份，由李某某（乙方）认购闻天公司（甲方）开发建设的位于陕西省××区××街办××路以西的"紫杉庄园"

项目商品房。双方在该认购合同中约定：

一、内部认购房源基本情况。1. 认购房源："紫杉庄园"（暂定名）×幢×－×号。2. 认购房源销售面积约 200m²。3. 认购房源销售总价 1 720 000 元，大写人民币壹佰柒拾贰万元整。

二、付款方式及内部认购优惠价格。1. 乙方内部认购购买该房屋选择总房价款 100% 付款比例。2. 根据乙方内部认购该房屋付款比例甲方给予乙方总房价款 7 折优惠，优惠后总价 1 204 000 元，大写人民币壹佰贰拾万肆仟元整。3. 乙方应于 2016 年 4 月 25 日一次性向甲方支付该认购房源 100% 房价款 1 204 000 元，大写人民币壹佰贰拾万肆仟元整。

三、甲乙双方权益。1. 本合同签订后，甲方须为乙方保留该房屋至签订正式《商品房买卖合同》时，且不得与第三方签订该房屋的《商品房内部认购合同》或《商品房买卖合同》，并承诺在乙方携本合同与甲方签订《商品房买卖合同》时，甲方将完全履行本合同约定的房屋位置、面积、价款、户型等条款。2. 乙方在与甲方约定的时间内办理完毕付款及购房相关手续，在签订《商品房买卖合同》时可享有一次更名机会。3. 乙方在内部认购期间为一次性付款，在办理签订《商品房买卖合同》时享有重新选择付款方式的权益，乙方如若选择商业贷款形式购买，需递交按揭相关资料并办理完毕银行审批面签手续，待银行审批放款后甲方于 15 日内将乙方向银行贷款部分房价款如数退还乙方。4. 本合同签订后，乙方接到甲方通知应在 15 日内到甲方指定的地点与甲方签订《商品房买卖合同》，并承诺在与甲方签订《商品房买卖合同》时，乙方将完全遵循本合同中约定的房屋位置、面积、价款、户型等条款。逾期办理则视为乙方自动放弃所认购房屋，甲方则另行安排出售，不予保留。

该合同下方加盖有闻天公司的公章，并有李某某签名。合同签订当日，李某某即向闻天公司缴纳 1 204 000 元购房款，闻天公司向李某某出具收据。

2016 年 8 月 3 日，西安市长安区住房保障和房屋管理局（本文以下简称长安房管局）对案涉项目进行检查，发现该项目未办理销售手续，涉嫌无证销售，遂于同年 8 月 9 日作出处理决定：责令闻天公司停止一切销售行为及与房屋销售相关的广告宣传活动；立即进行企业经营整改，并对违规销售的房屋逐一清退；尽快办理相关建设审批手续。但在此后，闻天公司仍未办理商品房预售许可证。2018 年 2 月 12 日，闻天公司以案涉房屋未取得商品房预售许可证为由将李某某起诉至法院，请求法院确认双方签订的认购合同无效。2018 年 3 月 1 日，长安房管局因闻天公司在案涉项目未取得商品房预售许可证的情况下擅自违规销售房屋，对闻天公司予以行政处罚，责令其停止销售活动，补办许可证，并处罚款 720 758 元人民币。同年 3 月 5 日，闻天公司缴纳罚款。陕西省西安市长安区人民法院一审庭审中，李某某认可双方当事人所签订的认购合同系事实上的房屋买卖合同。庭审结束后，法院向李某某释明合同无效的后果，但李某某坚持认为合同有效，要求闻天公司交房。另查明，案涉项目在庭审阶段已取得土地使用权证、建设用地规划许可证、建设工程规划许可证、建筑工程施工许可证。

陕西省西安市长安区人民法院于 2018 年 6 月 8 日作出（2018）陕 0116 民初 2519 号民事判决，判定闻天公司与李某某于 2016 年 4 月 25 日签订的认购合同无效。

宣判后，李某某上诉至陕西省西安市中级人民法院。二审审理中，李某某以双方纠纷已经和解为由申请撤回上诉，二审法院于 2018 年 10 月 17 日与其谈话了解相关情况，李某某以其与闻天公司有保密约定为由不透露和解内容。经审查，二审法院依据《最高人民法院关于适用〈中华人民共和国民事诉讼法〉的解释》（本文以下简称《民诉法解释》）第 337 条①

① 现为《民诉法解释》（2022 年修正）第 335 条规定。

之规定，对李某某申请撤回上诉依法不予准许。二审法院认为，李某某的部分上诉理由成立，其上诉请求本院依法予以支持。一审判决认定事实部分不清，适用法律错误，依法应予改判。根据《民法总则》第 7 条、第 153 条①，《民事诉讼法》第 170 条第 1 款第 2 项之规定②，陕西省西安市中级人民法院于 2018 年 12 月 28 日作出判决：一是撤销西安市长安区人民法院（2018）陕 0116 民初 2519 号民事判决，二是驳回闻天公司的诉讼请求。

（二）一审法院裁判理由

一审法院认为，依法成立的合同受法律保护。《最高人民法院关于审理商品房买卖合同纠纷案件适用法律若干问题的解释》（本文以下简称《商品房买卖合同司法解释》）第 2 条规定："出卖人未取得商品房预售许可证明，与买受人订立的商品房预售合同，应当认定无效，但在起诉前取得商品房预售许可证明的，可以认定有效。"第 5 条规定："商品房的认购、订购、预订等协议具备《商品房销售管理办法》第十六条规定的商品房买卖合同的主要内容，并且出卖人已经按照约定收受购房款的，该协议应当认定为商品房买卖合同。"《商品房销售管理办法》第 16 条规定："商品房销售时，房地产开发企业和买受人应当订立书面商品房买卖合同。商品房买卖合同应当明确以下主要内容：（一）当事人名称或者姓名和住所；（二）商品房基本状况；（三）商品房的销售方式；（四）商品房价款的确定方式及总价款、付款方式、付款时间；（五）交付使用条件及日期；（六）装饰、设备标准承诺；（七）供水、供电、供热、燃气、通讯、道路、绿化等配套基础设施和公共设施的交付承诺和有关权益、责任；（八）公共配套建筑的产权归属；（九）面积差异的处理方式；（十）办理产权登记有关事宜；（十一）解决争议的方法；（十二）违约责任；（十三）双方约定的其他事

---

① 现为《民法典》第 7 条、第 153 条规定相关内容。
② 现为《民事诉讼法》（2021 年修正）第 177 条第 1 款第 2 项规定。

项。"综上，本案争议焦点应为闻天公司和李某某所签订的认购合同的性质。如案涉合同系商品房预售合同，则应适用《商品房买卖合同司法解释》第2条之规定，确认该合同为无效合同；如案涉合同非商品房预售合同，则该合同为有效合同。本案中，闻天公司和李某某签订的认购合同中约定了双方的名称、住所、房屋的基本情况、单价、总价款、付款方式、付款时间，未对交付使用条件及日期等项目予以约定，现闻天公司认为在签订合同当时已经告知李某某，李某某在庭审中亦认可该合同系事实上的商品房买卖合同，因此，应认定案涉合同为商品房买卖合同。因闻天公司在本案起诉前仍未取得商品房预售许可证，故双方签订的认购合同为无效合同。综上所述，依据《合同法》第8条、第44条、第60条，① 《商品房买卖合同司法解释》第2条及《民诉法解释》第90条之规定，遂判决闻天公司与李某某于2016年4月25日签订的认购合同无效。

（三）二审法院裁判理由

二审法院认为，本案的焦点有二：一是双方当事人之间是否形成商品房预售合同法律关系；二是如果双方当事人之间已经形成商品房预售合同法律关系，其效力如何认定。

第一，关于闻天公司与李某某之间是否形成了商品房预售合同法律关系问题。

其一，双方所订立合同的名称虽为"紫杉庄园内部认购合同"，但合同对买卖双方当事人名称、商品房基本情况、商品房价款、付款方式、付款时间等内容进行了明确约定，合同内容已经具备了商品房预售合同的主要条款。根据《最高人民法院关于适用〈中华人民共和国合同法〉若干问题的解释（二）》（本文以下简称《合同法解释（二）》）② 第1条"当

---

① 现为《民法典》第119条、第465条、第502条、第509条规定相关内容。

② 该解释已于2021年1月1日起废止。2022年11月4日，最高人民法院发布《关于适用〈中华人民共和国民法典〉合同编通则部分的解释（征求意见稿）》，目前尚未生效。其中，关于合同成立的解释，在征求意见稿中第3条作出了更加详细的规定。

事人对合同是否成立存在争议，人民法院能够确定当事人名称或者姓名、标的和数量的，一般应当认定合同成立，但法律另有规定或者当事人另有约定的除外。对合同欠缺的前款规定以外的其他内容，当事人达不成协议的，人民法院按照合同法第六十一条、第六十二条、第一百二十五条等有关规定予以确定"的规定，闻天公司与李某某之间的商品房预售合同成立。根据《合同法》第 44 条第 1 款"依法成立的合同，自成立时生效"之规定，① 双方之间的商品房预售合同自 2016 年 4 月 25 日签订之日起生效。其二，在合同签订当日，李某某支付了房屋总价款 1 204 000 元，闻天公司向李某某出具了收到购房款的收据，诉讼中闻天公司也没有对李某某履行合同的行为提出抗辩，表明双方当事人同意对商品房预售合同实际履行。其三，闻天公司与李某某在诉讼中均认可名义上的"认购合同"实质上是商品房预售合同。

据此，二审法院认定案涉认购合同实质上是商品房预售合同，闻天公司与李某某之间形成了商品房预售合同法律关系。

第二，关于闻天公司与李某某之间的商品房预售合同法律关系的效力问题。

其一，李某某在签订认购合同当日支付了全额购房款，闻天公司在自身合同目的已经达到的情形下，非但不积极履行自身应尽的合同义务，反而在房地产市场出现价格大幅上涨的情况下，主张合同无效。这种做法显然违背诚实信用原则。其二，闻天公司作为房地产开发企业，对房屋预售所需符合的条件应当是清楚的，对自身不办理商品房预售许可证即预售商品房行为的违法性应当是明知故意的。现闻天公司以自身原因造成的违法事实为由提起诉讼，真正目的在于获取超出合同预期的更大利益，其行为显然与社会价值导向和公众认知相悖。为弘扬社会主义核心价值观，彰显司法公正，法院对此种行为不应予以支持。其三，闻天公司签约时未取得

---

① 现为《民法典》第 502 条规定相关内容。

商品房预售许可证，虽然违反了有关"商品房预售应当取得商品房预售许可证明"的规定，但是并不必然导致其签订认购合同的民事法律行为无效。

据此，闻天公司与李某某签订的认购合同有效，双方之间形成了有效的商品房预售合同法律关系。

二、总体评析与问题的提出

在本案中，当事人之间的争议焦点是开发商在未取得商品房预售许可证的情况下与买受人之间签订商品房预售合同的效力问题。一审法院认为，当事人双方签订的合同虽然名为内部认购合同，但实际上属于商品房预售合同。《商品房买卖合同司法解释》第2条规定，出卖人未取得商品房预售许可证明，与买受人订立的商品房预售合同，应当认定无效，但是在起诉前取得商品房预售许可证明的，可以认定有效。本案中，原告闻天公司于2018年2月9日提起诉讼，于2018年6月8日才取得商品房预售许可证，因此不符合合同效力补正的时间要件，故合同无效。应当说，一审法院的判决是建立在严格适用法律和司法解释字面规定的基础上作出的。

然而，在本案二审中，西安市中级人民法院认为，案涉楼盘在一审诉讼前已经取得了除预售许可证之外的"四证"，工程主体已经建成，在李某某上诉过程中案涉楼盘也取得了商品房预售许可证。因此，国家建立"商品房预售制度"所欲避免的风险在本案终审判决之前已经不存在。最重要的是，本案中要求法院确认合同无效的，恰恰是负有取得商品房预售许可义务的闻天公司。作为房地产开发商，闻天公司在与被告李某某签订内部认购合同时，对其未办理商品房预售许可的事实应当是明知的，而在房地产市场出现价格大幅上涨的情况下，开发商"自我举报无证预售"，提起诉讼主张合同无效，其目的不是促进和保护交易活动的实现，而是为摆脱合同的约束。如果法院认定合同无效，反而会使得明知违法而为之的开发商借用合同无效的制度设计，谋取不法利益，有违民法中的诚实信用原则和诚信、和谐、平等、公正的社会主义核心价值观。

虽然本案已经终审，但整个案件可以引发我们对于一系列问题的深刻反思。

第一，商品房预售的概念以及对在建商品房进行预售的许可行为，是否影响预售合同的效力。"商品房预售"在很大程度上带有中国特色，由此也产生了一系列特殊的规定，如商品房预售许可制度，以及预售许可与商品房预售合同效力之间的关系等。这是本案的核心争议点，但在这一点上，两级法院的裁判结果是截然相反的。

第二，二审法院在最高人民法院的司法解释与《合同法》（已失效）规定的"诚实信用"原则之间作出了适用后者的选择，是否属于适用法律正确。从二审判决可以看出，对一审判决改判的决定性理由，就是闻天公司的"自我举报"行为属于违反诚实信用原则的行为，而诚信原则应当优先于最高人民法院的司法解释适用。或者说，在何种情况下可以优先适用民法的基本原则进行裁判，是二审法院在法律适用方面的新贡献。

第三，中国特有的"司法解释"制度对于地方法院的约束是否属于绝对约束。由于中国的司法解释可以抽象的准立法规范的形式出现，具有法律上的普遍拘束力，下级法院应当适用。但本案的裁判结果并非如此，因而这对于中国的"司法解释"制度来说，也是一个发人深思的问题。

下面笔者将分别对这几个问题进行分析。

三、我国商品房预售制度与预售合同的法律效力

（一）我国商品房与商品房预售制度

商品房是我国特有的概念，仅指房地产开发商开发出来的用于租售的房屋。[①] 换言之，商品房专指由房地产开发企业为获取商业利润而进行开

[①]　参见高富平、黄武双：《房地产法学》（第四版），高等教育出版社 2016 年版，第 125 页。

发建设，向不特定的社会公众销售或出租的房屋。公房改制出售给个人的房屋（俗称"房改房"）和经济适用房（包括安居工程住房和集资合作建设的住房）等保障性住房，不属于商品房。① 根据建设部 2001 年发布的《商品房销售管理办法》第 3 条的规定，商品房销售包括商品房现售和商品房预售。其中，商品房现售是指房地产开发企业将竣工验收合格的商品房出售给买受人，并由买受人支付房价款的行为。相应地，商品房预售，则是指房地产开发企业将正在建设中的商品房预先出售给买受人，并由买受人支付定金或者房价款的行为。商品房预售合同所指向的标的物，即预售的在建房屋，也称"期房"或"楼花"。

商品房预售制度具有以下两方面的积极作用。一方面，它是房地产开发企业筹措开发资金的一种有效途径，也是房地产开发企业分散和转移开发经营风险的重要手段。自我国住房商品化改革开始，房地产开发企业成为商品房的主要供给方。房地产开发周期长，资金周转慢，所需资金数额巨大，若作为出卖人的房地产开发企业只有在房屋建成后才能将房屋投放市场销售，不仅资金压力很大，还会影响开发建设的进度。② 采用预售的方式销售商品房，开发商可以通过收取定金或预付款项，获得一定数量的建设资金，减轻融资压力。另一方面，对买受人也有两个重要意义：一是买受人可以提前安排购房计划和资金，在通常情况下还能享受预售房屋的价格优惠；二是由于从预售到实际的房屋买卖有一个较长的时间段，可能会形成一定的价格差，从而为那些以投资为目的的买受人向房地产投资提供了条件。③

然而，商品房预售依然存在其固有的风险。首先，不同于现房的销

---

① 参见《中华全国律师协会律师为开发商提供商品房买卖合同法律服务操作指引》第 2 条规定。

② 参见常鹏翱：《行政许可与合同效力——以商品房预售为对象的分析》，载《武汉大学学报》（哲学社会科学版）2020 年第 4 期。

③ 参见李东方：《房地产法学》，中国政法大学出版社 2014 年版，第 189～190 页。

售，商品房预售时，房屋并未建成，尚不具备所有权转移的现实条件。签订商品房预售合同后，买受人并未获得现实的房屋所有权，获得的只是在建商品房的期待权。① 从性质上来说，买受人所取得的，仅仅是基于商品房预售合同而产生的债权，即待房屋建成满足商品房所有权变更登记条件时，请求开发商交付房屋并移转所有权的一项债权。这项债权如果未经预告登记，② 则不能当然地产生对抗后手买受人的物权效力。如果在建设期间，开发商另行处分该预售标的，即便预售房屋的买受人可以依据预售合同要求开发商承担违约责任，但仍然需要承受无法获得商品房所有权的不利后果。其次，从合同风险的角度来看，商品房的开发需要大量的资金投入，在进行预售时，往往要求买受人支付一定比例甚至全部的房款。待支付房款后，不同于委托建房等模式，商品房预售的买受人并不能实现对于预付房款的有效监管。③ 如果在整个建设周期中，由于开发商的原因如经营不善、未按照原开发目的使用预售款、在建设过程中存在违法违规行为等导致房屋最后无法建成或交付，或建成后的商品房存在质量或权利瑕疵，则买受人同样需要承担相应的风险。最后，开发商与买受人之间在市场地位上并不平等。对于大多数个人购房者而言，开发商不仅经济实力雄厚，而且由于卖方市场之压力，在预售合同出现履行问题时，个人很少有能与开发商进行谈判的能力。④

---

① 参见李东方：《房地产法学》，中国政法大学出版社 2014 年版，第 190 页。

② 《民法典》第 221 条规定："当事人签订买卖房屋的协议或者签订其他不动产物权的协议，为保障将来实现物权，按照约定可以向登记机构申请预告登记。预告登记后，未经预告登记的权利人同意，处分该不动产的，不发生物权效力。预告登记后，债权消灭或者自能够进行不动产登记之日起九十日内未申请登记的，预告登记失效。"

③ 《城市商品房预售管理办法》（2004 年修正）第 11 条规定："开发企业预售商品房所得款项应当用于有关的工程建设。商品房预售款监管的具体办法，由房地产管理部门制定。"

④ 参见高富平、黄武双：《房地产法学》（第四版），高等教育出版社 2015 年版，第130 页。

基于上述原因，我国对商品房预售一直实行比较严格的行政监管制度。规制商品房预售活动的最主要的规范，可见于 2019 年修正的《城市房地产管理法》第 45 条规定："商品房预售，应当符合下列条件：（一）已交付全部土地使用权出让金，取得土地使用权证书；（二）持有建设工程规划许可证；（三）按提供预售的商品房计算，投入开发建设的资金达到工程建设总投资的百分之二十五以上，并已经确定施工进度和竣工交付日期；（四）向县级以上人民政府房产管理部门办理预售登记，取得商品房预售许可证明。商品房预售人应当按照国家有关规定将预售合同报县级以上人民政府房产管理部门和土地管理部门登记备案。商品房预售所得款项，必须用于有关的工程建设。"这一规定的主要目的是确保预售在建商品房之前，开发商已经取得了建设用地使用权，房屋建设行为正常进行且符合城市规划的相关要求，从而在一定程度上确保拟预售的商品房能够被如期顺利交付。① 具体来说，上述规定实际上针对商品房预售设置了预售许可、预售合同登记备案、预售款专用于工程建设等管制措施，其中最重要的无疑是商品房预售许可制度。

根据《行政许可法》第 2 条规定，行政许可是行政机关根据公民、法人或者其他组织的申请，经依法审查，准予其从事特定活动的行为。《城市房地产管理法》第 45 条第 1 款第 4 项规定的商品房预售许可是房屋行政主管机关根据房地产开发企业的申请，准予其预售商品房的行为，属于典型的行政许可。② 这一点也在《城市商品房预售管理办法》（2004 年修正）中有所强调，该办法第 6 条规定，商品房预售实行许可制度。开发企业进行商品房预售，应当向房地产管理部门申请预售许可，取得《商品房预售许可证》。这一制度的主要目的在于通过设置行政许可，明确市场准

---

① 参见常鹏翱：《行政许可与合同效力——以商品房预售为对象的分析》，载《武汉大学学报》（哲学社会科学版）2020 年第 4 期。

② 同上注。

入资格的要求，确保预售商品房的开发企业具备完成商品房开发建设、履行商品房买卖交易合同义务的能力，以建构、维护商品房预售领域的交易秩序，避免对商品房买卖交易领域的市场秩序以及不特定买房人利益和公共利益造成可能的损害。① 然而，在司法实践中，由于房地产开发领域的不规范操作，加上对商品预售许可制度的理解不够，在民商事审判中经常会遇到未办理预售许可证的开发商与购房人因签订预售房合同发生纠纷，也有的将现成的商品房销售签订为预售房合同而引发纠纷。

（二）商品房预售合同的法律效力

作为一种非典型合同，商品房预售合同的效力首先受到合同法关于合同效力一般条款的规范。一般来说，一个有效的合同需要当事人具有相应的民事行为能力、意思表示真实、不违反法律或行政法规的强制性规定、不违背公序良俗等。② 其中"违反法律或行政法规的强制性规定"一直以来都是我国民法体系中合同无效的理由之一。在《民法典》生效之前，根据《合同法》（已失效）第 52 条第 5 项③的规定，违反法律、行政法规的强制性规定的，合同无效。但是，这一规定一直存在例外情形。《合同法解释（二）》（已失效）第 14 条规定，《合同法》（已失效）第 52 条第 5 项规定的"强制性规定"，是指效力性强制性规定。《最高人民法院印发〈关于当前形势下审理民商事合同纠纷案件若干问题的指导意见〉的通知》（法发〔2009〕40 号，本文以下简称《指导意见》）进一步提出，正确理解、识别和适用《合同法》（已失效）第 52 条第 5 项中的"违反法律、行政法规的强制性规定"，关系到民商事合同的效力维护以及市场交

---

① 参见王轶：《论商品房预售许可证明对合同效力的影响》，载《比较法研究》2018 年第6 期。

② 《民法典》第143 条规定："具备下列条件的民事法律行为有效：（一）行为人具有相应的民事行为能力；（二）意思表示真实；（三）不违反法律、行政法规的强制性规定，不违背公序良俗。"

③ 现为《民法典》第153 条规定相关内容。

易的安全和稳定。人民法院应当注意区分效力性强制性规定和管理性强制性规定。违反效力性强制性规定的，人民法院应当认定合同无效；违反管理性强制性规定的，人民法院应当根据具体情形认定其效力。《合同法解释（二）》（已失效）以及《指导意见》的规定在相当长的一段时间里引起了学者之间关于效力性强制性规定和管理性强制性规定的热烈讨论。①2019 年《全国法院民商事审判工作会议纪要》（本文以下简称《九民纪要》）第 30 条就"强制性规定的识别"作了详细的解释：《合同法》（已失效）施行后，针对一些人民法院动辄以违反法律、行政法规的强制性规定为由认定合同无效，不当扩大无效合同范围的情形，《合同法解释（二）》（已失效）第 14 条将《合同法》（已失效）第 52 条第 5 项规定的"强制性规定"明确限定于"效力性强制性规定"。随着这一概念的提出，审判实践中又出现了另一种倾向，即有的人民法院认为凡是行政管理性质的强制性规定都属于"管理性强制规定"，不影响合同效力。这种望文生义的认定方法，也遭到了怀疑和批评。

人民法院在审理合同纠纷案件时，要依据《民法典》第 153 条第 1 款的规定慎重判断"强制性规定"的性质，特别是要在考量强制性规定所保护的法益类型、违法行为的法律后果以及交易安全保护等因素的基础上认定其性质，并在裁判文书中充分说明理由。下列强制性规定，应当认定为"效力性强制性规定"：强制性规定涉及金融安全、市场秩序、国家宏观政

---

① 在认定是否构成效力性强制性规范时，一种观点是公共利益说。如王利明教授认为："违反该规定以后若使合同继续有效将损害国家利益和社会公共利益，也应当认为该规范属于效力规范。"王利明：《论无效合同的判断标准》，载《法律适用》2012 年第 7 期。另一种观点是利益衡量说的标准。因为所有的强制性规定皆存在其立法目的，利益衡量实际上就是判断立法目的的实现是否以否定合同效力为必要。只有通过这不同利益——强制性规定所保护的利益和以合同自由为代表的合同利益进行比较，才能确定两者之间谁更值得保护的优先性关系。参见冷铁勋：《〈公司法〉规制董事自我交易的规范之类型——以强制性规定区分效力性和管理性规范为视角》，载《暨南学报》（哲学社会科学版）2014 年第 3 期。

策等公序良俗的；交易标的禁止买卖的，如禁止人体器官、毒品、枪支等买卖；违反特许经营规定的，如场外配资合同；交易方式严重违法的，如违反招投标等竞争性缔约方式订立的合同；交易场所违法的，如在批准的交易场所之外进行期货交易。而关于经营范围、交易时间、交易数量等行政管理性质的强制性规定，一般应当认定为"管理性强制性规定"。虽然《九民纪要》的这一规定已尽力对强制性规范的性质进行了说理，强调应当根据规范的性质、目的与违法后果等认定其对合同效力的影响，不应当盲目扩大效力性强制性规范的范围，也不应当仅根据凡是行政管理性质的强制性规定都属于"管理性强制性规定"进而不影响合同的效力，但是理论界与实务界对于是否以及如何区分"效力性强制性规定"与"管理型强制性规定"的讨论仍在继续。

　　然而，《民法典》并未延续使用最高人民法院相关司法解释及指导意见中关于"效力性强制规定"和"管理性强制规定"的表述。《民法典》第153条明确规定，"违反法律、行政法规的强制性规定的民事法律行为无效。但是，该强制性规定不导致该民事法律行为无效的除外。违背公序良俗的民事法律行为无效。"从规则的文义来解释，违反强制性规定是否导致法律行为的无效不能一概而论。这一规定在一定程度上削弱了上述针对强制性规定性质进行区分的争议，以及根据强制性规定的性质类型去识别合同效力的合法性。① 值得注意的是，2022 年 11 月 4 日，最高人民法院发布了《关于适用〈中华人民共和国民法典〉合同编通则部分的解释（征求意见稿）》，其中第 17 条对违反强制性规定导致合同无效的情形作出了明确解释，并指出"在判断法律、行政法规的强制性规定是否为效力性强制性规定时，人民法院应当综合考量强制性规定的目的、当事人是否属于强制性规定保护的范围、强制性规定规制的是一方当事人还是双方当

----

① 参见谷绍勇：《违法、违规合同效力的识别规则》，载《人民司法》2021 年第 1 期。

事人、违反强制性规定的社会后果等因素"。并且规定"有下列情形之一的，人民法院应当认定合同因违反效力性强制性规定无效：（一）合同主体违反法律、行政法规关于国家限制经营、特许经营以及禁止经营等强制性规定；（二）合同约定的标的物属于法律、行政法规禁止转让的财产；（三）合同约定的内容本身违反禁止实施犯罪行为、不得实施侵权行为、不得限制个人基本权利等强制性规定；（四）交易方式违反法律、行政法规关于应当采用公开竞价方式缔约等强制性规定；（五）交易场所违反法律、行政法规关于应当集中交易等强制性规定；（六）合同违反涉及公序良俗的强制性规定的其他情形。"虽然该征求意见稿尚未生效，但由此可见，未来我国在认定关于强制性规范导致合同无效的情形时，将变得有法可依，有助于解决当前存在的争议。

根据《城市房地产管理法》等法律法规的规定，房地产开发商未取得预售许可证的，不得进行房屋预售。那么未取得预售许可，开发商与购房者签订的商品房预售合同是否有效，则需要考虑《城市房地产管理法》中禁止开发商无证预售的规定是否构成了合同法时代的"效力性强制规定"，或者说，对这一规定的违反是否导致预售合同的无效，则应当根据规定的性质、目的与违法后果等认定其对合同效力的影响来综合考虑。

由于包括房地产开发在内的建筑活动往往涉及社会公共利益，因此往往存在大量的行政监管以及随之而来的强制性规定和行政许可，如相关主体的资质问题，建设活动中的规划许可、施工许可，招投标活动中的禁止性规定等。这些规定是否导致相关的合同无效，并不能一概而论。具体到商品房预售的情形，《城市房地产管理法》第45条关于预售许可的规定，应当理解为对于开发商无证预售行为的禁止，意在严格要求开发商遵循法定的程序和条件取得商品房预售许可证之后再行与买受人签订商品房预售合同。违反该规定的直接法律效果应当是对无证预售的开发商科以相应的处罚，并由其承担相应的不利后果。这也是《城市房地产管理法》第68条规定"违反本法第四十五条第一款的规定预售商品房的，由县级以上人民政府房产管理部门责令停止预售活动，没收违法所得，可以并处罚款"
之意义所在。换言之，这里所禁止的并不是商品房预售合同本身，而是开
发商无证预售的行为，并不必然得出无预售许可而签订的商品房预售合同
无效的结论。正因如此，有学者认为，《城市房地产管理法》的这一规定
应当理解为管理性强制性规定。违反该强制规定的商品房预售合同，其
效力不因违法性而受影响。①

　　然而，最高人民法院的司法解释似乎没有完全接受这种理解。《商品
房买卖合同司法解释》第 2 条对违反《城市房地产管理法》第 45 条预售
许可进行预售活动而签订的合同效力作了明确规定，即出卖人未取得商品
房预售许可证明，与买受人订立的商品房预售合同，应当认定无效，但是
在起诉前取得商品房预售许可证明的，可以认定有效。就该司法解释的文
义而言，最高人民法院首先认为"无证预售"情形下的预售合同原则上是
无效的；但是这一效力的瑕疵允许出卖人（即开发商）进行补正，即出
卖人在起诉前取得商品房预售许可证的，合同可以被认定为有效。司法
解释在这里采用了"可以"而非"应当"的表述，也意味着法官在这
种情形下享有一定程度的自由裁量权，即便开发商及时补正了预售许可
证这一瑕疵，合同也可能被认定为无效。以司法解释为基础，未取得预
售许可证而签订的商品房预售合同效力问题，似乎已成定论。② 本案一
审判决正是以此规范为基础，判定闻天公司与李某某之间的商品房预售合
同无效。

　　尽管如此，也许正是基于对此类强制性规定对效力影响的不同认识，
我国的司法实践中存在两种完全不同的裁判思路。

　　一种裁判思路认为，法院应当严格依法裁判，认定合同无效，只有在
判定主张无效一方承担损害赔偿责任的时候，才将其行为严重违反诚信原

①　参见王轶：《论商品房预售许可证明对合同效力的影响》，载《比较法研究》
2018 年第 6 期。
②　参见耿林：《论商品房预售合同的效力》，载《法学家》2017 年第 1 期。

则之情事纳入考虑范畴。① 例如，在贵州省安顺市中级人民法院作出的（2020）黔04民终954号民事判决中，类似本案一审，即根据《商品房买卖合同司法解释》第2条之规定，认定预售合同无效。其裁判理由主要如下："《商品房买卖合同司法解释》的这一规定是因预售合同订立时，买卖的房屋尚在建设之中，房屋的所有权还没有经登记设立。为了维护交易的秩序，保护消费者的利益，防止国家在国有土地上的利益受到非法侵害，损害国家利益，所以国家对商品房预售行为有特殊的要求和规定，建立了商品房预售的行政许可制度。该规定为强制性规定。上诉人未取得案涉商铺的商品房预售许可证，其与被上诉人签订的《商品房买卖合同》违反该强制性规定，应认定为无效合同。"②

另一种裁判思路则相反，同本案二审判决，即法官为了避免违法背信的一方当事人因其不法行为而获利，为论证合同有效极力寻找可供支持的理由。如在陕西省高级人民法院作出的（2020）陕民申2022号民事裁定中，认为："2015年5月6日，陈某与世纪熙源公司签订《商品房买卖合同》，约定购买案涉房屋××房××城改项目。世纪熙源公司作为房地产开发企业，对房屋预售所需符合的条件应当是清楚的，对自身不办理商品房预售许可证即预售商品房行为的违法性应当是明知的。现因开发商自身的原因未取得案涉房屋的预售许可证，从而认定该《商品房买卖合同》无效，显然违背诚实信用和公平原则。依照《民法总则》第153条之规定，违反法律、行政法规的强制性规定的民事法律行为无效，但是该强制性规定不导致该民事法律行为无效的除外。没有预售许可证不得预售房屋的法律规定属于管理性强制性规定，而非效力性强制性规定。预售许可证是行政管理手段。未办理预售许可证，开发商

---

① 参见夏昊晗：《诚信原则在"借违法无效之名毁约"案型中的适用》，载《法学》2019年第6期。

② 类似的判决可以参考河北省石家庄市中级人民法院（2020）冀01民终9456号民事判决书、湖北省黄石市中级人民法院（2021）鄂02民终2483号民事判决书等。

应当受到行政处罚，但不应当影响民事合同的效力。"与之类似，在河北省正定县人民法院作出的（2018）冀 0123 民初 2593 号民事判决中，认为"原告在未取得房屋预售许可证的情况下销售房屋并收取被告大部分购房款后，在案涉房屋已为现房、具备交付条件、房价大幅上涨的情形下，拒绝继续履行协议、交付房屋而请求确认认购协议无效，明显违背诚实信用原则，其行为属滥用诉权、构成恶意诉讼，本院对原告所述不予支持"。此外，在最高人民法院作出的（2019）最高法民申 5661 号民事裁定中，法官同样认为，如果因案涉房屋未办理预售许可证而机械地认定购房认购书无效，将导致房屋被查封拍卖的后果由房屋买受人承担，有失公平。[①]

《民法典》实施后，最高人民法院在清理相关司法解释时，并未对《商品房买卖合同司法解释》第 2 条之规定进行调整。修正后的《商品房买卖合同司法解释》（法释〔2020〕17 号）仍然保留了出卖人未取得预售许可证而签订的预售合同原则上无效的规定。不得不说，这一规则的保留无助于解决实践中因开发商无证预售而带来的合同效力争议。尽管开发商未取得预售许可证即进行预售而签订商品房预售合同的行为违反了《城市房地产管理法》的规定，应当因此而受到行政处罚，但从本案以及支持开发商"无证预售"时合同有效的判决来看，如果径直根据司法解释的规定认定这种情况下的预售合同无效，那么最终遭受不利影响的很可能是买受

[①]　除了房地产预售中的禁止性规定，在建筑行业基于资质管理的要求，也存在类似的情形。如在"长泰县坂里乡人民政府与何某土建设工程施工合同纠纷案"中，发包人以承包人个具有建筑施工企业资质为由主张合同无效，而承包人主张"本案诉讼时，诉争的工程已经交付了十多年，即便认定合同有效，也不会再出现因为不符合主体资格而发生事故或影响质量，同样能够保护上诉人的合法利益。上诉人要求认定合同无效属于恶意抗辩，如果支持其主张必然放纵其投机行为，破坏整个合同法的秩序，与民法所倡导的诚实信用基本原则相违背"。但是二审法院并未接受该意见，而是径直依据《最高人民法院关于审理建设工程施工合同纠纷案件适用法律问题的解释（一）》第 1 条的规定认定合同无效。参见福建省漳州市中级人民法院（2014）漳民终字第 355 号民事判决书。

人。这是因为，如果开发商最终因条件不具备而无法建成质量合格的房屋，导致无法交付，此时合同便会被认定为无效，购房方只能主张赔偿信赖利益而丧失实际履行请求权，而且以信赖利益损失为赔偿范围的缔约过失责任往往无法填补其实际损害。同样，由于合同被认定为无效，买受人无法主张开发商违约而要求履行利益的赔偿。① 合同无效的法律效果本身并无法阻止开发商违法进行"无证预售"，也无法阻止开发商在房价上涨时要求通过主张合同无效来获得更多的非法利益。本案中，开发商闻天公司在发现房屋价格大幅升高之后，便以自己没有取得预售许可证为借口主张合同无效，意图通过付出一定的损害赔偿数额收回房屋后再次高价出售，谋取利益。

尽管学界对《城市房地产管理法》中禁止"无证预售"的规范的性质以及"无证预售"的合同效力存在争议，但除非在极端情况下，最高人民法院的司法解释应当是得到尊重的。即使撇开司法解释的规定，如果一概认为《城市房地产管理法》的规定目的主要在于行政监管而不应当直接影响合同的效力，这显然也是不合理的。然而，对于在何种情况下应当承认"无证预售"下的合同效力，则有进一步解释的必要。一方面，我们应当认识到预售许可的目的在于规范房地产开发企业的行为，禁止开发商违法预售，维护预售房屋买受人的权利以及商品房交易市场的正常秩序。未取得预售许可证而进行预售的行为，可能导致合同因为违反法律强制性规定而归于无效。另一方面，在类似本案的情形中，由于开发商（出卖人）的过错未办理预售许可证从而导致合同无效，并且开发商对于违法预售行为存在"明知"时，是否允许在个案中对于当事人之间失衡的权利义务关系进行校正，从而实现个案正义，是值得考虑的。②

在本案二审判决中，法官虽然认定预售合同有效，但在判决书中还是

---

① 参见耿林：《论商品房预售合同的效力》，载《法学家》2017 年第 1 期。

② 参见朱庆育：《民法总论》，北京大学出版社 2013 年版，第 58～59 页；夏昊晗：《诚信原则在"借违法无效之名毁约"案型中的适用》，载《法学》2019 年第 6 期。

比较隐晦地表述为"闻天公司签约时未取得商品房预售许可证，虽然违反了有关商品房预售应当取得商品房预售许可证明的规定，但是并不必然导致其签订认购合同的民事法律行为无效"。坦率地讲，二审判决书并没有在裁判理由中对排除适用《商品房买卖合同司法解释》第 2 条的规定进行充分说理，或者说没有从违反《城市房地产管理法》第 45 条这一强制性规定本身的属性出发来讨论是否会导致商品房预售合同无效。该判决从诚实信用原则出发，认定开发商因房价上涨而自我举报"无证预售"请求认定合同无效的背信之举，显然违反了任何人不得因违法行为而获利的民法原则，违反了诚实信用这一民法基本原则，进而认定当事人之间的商品房预售合同有效。与之类似，在前述几个支持"无证预售"合同效力的判决中，大多数也是以诚实信用或者公平正义原则为理由，认可了合同的效力。例如，最高人民法院在（2013）民申字第 1012 号民事裁定书中指出，本案中的文松公司以自己违约行为的不利后果来否定《商品房买卖合同》的效力，违反了《民事诉讼法》（2012 年修正）第 13 条第 1 款关于民事诉讼应当遵循诚实信用原则的规定，故本院对其申请再审的主张不予支持。

诚实信用原则作为一项民事基本原则早已为世界各国民法典所承认，我国亦不例外。《民法典》第 7 条规定："民事主体从事民事活动，应当遵循诚信原则，秉持诚实，恪守承诺。"诚实信用原则要求民事主体在活动中应做到谨慎维护对方的利益，满足对方的正当期待，给对方提供必要的信息等。① 但当存在法律法规的明确规定时，如本案一审法院适用的《商品房买卖合同司法解释》第 2 条②，则需要有一套明确的用于处理法

---

① 参见王利明：《民法》（第八版），中国人民大学出版社 2020 年版，第 46 页。

② 根据《最高人民法院关于裁判文书引用法律、法规等规范性法律文件的规定》（法释〔2009〕14 号）第 4 条的规定，民事裁判文书应当引用法律、法律解释或者司法解释。对于应当适用的行政法规、地方性法规或者自治条例和单行条例，可以直接引用。因此，司法解释属于民法的法律渊源，可以成为法院据以作出判决的依据。参见王轶：《论商品房预售许可证明对合同效力的影响》，载《比较法研究》2018 年第 6 期。

律原则与法律解释之间关系的裁判理论。

四、诚实信用原则与法律的禁止性规范

（一）诚实信用原则及其修正功能

本案的核心争点在于，原告、被告之间的商品房预售合同存在明显违反法律的强制性规定，并根据司法解释的规定可能导致无效的情形，但如果判定合同无效则会在客观上对守约一方当事人造成明显的不利益。这种矛盾应如何处理？在这种情形中，是否可以根据诚实信用原则对有悖于正义的结果进行矫正呢？

根据《商品房买卖合同司法解释》第 2 条的规定，开发商在"无证预售"情形下签订的商品房预售合同因违反法律强制性规定而无效。然而，如果不分情况一概而论，裁判结果有可能严重背离普通民众对公平正义的期待和信任，明显有悖于诚实信用原则。但是，如果按照诚实信用原则认可该合同的效力，又会造成个案判决结果与法律和司法解释相关条款之间的直接冲突。换言之，一方当事人明知其违法行为是合同无效的直接原因，却仍然主张合同无效的，法院能否以违反诚实信用原则为理由维持合同的效力。

下面先从诚实信用原则的功能进行论述。

从诚实信用的历史起源来看，罗马法上的诚信概念最初体现在诚信诉讼中。诚信诉讼是与严法诉讼相对应的一种程式诉讼。两者的区分标准在于裁判官是否享有自由裁量权。在诚信诉讼中，裁判官享有一定的自由裁量权，考虑双方当事人是否遵守诚信原则，按照案件的具体情况根据公平的原则进行判决。例如，关于买卖、租赁、无因管理、委托、寄托、信托、合伙、监护等案件的审理属于诚信诉讼。[①] 在严法诉讼中，审判员必

---

① 参见［古罗马］盖尤斯：《法学阶梯》，黄风译，中国政法大学出版社 1996 年版，第320 页。

须严格遵照与执法官程式相同的要求进行审理，不享有自由裁量权。①

另外，罗马法中关于"善良之人"与"诚实信用"在诉讼中的论述，古罗马著名法学家西塞罗曾有一段著名论断。他说，"善良之人"的形象，就像"但愿我不会因为你或者对你的信任而蒙受损失、遭到欺骗"，或者就像在"信托之诉"中的"固定套语""尽到好好行事的善良人之间的义务并且没有欺骗"那样。② 大祭司昆图斯·谢沃拉曾经说过，那些补充有"诚实信用"的判决具有特别重要的意义。"在涉及这些关系时，一个好的法官应该确定哪一方应该向哪一方负担什么义务，特别是在大多数情况下，还存在相反的控告。"③ 由此可见，罗马法中的"诚实信用"不仅要求当事人承担善意、诚实的补充义务，而且裁判官还可根据正义衡平的原则对契约内容进行干预。④

从域外法的经验来看，日本的学界和司法实务界认可诚实信用原则在一定情形下可以适用于法律行为的违法无效判断，从而矫正无效的法律效果。⑤ 德国学界和司法实务界也持有类似观点。德国联邦最高法院在1982年的一则判决中曾明确指出："法律行为之违法性固然应由法院依职权进行考虑。然而，在整个法律生活中居于统治地位的诚信原则也适用于无效法律行为领域。因此，援引合同之无效在特别的例外情形下可能构成不容许的权利行使。"⑥ 而德国学者斯塔米耶（Stammier）教授认为，法律的标准应为人类最高理想，诚实信用原则是这一最高理想的体现。如果法律

---

① 参见费安玲：《罗马私法学》（第二版），法律出版社2020年版，第116页。

② 参见［意］里卡尔多·卡尔迪利、翟远见：《"善良之人"与"诚实信用"》，载《苏州大学学报》（法学版）2014年第3期。

③ 同上注。

④ 参见徐国栋：《诚实信用原则的概念及其历史沿革》，载《法学研究》1989年第4期。

⑤ 参见［日］山本敬三：《民法讲义Ⅰ：总则》（第3版），解亘译，北京大学出版社2013年版，第501页。

⑥ 夏昊晗：《诚信原则在"借违法无效之名毁约"案型中的适用》，载《法学》2019年第6期。

规定与最高理想不合，则应排除法律规定而适用诚实信用原则。①

从更深层次理解这一问题，实际上它就是在平衡作为民法基本原则的诚实信用原则与具体的法律规则之间的关系。民法原则是民法规则的本源和基础，它可以弥补民法规则的不足与局限，甚至在法律没有明确规定时可以直接作为法官裁判个案的法律依据。同时，通过法律原则对法官行使"自由裁量权"的指导，不仅能保证具体案件的公正裁判，避免因僵化适用法律规则可能造成的实质不公正，而且使民法制度保持一定的适应能力，在更大程度上维护民法规则的稳定。② 但是，如果针对某一具体法律问题已经有了相应的法律规范，纵然承认民法基本原则的修正功能，也不应轻易撇开具体法律规范而直接适用民法的基本原则，否则便可能产生宏观层面上的"向一般条款逃逸"的风险。③ 而在微观层面上，一旦允许在个案中适用诚实信用原则，则为当事人提供了请求重新认定合同效力的依据，而且其结果很可能是法律行为被认定为有效。这样一来，实际上会让很多本应无效的法律行为获得法律效力，从而导致法律禁止性规定的规范目的落空。④

应当承认的是，法律的禁止性规定体现的是立法者的价值判断，法官作为执法者应自觉遵守。如果法官完全依其自身判断，随意选择通过适用诚实信用原则作出与禁止性规定相反的裁判，会影响法律规范的权威性，经常被批评为自由裁量权过大。但在某些特殊情形中，当适用具体的法律规则会导致严重不公的结果时，法治精神依然允许法官以谨慎的态度发挥基本原则的修正功能。就民法中的禁止性规定而言，其实际目的是为维护

---

① 转引自梁慧星：《民法解释学》，中国政法大学出版社 1995 年版，第 311~312 页。

② 参见崔建远：《论民法原则与民法规则之间的关系》，载《江汉论坛》2014 年第 2 期。

③ 参见韩世远：《民法基本原则：体系结构、规范功能与应用发展》，载《吉林大学社会科学学报》2017 年第 6 期。

④ 参见夏昊晗：《诚信原则在"借违法无效之名毁约"案型中的适用》，载《法学》2019 年第 6 期。

公共利益而对私人意志的干预和限制。但如果完全像本案中的一审判决那样严格按照司法解释的规定否认合同的效力，无疑是将不利的法律后果完全让守约的一方当事人承受。面对房地产交易市场在一定程度上存在的秩序混乱、诚信缺失的现状，一审法院的判决亦有鼓励不法行为之嫌。① 因此，并不能一概认为诚实信用原则的修正功能将导致具体规范目的落空。当适用具体法律规则的不公平结果达到社会公众难以忍受的程度时，则从根本上违反了立法的目的。

另外，我国 2012 年《民事诉讼法》修正时也正式确立了民事诉讼法的诚实信用原则。这一原则的确立目的之一在于解决司法实践中恶意诉讼、虚假诉讼、诉讼中的虚假陈述等当事人滥用诉讼权利的行为。② 《民事诉讼法》的这一修改，实际上也为实体法中的诚实信用原则在诉讼活动中的进一步贯彻和落实确立了明确的立法依据。诚实信用原则的条文化、法定化明确对诉讼主体实施诉讼行为提出了更高的要求。诚实信用原则是将对人们的道德规范植入法律规范之中，以提升道德规范的效力强度。正因诚实信用是一种道德要求，且诉讼主体的行为又是多种多样的，所以难以在《民事诉讼法》中将其完全加以具体化、制度化，而只能作为一项抽象的原则加以规定。在运用层面上，诚实信用原则的条文化、法定化一方面为最高人民法院提供了规制诉讼行为的司法解释依据，另一方面为法官针对民事诉讼中的非诚实信用行为予以处置提供了原则根据。③

（二）诚实信用原则与社会主义核心价值观

除了作为民法的基本原则之外，"诚实信用"也是公民基本道德规范

---

① 参见夏昊晗：《诚信原则在"借违法无效之名毁约"案型中的适用》，载《法学》2019 年第 6 期。

② 参见王琦：《民事诉讼诚实信用原则的司法适用》，载《中国法学》2014 年第 4 期。

③ 参见张卫平：《民事诉讼中的诚实信用原则》，载《法律科学（西北政法大学学报）》2012 年第 6 期。

之一，是个人行为层面上应当遵循的社会主义核心价值观之一。① 社会主义核心价值观覆盖了国家治理、社会治理和个人行为的各个方面，而在公民个人行为层面上提出的是"爱国、敬业、诚信、友善"的基本价值追求。"诚信"即诚实守信，这是人类社会传承下来的道德传统，也是社会主义道德建设的重点内容。它强调诚实劳动、信守承诺、诚恳待人，不贪不义之财，不图不当之利。包括诚信在内的社会主义核心价值观具有整体性、全面性和开放性等特点，在法解释学上属于"空白条款"，其并非单纯的政治口号和意识形态"标签"，与倡导性规范也迥然不同。②

我国《民法典》第 1 条规定："为了保护民事主体的合法权益，调整民事关系，维护社会和经济秩序，适应中国特色社会主义发展要求，弘扬社会主义核心价值观，根据宪法，制定本法。"将"弘扬社会主义核心价值观"作为立法目的，并在民法典中将社会主义核心价值观中包含的一些内容（如诚信）作为具体的法律条文确定下来，从而为我国《民法典》的适用增添了一个新的问题，即人民法院审判案件能否直接以"社会主义核心价值观"作为指导原则（即使不直接适用）？对此，最高人民法院直接表明了立场。2021 年 1 月，最高人民法院发布《关于深入推进社会主义核心价值观融入裁判文书释法说理的指导意见》，其中第 5 条规定："有规范性法律文件作为裁判依据的，法官应当结合案情，先行释明规范性法

---

① 培育和践行社会主义核心价值观，是推进中国特色社会主义事业、实现中华民族复兴的战略任务。党的十八大报告明确提出"三个倡导"，即"倡导富强、民主、文明、和谐，倡导自由、平等、公正、法治，倡导爱国、敬业、诚信、友善，积极培育社会主义核心价值观"。这与中国特色社会主义发展的要求相契合，与中华优秀传统文化和人类文明优秀成果相承接，是我党凝聚全党全社会价值共识作出的重要论断。其中，富强、民主、文明、和谐是国家层面的价值目标，自由、平等、公正、法治是社会层面的价值取向，爱国、敬业、诚信、友善是公民个人层面的价值准则，这 24 个字是社会主义核心价值观的基本内容，为培育和践行社会主义核心价值观提供了基本遵循。

② 参见钟瑞栋：《〈民法典〉对"体制中立"民法传统的承继与超越——兼论"社会主义核心价值观"的规范内涵及立法技术》，载《苏州大学学报》（法学版）2022 年第 1 期。

律文件的相关规定，再结合法律原意，运用社会主义核心价值观进一步明晰法律内涵、阐明立法目的、论述裁判理由。"而综观既有的援引社会主义核心价值观的裁判文书，发现其中绝大多数案件有相应的法律规范存在，援引社会主义核心价值观主要是为了增强其说理性。第 6 条同时规定："民商事案件无规范性法律文件作为裁判直接依据的，除了可以适用习惯以外，法官还应当以社会主义核心价值观为指引，以最相类似的法律规定作为裁判依据；如无最相类似的法律规定，法官应当根据立法精神、立法目的和法律原则等作出司法裁判，并在裁判文书中充分运用社会主义核心价值观阐述裁判依据和裁判理由。"由此可见，该意见的发布主要是强调法官可以援引社会主义核心价值观阐述裁判依据和裁判理由，在说理过程中体现其导向作用，但不需要也不应当将核心价值观直接作为裁判依据。①

在本案中，法院实际上通过援引社会主义核心价值观，赋予了《民法典》第 7 条"诚实信用原则"更丰富的法律意义，进而通过第 7 条的适用取代《商品房买卖合同司法解释》第 2 条的规定，从而更好地保护消费者的合法权益，维护房地产交易的稳定性。本案中的闻天公司为获取超出签订合同时预期的利益，违背合同约定，起诉主张合同无效，这些行为显然与社会价值导向和公众认知相悖，而在法律依据方面则是违背了《民法典》第 7 条的规定，因此法院以社会主义核心价值观为指引，以《民法典》第 7 条规定的诚实信用原则为依据，对开发商违背诚信的行为给予否定性评价并判决合同有效，从而校正了直接适用《商品房买卖合同司法解释》第 2 条规定而可能导致的不公平的结果。这样的判决既能够引导市场交易主体诚信经营、严守契约，同时也获得了相应的政治正当性，并避免了社会矛盾的激化。②

---

① 参见方新军：《社会主义核心价值观融入〈民法典〉解释的意义和方法》，载《苏州大学学报》（法学版）2022 年第 1 期。

② 同上注。

最后要说明的是，作为法外因素的传统文化也为诚实信用原则的适用提供道义上的支持。在中国传统文化中，人们对于"恶人先告状"这种严重违反诚信的恶习深恶痛绝。鲁迅先生称这种做法是"毒计"，《聊斋志异》中也有关于窃贼首先向县令状告追踪他而来的失主是小偷等民间故事。所以，当民间有"反咬一口""倒打一耙"之类的恶人先告状的情况发生时，社会公众必定嗤之以鼻。从另一个方面来说，社会对恶人先告状这类事情的反感和痛恨也支撑了诚实信用原则作为社会主义核心价值观的建立，并为诚实信用原则成为民法中的"帝王条款"提供了道德支持和舆论支持。

（三）从核心价值观观察司法解释与法律原则之间的冲突

《法院组织法》（2018 年修订）第 18 条规定："最高人民法院可以对属于审判工作中具体应用法律的问题进行解释。最高人民法院可以发布指导性案例。"最高人民法院至今已经发布过成千上万部司法解释，但作为对于所适用的法律作出的"解释"，司法解释不得超出法律的范围，也不得与法律的规定和立法精神相抵触。从最高人民法院长期的司法解释实践来看，虽然司法解释与其所解释的法律直接抵触的情况极少，但司法解释超越或限缩法律规定范围的情况并不少见，在被解释的法律条文存在含义不明或者法律原则适用范围广泛的情况下更是如此。本案所涉及的《商品房买卖合同司法解释》第 2 条对于商品房预售合同无效情形的解释虽然在实践中适用了近 20 年，但本案终审法院对该解释是否适用于本案具体情况提出了挑战，并最终选择适用了《民法典》规定的"诚实信用原则"，而其说理后盾就是社会主义核心价值观。对此，有以下几点特别值得注意。

第一，司法解释须以立法精神为检验标准。《最高人民法院关于司法解释工作的规定》（2021 年修正）第 3 条规定："司法解释应当根据法律和有关立法精神，结合审判工作实际需要制定。"如前所述，我国建立商品房预售制度的主要目的是约束合同双方遵循政府的管理规范行事，特别是卖方完成法律规定的手续更能保证合同目的的实现，而非对当事人缔约自由的限制。如果在行政管理手续不齐全的情况下订立了预售合同，法院允许其在一定时限内进行补正。虽然有些法院将法律关于预售许可证的规定视为效力性强制性规定，最高人民法院的司法解释也采此含义，但在诚实信用原则之下重新解释这一法律制度，亦可突破其字面含义，使其更加符合立法精神。

第二，下级人民法院对于最高人民法院司法解释的适用。《商品房买卖合同司法解释》第 2 条对于商品房预售合同无效情形的解释采取的是"准法律条文"的形式，而不是以具体案件的裁判要旨的形式表现出来的。法律条文式的司法解释为其适用者提供了"再次解释"的可能性，或者说这种形式的司法解释本身就容许适用者进行再解释，以便发现可能寓于其中的多重含义。换句话说，法官可以在适用司法解释条文时赋予其新的含义，甚至可以解释之名规避不宜适用的司法解释条文，从而适用其他的一般法律原则或法律规定。但是，如果下级人民法院在司法解释与被解释的法律条文之间作出选择时，应当遵循司法解释，而不应当按照自己对被解释的法律条文的理解径自作出与司法解释条文不尽一致的裁判。另外，如果下级人民法院参照适用的是最高人民法院的指导性案例，当得出背离于本案裁判要旨的结论时，下级人民法院则可以直接否定引用该指导性案例，其理由也可以简单地表述为"不适用该指导性案例的要旨"，从而在论证过程中排除该指导性案例。当然，这种结果也呼应了一些学者对最高人民法院的"抽象司法解释权"的批评。

第三，司法解释修改后的效力问题。由于我国很多司法解释采取了准立法形式，所以形成了一整套与立法活动相似的制定程序。根据《最高人民法院关于司法解释工作的规定》（2021 年修正），一项司法解释的出台通常包括立项、起草、报送、讨论、审核、协调、通过、发布、施行、备案、编纂、修改、废止等多个环节。例如，2020 年 12 月 23 日最高人民法院审判委员会第 1823 次会议通过了《最高人民法院关于修改〈最高人民法院关于在民事审判工作中适用《中华人民共和国工会法》若干问题的解释〉等二十七件民事类司法解释的决定》，其中便修改了 2003 年版本的《商品房买卖合同司法解释》。但是，2003 年版司法解释中的第 2 条（关于预售合同效力的规定）原文搬进了重新公布的新司法解释中，未作任何修改。尽管重新公布的司法解释将第一段修改为"根据《中华人民共和国民法典》《中华人民共和国城市房地产管理法》等相关法律，结合民事审判实践，制定本解释"，但这仍然不能排除《民法典》规定的基本原则和具体规定的适用，而法官亦应保留优先适用法律原则和其他法律规定的权利。

五、结语

古罗马法学家杰尔苏（Celsus）将"法"定义为"善良与公正的艺术"，这是法、社会与道德彼此交融的结果。本案集中体现了民法上的诚实信用原则对民事权利、交易秩序以及法律技术的影响，展现了诚实信用原则与司法解释条文之间的关系。同时，本案还为另一个重要问题提供了启示，即在司法解释有明确规定的情况下，法官在多大程度上可以适用被解释的法律条文或者相关法律原则，从而作出与该司法解释条文的字面含义并不一致的裁判。在法治原则下，规范的层级效力自应遵守，但对于立法机关的法律与司法机关的司法解释之间可能存在的冲突，下级法院在选择适用时依然拥有一定的自由裁量权，而这种自由裁量权应限于选择适用法律原则或者更高层级的法律规范，而非被解释的法律条文。作为民法"帝王条款"的诚实信用原则及其背后所拥有的社会主义核心价值观的支持，更为法官作出正确的法律适用选择提供了充分的依据。

人体冷冻胚胎法律适用问题研究

——郭某与淮安市妇幼保健院医疗
服务合同纠纷案*

◀ **公丕祥**

　　法学博士，南京师范大学法学院教授、博士研究生导师。中国法治现代化研究院院长，江苏高校区域法治发展协同创新中心研究员。荣获全国首届"十大杰出青年法学家""国家有突出贡献的中青年专家"等荣誉称号。江苏省人民代表大会常务委员会原党组副书记、副主任，江苏省高级人民法院原党组书记、院长。主要研究领域为马克思主义法律思想、法哲学与法制现代化。先后主持多项国家级科研项目，在《中国社会科学》《中国法学》《法学研究》等期刊发表论文 200 余篇。

---

　　* 参见江苏省淮安市清江浦区人民法院（2020）苏 0812 民初 738 号民事判决书。本案系以调解方式结案，判决未公开。

◀ **王 成**

法学博士，江苏省高级人民法院执行裁判庭庭长，中国法治现代化研究院特约研究员。参编法学著作 5 部，在《法学》《法律适用》等期刊发表论文 30 余篇。

一、基本案情

原告郭某（女）与陈某亮（男）系夫妻关系。2019 年 11 月 5 日，原告郭某夫妻与被告淮安市妇幼保健院签订《体外受精—胚胎移植知情同意书》，主要内容为：体外受精—胚胎移植作为一种治疗手段并不能保证妊娠完全成功，根据年龄、不育病因等，目前临床妊娠率为 50%；大致费用为 2 万元，不论成功与否所需费用相同。2019 年 11 月 29 日，郭某夫妻与淮安市妇幼保健院还签订了《配子与胚胎去向知情同意书》，主要内容为：女方取卵 18 枚，正常受精 14 枚，移植 0 枚，冷冻 9 枚。双方还签订了《胚胎冷冻和冻胚移植知情同意书》，主要内容为：经过与医师或实验室人员充分讨论后，决定冻存 9 枚胚胎。2019 年 12 月 12 日，原告郭某的丈夫陈某亮在工作中受伤，经抢救无效死亡。郭某要求淮安市妇幼保健院继续履行合同，为其进行胚胎移植术。院方则认为，在合同当事人之一的男方因意外离世后，该胚胎移植的生殖辅助活动还涉及人身权、人格权以及继承权等权益，以及社会伦理等方方面面，继续移植胚胎亦可能涉及和影响男方亲属的相关民事权益，医疗机构对该辅助生殖活动是否可以继续进行存在疑问，故予以拒绝。郭某遂诉请判决被告继续履行合同。另查明，陈某亮的母亲已于 1998 年 11 月 14 日去世。陈某亮的父亲陈某美在本案审理过程中到庭明确其同意原告郭某继续实施胚胎移植手术，并自愿承担由此所产生的一切法律后果。

江苏省淮安市清江浦区人民法院经审理认为：原告郭某与丈夫陈某亮为解决不孕问题、达成生儿育女目的，到被告淮安市妇幼保健院处就医，郭某夫妻通过签订由被告淮安市妇幼保健院提供的《体外受精—胚胎移植知情同意书》等系列文件，双方形成医疗服务合同关系，该合同系当事人的真实意思表示，且不违反法律规定，合法有效，双方当事人均应按照合同约定履行各自的义务。同意书签订后，被告淮安市妇幼保健院在原告郭某夫妻配合下，已经成功培育受精卵 14 枚，冷冻 9 枚，胚胎移植手术继续实施在技术上不存在障碍。陈某亮在合同履行过程中意外死亡，因其无子女，且其母亲早已去世，故陈某亮的法定继承人仅为其父陈某美和原告郭某。陈某美已同意并要求继续实施胚胎移植手术，且自愿承担相应的法律后果，故胚胎移植手术继续实施亦不存在法律上的障碍。人类辅助生殖技术的应用应当在医疗机构中进行，以医疗为目的，并符合国家计划生育政策、伦理原则和有关法律规定。本案中，原、被告双方签订了《体外受精—胚胎移植知情同意书》，以利用医疗辅助手段从而实现原告郭某受孕的目的。该同意书所产生的后果虽然涉及人身权、人格权以及继承法等法律以及社会伦理等问题，但系原告郭某夫妻的自愿选择。陈某亮签署并履行同意书的行为，表明其生前一直积极为实施胚胎移植进行准备，继续实施胚胎移植术与陈某亮意愿相符。原告郭某要求被告淮安市妇幼保健院继续实施胚胎移植手术，符合法律规定，法院予以支持。淮安市清江浦区人民法院于 2020 年 4 月 14 日作出（2020）苏 0812 民初 738 号民事判决，判决被告淮安市妇幼保健院在本判决生效后 5 日内继续为原告郭某实施胚胎移植医疗服务。一审判决宣判后，双方均未上诉，判决已发生法律效力。2020年 4 月，郭某成功实施了胚胎移植手术，并于 2021 年 1 月诞下一子。

二、人体冷冻胚胎的法律属性

生殖是地球上一切生物生存进化的首要条件，也是人类繁衍生息的必由之路。随着现代科技的发展，人工生殖技术得到长足发展，人类可以运用现代医学技术和方法，借助人工手段替代自然生殖过程的一部分或全部，从而达到受孕的目的。作为 21 世纪生命科学中最受瞩目的前沿领域，人工生殖使得人类繁衍后代不再受制于疾病、年龄甚至生存与否，不孕症患者为人父母的愿望最大限度得到满足。然而，在为人类繁衍带来福祉的同时，无论是试管婴儿技术还是人类胚胎干细胞研究，都面临一些无法回避的伦理和法律问题。例如，体外人类早期胚胎，亦即人体冷冻胚胎的法律地位究竟如何？谁拥有对该胚胎的处分权？这些问题都需要在理论和实践中进行深入研究。

传统理论上，罗马法对于人与物的二元划分，一直以来都是我们研究民法的基本前提，由此也才能捋顺其所衍生的财产权和人格权、身体权等基础性权利的逻辑关联。但是，在人与物二元划分的基础上，是否存在其他补充性抑或游离于人与物二元划分范畴的可能？对此学界有不同认识。有观点提出，科技的发展早已超出传统民法诞生时能涵盖的范畴，以人体冷冻胚胎为例，在民法诞生伊始，是无法想象会有此存在的，因此人与物的二元格局早应被打破。与之相对应，对于人体冷冻胚胎的法律地位，相应地产生主体说、客体说以及折中说三种学说。

（一）主体说

主体说认为人类胚胎自怀孕时就应被视为人，否认其系脱离人体的器官和组织的物的属性，主张"为了对人的身体的完整性保护，在一定条件下，活的脱落器官仍视为人的身体"。[①] 迄今为止，美国路易斯安那州和新墨西哥州将人体冷冻胚胎视为完全主体地位。在美国 Davis v. Davis 一案中，一审法院也采用了主体说的观点。"该案中原告与被告系夫妻，希望通过试管授精技术生育孩子未获成功。此后丈夫提出离婚，双方对 7 枚冷冻胚胎的性质及归属问题产生争议。1989 年 9 月 21 日，一审法院作出判

---

① 杨立新：《人的冷冻胚胎的法律属性及其继承问题》，载《人民司法》2014 年第 13 期。

决：人的生命开始于受孕，因此试管中被冷冻的受精卵实际就是自然人，是男女双方的孩子，其监护权属于女方。"①

（二）客体说

客体说认为包括人体冷冻胚胎在内的人体变异物属于物的范畴，将不具有民事权利能力的冷冻胚胎作为人来保护是说不通的。"当人体器官和组织脱离了人体，用于移植的人体器官和用于利用的人体组织应当属于物的范畴，能够建立所有权，只不过这种所有权的行使将受到法律的适当限制。"② 在立法上，2008 年 11 月，美国密歇根州和佛罗里达州共同通过一项议题，仅允许为治疗目的创造胚胎，从而将胚胎归类为财产（物）。"在 York v. Jones 案中，原告为 York 夫妇，被告为弗吉尼亚州的诺福克试管婴儿诊所。当这对夫妇决定变更诊所并选定了洛杉矶的一家诊所时，原来的诊所拒绝将被冷冻保存的胚胎空运到洛杉矶的诊所。法院认为，这对夫妇对他们的胚胎享有财产权，York 夫妇和诺福克试管婴儿诊所事先签订的协议因为目的变更应当终止。法院推定胚胎为个人财产，即认定胚胎为物，因此根据非法占有理论，该诊所必须将冷冻的胚胎归还给这对夫妇。"③

（三）折中说

折中说认为人体冷冻胚胎既非物也非人，而是属于两者之间的中间体。由于人体冷冻胚胎有成长为新生儿的可能性，因此应赋予其超越其他人类组织的法律地位。西班牙《关于辅助生殖技术的法律》实际采纳了折中说，"既禁止滥用人工辅助生殖技术，又允许把受精胚胎用于实验，维

---

① ［美］爱伦·艾德曼、卡洛琳·肯尼迪：《隐私的权利》，吴懿婷译，当代世界出版社 2003 年版，第 74 页。

② 杨立新、曹艳春：《脱离人体的器官或组织的法律属性及其支配规则》，载《中国法学》2006 年第 1 期。

③ 张善斌、李雅男：《人类胚胎的法律地位及胚胎立法的制度构建》，载《科技与法律》2014 年第 2 期。

持了人体冷冻胚胎介于主体与客体之间的地位"。① 在2014年江苏省无锡市中级人民法院审理的沈某南、邵某妹诉刘某法、胡某仙胚胎管辖权和处置权纠纷一案（本文以下简称无锡胚胎案）中，原、被告的儿子沈某、儿媳刘某因车祸身亡，沈某和刘某生前在南京鼓楼医院冷冻了4枚受精胚胎。沈某父母作为原告诉至法院，要求判令4枚受精胚胎归原告监管处置。刘某父母作为被告也要求处置4枚受精胚胎。第三人南京鼓楼医院以"人体冷冻胚胎不具有财产属性，原、被告双方无法继承，应当依照手术知情同意书条款约定，将过期胚胎予以丢弃"为由拒绝交付。本案一审法院驳回了原告的诉讼请求。二审时，江苏省无锡市中级人民法院判决支持了原告的诉求，判决书载明："胚胎是介于人与物之间的过渡存在，具有孕育成生命的潜质，比非生命体具有更高的道德地位，应受到特殊尊重与保护。"② 该判决即采纳了人体冷冻胚胎折中说。

就三种学说进行比较分析来看，我国学界普遍认为自然人作为民事主体的民事权利能力始于出生、终于死亡，我国《民法典》第13条也规定："自然人从出生时起到死亡时止，具有民事权利能力，依法享有民事权利，承担民事义务。"例外情形是，在继承和接受赠与领域，有限地承认胎儿民事权利，并且对胎儿权利的获得作了明确限制，即胎儿必须要在娩出时是活体。简言之，只有当胎儿出生时为活体，才能在极有限的民事领域承认其在胎儿阶段的民事主体地位。我国《民法典》第16条规定："涉及遗产继承、接受赠与等胎儿利益保护的，胎儿视为具有民事权利能力。但是，胎儿娩出时为死体的，其民事权利能力自始不存在。"《民法典》第1155条规定："遗产分割时，应当保留胎儿的继承份额。胎儿娩出时是死体的，保留的份额按照法定继承办理。"从生物学上解释，胚胎在母体孕育一段时期后才能被称为胎儿，而人体冷冻胚胎与胎儿的生物学阶段相去

---

① 徐国栋：《体外受精胎胚的法律地位研究》，载《法制与社会发展》2005年第5期。

② 参见江苏省无锡市中级人民法院（2014）锡民终字第01235号民事判决书。

甚远，在我国现行法律体系下承认人体冷冻胚胎的民事主体地位，除法律逻辑难以自洽外，亦缺乏社会认同基础。因此，主体说并不契合我国传统法学理论和司法实践做法。

综合分析发现，客体说和折中说实际上观点十分接近。第一，两种学说均不认可人体冷冻胚胎属于民事主体。第二，两种学说均认为人体冷冻胚胎并不等同于一般意义上的物，其本质是在物的财产性之外融合了更多人格意义，以此区别于一般仅具有财产性质的物。第三，两种学说都认为，应当对于人体冷冻胚胎予以更加充分的保护，同时对权利的行使进行一定程度的限制。而客体说与折中说之间根本性的区别在于人体冷冻胚胎究竟是客体的特殊形态还是介于主体和客体间的特殊形态。即使是赞成折中说的学者，对于人体冷冻胚胎在人与物之间的法律地位也更偏向于物，有些观点甚至以"特殊客体"称之。

笔者认为，传统民法上的人与物二元对立的处理模式并不是一定不能改变，但客体说通过对物的内涵的丰富，已经能够比较完善地解释人体胚胎的法律地位。在现行理论框架能够解决问题的前提下，重新创设一种新的形态来改变传统民法理论，在目前来看并无必要也并不可取。"随着人类对世界的认知能力和控制能力的不断增强，能够控制物的范围越来越宽，种类越来越多，已经远远超过了传统民法的有体物的范围，突破了人体不能成为物的限制。据此，将民法上的物分为伦理物、特殊物和普通物三个类型，在伦理物中，包括人体变异物，即脱离人体的器官和组织、尸体以及医疗废物。"① 按照该标准，人体冷冻胚胎应属于伦理物。因此，将人体冷冻胚胎界定为特定的物或者生命伦理物更为合适，即便早期人类胚胎是介于人和物之间的人体组织，但在将其植入母体之前，在归属权如何处分问题上仍应将其视为物，但与一般物不同的是，冷冻胚胎是一种因

---

① 杨立新、陶盈：《人体变异物的性质及其物权规则》，载《学海》2013年第1期。

具有伦理因素而应当受到法律特殊尊重的物。

三、人体冷冻胚胎归属之法律分析

如前所述，既然人体冷冻胚胎的法律属性是物，那么在物的所有权人死亡后，冷冻胚胎应当成为遗产，是继承人可以继承的标的。

（一）人体冷冻胚胎应归属于夫、妻或其继承人

第一，从继承法律关系来看。在将人体冷冻胚胎界定为物之后，后续的权利归属可以直接适用民法中关于物的处置方式，即通过继承来确定权利人。由于本案陈某亮去世前未留有遗嘱，对于其遗产的继承排除遗嘱继承的适用，而应当适用法定继承。而对于人体冷冻胚胎这一特殊的物而言，于夫妻双方婚姻存续期间经由夫妻共同决定而形成，包含夫妻双方的共同基因信息，因而符合夫妻共同财产的规定。故人体冷冻胚胎一半的份额为郭某所有，其余一半份额则按照法定继承方式予以继承。在本案中，由于陈某亮之母早已去世，第一顺位继承人只有郭某与陈某亮之父陈某美，故对于陈某亮遗产的继承，由郭某和陈某美平等受偿。法院在审理过程中询问了陈某亮之父陈某美对于胚胎移植的意见，其明确表示同意郭某继续实施胚胎移植手术，并自愿承担由此所产生的一切法律后果。法院还调查了陈某亮之母谢某花的死亡时间，谢某花于 1998 年 11 月 14 日去世，远早于陈某亮的去世时间。在本案的第一顺位继承人同时表示愿意继续实施胚胎移植手术，即对继续实施手术不存在争议的情形下，法院遂判决本案继续实施胚胎移植手术。需要说明的是，由于人体冷冻胚胎同时包含了男女双方的基因信息，具有极强的人格属性，笔者并不赞成将其作为普通的具有财产性的物进行简单分割或按照比例进行分割，而应将人体冷冻胚胎作为一个整体进行处分。

第二，从人格权法律关系来看。对本案从人格权角度分析也能够得出同样的结论。我国《民法典》第 1006 条第 1 款规定："完全民事行为能力人有权依法自主决定无偿捐献其人体细胞、人体组织、人体器官、遗

体……"该条第 3 款规定:"自然人生前未表示不同意捐献的,该自然人死亡后,其配偶、成年子女、父母可以共同决定捐献,决定捐献应当采用书面形式。"上述规定对自然人去世后捐献具有人格属性的特殊物的条件作了规定:一是不能违背自然人的意志,即自然人生前明确表示不同意捐献的,不得捐献;二是捐献行为需征得自然人一定范围内近亲属的一致同意;三是从形式上而言,决定捐献应当采用书面形式。虽然本案并非属于捐献人体细胞的情况,而属于人体细胞移植情形,但二者均涉及对人体细胞的处置。两者的区别主要是对人体细胞的处置方式不同,这并不影响对其处置权归属的判断。就本案而言,一是陈某亮生前对胚胎移植手术积极配合,继续实施该手术未违背其自由意志;二是陈某亮的近亲属,包括其妻子和父亲对于实施胚胎移植手术达成一致意见;三是就形式而言,经过法庭调查,近亲属的意见已通过书面形式予以固定。因此,参照《民法典》人格权编的相关规定,依然能够得出本案郭某与陈某美享有人体冷冻胚胎处置权这一结论。

第三,从合同继续履行的合法性审查来看。合同继续履行又称为强制履行,指在违约方不履行合同时,由法院强制违约方继续履行合同的违约责任方式。[1] 我国《民法典》第 577 条规定:"当事人一方不履行合同义务或者履行合同义务不符合约定的,应当承担继续履行、采取补救措施或者赔偿损失等违约责任。"继续履行的构成要件包括以下三方面:一是存在违约行为,继续履行作为违约责任的一种方式,首先要以已发生的违约行为为前提;二是继续履行合同的请求由守约方提出,一方违约之后,守约方选择解除合同自然也就不涉及合同继续履行的问题;三是违约方存在继续履行合同的现实可能性,如果合同已经履行不能,无论是事实不能还是法律不能,都不应再有强制履行责任的发生。

本案中,郭某夫妻与医疗机构签订《胚胎冷冻和冻胚移植知情同意

---

[1]　参见韩世远:《合同法总论》,法律出版社 2004 年版,第 702 页。

书》，对胚胎冷冻与移植事项进行约定，双方形成涉及人类辅助生殖内容的医疗服务合同关系。郭某向医疗机构提出实施胚胎移植后，医疗机构予以拒绝，未按照合同约定实施胚胎移植手术，实际违反了医疗服务合同的约定，符合第一项构成要件。郭某作为合同守约方，其诉请医疗机构继续履行合同，是其自身真实意思表示的体现，符合第二项构成要件。关于第三项构成要件，即违约方是否能够继续履行合同。结合本案事实来看，人体冷冻胚胎已经形成且具备医学移植条件，医疗机构也具备实施胚胎移植手术的技术条件，故继续履行医疗服务合同事实上可以进行，不存在事实不能的情形。

本案争议最大的焦点在于，继续履行合同是否存在法律上的障碍。概言之，本案医疗机构继续实施胚胎移植术是否存在违法情形。笔者认为，首先，我国法律并未对夫妻一方死亡后进行胚胎移植作出禁止性规定，因此继续履行合同并不违反法律规则。其次，本案继续履行也未违反法律原则。公序良俗原则是最适用于本案的民法基本原则。《民法典》第8条规定："民事主体从事民事活动，不得违反法律，不得违背公序良俗。"公序良俗在一般意义上被认为由公共秩序和善良风俗构成，私法自治所彰显的个人自由是民法的内核，而公序良俗作为克服私法自治异化的解释原则存在，故其应当保有底线性、消极性与防御性之节制品格。只有当普通民事行为违反社会公共利益可能造成严重后果时，才能以违背公序良俗为由认定合同无效。在本案中，陈某亮英年早逝给家庭带来巨大伤痛，在郭某出于自愿的前提下，将含有陈某亮基因的胚胎进行移植，进而诞生其子，既完成了郭某与陈某亮的心愿，又同时对陈某亮亲属给予极大的精神慰藉，故本案由医疗机构继续实施胚胎移植手术并未违反公序良俗原则。综上，本案审理法院判令医疗机构继续履行合同符合法律规定。

（二）医疗机构是否具有对胚胎的处置权

夫妻双方在与医疗机构签订《体外受精—胚胎移植医疗服务合同》时，一般会在知情同意书中对胚胎的保存与处置作如下约定：当事人同意医院按照国家相关法律、法规的要求代为处理和丢弃多余的配子（精子和卵子）或胚胎，对于已经成功的胚胎与囊胚由医院负责冷冻保存，并规定保存期限；如果需要继续冷冻，须按照一定的标准补缴保存费用，逾期未缴纳费用的，视为同意由医院将胚胎丢弃或用作科研用途。随着医学伦理的发展、医学模式的转变和患者权利运动的推动，患者知情同意权逐渐发展。通过法律赋予弱势一方的患者享有知情同意权，对处于强势一方的医疗机构课以特殊的告知义务，从而矫正医患双方信息不对称，使患者成为医患关系的主导者，实现医患关系的实质平等，这已经成为世界各国的立法通例。我国《医疗机构管理条例实施细则》（2017 年修正）第 62 条规定：“医疗机构应当尊重患者对自己的病情、诊断、治疗的知情权利……”在实践中，知情同意书中医疗机构告知患者相关医疗风险之后，患者签字确认的过程，实质上也是医患双方对医疗服务的具体内容达成一致，从而最大限度保护患者知情权的过程。

就本案而言，郭某向医疗机构提出胚胎移植申请时，知情同意书中的胚胎保存期未届至，故本案不存在冷冻胚胎到期未续费、医疗机构是否有权处置的问题。但在司法实践中，容易引起争议的情形是，夫妻双方或其他相关权利人未按时缴纳胚胎保存费用，医疗机构已准备处置胚胎，此时夫妻双方或其他权利人主张处置胚胎是否可行？在全国备受关注的无锡胚胎案中，医疗机构南京鼓楼医院曾抗辩称“沈某夫妻生前已签署手术同意书，同意将过期胚胎丢弃”①，要求驳回原告的诉讼请求。笔者认为，从利益衡量的角度出发，对胚胎的下一步处置而言，由患者及其亲属处置，其目的是将胚胎培育成胎儿进而娩出成人；而交由医疗机构处置，其目的仅限于丢弃或用作科研，两者对应的利益孰轻孰重应不难判断。因此，在沈某夫妻反悔的情况下，人体冷冻胚胎应由沈某夫妻处置为宜。

德国的新勃兰登堡死后人工生殖案与本案十分类似，原告夫妻于 2002

---

① 参见江苏省宜兴市人民法院（2013）宜民初字第 2729 号民事判决书。

年因不孕到被告医疗机构处进行人工辅助生殖治疗。2008年，女方在被告处取出9枚卵子，并与男方的精子结合后储存于被告医疗机构处，以备后续人工辅助生殖使用。然而，同年男方因车祸不幸去世。女方为实现丈夫生前与自己之间的心愿，故向被告医疗机构请求返还这9枚体外胚胎，并想通过邻国波兰的生殖中心，将这些体外胚胎植入女方体内而受孕。被告主张原告的请求属于《德国民法典》第275条第1款规定中的给付不能。一审法院判决原告败诉，认为原告无权请求返还这些体外胚胎。原告遂上诉到二审高等法院。二审法院推翻一审判决，认为：第一，本案中的女方是体外胚胎的所有权人；第二，原告的行为并不违反立法倡导的保护孩童利益的宗旨。在体外胚胎的生父在世时，便与妻子在生育问题上达成了合意，因而原告的行为不属于权利滥用。综上所述，二审法院推翻了一审法院的意见，并支持了原告的诉请。①

（三）人体冷冻胚胎其他情形处理规则

本案涉及的是夫妻双方一方离世、一方健在时人体冷冻胚胎处置权归属问题，司法实践中还存在以下两种争议情形值得探讨。

第一种是夫妻双方均离世的情形。前文提及的无锡胚胎案即属于此种情形，江苏省无锡市中级人民法院结合案情实际，综合考虑以下因素以确定涉案胚胎的相关权利归属。一是伦理因素。施行体外受精—胚胎移植手术过程中产生的受精胚胎，具有潜在的生命特质，不仅含有沈某、刘某的DNA等遗传物质，而且含有双方两个家族的遗传信息，双方父母与涉案胚胎亦具有生命伦理上的密切关联性。二是情感。"失独"之痛，非常人所能体味。而沈某、刘某遗留下来的胚胎，则成为双方家族血脉的唯一载体，承载着寄托哀思、精神慰藉、情感抚慰等人格利益。涉案胚胎由双方父母监管和处置，既合乎人伦，亦可适度减轻其丧子失女之痛楚。三是特

---

① 参见吴桂德：《德国法上人类体外胚胎的法律保护及其借鉴》，载《交大法学》2020年第3期。

殊利益保护。胚胎是介于人与物之间的过渡存在，具有孕育成生命的潜质，比非生命体具有更高的道德地位，应受到特殊尊重与保护。在沈某、刘某意外死亡后，其父母不但是世界上唯一关心胚胎命运的主体，亦应当是胚胎之最近、最大和最密切倾向性利益的享有者。综上，判决沈某、刘某父母享有涉案胚胎的处置权。①

第二种是夫妻离异后对冷冻胚胎处置意见不一的情形。在我国司法实践中，夫妻因离异对冷冻胚胎处置意见不一而产生争议的典型案件较为罕见。在美国，关于冷冻胚胎处置权之争最常见的就是此类情形。夫妻离婚时，一方希望继续植入胚胎，另一方希望销毁胚胎，夫妻双方的处置意见不一，矛盾因此产生。据此，美国主要形成了三种处置模式。一是先合同模式。医疗机构与夫妻会在事前签订协议对人体冷冻胚胎的处置予以约定，夫妻双方对未使用的胚胎通常有以下选择：继续保存、立即销毁或捐赠，包括捐赠给医疗科研机构或其他夫妻。由于继续保存会持续产生费用，医疗机构通常会在协议中约定，如果大妻未按期续缴费用或失去联系，医疗机构将销毁胚胎。对于司法判断而言，该模式简便易行，故被美国许多州的法律适用，形成诸多判例。二是同时合意模式。夫妻双方事先对胚胎处置达成的合议并不当然具有约束力，如果夫妻任何一方改变事先的处置决定，其现在的异议将优先于之前的同意。如果夫妻一方撤销了预先的处置决定，而另一方没有撤销，合意原则将不能得到满足，先前达成的处置决定不能被执行。此时对胚胎最稳妥的做法是保持原状，即继续冷冻储存，以等待夫妻双方在此后达成合意后再予处置。② 该模式对人体冷冻胚胎给予了充分的保护，但于司法而言，并未提出实质性的解决办法。三是利益衡量审查模式。在当事人于特定案件中不能达成协议时，司法通过衡量当事人特定的相关利益来决定如何处置。如 2012 年美国宾夕法尼

---

① 参见江苏省无锡市中级人民法院（2014）锡民终字第 01235 号民事判决书。

② 参见李昊：《冷冻胚胎的法律性质及其处置模式——以美国法为中心》，载《华东政法大学学报》2015 年第 5 期。

亚州最高法院在 Reber v. Reiss 一案中运用了利益衡量模式。在该案中，妻子患有乳腺癌需要进行治疗，为了保存其生育能力，夫妻双方通过试管授精冷冻了胚胎。此后丈夫提出离婚，而妻子则希望植入胚胎。法院经利益衡量，基于妻子如不使用冷冻胚胎将无法成为母亲而将胚胎判其所有。在该案中，如果说妻子的生育权与丈夫的不生育权在司法天平两端尚能互相制衡的话，妻子唯一机会的生育权在与丈夫的不生育权较量中更值得被保护，法院作出上述判决也更具合理性。

四、法律适用中实现法、理、情的互洽融合

通过研究本案及相关类似案例的司法裁判不难看出，该类案件在处理过程中都涉及法律、伦理、道德、情感等因素的衡平。近些年来，社会普遍关注的"聊城于欢案""南京彭宇案""沈阳夏俊峰案""天津摆摊老太非法持有枪支案""石家庄贾敬龙案"等重大案件，在司法裁判过程中都面临同样的问题。在处理上述案件的过程中，有观点认为司法裁判应只唯法律和规则，但这样作出的一些裁判极有可能得不到社会的认可。其实，规则遵循的原则性与人性怜悯的补充性并不冲突，规则遵循之于裁判合理性构建远远不够，缺乏人性与常情的裁判大多经不起考验。中国传统法律中就有遵循"出礼入刑""德主刑辅"的国家治理思想，崇尚仁爱、和谐、诚信、中庸的法律价值，采取天理、国法、人情相结合的纠纷解决模式，实现法律和道德的相辅相成。

我国当下司法与传统司法具有某种意义上的共通性。"近代以来，中国共产党人在新民主主义革命的伟大斗争中，形成了人民司法的优良传统，特别是以'马锡五审判方式'为代表，强调依靠群众，尊重群众，教育群众，尊重群众的正确意见，设身处地地体会群众的感情和要求，向当事人说理讲法，消除对立情绪，依法合理处理案件。"① 特别是我国社会

---

① 公丕祥：《当代中国能动司法的理论与实践》，法律出版社 2012 年版，第 11 页。

主义核心价值观,其不仅体现了社会主义意识形态的本质,而且扎根于优秀的中华传统文化,在司法裁判中融入社会主义核心价值观,有助于强化司法裁判的社会基础,增强法治的道德底蕴。这对于有效地化解社会矛盾纠纷,协调平衡利益关系,维护社会公平正义,有着特殊的意义。它要求司法裁判者处理疑难复杂案件时,需要运用法、理、情等综合因素辨法析理,作出符合国法、天理、人情的判决。

(一)在裁判的价值导向上,应当注重法律与道德的内在联系

"法律是成文的道德,道德是内心的法律。法律有效实施有赖于道德支持,道德践行也离不开法律约束。法治和德治不可分离、不可偏废,国家治理需要法律和道德协同发力。"[1] 法官在司法裁判过程中,运用公序良俗等法律原则予以补强论证,通过法律解释、价值衡量等多种方法确保作出合法且酌情的司法决定,在价值取向上对美德和义行进行肯定和激励,对失德败德的行为进行批评和制裁,从而达到"审理一案,教育一片"的目的。如近些年社会较为关注的"狼牙山五壮士"名誉权案等系列案件,裁判者对歪曲党的历史、否认党和人民军队优良传统的行为进行了贬斥,得到了社会各界广泛好评。在北京市知识产权法院审理的宣告"MLGB"商标无效一案中,该案判决对于网络词汇横行的社会交往环境中恶意注册商标的行为提出了批评和贬斥,明确指出该类行为对于青少年的不利影响,成功地引导了舆论,净化了社会道德环境。在执行案件中,人民法院旗帜鲜明地处理违背社会诚信的行为,制裁恶意欺诈、恣意毁约等失信行为,特别是采取将失信被执行人纳入失信人员名单、限制高消费等惩戒措施,极大地弘扬了社会正能量,对弘扬社会主流价值观起到了重要作用。

---

① 习近平:《习近平谈治国理政》(第二卷),外文出版社 2018 年版,第 133 页。

（二）在裁判的社会效果上，应当正确回应社会关切

在处理涉及冷冻胚胎案件过程中，往往容易引发舆论关注，究其原因是这类案件背后潜藏着价值观冲突。回顾以往的司法实践，处理社会热点案件时，在如何对待民意的问题上，存在两种错误倾向观点，一种观点认为应当"让法律的归法律，让民意的归民意"，完全不考虑民意因素；另一种观点认为"民意大过天"，案件处理必须完全听从民意。这两种做法都是不可取的。对于社会民众广泛关注的案件，一方面，应当充分尊重民意，做到法、理、情有机融合。办理一个案件，有时候做到依法裁判并不难，难就难在如何处理法、理、情之间的微妙关系，实现法、理、情的有机结合，这既要靠完善的法律制度，更要靠法官的经验、智慧和良知。法官在司法过程中，不仅要严格遵循法律，还要充分兼顾普遍公理和人之常情，充分顾及人民群众最朴素的正义感，确保判决结果既依法公正，又合情合理，实现法律效果、政治效果和社会效果的统一。另一方面，在尊重民意的同时要保持司法定力。裁判者在处理一些重大敏感复杂案件时，不仅要充分尊重民意，倾听人民的呼声；更要保持居中裁判、刚正不阿，不为各种纷繁所扰，不为各种噪声所惑，不为各种压力所阻，确保每一起案件都经得起法律、历史和人民的检验。

（三）在裁判说理方式上，应提升文书说理的质量

通常而言，裁判文书说理是法官裁判结论的主要依据，说理清晰与否、是否具有科学性，在某种程度上能够决定裁判效果。裁判者通过价值诠释进行正当化追溯，通过语言修辞增强说服力，在沟通方式上探索情理与法律相融的表达方式，适度导入道德话语发挥道德疏导和教育功能，是社会主义核心价值观融入司法裁判的重要方法。例如，在说理的语言表达上，针对不同的纠纷类型，表明对当事人符合或背离核心价值观行为的立场，展现法官对核心价值的内在笃信和理性遵从，激发当事人对自身行为

的严肃思考和二次判断。在涉及经济往来、股权纠纷、契约关系等领域的案件裁判中，说理的语言应相对理性、正式，以法理阐述为主，着重在企业社会责任、诚信经营、劳动者权益保障等方面展开论述。如对倡导诚实信用的阐述，语言应简洁干练，直接摆事实、讲道理，真假对错自明。而在家庭关系领域，说理措辞则应当稍偏向生活化、通俗易懂，结合涉案当事人身份背景、受教育程度、相互关系等情况，以感同身受、循循善诱的语言表达"尊老爱老""和睦友爱""孝道爱亲"等观念，让当事人透过裁判文书用语感受司法的温情、法律的温度。

道德立场与法律技术

——中国泸州情妇遗嘱案①和德国情妇遗嘱案评析

◀ **郑永流**

北京大学法学博士，中国政法大学特聘教授、博士研究生导师。

主要著作有《法治四章》《中国经济中的法律》《当代中国农村法律发展道路探索》《农民法律意识与农村法律发展》《法律方法阶梯》《转型中国的实践法律观》等；译作有《当代法哲学与法律理论导论》《法律思维导论》《为权利而斗争》等。

曾引得社会公众和学界广泛讨论的 2001 年中国泸州情妇遗嘱案，已经过去多年，为何旧案重提？一般而言，激辩过后沉寂下来的思考也许更为合理。更为要紧的是，旧案中蕴含着一个重大问题需要回答：涉及道德立场对立的案件，法律技术与道德立场的关系如何？即法律技术的运用是否或在多大程度上取决于道德立场？本文将对比中国泸州情妇遗嘱案和德

---

① 本文原载《中国法学》2008 年 04 期。泸州情妇遗嘱案具有典型的代表性，对案件道德立场和法律技术的分析具有重要意义。

国情妇遗嘱案，对道德立场与法律技术作评析。

一、基本案情

（一）中国泸州情妇遗嘱案

1. 案情事实

四川省泸州市纳溪区法院查明以下事实：

蒋某芳与黄某彬于 1963 年 5 月登记结婚，婚后夫妻关系较好。因双方未生育，收养一子（黄某，当时 31 岁）。1990 年 7 月，被告蒋某芳因继承父母遗产取得原泸州市市中区顺城街×号房屋，面积为 51m²。1995 年，因城市建设，该房被拆迁，由拆迁单位将位于泸州市江阳区新马路×号的 77.2m² 的住房一套作还房安置给了被告蒋某芳，并以蒋某芳个人的名义办理了房屋产权登记手续。

1996 年，遗赠人黄某彬与原告张某英相识后，二人便一直在外租房非法同居生活。2000 年 9 月，黄某彬与蒋某芳将蒋某芳继承所得的位于泸州市江阳区新马路×号的房产以 80 000 元人民币的价格出售给陈某，但约定在房屋交易中产生的税费由蒋某芳承担。2001 年春节，黄某彬、蒋某芳夫妇将售房款中的 30 000 元人民币赠与其子黄某在外购买商品房。

2001 年年初，黄某彬因患肝癌病晚期住院治疗，于 2001 年 4 月 18 日立下书面遗嘱，将其所得的住房补贴金、公积金、抚恤金和出售泸州市江阳区新马路×号住房所获款的一半 40 000 元人民币及自己所用的手机一部，赠与原告张某英所有。2001 年 4 月 20 日，四川省泸州市纳溪区公证处对该遗嘱出具了（2000）泸纳证字第 148 号公证书。2001 年 4 月 22 日，遗赠人黄某彬去世后，原告张某英诉至法院，要求被告蒋某芳给付受遗财产。

2. 判决结果及理由

四川省泸州市纳溪区人民法院在判决书中论证道：

遗赠属于一种民事法律行为，民事行为是当事人实现自己权利、处分自己的权益的意思自治行为。当事人的意思表示一旦作出就成立，但遗赠人行使遗赠权不得违背法律的规定。且根据《民法通则》① 第 7 条的规定，民事行为不得违反公共秩序和社会公德，否则行为无效。

本案中遗赠人黄某彬与被告蒋某芳系结婚多年的夫妻，无论从社会道德角度，还是从《婚姻法》② 的规定来讲，均应相互扶助、互相忠实、互相尊重。但在本案中，遗赠人自 1996 年认识原告张某英以后，长期与其非法同居，其行为违反了《婚姻法》第 2 条规定的一夫一妻的婚姻制度和第 3 条禁止有配偶者与他人同居以及第 4 条夫妻应当互相忠实、互相尊重的法律规定，是一种违法行为。

遗赠人黄某彬基于与原告张某英有非法同居关系而立下遗嘱，将其遗产和属于被告所有的财产赠与原告张某英，是一种违反公共秩序、社会公德和违反法律的行为。而本案被告蒋某芳忠实于夫妻感情，且在遗赠人黄某彬患肝癌病晚期住院直至去世期间，一直对其护理照顾，履行了夫妻扶助的义务。遗赠人黄某彬却无视法律规定，违反社会公德，漠视其结发妻子的忠实与扶助，侵犯了蒋某芳的合法权益，对蒋某芳造成精神上的损害。在分割处理夫妻共同财产时，黄某彬本应对蒋某芳进行损害赔偿，但却将财产赠与其非法同居的原告张某英，实质上损害了被告蒋某芳依法享有的合法的财产继承权，违反了公序良俗，败坏了社会风气。

原告张某英明知黄某彬有配偶而与其长期同居生活，其行为是法

---

① 2021 年 1 月 1 日《民法典》正式施行，《民法通则》同时废止。本文不再作特别说明。

② 2021 年 1 月 1 日《民法典》正式施行，《婚姻法》同时废止。本文不再作特别说明。

律所禁止的，是社会公德和伦理道德所不允许的，侵犯了蒋某芳的合法权益，于法于理不合，本院对其诉讼请求不予支持。

综上所述，遗赠人黄某彬的遗赠行为违反法律规定，损害公序良俗，应属无效行为，原告张某英要求被告蒋某芳给付受遗赠财产的主张本院不予支持。被告蒋某芳要求确认该遗嘱无效的理由成立，本院予以支持。据此，依照《民法通则》第 7 条规定，判决驳回原告张某英的诉讼请求。①

概述之，泸州市纳溪区人民法院判定，遗赠人黄某彬与原告张某英的同居行为违法，其基于同居行为的遗嘱民事行为违反社会公德，属于无效的民事法律行为。因此，原告张某英要求给付受遗赠财产，法院不予支持。被告蒋某芳要求确认该遗嘱无效，法院予以支持。一审后，原告张某英向泸州市中级人民法院提起上诉，但被驳回，理由同一审判决。②

（二）德国情妇遗嘱案

从进入诉讼角度看，德国法院对情人遗嘱案的审理可追溯至 20 世纪初。自 1905 年首个情妇遗嘱案之后③，德国法院判决了数十个情妇（或

---

① 参见四川省泸州市纳溪区人民法院（2001）纳溪民初字第 561 号民事判决书。为方便阅读，笔者进行了适当调整。

② 参见四川省泸州市中级人民法院（2001）泸民一经字第 621 号民事判决书，载《判例与研究》2002 年第 2 期。

③ 1903 年 11 月 25 日，柏林的一位以出租房屋为生的单身男子去世，其母亲是法定继承人。在他去世之前，他立下遗嘱，赠与一笔养老金给一位与之有数年通奸关系的已婚女子。这位女子协助那位单身男子管理其出租房屋，并与自己的丈夫租居其中。柏林地方法院根据《德国民法典》第 138 条第 1 款判决这一赠与违反了善良风俗而无效，理由是：遗赠人是由于"那种有悖于礼仪和风俗的关系"来决定终意赠予的，受赠人利用了与遗赠人的性关系以确保从他那里获得金钱利益。德国帝国法院第四民事审判庭于 1905 年 9 月 18 日同意初审法院的立场和对《德国民法典》第 138 条第 1 款的适用，并认为："法律行为（Rechtsgeschaft）是否违反善良风俗这一问题，应考虑双方的行为（Verhalten），且应着重看起诉人（受赠人）的不正当企图"。1905 年 9 月 18 日判决，136/05，见 Oliver Karow, Die Sittenwidrigkeit von Verfugungen von Todes wegen in historscher Sicht, Peter Lang, 1997, S. 68. 除另注明外，下引德国案例均出自此书，并只注判决时间和序号。

情男）遗嘱案，① 本文选取的某情妇遗嘱一案，堪称德国对待情妇遗嘱案的分水岭，它标明德国法院，尤其是主管民事和刑事案件的德国联邦最高法院前后立场的改变。

1. 案件事实

1965 年，德国一名已婚且无子女的男子死亡，他在 1948 年所立的一份遗嘱中，将自 1942 年起与之像夫妻一样生活的一名离异女士（本文以下简称 M 女士）立为唯一继承人，这不仅排除了其妻子的继承权，也将其两个姐妹排除在继承权之外。该男子去世后，其情妇、妻子、姐妹围绕着遗产继承发生了争执。先是其情妇 M 女士向柏林州法院提出申请，要求自己作为唯一继承人。柏林州法院和州高等法院相继驳回了其申请。接着，其妻子向法院提出申请，要求获得 3/4 的遗产，而其情妇提出自己享有 1/4 的遗产。柏林基层法院的遗产法庭颁发了相应的继承证书。

此时，被继承人的两个姐妹也向基层法院提出申请：一是要求继承其兄弟的相应遗产；二是要求在该诉讼中获得诉讼费用救助。遗产法庭裁定拒绝承认二人享有继承权和诉讼费用救助权利。

姐妹二人既不服法院关于处理情妇继承遗产的第一项裁定，也不服法院关于拒绝诉讼费用救济的第二项裁定，便向柏林州法院提起抗告，但被州高等法院驳回。之后，姐妹二人又向州高等法院提起再抗告。州高等法院将该案呈报德国联邦最高法院。1970 年 3 月 31 日，德国联邦最高法院在其判决中最终支持柏林州法院和州高等法院的立场，驳回了姐妹二人的请求。

2. 判决结果及理由

（1）不服法院关于拒绝诉讼费用救济的裁定而提起的再抗告是不合

---

① 德国联邦最高法院于 1960 年曾审理过一起"情男遗嘱案"，一女子将财产未赠与其 4 个姐妹，而赠与其有性关系的情人，遗嘱被判有效。1960 年 12 月 21 日判决，V ZR 76/60。值得说明的是，将此类遗嘱称为"情妇"或"情男"遗嘱均带有贬义，尤其是"二奶案"的说法，此处仅为指称方便而采用这一约定俗成的说法。

法的。

根据德国《非讼事件法》第 14 条，该案应以德国《民事诉讼法》第 127 条为依据。该条款规定，不服拒绝或剥夺诉讼费用救助权利之判决的，不得提起再抗告。

（2）不服法院关于情妇继承遗产的临时决定而提起的再抗告在形式上是符合规定的，但在实体上不能成立。

首先，德国联邦最高法院赞同州高等法院的论述及其结论。

被继承人将 M 女士指定为唯一继承人，因而排除其姐妹的继承权，并不因违反《德国民法典》第 138 条第 1 款所规定的善良风俗而无效。通过遗嘱给予通奸对方以财产，只有在使享有特留份权利的亲属受到损害时，才属于道德上应予谴责的行为。本案中，被继承人的姐妹并不享有特留份的权利，可以由被继承人以任何理由排除在继承顺序之外。

其次，德国联邦最高法院同样认可本观点。

第一，《德国民法典》的继承法受遗嘱自由原则支配。依据《德国民法典》的价值秩序，除了特留份权，婚姻和亲属关系相对于被继承人的遗嘱自由居于次要位置。即使被继承人的动机并不值得尊重，其最终意思也应当受到保护，并对之做出善意解释。

第二，在考虑《德国民法典》第 138 条第 1 款善良风俗的规定时，应着眼于法律行为本身。对被继承人及其情妇的生活方式进行道德上的谴责，不能对案件产生决定性的影响。即在该法律行为的内容、动机和宗旨中表明的法律行为的整体性质，才是道德秩序衡量的对象。

如果被继承人曾与某女士保持婚外性关系，尤其是通奸关系，为了向女方表示酬谢或者为了促使女方继续保持通奸关系而作出的法律行为，通常被认为是违反善良风俗的，是无效的。但是，如果一项终意处分并非仅仅具有这种酬谢性质，就不能单凭婚外性关系这一事实来论证财产赠与行为是否因违反善良风俗而导致该赠与行为无效。对于终意处分的评价，在其是否违反善良风俗的视角下，其根本上取决于该法律行为的内容及影响。

第三，就举证责任而言，每一方当事人均应阐释并证明遗赠在是否违反善良风俗上有利于自己的情况。女方受赠人应当积极证明被继承人在作出终意处分时，存在其他值得引起重视的动机。

第四，婚外情中，当男女两人建立长年联系时，如本案中被继承人与受赠人之间这种长期的不正当关系，通常并不仅限于存在性关系。依据生活经验，这种指定继承既可以建立在性关系的基础之上，也可以建立在其他动机之上。所以，受赠人特别要证明，对遗赠行为来说，被继承人具有其他"值得引起重视"的、道德上并非不正直的动机。

本案中，不能认定存在被继承人使其配偶继承后置合理化的动机，因为遗赠行为超越了道德上许可的范围而部分无效。但是，在此范围内，依据生活经验，可以推定：被继承人即使在知道真实的法律状态的情况下，也会向受赠人作出尽可能多的赠与。本案中假设被继承人预料到更多的赠与是无效的，他也会将 M 女士指定为其 1/4 遗产的继承人，所以被继承人的姐妹不能基于法定继承而主张剩下的 1/4 遗产。①

就该案遗嘱的有效性而言，德国联邦最高法院认为被继承人的亲姐妹提出要继承遗产，在形式上是合法可行的，但在实体上是不合理且不应该予以支持的。主要理由有三点：一是被继承人将他的情妇指定为继承人，排斥了其姐妹的继承权，并不违反《德国民法典》第 138 条第 1 款所规定的善良风俗，即遗赠行为不因违反善良风俗而无效；二是继承主要受遗嘱自由原则的支配，如果没有排斥享有特留份权利的继承人的权利，如其妻子的特留份权，则其遗嘱自由应该有优先的地位；三是行为与法律行为之间没有必然的联系。被继承人和情妇之间的情人关系应在道德上受到谴责，但是这种关系并不能决定遗赠的法律行为的合法性与否。

_____

① 参见《联邦最高法院民事裁判集》第 53 卷，第 369 页以下（BGHZ 53，369），载邵建东编：《德国民法总则典型判例 17 则评析》，南京大学出版社 2004 年版，第 217～239 页。

二、比较和追问

(一) 事实同而判决异

上述中德两案事实几乎完全相同，均是遗赠人与受赠人有婚外同居关系，且遗赠人将受赠人立为唯一继承人。两案判决相隔 31 年，司法立场却大相径庭。泸州市两级法院判决遗嘱无效，德国三级法院判决遗嘱部分无效。两判决最重要的区别在于，如何认定遗赠人与受赠人的婚外同居关系与遗嘱之间的联系。中国泸州情妇遗嘱案的审理法院认为两者有因果联系；而德国情妇遗嘱案的审理法院认为两者各为独立行为。另外，中德法院对当事人的用语也不一致，中国泸州市两级法院用"遗赠人"与"受赠人"，德国三级法院用"被继承人"与"继承人"。本文也只好"到什么山上唱什么歌"。

中国泸州情妇遗嘱案终审判决后，引起我国公众和学界广泛讨论①，争论的焦点集中在如何看待遗赠人与受赠人的婚外同居关系与遗嘱的关系。中国学界多数人对泸州市两级法院的判决持批评立场，认为他们以道德的宣判替代了法律的宣判，实际上遗赠人与受赠人的婚外同居关系与遗嘱是两个独立的行为，遗嘱的法律行为不因婚外同居行为违反善良风俗而无效。他们对案件的态度与德国法院在德国情妇遗嘱案中的立场基本一致，而且很多人是依据德国著名民法学家迪特尔·梅迪库斯的教

---

① 例如，萧瀚：《被架空的继承法——张××诉蒋某芳继承案的程序与实体评述》，载易继明主编：《私法》（总第 3 卷），北京大学出版社 2002 年版，第 300~313 页；范愉：《泸州遗赠案评析——一个法社会学的分析》，载《判解研究》2002 年第 2 期；许明月、曹明睿：《泸州遗赠案的另一种解读——兼与范愉先生商榷》，载《判解研究》2002 年第 2 期。之后又有，林来梵、张卓明：《论法律原则的司法适用》，载《中国法学》2006 年第 2 期。"蓟门学园"于 2006 年 12 月 30 日曾对这场讨论进行过反思性总结，详见郑永流主编：《法哲学与法社会学论丛》（总第 11 期），北京大学出版社 2007 年版，第 241~302 页。

科书①，引用了这个案件的判决及理由。

笔者原来也是持与上述相同的立场，分析的法律技术也如上。但是，当笔者重新仔细研读德国情妇遗嘱案，又阅读了其他情妇遗嘱案之后，便发现：许多人（包括笔者在内）只看到德国联邦最高法院在这个情妇遗嘱案上的立场及使用的法律技术，而没能历史地全面地分析是何种因素在决断情妇遗嘱是否违反善良风俗时起着决定性的作用，未注意到此案前后德国法院立场的改变，更没有追问立场改变的原因，而这些恰恰是在这类道德立场对立且无法判明对错的案件中值得深究的。当然，这些不足也部分源于资料匮乏。既然如此，在对中国学界的批评理由进行评析之前，我们先来看看德国法院的判决。

（二）德国法院的立场及其变化

在 90 余年间的数十个情妇遗嘱案的判决中，德国法院，特别是最高法院——帝国法院（1905—1945 年）和德国联邦最高法院（1950 年至今）的立场是在不断变化的。这里依据一些案例，先归纳影响德国法院决断的主要因素，具体如下。

1. 主观因素与客观因素

在两者的权重上，德国联邦最高法院的立场经历了一个变化的过程：在帝国时期（1900—1919 年），帝国法院提出了一个从法律行为的内容、动机和目的来整体衡量的程式，但实际上它更多关注的是法律行为的动机和受赠人的动机。假使动机违反道德，如受赠人利用了与遗赠人的性关系，以确保从遗赠人那里获得金钱利益，遗嘱便无效；假使有其他值得重视的动机，如补偿"由于与遗赠人的通奸关系，对与其同居者造成的名誉、健康和经济状况"的损害，可以部分承认其有效性。② 这一做法在魏

---

① 参见［德］迪特尔·梅迪库斯：《德国民法总论》，邵建东译，法律出版社 2000 年版，第 514～516 页、第 527 页。

② 1909 年 11 月 4 日判决，I/09；1910 年 11 月 3 日判决，IV/10.

玛时期（1919—1933 年）大体得以继承。① 而在纳粹时期（1933—1945
年），法院先是拒绝作动机的考量，后又有限地考虑到主观因素，并认为
"如果违反道德的动机与值得承认的动机在分量上不相上下，终意处分部
分无效"。②

这一重视遗赠人及受赠人的主观因素的倾向，在德国英占时期
（1948—1950 年），变成了根据"一般生活经验"来决断，即经验上看，
遗嘱是由遗赠人及受赠人之间存在的性关系这种客观因素决定的，因而无
效。③ 德国联邦最高法院在 1970 年之前秉承这种理念，进而认为，仅仅将
近亲属的继承权后置，还不足以算是违反善良风俗，关键在于：性关系是
婚姻的专利品，婚外性关系在根本上是不道德的，长期的通奸关系和违背
婚姻的行为这一客观事实，使性关系与终意赠予之间存在内在关联。因
而，这段时期，德国法院对多数情妇遗嘱基本上持否定态度。④ 即便有时
作动机考察，也是一般从中反推出遗赠人动机不当。

只是自本文上引案件起，即 1970 年后，德国联邦最高法院才慢慢从
其严格的客观主义，后退到主观主义立场上。例如，假设是为了促使情妇
继续保持性付出，或对以前的性关系表示酬谢，便可认定为违反善良风
俗。而认定为不违反善良风俗的动机是指值得重视且更有意义的动机，如
回报受赠人做出的牺牲，弥补被继承人曾经的过错，抚养共同生育的子
女等。⑤

20 世纪 80 年代后，根据迪特尔·梅迪库斯的总结，因遗赠人的真实

---

① 1926 年 11 月 4 日判决，Ⅳ101/26；1928 年 10 月 11 日判决，Ⅳ68/28.

② 1940 年 9 月 17 日判决，Ⅶ247/39.

③ 1948 年 10 月 15 日判决，Ⅰ ZS 37/48.

④ 1954 年 5 月 6 日判决，Ⅳ ZR 53/54；1968 年 2 月 26 日判决，Ⅲ ZR 38/65.

⑤ 参见［德］迪特尔·梅迪库斯：《德国民法总论》，邵建东译，法律出版社 2000
年版，第 228 ~ 231 页。

意图往往难以查明，不论是否与性相关，遗嘱的法律行为一般上均有效。① 当然，如果因动机复合，难以判定哪种动机居主导地位，导致不易对遗嘱违反善良风俗与否下结论的，倾向于认定其有效。但之后德国法院的司法实践，并非全如迪特尔·梅迪库斯总结的那样，不考虑动机，而是也有视遗嘱法律行为的动机而认定的。②

2. 举证责任

在帝国时期，帝国法院注意到值得重视的动机，这种动机是否存在，在逻辑上，似可推出应由被告即受赠人加以证明，但笔者从所见案例中，未发现加予受赠人以证明责任的做法。但在纳粹时期，已明确变成了受赠人的责任。③ 自英占时期至1970年，德国法院主要基于客观主义立场，根据"一般生活经验"的"事实推论""经验定理"，来推定遗赠人的动机违背善良风俗，而在考察是否存在值得重视的动机时，加予被告以举证责任，甚至为这一举证责任倒置说理如下：一个与遗嘱人有长期性关系或有违背婚姻行为的受赠人，在赠予的有效性发生纠纷时，被法院要求具体说明不是性关系，而是其他令人信服的理由决定着遗嘱人的终意处分，这与

---

① 参见〔德〕迪特尔·梅迪库斯：《德国民法总论》，邵建东译，法律出版社2000年版，第527页。

② 例如，1980年，一位男子通过公证决定其妻子为唯一继承人，其子女为替代继承人，各自享有一样的份额。10年以后，他与其妻子分居，并于1993年通过一份手书的遗嘱将其新的女友立为唯一继承人，其女友与之共同生活至其死亡。1996年他死亡后，其妻子以1980年的遗嘱为据，要求作为唯一继承人的继承证书。因为其女友以1993年的新遗嘱为据，想优先于其妻子继承财产，其妻子遂认为那份"情妇遗嘱"无效。杜塞尔多夫的州高等法院1997年12月3日判定，新遗嘱未违背善良风俗并确认其有效。理由与上述民三庭的一样，"情妇遗嘱"仅在为了促使情妇继续保持性付出或对以前的性关系表示酬谢时，才违背善良风俗且无效，而这份遗嘱不是。州高等法院还认为，在遗嘱中亏待妻子和子女，原则上是允许的，因为他们通过特留份权和净益请求权得到充分的保护。见 Obefiandesgericht Dusseldorf vom 3. 12. 1997；Az.：3 Wx278/97. in：www. rechtsanwalt. com：/urteile/urteil/166. 5060/，2007年10月11日访问。

③ Oliver Kamw, S. 180.

有关证明负担问题的"谁主张，谁举证"的一般原则并不矛盾。[1]

在上述德国情妇遗嘱案中，德国联邦最高法院又回到举证的一般原则上，每一方当事人均应阐释并证明，该遗赠是否存在违反善良风俗且有利于自己的情况。甚至还更退一步，只要不能证明仅仅是为了促使情妇继续保持性付出，或对以前的性关系表示酬谢，即便不能认定有其他值得重视的动机，也不认定为违反善良风俗。此后，德国联邦最高法院又逐步放弃了"事实推论""经验定理"。[2] 最终，由于一般不再查明是否存在难以确定合理与否的动机，举证便不再成为问题。

3. 判断违背善良风俗的时间

同样，在查明遗嘱是否违背善良风俗的问题时，存在不同的时间判断标准，即是以继承权的确立，还是继承的开始，德国法院对此的态度前后不一。从重点考察遗嘱的内容出发，帝国法院在20世纪40年代初，以继承的开始为判断标准，以便适应当时情况的变化；而德国联邦最高法院在20世纪50年代中期，改为以继承权的确立为标准，理由在于假如考察的重点是遗嘱人的主观动机，最高法院则认为这是适用《德国民法典》第138条第1款的关键之处，而动机只有在继承权的确立时才能判断。[3]

（三）德国法院立场为何发生变化

德国法院立场改变（其中也不乏自相矛盾之处）的原因所在，并非法律技术的进步，而是如德国民法学家海因里希斯（Heinrichs）所指出的——产生于善良风俗的要求处在变化之中，不仅法律共同体的基本价值，而且交往圈中所承认的道德观，都有可能发生变化。判决的标准是当时居于统治地位的价值观，以前被认为是违背善良风俗的法律行为，现在不再被认为是违背，相反地，以前被认为是有效的，现在不再是。社会意

---

① Oliver Karow, S. 111；1964 年 1 月 8 日判决，V ZR 5/62.

② Peter Finger, Bugerliches Recht. Zivilprozessrecht, in：Juristische Zeitung, 1983, S. 609.

③ 1956 年 2 月 15 日判决，IV ZR 295/55.

识在婚外（非婚）性关系上也发生改变，原先的观念是，婚外性关系在根本上是不道德的，但这早已被超越。同居关系，同性伙伴关系是普遍获承认的、可选择的生活形式。① 对婚外性关系的道德评价，决定着基于婚外性关系的遗嘱是否违背善良风俗。因此，从历史和整体两个维度可以看出，德国最高法院立场的改变受到社会公众对婚外（非婚）性关系上道德评价的影响，尽管二者并非同步。

这一影响又是如何产生的呢？从有关德国文献中可见，在 1970 年之前，德国联邦最高法院长期坚持性关系是婚姻的专利品，婚外性关系在根本上是不道德的，这与社会逐步改变的对性关系的道德评价严重不符。尤其是 1968 年 2 月 26 日的某情妇遗嘱案判决②，受到公众极大的关注和法学界的严厉批评。有的法学家指责法院，"客观标准不是建立在主流的法律信念之上，而是建立在自己的法律情感之上"；有人认为，法院的道德观让一切生活现实和对人的理解迷失在"僵硬的教条主义"之中。而法学家弗朗茨·维亚克尔也早就强调，法官不可把自己对风俗和礼仪的信念强加于任

---

① Palandt－Heinrichs, Kommentar zum BGB, Aufl. 65, 2006, S. 127, 135.

② 一位于 1963 年在西柏林去世的 66 岁未婚男子在去世前一年撰写的遗嘱中，立其在民主德国任教授的妹妹为继承人，同时将自己的住宅、日用品和两万马克赠予一位已婚女子。二人自 1949 年以来始终是纯友谊关系，但自从 1956 年后进一步亲密并有性关系。受赠人的丈夫自 1944 年以来因脊髓病停止了性生活，考虑到未成年的儿子而与受赠人维持着这一婚姻，他知道和明确同意其妻子与遗嘱人的通奸关系。柏林地方法院对有争议的两万马克的赠予判定为不违反道德，其立场是，受赠人与遗嘱人的关系应当这样来评价：受赠人与遗嘱人不存在婚姻，与其丈夫的婚姻名存实亡，因为这一婚姻只存在于纸上，其丈夫有意放任她与遗嘱人的个人关系。1968 年德国联邦最高法院以不寻常的严厉态度撤销了柏林地方法院的判决。在其判决中，第三民事审判庭指出，据现行的继承法，将近亲属的继承权置于非家庭成员之后，尚不能证明这违反道德，在此类案子中决定性的问题是，能否将遗嘱人对受赠女子的赠予归于他们的性关系。柏林地方法院的评价明显与法律秩序相悖，因为未婚者之间的性行为在根本上被视为违反道德，尤其是单身男子与已婚女子。丈夫同意他们的性关系本身也违背善良风俗。1968 年 2 月 26 日判决，ⅢZR 38/65.

何人。① 因而可以说，使法院的立场与社会意识逐步匹配上欧陆"法学家"法的传统的具体原因之一是对法院现行判决的苛刻评析。这些苛刻评析起着关键作用，在评析中，法学家们常常扮演着社会观念变迁的宣示人角色。

三、对中国学界批评理由的评析

（一）批评者所使用的法律技术

中国学界在对中国泸州情妇遗嘱案的批判中，充分运用了法律技术去表达自己的道德立场，总括起来可分为以下两种法律技术。

1. 核心技术

行为与法律行为应两分，不能因行为不道德而导致法律行为无效。也就是说，婚外同居行为是一回事，遗嘱的法律行为有效性是另一回事，不能因为婚外同居行为的不合道德性就推断出遗嘱的法律行为是无效的。

2. 次要技术

首先，"民事法律不问动机"。它指的是，法律在对一项民事法律行为进行评判时，只以法律行为本身作为评判对象，而不去追问行为人基于何种动机去实施这一法律行为。据此，不应去探究遗赠人是出于什么动机将财产赠予受赠人，不应得知遗赠人动机不纯就宣布该遗赠无效。其次，特别法应优于一般法。《民法通则》与《继承法》② 是特别法与一般法的关系，涉及遗嘱效力的案件应当适用特别法——《继承法》，而按照《继承法》第 22 条的规定，该遗嘱不具备无效情形。最后，规则应优先于原则。因为当规则不与原则相违背时，规则比原则更接近事实。所以，《继承法》

---

① Muller‐Freienfels, Zur Rechtsprechung beim sog. "Matressen‐Testament", JZ 1968, S. 444 und S. 447f. ; Breithaupt, Anmerkung zum Urteil des BGH vom 26. 2. 1968, III ZR 38/65. NJW 1968, 932f. ; Wiedcker, Rechtsprechung und Sittengesetz. JZ 1961, S. 337. 均转引自 Oliver Karow, S. 146.

② 2021 年 1 月 1 日《民法典》正式施行，《继承法》同时废止。本文不再作特别说明。

第 5 条规定，继承开始后，按法定继承办理；有遗嘱的，按遗嘱继承或者遗赠办理。第 16 条规定，公民可以立遗嘱将个人财产赠给国家、集体或者法定继承人以外的人。上述两条特别法规定应优先于《民法通则》第 7 条规定的原则，即"民事活动应当尊重社会公德"，可以适用。①

（二）对批判的评析

1. 行为与法律行为不分

行为与法律行为分与不分，就如德国法院只是在此案中将行为与法律行为两分，而在此案前并不两分，这显然是受关于婚外性关系的道德评价的引导，是法院的道德立场决定着法律技术的运用。事实上，人们或明或暗地会倾向于立场先行。批判者难道无道德立场？有，关键是如何通过法律技术作出。如果批评者认为给情妇一些财产是不违背道德，就会用一套如上所述的技术去论证；如果批评者认为是违背道德的，可能会寻找另外一套技术去反对，如结果的合理性考量或社会效果考量。

2. 民事法律行为不问动机

法律行为能被评价的是内容、目的、动机、时间、后果，离开了这些就没有法律行为本身，也就不能对法律行为作出评价。其中，动机可否是评价的对象，从德国法院审理情妇遗嘱案的情况来看，是从最初考虑法律行为的动机，到几乎不考虑，再到重新考虑，最终又基于另因而不考虑动机。由此可见，民事法律行为不问动机并非一直被批评者当作利器。批评者认为，不应追问行为人的动机，并以此试图切断行为与法律行为之间的因果联系。如果考虑动机，就使行为与法律行为具有因果联系，因为法律行为的动机常源于行为。综上所述，行为与法律行为两分并非问题的关键，动机才是。

而深究法律行为的动机与否，从德国法院的实践看，主要取决于社会意识在婚外性关系上的道德评价，道德评价改变，法院随之改变。而中国

---

① 当前适用上应将《民法典》继承编中的相关规定优先于总则编适用。

泸州市两级法院及部分民众显然与德国最初的主流观点一致：婚外性关系是不道德的，基于婚外性关系的遗嘱违背善良风俗，因而无效。如果从法律行为的动机上看，可推定为基于婚外性关系的遗嘱的动机肯定是不正当的，无须区分是何种动机。

3. 以一般法否定特别法，以原则否定规则

为纠正中国泸州市两级法院的技术性错误，学界在批评中还运用了特别法优于一般法和规则优于原则这两项次要技术。它们本身没有对错之分，值得考究的是在何种条件下运用。从批评者的立场看，在中国泸州情妇遗嘱案中，这二者实际是关联在一起的。如果从后往前推，《继承法》的遗嘱规则本身背后是有原则来支撑的，即财产自由。具体在继承上，是指人们有通过遗嘱来处分自己财产的自由，通称遗嘱自由，遗嘱继承优先于法定继承本身就体现了这种财产自由的原则；优先适用特别法——《继承法》，名义上为特别法更接近案件，但在此案中实际效果为遗嘱自由应优先于社会公德。归根结底，在中国泸州情妇遗嘱案中这两项次要技术是服务于遗嘱自由的。

自由之本意是随心所欲。但在法律和道德上均无绝对自由，对自由要做限制，法律设置条件，如规定合同能否订立及合同无效的情形，这事实上就是对意思自治的限制。制定法中的善良风俗或社会公德条款的设定，本身就是对遗嘱自由等具体的自由进行限制，这两项次要技术并不能改变这一立法目的。当然，限制本身也要受到限制，即不可滥用善良风俗或社会公德原则去限制遗嘱自由规则。

4. 以道德替代法律

学界批评四川省泸州市两级法院以道德替代法律也是不妥的。制定法中的善良风俗或社会公德条款本身是道德（低标准的道德）的法律化，是"以礼入法"，如《德国民法典》第 138 条，中国《民法通则》第 7 条。正如迪特尔·梅迪库斯所说："第 138 条所称的'善良风俗'只是从道德秩

序中裁剪下来的，在很大程度上被烙上法律印记的那部分……"① 但法律并未指明什么是善良风俗或社会公德，因此法官可以依职权在个案中赋予其具体的内容，也就是说，法律变相给了法院作出道德判断的合法权力。

法院也无权价值中立，因为判断性是法院工作的最根本性质。这也是有人将法学称为"评价法学"的根据之一，如德国著名法学家卡尔·拉伦茨所言："'评价法学'强调，无论是立法者的全部行为，还是法律适用者特别是法官的全部行为，最终都具有评价性质。""事实上，近代的立法者，即如《德国民法典》制定者，除了运用固定的概念外，往往还使用一些不确定的，内容尚需进一步填补的准则，如'诚实信用''重大事由''不相当''不能指望'等。这些准则的适用，就要求法官根据具体案情作出评价。"② 当然，作出评价不一定就是作出道德判断，更多是作出法律判断，但在德国情妇遗嘱案中，法律未给出善良风俗或社会公德的标准，法院必须依法作出道德判断。这并非所谓的以道德替代法律，这里的关键不在于是否可以具体化道德判断，困难之处在于如何根据具体案情具体化道德判断。

所以，法律技术并非总是中立的、无情无义的技术，法律技术不能排斥道德立场，法律技术服务于道德立场，尤其是在道德立场对立且无法判明对错的案件中。正因如此，德国法理学家伯恩·魏德士才强调说，法律方法问题是宪法问题，选择方法必须符合宪法，符合基本价值，不能在方法上盲目飞行。也因此，他对卡尔·拉伦茨在纳粹时期通过客观解释为纳粹服务的言行进行了严厉的批评。③ 当然，并非法律方法问题全是宪法问题，在道德立场并不对立的案件中，法律方法更多的是技术问题。

---

① 参见［德］迪特尔·梅迪库斯：《德国民法总论》，邵建东译，法律出版社 2000 年版，第 510～511 页。

② 参见［德］卡尔·拉伦茨：《德国民法通论》（上），王晓晔等译，法律出版社 2003 年版，第 99 页。

③ 参见［德］魏德士：《法理学》，丁小春、吴越译，法律出版社 2003 年版，第 421 页。

四、法院如何判决此类有道德争议的案件

(一) 如何对善良风俗或社会公德具体化

首先，对善良风俗或社会公德的解释，是在法律内部还是在法律外部？卡尔·拉伦茨认为，《德国民法典》第138条既包括了法律内在的伦理原则，也包括了外部占统治地位的道德，但前者具有优先适用权，后者只是在与前者一致，且对现行法律的解释更佳时才可以适用。[①] 然而，既有的法律内在的伦理原则有时并不能回答新出现的问题，如《德国民法典》第138条善良风俗这个法律内在的伦理原则，并未告诉人们应如何处理基于性关系的遗嘱，因为善良风俗是一个需根据具体案情来填充具体内容的原则。至于如何填充，只能向外寻求占统治地位的道德的帮助。从上述情妇遗嘱案审判前后德国法院立场的变化来看，德国法院在对善良风俗具体化中受到占统治地位的道德的影响。

其次，确立了处理基于性关系的遗嘱应向外寻求占统治地位的道德之后，即将要面临的难题是如何理解某一道德"占统治地位"。一般意义上，什么是"占统治地位"，可以理解为官方的，或是为多数人接受的。具体在与性相关的事情上，适合运用多数原则，因为这类事情涉及每个人，既涉及人类的客观生存与延续，又充满个人的主观荣辱感。另外，法官被授予的司法权源于人民，因此诉诸社会上多数人所接受的价值观念，在民主原则下具有正当性。所谓屈从民意的批评大而不当。

再次，多数原则也是受到限制的。运用多数原则并不是放弃价值评价，不能一概认为多数的是正当的。多数与正当的关系有三种情况：多数人接受的，也是明显正当的，如善意撒谎、借债还钱。多数人接受的是明显不正当的，应当摒弃，如曾为多数人接受的处死强奸者或淫乱者（沉

---

① 参见［德］卡尔·拉伦茨：《德国民法通论》（下），王晔晓等译，法律出版社2003年版，第599页。

塘）、将淫乱者裸示游街、寡妇被强奸不受保护等陋俗。正当性有明显争议，多数的意义在此便无足轻重，如在涉及人身、性和婚姻的问题上，人们的公序良俗总是存在巨大分歧，没有统一的是非定论，而且民众道德观的改变也不同步。因而，安乐死、堕胎、同性恋、人工生殖、人体实验、基因工程、裸体文化等总是人们争论的焦点，基于性关系或婚外同居关系的遗嘱也属于此。

又次，即使获得了正当性，运用多数原则还需回答一个问题：民众总是生活在一定的地域，以哪里的多数人为准？是纠纷发生地的多数民众的道德观，还是其他地方的多数，抑或媒体上的主流声音？这里可借鉴国际私法中法律适用选择的原则，以与纠纷"最密切联系地"的多数民众的道德观为优先考虑的对象，而非其他地方的多数，更非媒体上的主流声音，因为能在媒体上发言的往往不是普通民众，并且他们的道德观常常较为前卫。由于这类事情最具地方性，关于这类事情的知识是最典型的地方性知识，如果我们承认文化的相对性和差异性，就应当尊重这种地方性知识。

最后，如何获知当地多数民众在某问题上的道德观，并非易事。可行的办法是依据前例，如学者对判例进行的类型化总结，为此提供了便利。德国法学家卡尔·拉伦茨、迪特尔·梅迪库斯曾对德国法院有关善良风俗的判例进行了类型化总结。① 在无先例可循时，法官可凭生活经验进行判断。然而，这种开先河的司法行为风险甚大。

总之，法外寻求标准，依据多数原则，进行价值评价，采用地方性准则，结合个人经验，构成对善良风俗或社会公德具体化的五步法。

---

① 参见［德］迪特尔·梅迪库斯：《德国民法总论》，邵建东译，法律出版社 2000 年版，第 521~547 页；［德］卡尔·拉伦茨：《德国民法通论》（下），王晓晔等译，法律出版社 2003 年版，第 604~616 页。

（二）如何进行法律推理

常规的法律推理是，在大小前提确定时，从前提中可推出一种具有排他性的结论。但在中国泸州情妇遗嘱案中，小前提是大体确定的，但大前提有争议，不能进行常规推理。然而，人们以为大前提是可以选择的，可先对大前提进行价值权衡，即权衡善良风俗或社会公德与遗嘱自由谁具有优先性，而权衡的结果可能是情况一，也可能是情况二，接下来再推出结论，这就是所谓"实质推理"。其推理过程为：

情况一：

大前提：遗嘱违反"法律规定和公序良俗，损害了社会公德，破坏了公共秩序"，因为遗嘱基于婚外同居关系，而婚外同居关系在根本上是不道德的。

小前提：黄某彬立下遗嘱。

结论：遗赠的法律行为无效。

情况二：

大前提：遗嘱并不违反善良风俗或社会公德，因为遗赠人与受赠人的婚外同居关系与遗嘱是两个独立的活动。

小前提：黄某彬立下遗嘱。

结论：遗赠的法律行为有效。

必须指明，上述"实质推理"，无论是法院的做法（情况一），还是批评者的做法（情况二），在本案中均有欠妥。

首先，这个案件中需要权衡的对象并非通常所指的两个或两个以上原则，如像权衡新闻自由与隐私权保护的优先性一样，去权衡善良风俗或社会公德与遗嘱自由谁具有优先性，而是要权衡对善良风俗或社会公德在此案中的不同理解，哪种更具有合理性。因为制定法规定的善良风俗或社会公德条款本身，就是为了限制遗嘱等方面的自由，遗嘱自由适用与否，取决于在此案中如何理解善良风俗或社会公德，即基于婚外同居关系的遗嘱是否违反善良风俗或社会公德。如果持违反的立场，便自然排斥了遗嘱自由，如果持不违反的态度，便适用遗嘱自由。所以，在善良风俗或社会公德与遗嘱自由之间，不存在权衡问题，只存在根据对善良风俗或社会公德的理解去决定适不适用遗嘱自由的问题。

其次，也是更重要的，在权衡大前提之后，无论上述哪一种推理，结果都是非此即彼的。这虽然符合常规，但因基于婚外同居关系的遗嘱在大前提正当性上的明显争议消失了，导致一方完胜，一方完败，裁判者或公众最多只能对败诉方报以同情。

那么，可否得出体现大前提在正当性上有明显争议的第三种结论呢？即不是全无全有，而是或多或少的结论。笔者认为是有第三条道路可走的①，至少在泸州情妇遗嘱案中可以探索一下，依据如下：

（1）大前提有明显争议，且无法判定谁全对谁全错的。基于婚外同居关系的遗嘱在正当性上有明显争议，不仅从技术上无法找到一个谁是谁非的标准，在道德判断上也必须反对非此即彼，不能以一方的道德观为决定性标准，而不惜牺牲另一方的道德观，应当考虑到当事人双方和社会对立的道德立场。

泸州情妇遗嘱案件便是如此。据报道，该案一审休庭后，法庭就原、被告所引用的法律观点汇报给审判委员会讨论，审判委员会的成员也形成两种意见。此外，当地多数百姓认为，该案有力地震慑了企图成为"第三者"的人，端正了民风，也有一些人不以为然。而对于张某英来说，不仅没能够得到黄某彬的遗赠，反而在精神上受到了更加沉重的打

---

① 中国政法大学巫昌桢教授对泸州情妇遗嘱案亦认为应该从两方面来考虑，其中首先保护公民的私有财产继承权，公民可以自由处分属于自己的那部分财产，但就此案而言，还应考虑到黄某彬与他人同居属于有过错在先，侵害了其配偶的合法权益，为此黄某彬应对其配偶作出补偿。所以这个遗赠中，可以说部分无效，但不能说全部无效。参见《多事的遗嘱》，中央电视台 2002 年 3 月 7 日播出，http://www.cctv.com/lm/240/22/38812.html，2022 年 6 月 10 日访问。

击，此时的张某英已经万念俱灰。对此，一直跟踪报道此事的泸州晚报的记者们还专程赶来找她，并将一些好心人的捐款转送给了张某英。他们同情张某英的遭遇，其中有几个人还专门去看望了张某英，表达了他们的关切之心。①

（2）争议的标的是可分割的财产。一般来看，在安乐死、堕胎、同性恋、人工生殖、人体实验、基因工程、裸体文化等方面，不可能让道德骑墙，如不可能判某人堕一半胎，只允许某一性别的同性恋。但在可分割的财产上，却可表现出中庸的态度。

（3）遗嘱的动机是复合的。如果要考虑动机，其中可视为不正当的动机，典型的有如对以前的性关系表示酬谢，有意报复妻子不让其得利；而可视为正当的动机，典型的有回报受赠人做出的牺牲，抚养共同生育的子女，保证情人的生活。就可验证的后两者而言，据报道，1998 年黄张二人生育了一个女儿，之后为给黄某彬治病，张某英花去近一万元钱。一审判决之后，记者再次来到张某英的家，在这间不足 20 平方米的小屋里，最值钱的摆设是电视机。为了打官司，张某英说她已经连续几个月都没有交房租了，并且还抵押了电视机。②

（三）如何作出兼顾双方立场的判决

遗赠人的遗嘱在两方面部分无效。第一，黄某彬在其书面遗嘱中，将其所得的住房补贴金、公积金、抚恤金和卖房所获款的一半 40 000 元人民币，以及自己所用的一部手机全部赠与受赠人，这一部分遗嘱无效。因为抚恤金是死者单位对死者直系亲戚的抚慰，不是黄某彬的个人财产，不属于遗赠财产的范围。住房补助金、公积金应为黄某彬与蒋某芳夫妻关系存续期间所得的夫妻共同财产，黄某彬无权单独处分。第二，就遗赠人应得

---

① 参见《多事的遗嘱》，中央电视台 2002 年 3 月 7 日播出，http://www.cctv.com/lm/240/22/38812.html，2022 年 6 月 10 日访问。

② 同上注。

一半的住房补助金、公积金和卖房款而言，遗赠人没有充分的理由（如遭受虐待）剥夺其妻子的继承权，其妻子也有权继承其中部分财产。据前述骑墙理论，可考虑将遗赠人有权处分的财产的一半判给其妻子，一半判给其情妇。这对她们两人而言，尤其对其情妇而言，尽管所得的财产不多，但公道的意义显然胜于钱财的作用。

商　法

股权纠纷的司法应对

——鲁南制药股权之争

◀ **钱弘道**

北京大学法学博士、经济学博士后，先后赴牛津大学、剑桥大学、斯坦福大学、耶鲁大学、早稻田大学、托马斯·杰斐逊法学院访学或讲学，教育部"新世纪优秀人才"，国家社科基金重大项目、教育部重大攻关项目首席专家。先后任中国社会科学院法学所研究员，浙江大学法学院教授、博士研究生导师，中国民主建国会中央委员、法制委员会副主任，中国法学会比较法学研究会副会长。中国法治实践学派倡导者和中国法治评估先行者。主持测评中国内地首个法治指数以及中国首个司法透明指数、新时代"枫桥经验"指数等，被学界和媒体称为"钱指数"。在全国率先提出并主持开展法治指数数字化场景应用实验。法治指数入选浙江省改革开放 30 年百件典型事例、法治浙江 10 周年十大事件。在《中国社会科学》《法学研究》《中国法学》《新华文摘》等期刊发表论文多篇。出版专著或主编《经济分析法学》《法治评估的实验》《中国法治实践学派的基本精神》《法治白皮书》，以及"中国法治实践学派书系"等数十部著作。创建弘道书院，为当代较早创办书院的学者。

一、基本案情

21 世纪初，一起股权纠纷案面临中国法院的判决，同时又面临国外法院的判决。中国一家大型药企——鲁南制药集团股份有限公司（本文以下简称鲁南制药）的控制权究竟归属何方？这起典型的、引起广泛关注的股权纠纷案揭示了海外信托存在的风险，并提供了深刻的启示。

2001 年，为解决鲁南制药管理层与外资股东之间的矛盾，董事长赵某某委托北京金杜律师事务所王某某律师处理股权转让的相关事宜，商定由鲁南制药出资 7560 万元人民币，以王某某妻子魏某某持股的凯伦美国公司名义，受让鲁信（美国）有限公司（本文以下简称鲁信公司）持有的鲁南制药 25.7% 股权。2001 年 3 月 15 日，鲁南制药和凯伦美国公司签订《股权代持协议》，约定如下：凯伦美国公司应根据鲁南制药的指示代其行使股东权利，鲁南制药有权以凯伦美国公司的名义处分代持股权并有权随时终止《股权代持协议》，鲁南制药每年应向凯伦美国公司支付服务费 8 万元。

2001 年 4 月 2 日，凯伦美国公司与鲁信公司签订股权转让协议，以 7560 万元人民币（约 1200 万美元）的价格购得 2100 万股鲁南制药股份，并获得政府批准。与此同时，凯伦美国公司与鲁南制药投资设立鲁南贝特制药有限公司（本文以下简称贝特公司）与鲁南厚普制药有限公司（本文以下简称厚普公司）。

其后，凯伦美国公司持有的鲁南制药及其子公司的股权通过在英属维尔京群岛新设凯伦新时代公司（本文以下简称凯伦 BVI 公司）、信托等方式进行数次调整。① 截至 2011 年 7 月 19 日，各公司股权结构为：鲁南制药董事长赵某某持有凯伦 BVI 公司 100% 股权，凯伦 BVI 公司持有安德森投资有限公司（本文以下简称安德森公司）100% 股权，安德森公司持有鲁南制药 25.7% 股权，并分别持有厚普公司、贝特公司、鲁南新时代生物技术有限公司（本文以下简称生物技术公司）与鲁南新时代医药有限公司（本文以下简称医药公司）25% 股权。

2011 年 7 月，赵某某委托王某某设立海外信托。王某某之妻魏某某作为安德森公司的唯一董事设立"赵氏信托"。信托由凯伦 BVI 公司作为委托人与受益人，并由安德森公司担任受托人。信托财产是安德森公司持有的前述五家公司的股权。信托成立当日，安德森公司持有的股权被转移至魏某某名下。该信托是可撤销信托，即委托人保留了撤销权的信托。

2014 年 11 月 8 日，赵某某致函指示魏某某将他持有的安德森公司股权及公司名下财产悉数转给其独生女赵某，并经魏某某签字。2014 年 11 月 14 口，赵某某再次指示魏某某，表示自己授权女儿行使"赵氏信托"下的所有权利，后赵某某于当天去世。

2015 年 8 月，魏某某向新设立的、由王某某和鲁南制药董事王某强、张某某担任董事的嘉德价值投资公司与中智投资控股公司转移安德森公司的股份。上述两家公司分别持有安德森公司 90% 股权和 10% 股权，但赵某对此并不知情。

---

① 英属维尔京群岛（The British Virgin Islands，B. V. I）是世界上发展最快的海外离岸投资中心之一，是国际著名的避税中心。很多国际知名的大公司为了避税，均在该岛设立公司。在此注册的公司被称为 BVI 公司，常见于为在境外上市而搭建的 VIE 交易架构中。VIE 结构即可变利益实体（Variable Interest Entities），也称"协议控制"，其本质是境内主体为实现在境外上市采取的一种方式，是指境外上市实体与境内运营实体相分离，境外上市实体在境内设立全资子公司（Wholly Foreign Owned Enterprise，WFOE）。该全资子公司并不实际开展主营业务，而是通过协议的方式控制境内运营实体的业务和财务，使该运营实体成为上市实体的可变利益实体。这种安排可以通过控制协议将境内运营实体的利益转移至境外上市实体，使境外上市实体的股东（境外投资人）实际享有境内运营实体经营所产生的利益。

2016 年，王某某又新设恒德公司，担任唯一股东和董事。魏某某设立菩提树信托，指定恒德公司为受托人管理嘉德公司持有的安德森公司 90% 股权，而原始受益人是赵某以及律师王某某的女儿，而王某某作为信托保护人有权增加或移除受益人。2017 年 2 月，赵某与王某某会面时才知道菩提树信托的存在。

2017 年 3 月 8 日，赵某召集股东大会，但魏某某向鲁南制药发表声明告知赵某及其母亲均不是安德森公司的股东。第二天，鲁南制药的另一名外部律师向赵某出示了 2001 年签订的《股权代持协议》。

2017 年 7 月 20 日，恒德公司与安德森公司向英属维尔京法院提起诉讼，请求法院就菩提树信托的处理作出裁判。2017 年 8 月 21 日，赵某在英属维尔京法院起诉，主张安德森公司的股权属于其本人。由于两个争议事由相同，英属维尔京法院决定合并两案审理，并因新冠肺炎疫情将开庭审理延期至 2021 年 3 月。

在此期间，鲁南制药现任管理团队于 2017 年 3 月致函魏某某，要求其停止信托运作。2019 年 12 月 5 日，鲁南制药向山东省临沂市中级人民法院起诉安德森公司，请求依法确认鲁南制药与安德森公司之间的委托持股关系解除。2020 年 4 月 3 日，山东省临沂市中级人民法院判决解除《股权代持协议》。2021 年 1 月，原由安德森公司持有的鲁南制药、医药公司以及生物技术公司的股份，被转移至鲁南制药董事长张某某新设的两家香港公司——贝普科技有限公司和博见投资有限公司。

2021 年 7 月 20 日，英属维尔京法院作出判决，认定涉案鲁南制药 25.7% 股权的所有者是赵某。该判决结果掀起轩然大波。鲁南制药股权纠纷案再次引起公众关注。直至本文定稿时，此案股权纠纷仍未得到最终解决。

二、股权归属

鲁南制药股权纠纷由来已久。本案争议的焦点是股权归属。解决股权归属问题就要弄清楚出资主体，是赵某某个人出资还是鲁南制药公司出资？因为个人出资与公司出资会导致完全不同的股权归属、权利配置和收益分配。本案恰恰是在出资问题上产生了争议。

（一）鲁南制药的背景和股权纠纷的由来

鲁南制药始创于1968年，前身是山东郯南制药厂。20世纪80年代，山东郯南制药厂陷入经营困难，濒临破产。1987年，职工赵某某将这家净资产不到20万元人民币的制药厂承包下来，并担任厂长。可以说，赵某某是该厂起死回生的灵魂人物。赵某某为了挽救制药厂，带领200余名职工向重症药物研制转型，经过不懈的努力终于研发出让老百姓吃得起的良心药。由此，该制药厂得以存活，并且蓬勃发展。山东郯南制药厂于1994年改制为鲁南制药股份有限公司，于2005年更名为鲁南制药集团股份有限公司。几十年间，鲁南制药从一间小厂，逐渐发展成拥有七家子公司的综合制药集团，并跻身中国医药工业百强企业，同时也是山东省纳税大户。根据官网介绍，鲁南制药现有员工19 000余名，年产值达100亿元，2021年品牌价值达121.91亿元。2002年，46岁的赵某某被确诊为癌症晚期，但他仍继续带病工作，于2014年因病去世，后被中宣部追授"时代楷模"称号。

鲁南制药股权纷争的源头要追溯到20世纪90年代。在那个年代，中国向有境外投资者的国内企业提供税收优惠政策。当时，鲁南制药为了享受中外合资企业的税收优惠，找到烟台华联发展集团股份有限公司（本文以下简称烟台发展公司）在境外的全资子公司即鲁信公司合资，由鲁信公司持股鲁南制药25.7%，使鲁南制药成为可以享受税收优惠的中外合资企业。据公开资料显示，作为"利润贡献大户"的鲁南制药从未听命于烟台发展公司。作风强硬的赵某某与烟台发展公司在经营理念上存在分歧，但又不愿放弃税收优惠，便计划购买鲁信公司持有的鲁南制药25.7%的股份。2001年6月，赵某某和鲁信公司达成协议，鲁信公司将所持的鲁南制药25.7%的股份转让给凯伦美国公司。也就是说，烟台发展公司的子公司未经总公司董事会的同意，就把子公司的资产卖了。后来发生争议、至今未解决的纠纷正是该 25.7% 的股份。赵某某为收购烟台发展公司 25.7% 的股份曾与其打过一场官司，闹得轰动一时。

金杜律师事务所王某某律师当时已是鲁南制药的法律顾问。深圳万基药业有限公司（本文以下简称万基药业）实施收购战略，成为烟台发展公司第一大股东。万基药业董事长陈某某担任烟台发展公司董事长。陈某某发现斥巨资买进的上市公司股份在很大程度上没法掌控。鲁信公司与凯伦美国公司的股权转让获得当时的对外经济贸易合作部（本文以下简称原外经贸部）批准。烟台发展公司坚决不同意转让股份，向原外经贸部申请行政复议。鲁南制药和烟台发展公司各自发表声明。王某某律师代表鲁南制药表示：股权转让是铁板钉钉的事情，已得到鲁信公司董事会同意，并已到原外经贸部办理产权变更手续。烟台发展公司则表示：（1）当年为了实施"大医药"发展思路才通过收购鲁信公司实现间接控股鲁南制药，不同意转让鲁南制药的股权；（2）若不签订股权转让协议，鲁南制药不向烟台发展公司提供审计报告，将使其无法合并披露上市公司年报；（3）烟台发展公司董事会一直不同意转让，股权转让协议是被迫签订的。原外经贸部维持了关于转让鲁南制药股权的批复及颁发的批准证书。

2002 年 1 月，鲁信公司向法院提起诉讼，请求确认股权转让协议无效，要求凯伦美国公司把持有的鲁南制药股权返还给鲁信公司，理由是：（1）烟台发展公司是上市公司，重大资产处置要报请公司董事会和股东大会审批，再按照证监会的有关规定进行；（2）股权转让协议系前董事长孙某利用他掌握公章的权力，指使 3 位已经被罢免的董事签订，烟台发展公司 2000 年 12 月董事会决议已经否决了该股权转让；（3）烟台发展公司知道真相后多次发表公告，声明董事会不同意转让鲁南制药的股权；（4）对转让的股权没有进行评估和审计，且价格明显偏低，价值 1.8 亿元的股权只卖了 7560 万元。2005 年 10 月，最高人民法院判决驳回鲁信公司上诉，维持原判，鲁信公司的诉讼请求未获支持。判决书的主要内容是：（1）孙某作为烟台发展公司的法定代表人，是鲁信公司唯一股东的合法代表，也是子公司鲁信公司的授权代表，其签订的合同对鲁信公司有效；（2）虽然鲁信公司主张被迫签订股权转让协议，但没有提供相关证据予以佐证；（3）鲁信公司称烟台发展公司多次公告声明不同意转让鲁南制药股权，烟台发展公司虽是鲁信公司的股东，但不是鲁南制药的股东，无权对鲁南制药的股权转让提出异议。由此，凯伦美国公司接管了鲁信公司持有的鲁南制药25.7%的股份，赵某某取得了25.7%的股份的控制权。万基药业在山东的收购战略折戟沉沙。

魏某某在美国设立的凯伦美国公司只是替鲁南制药代持股权。2001年，鲁南制药和凯伦美国公司签订《股权代持协议》，由鲁南制药提供购买股份的资金。鲁南制药后来正是基于这份协议才主张25.7%的股份属于鲁南制药。赵某认为其父亲赵某某出资购买了25.7%的股份，她理应享有这部分继承权。

为了夺回股权，赵某于2017年8月向英属维尔京法院提起诉讼。因为安德森公司在英属维尔京群岛注册，所以归东加勒比最高法院管辖。英属维尔京群岛是国际著名的离岸金融所在地，大量的离岸公司和离岸信托在此设立。维尔京群岛作为英属殖民地，继承了一部分英国法律，同时自己创设了很多有利于企业注册和离岸信托设立的法律。东加勒比国家组织（OECS）现有9个成员国，包括安提瓜和巴布达等7个正式成员和英属维尔京群岛等两个非正式成员。在法律管辖上，英属维尔京群岛有一个高等法院和一个上诉法院（隶属于东加勒比最高法院），本案由东加勒比最高法院的上诉法院审理。英属维尔京群岛的最终上诉法院是位于伦敦的枢密院司法委员会。

从法律文件看，鲁南制药在法院诉讼案件发生时登记注册的外资股东是安德森公司，安德森公司的股东是以赵某某的名义在英属维尔京群岛注册的凯伦BVI公司，凯伦BVI公司的唯一股东是赵某某。在赵某某究竟是以个人身份持股还是代表鲁南制药持股这个问题上，赵某和鲁南制药的观点完全相反。而回答这个问题的关键是确认股权的资金来源。

当年凯伦美国公司从烟台发展公司手中购买 25.7% 的股权时，的确是鲁南制药分两次向凯伦美国公司汇入股权收购款 3780 万元人民币，但这一汇款在鲁南制药的财务账册中体现为"凯伦美国公司应收账款"，即鲁南制药向凯伦美国公司出借款项。剩余的 3780 万元人民币股权收购款则由鲁南制药旗下的山东临沂工程机械有限公司代为垫付，双方约定待凯伦美国公司资金充足后再予偿还。问题在于，凯伦美国公司或者赵某某是否偿还了这笔鲁南制药的"应收账款"。争议焦点便是，第一次代持协议下的 7560 万元人民币股权收购款是谁支付的？赵某主张其父赵某某支付了对价，鲁南制药则主张收购款来源于公司。

在英属维尔京法院的判决书中，法官推断是赵某某用薪资奖金投资了厚普公司和贝特公司。鲁南制药 2003 年的审计报告显示，凯伦美国公司分别向贝特公司和厚普公司投资了 1000 万元人民币、750 万元人民币。鲁南制药提供的 2003 年之后的财务账册显示，赵某某的薪资奖金颇为丰厚。例如，2004 年 6 月的一份财务账册显示，赵某某年薪超过 630 万元人民币，其被授权的信用额度高达 1126 万元人民币。由于投资厚普公司和贝特公司的时间恰好发生在 2003 年及之前，这一时间节点的公司财务账册对认定案件事实颇为关键。按常理来说，鲁南制药应保留 2003 年之前赵某某的薪资收入记录，但其既没有提供，也没有向法庭解释为什么缺失 2003 年之前的材料。如果财务账册清晰，一切问题都将迎刃而解，但鲁南制药并没有让任何证人来解释 2003 年之前的文件缺失问题。反倒是赵某找到了鲁南制药内部的一些和赵某某有关的账目及记载，这也使赵某一度面临"窃取商业秘密"等多项指控。所谓的"商业秘密"，是赵某某在鲁南制药从未支取的绩效工资、奖金、年薪，赵某某在鲁南制药内部人员集资账户下的个人账户，与赵某某有关的由财务代为保管的账目，外资股的购股款还款记录，董事会决议等。

根据各方提供的证据，法官作出了有利于赵某的推断。英属维尔京法院认定：（1）赵某某薪金丰厚足以支付股权价款；（2）鲁南制药的财务账册将这两笔付款记账为应从凯伦美国公司收取的"应收款";(3)赵某某通过各种方式还清了"应收款";(4)鲁南制药未提供相应证据。英属维尔京法院得出结论:赵某某是使用其保留的工资、奖金、股息红利支付的7560万元股权收购款,赵某应是最终受益人;2011年7月19日"赵氏信托"成立之前,赵某某对于相关股权的法定所有权其实很清晰。① 这里涉及的股息红利,是指赵某某使用自己的资金通过凯伦美国公司与鲁南制药合资设立了贝特公司、厚普公司,并将本该分配给这两家公司的分红支付给鲁南制药,用于归还鲁南制药最初支付出去的购买诉争股权的款项。

山东省临沂市中级人民法院关于解除鲁南制药与安德森公司签订的《股权代持协议》并没有从根本上解决股权归属问题,也没有确认出资主体的问题。虽然《股权代持协议》解除,安德森公司持有的鲁南制药25.7%股权以及四家子公司1/4的股权回到了鲁南制药,但这并不意味着该争议股权必然属十鲁南制药。要确定股权归属,还要看赵某某是否已经归还借款,对此鲁南制药应当出示相关财务原始凭据。

英属维尔京法院认为,2001年鲁南制药与凯伦美国公司签订的《股权代持协议》在中国法下是无效的。法官认为:"股份委托协议无效,因为根据中国公司法,鲁南制药被禁止持有自己的股份,而且该委托是一项临时安排,通过偿还贷款而终止。"② 虽然山东省临沂市中级人民法院判决认定《股权代持协议》签订时有效,现已解除,但英属维尔京法院认为这一判决是双方通谋的结果,山东省临沂市中级人民法院被严重误导,其判决不能作为定案依据。

鲁南制药于1994年改制为股份有限公司,《股权代持协议》签订于2001年,应适用我国1999年修正的《公司法》。《公司法》(1999年修

---

① 参见英属维尔京法院判决书。
② 同上注。

正）第 149 条规定："公司不得收购本公司的股票，但为减少公司资本而注销股份或者与持有本公司股票的其他公司合并时除外；公司为注销股份而收购本公司股票的，必须在十日内注销该部分股份并办理变更登记与公告。"如果鲁南制药不是为了注销股份、减少注册资本而收购本公司 25.7% 的股权，那么《股权代持协议》因违反《公司法》（1999 年修正）而无效。

目前存在两份判决书，一份是山东省临沂市中级人民法院的判决书，判决解除《股权代持协议》，已经生效；另一份是英属维尔京法院的判决书，判决赵某享有鲁南制药 25.7% 的股权，还有上诉程序。对赵某来说，即使在国外打赢了官司，但最终能否顺利拿到这 25.7% 的股权，还不能轻易下结论。在没有经过国内法定程序承认前，赵某手中的英属维尔京法院判决书在国内没有法律效力。即便该判决书被承认有效，也未必能顺利执行到位。有人提出国有资产是否被侵吞的问题，鲁南制药经 1994 年改组后，国有资本控制其约 35% 股份。2001 年，凯伦美国公司和鲁信制药达成《股权转让协议》时，国有股权究竟是什么情况需要弄清楚。赵某某是"承包"，是经营权转让，不是"产权转让"。如果是产权转让就不存在部分股权私有化的问题。赵某某承包经营，应该享有经营所得，但是这个"经营所得"未必是股权，也可能是现金利益。要实现现金利益到股权的转变，需要通过股权交易等合法程序实现。弄清楚国有资产是否被侵吞、赵某某的合法权益是否得到了保护，需要还原从企业承包到后来发展壮大的整个过程，依据企业保存的相关证据弄清楚企业股权结构变化从而作出判断。鲁南制药 25.7% 的股权原来由烟台发展公司实际控制，转到赵某某实际控制的国外公司时，赵某某是否向鲁信制药偿还了借款，以及凯伦美国公司和鲁信制药成立公司时赵某某是否实际出资，均需弄清楚。总而言之，一切问题必须归结到股权归属的证据。

（二）公司股权和控制权

本案股权纠纷直接关系到公司控制权的归属。股权是公司治理的基础。股权比例的大小直接影响股东的公司话语权和控制权。股权架构得当，成为有效激励，企业发展动力就强大；股权架构不科学，就可能成为产生矛盾纠纷和风险的根源。股权设计实务中存在"股权九条生命线"的说法：（1）绝对控制权，67%；（2）相对控制权，51%；（3）安全控制权，34%；（4）上市公司要约收购线，30%；（5）重大同业竞争警示线，20%；（6）临时会议权，10%；（7）重大股权变动警示线，5%；（8）临时提案权，3%；（9）代位诉讼权，1%。这九条线的主要依据是《公司法》。例如，第一条绝对控制权67%，依据是《公司法》（2018年修正）第43条第2款："股东会会议作出修改公司章程、增加或者减少注册资本的决议，以及公司合并、分立、解散或者变更公司形式的决议，必须经代表三分之二以上表决权的股东通过。"再如，第二条相对控制权51%，依据是《公司法》（2018年修正）第103条第2款："股东大会作出决议，必须经出席会议的股东所持表决权过半数通过……"本案中，根据工商登记显示，在鲁南制药股权结构中，社会个人股占比为48.08%，内部职工股占比为26.22%，安德森公司占比为25.70%。根据王某某律师在鲁南制药设立境外持股平台时的描述，安德森公司通过持有鲁南制药的股权及其下属子公司的股权合并，大约享有鲁南制药全部资产权益的40%。这样的大股东地位对鲁南制药管理和发展的影响，自然非同小可。

英属维尔京法院判决书事实部分写道："在20世纪80年代中国经济改革过程中，1987年，当地政府拟通过招投标方式招一人来承包经营该公司（即山东郯南制药厂）。该公司当时的经营状况很差，这一举措实际上是让公司部分私有化了。赵某某承包了该公司的经营管理，并在扭转公司局面方面发挥了重要作用。可以说，后来的鲁南制药就是他创立的。1994年3月，鲁南制药进一步重组，国有控股比例减少至35%左右。"① 20世纪90年代中国的国有企业、集体企业改制后，原来的承包者、经理

---

① 参见英属维尔京法院判决书。

人变身为所有者，但赵某某可能一开始并未意识到股权明晰的重要性，因此没有明晰自己的股权。改制后，赵某某的股份如何表现、具体份额是多少，这个问题不明晰，一般来讲，赵某某应该拥有鲁南制药较大的股份。如果赵某某不拥有任何股份，这不合常理；如果赵某某一开始便明晰自己的股权，就可以避免在他去世后产生的纠纷。

赵某某生前提名张某某担任鲁南制药董事长。赵某某去世后，张某某任董事长和总经理，张某某、张某平、李某某、王某强、张某星五人是董事，朱某某、李某、苏某某三人为监事。但是后来，鲁南制药内部高级管理层严重分裂，产生了两大阵营：一方是鲁南制药的董事会"元老派"，包括张某平、李某某与王某强；另一方则是张某某，现任董事长兼总经理，属于实际"掌控者"。虽然双方有争议，但在 2017 年之前对赵某是股权的最终受益人身份，实际上双方一直没有疑问。双方都想拉拢赵某，但赵某拒绝与任何一方结盟。2017 年 2 月 27 日，赵某向鲁南制药提出要求，声称其为安德森公司和安德森公司财产的唯一合法所有人。她表示："本人在此委托本人的母亲代表本人代为收取股息。本人不再授权魏某某代为收取股息。"鲁南制药的董事长张某某将此要求批转给财务部："请照此办理。"王某强也应该看到了该要求和批示。这一事实说明，即使赵某某去世了，鲁南制药内部依然遵从他在世时形成的一些惯例，他的家人在一定意义上承继了他的影响力。只是后来，公司内部的两大阵营之间以及和赵某之间产生了复杂的分歧和斗争，最终反目并走上了诉讼道路。

从现有公开信息来看，赵某某生前仅签署了一份《关于撤销信托和办理信托财产过户的通知》，对赵某将来如何接手管理鲁南制药并没有作出安排。王某某于 2017 年 3 月 16 日致山东省临沂市人民政府《关于鲁南制药集团股份有限公司外资股的历史演变、海外信托和管理权之争的说明》中说："因为在我们的印象里，赵某某一直跟我们说鲁南制药的外资股其实是属于鲁南制药自身，从来没有跟我们说过这部分股权属于他自己。由于赵某某本人既是鲁南制药的法定代表人，同时也是凯伦 BVI 公司的法定代表人，他本人作为鲁南制药外资股的最终代持人是适当的。但赵某就不同了，她不是鲁南制药的法定代表人，不是鲁南制药管理层的成员，甚至不是鲁南制药的员工。赵某某是想把安德森公司股权的所有权过户给赵某，还是想由赵某为鲁南制药集团代持安德森公司的股权？此时已没有机会查明赵某某先生的真正意图。"赵某某在世时，律师有责任弄清楚股权归属这个具有根本性的问题，以避免潜在的纠纷和风险的发生。遗憾的是，律师没能做到这一点。股权归属问题变成了"定时炸弹"，引发了赵某某去世后的一系列围绕股权归属和公司控制权的斗争。

2017年3月以后，斗争更加激烈。同年3月2日，"元老派"发动"政变"，要求召开董事会罢免董事长张某某。3月6日，"元老派"之一的张某星发表"反水"声明，撤销在被欺骗情况下签字的提案，坚决支持前董事长、总经理赵某某的遗嘱安排。3月7日，张某某反戈一击，以鲁南制药的名义发布《免职决定》，免去张某平集团公司副总经理职务、李某某集团公司副总经理职务、王某强集团公司副总经理兼总会计师职务、张某星集团公司副总经理职务。董事长张某某牢牢控制着鲁南制药，"元老派"四人被逐出鲁南制药。"元老派"四人甚至被拒绝进入鲁南制药办公，由此可见双方矛盾之尖锐。山东省临沂市人民政府也曾出面调停，但僵局一时难解。

2017年3月12日，"元老派"组织召开董事会会议，免去张某某公司董事长、法定代表人、总经理职务，推选张某平为公司新任董事长，聘任王某强为公司新任总经理。同年3月18日，"元老派"再次组织董事会会议，撤销鲁南制药对四人的《免职决定》，并向法院起诉要求确认《免职决定》无效。2019年11月，山东省临沂市中级人民法院作出终审判决，支持原告《免职决定》无效的请求。

在安德森公司的股权未过户到赵某名下的情况下，赵某也无法行使股东权利。鲁南制药有人将赵某某的办公室撬开，发现了2001年的《股权代持协议》是以鲁南制药的名义签订的，大家开始质疑赵某的身份。魏某某发表声明，称她才是鲁南制药唯一合法登记的外资股东安德森公司的唯一董事，而赵某母女则不是法定股东，赵某或其母亲无权以安德森公司的名义要求鲁南制药召开临时股东大会。赵某则认为，魏某某只是受托人，不具有对公司任何事项的表决权，也不享有任何权益。

鲁南制药围绕股权和控制权的斗争提醒所有企业家：股权必须尽早明晰。只有股权明晰，才能避免一系列纠纷和风险。如果鲁南制药股权一开始就非常明晰，那么公司治理结构就不会如此混乱，也就不会出现这样错综复杂、内耗巨大的纷争。

三、本案涉及的信托问题

本案的一个特点是信托设计的问题。本案之所以掀起轩然大波，也与信托密切相关。赵某某生前委托王某某律师设立信托的目的，有一点是确切的，那就是为了将他持有的鲁南制药股权传给女儿赵某。他以为信托的安排万无一失。但遗憾的是，赵某某未能如愿，王某某和魏某某并没有按照他的指令把股权移交给赵某。赵某认为王某某辜负了父亲的信赖，没有履行诚信义务。因此，在分析解读本案时，首先必须弄清楚什么是信托、什么是家族信托。

（一）信托的概念、产生和发展

根据中国《信托法》规定，信托是指委托人基于对受托人的信任，将其财产权委托给受托人，由受托人按委托人的意愿以自己的名义，为受益人的利益或者特定目的进行管理或处分的行为。委托人是指设立信托把自己的财产委托出去的人。受托人是管理信托中财产的管家，可以是个人，也可以是专业信托公司。受益人是指信托中的财产惠顾的对象。

信托历史悠久，可以上溯到古埃及、古罗马时期，绵延数千年。近代信托发源于英国，后来传到美国，然后又传到日本和其他国家。有学者认为，现代信托起源于古罗马法的信托赠与（Fidei Commissum）。古罗马时期罗马法将外来人、解放自由人①排斥于遗产继承权之外。为避开这样的规定，罗马人将自己的财产委托移交给其信任的第三人，要求为其妻子或子女的利益代行对遗产的管理和处分，从而在实际上实现遗产继承权，这也是家族信托的雏形。另有学者认为，现代信托起源于古日耳曼法中的受托人"Salman"制度，其同样应用于继承场合，受托人受让被继承人财产后将遗产交给第三人。

通说认为，近代信托经由英国的衡平法（Equity）发展而来。"Equity"一词源于拉丁文，原指"平均"或"按比例分配"的原则，后来衍生出"公平""正义"之义。衡平法是英国大法官法院通过司法判例发展出来的一种独立于普通法之外的法律规则体系，是普通法的一种补充。大法官根据公平、正义以及良心审理案件，弥补普通法的不足，并拥有很大的司法裁量余地。当裁决法律诉讼时，如果法律规定与公平原则发生矛盾，那么公平原则应占上风。当衡平法与普通法出现矛盾时，便以衡平法为依归。在英国，衡平法系统之所以诞生并存续下去，与承认自然法中的自然正义这种超越一般法律规定的更为崇高的原则不无关系。从自然正义的角度来看，当事人的许多权益应当受到保障，但现行的普通法却没有提供法律上的救济措施，因此只能通过衡平法来实现。② 英国法学家梅特兰将信托制度列为英国人在法学领域最伟大的成就。

在英美法系下，信托法是唯一仅由衡平法发展而来的。信托的前身是

①　"解放自由人"是指出生时是奴隶或曾经是奴隶经解放而取得自由身份的人，与"生来自由人"相对。"生来自由人"是指出生以后就享有身份并且从来没有丧失自由身份的人。

②　英美法系的两大主要法律渊源是普通法（Common Law）与衡平法（Equity）。普通法体系发展出了包括侵权法（Law of Torts）、大部分合同法（Law of Contracts）、大部分赔偿法（Law of Restitution）以及一部分财产法（Property Law）在内的基本法律规则与原则。衡平法体系则发展出了信托法（Law of Trusts），一部分财产法，一部分公司及商业法（Corporate and Commercial Law），以及很重要的包括禁止令（Injunction）在内的一系列的法律救济措施（Legal Remedies）。

"用益"设计，很大程度上是为了摆脱封建法律对于处分土地而设置的种种限制。一位封臣想要逃避附加在土地上的封建负担，通常要将他自己从他的领主那里所分得的土地转移给一位"受托人"。对外界来说，"受托人"似乎拥有这块土地，但在信托财产设立者生前，受托人有义务将土地归还由他占有并将收益交给他。在信托财产设立者死亡或他的继承人达到了成年年龄时，受托人应以规定的方式按有利于第三人（信托财产受益人）的原则处理该项财产。①

（二）家族信托

家族信托是信托的一种形式，是指信托机构受个人或家族的委托，以家族财富的管理、传承和保护为目的，代为管理、处置家庭财产，受益人一般为本家庭成员。家族信托的主要目的是为财产委托人提供一套机制，以交税最少的方式将自己的财产有计划地传承给受益人，以确保家庭成员未来的发展。

家族信托具有比传统法定继承和遗嘱继承更明显的优势。其一，财富传承。设立家族信托，可以更好地按照委托人意愿合理地分配资产。一般情况下，委托人对受益人继承和使用他的财产有具体要求，通过信托协议的方式来管理遗产，能实现委托人财富传承的意愿。其二，风险隔离。家族信托能够实现破产风险隔离机制等合理规避风险的功能。家族财产与委托人其他财产相互独立，从而起到财产保护作用。由于委托人通常将信托资产置于特定属地，② 且这些特定属地通常拥有良好的法律体系和客户信息保密原则，因此可以避免家族财产在当地国家被罚没或者被强制征收。其三，税收优惠。根据具体国家和地区税法的不同，通过合理设计的家庭信托，可以减少遗产税或所得税。③ 其四，管理灵活。管理灵活是家族信

---

① 参见钱弘道：《英美法讲座》，清华大学出版社2004年版，第44~45页。

② 例如，位于欧洲中部的列支敦士登公国结合了普通法信托和民法制度的优势。

③ 例如，列支敦士登公国因低税收政策和严格的《银行保密法》，素有"避税天堂"之称。

托受到高净值人群欢迎的一个重要因素。家庭信托与集合信托区别明显。集合信托是典型的信托公司设计创制的产品，是受托人对两个或两个以上委托人的信托财产加以集合，进行管理、运用或处分的方式。家族信托是单一信托，委托人只有一个，是为高净值客户专门定制的产品，不设置预期年化收益率，也没有规定好投资项目，而是根据客户的风险偏好去配置投资产品。家族信托可设置、变更受益人，也可限制受益人的权利。例如，香港歌手梅艳芳在确诊癌症后就找到香港汇丰银行设立了家族信托，其嗜赌成性的母亲是信托主要受益人之一，通过近亿港元资产的信托，梅艳芳母亲每个月只可提取 7 万港元的生活费。

在美国，家族信托由来已久，最初出现于 19 世纪末 20 世纪初，是由一些富裕家庭创造出来的。早期的家族信托受相同的法律法规监管，设立家族信托方式较为单一。在经历了长期的经济繁荣之后，许多州的法律也变得更灵活，设立和运营家族信托也变得更加容易——富人因此更容易实现其财富规划和传承目标。洛克菲勒家族、肯尼迪家族、班克罗夫特家族等全球资产大亨都通过信托的方式管理家族财产，以此来保障子孙的收益及对资产的集中管理。在中国香港特别行政区及欧美发达地区，以个人名义设立的信托占据信托市场的 70% 左右。因为香港直接面对全球市场，所以在信托管理上也没有地域限制，投资组合方式更加多元化。家族信托已经成为香港高净值人群打破"富不过三代"魔咒的魔法棒。

在中国，改革开放以来造就了一大批家族富豪，富人阶层不断扩大，其财富不断增多，家族财富处置问题日益突出。中国的一般做法是分家析产：若离婚，夫妻分割共有财产；若去世，根据遗嘱或法律规定分配财产。然而，很多时候，亲属继承财产或夫妻分割财产，远非简单的法律问题。例如，企业家离婚或死亡后，如果只是事后呆板地根据法律分割其原有股权，公司有可能发生动荡、陷入混乱。仅凭一纸遗嘱或一纸离婚协议书解决不了问题。近年来，家族信托作为一个新的行业在国内应运而生，成为富豪们越来越青睐的家族财富传承和风险隔离的工具。作为富人的后代，应当主动了解家族信托方面的知识。如果不了解家族信托复杂的运作机制，不知道自己的权利，不知道如何制约受托人，可能就无法维护自己家族的利益。

在中国，可以担任家族信托受托人的是持牌信托公司。目前在国内68家信托公司中，有半数以上已经开展了家族信托业务。国内家族信托的资产以境内资产为主，对于境外资产则采取设立独立信托的方式。离岸信托涉及的法域众多，需要专业人士和机构去做。而找到专业且值得信任的人士或者机构最为重要。鉴于信托的一些特性，很多富人会请律师帮助设立信托，让其打理好自己的身前身后事。对于企业家来说，如果要做信托，往往希望在风险隔离、税务筹划、定向传承的一个或多个方面达成显著效果，信托设计不当的话可能会引发反效果。例如，没有实现税务筹划的目的，反而引发更多的交易成本；或者没有实现定向传承的原定目的，反而让家产管理更加混乱。这里存在巨大的机会成本和实际财产损失。

在本案中，鲁南制药创始人赵某某生前通过离岸信托实现了目标企业的中外合资属性，达到了自己及其女儿作为该部分信托财产的受益人的目的，同时充分利用《英属维尔京群岛特别信托法案》允许委托人留权制度，在去世前对信托进行了有效控制。但在赵某某去世后，人们才发现这样的信托安排存在巨大风险。

（三）受托责任

要讨论信托问题，我们无法回避英美法中的"Fiduciary Duty"一词。"Fiduciary Duty"常常被翻译为"受托责任""受托人责任""信托责任""受信义务""信托义务""诚信义务""信义义务"等。"Fiduciary"本意为"Faithfulness"，在语义学上是对誓言或义务的忠诚，可翻译为"受托人""信托的"。在信托领域，"Fiduciary Duty"翻译成"受托责任""受托人责任""信托责任"，指向明确，容易理解。在最近数十年中，英美法系国家已将"Fiduciary Duty"扩及董事和公司、律师和客户、金融顾问和客户等许多法律关系。其中，信托关系最具代表性。如果扩展到其他领域，在中国法语境下究竟用哪个词汇合适，是有争议的。这里有两个词汇：一是"诚信义务"，二是"信义义务"。对中国人来说，诚信义务比较容易理解；相较而言，信义义务指向比较模糊，不容易界定。"信义"从字面上可以理解为"信用"和"道义"。"义"包含"道义""义务"的意思。"信义义务"则是"信义"加"义务"，有语义重复之嫌。在中国，与"Fiduciary Duty"相对应的概念是诚实信用原则下的诚信义务。例如，《证券公司监督管理条例》（2014年修订）第2条规定："证券公司应当遵守法律、行政法规和国务院证券监督管理机构的规定，审慎经营，履行对客户的诚信义务。"这条规定的诚信义务对应的就是"Fiduciary Duty"。实际上，中国很多法律对"诚信义务"都有规定。例如，《民法典》第7条规定："民事主体从事民事活动，应当遵循诚信原则，秉持诚实，恪守承诺。"第500条规定："当事人在订立合同过程中有下列情形之一，造成对方损失的，应当承担赔偿责任：（一）假借订立合同，恶意进行磋商；（二）故意隐瞒与订立合同有关的重要事实或者提供虚假情况；（三）有其他违背诚信原则的行为。"又如《信托法》第5条规定："信托当事人进行信托活动，必须遵守法律、行政法规，遵循自愿、公平和诚实信用原则，不得损害国家利益和社会公共利益。"《证券投资基金法》第9条第1款规定："基金管理人、基金托管人管理、运用基金财产，基金服务机构从事基金服务活动，应当恪尽职守，履行诚实信用、谨慎勤勉的义务。"《私募投资基金监督管理暂行办法》第3条规定："从事私募基金业务，应当遵循自愿、公平、诚实信用原则，维护投资者合法权益，不得损害国家利益和社会公共利益。"各种法律关系的受托人责任或诚信义务，体现为诚信原则下的受托人的具体义务安排。

一些学者把"Fiduciary Duty"翻译为"信义义务"，并试图区分"信义义务"和"诚信义务"。"信义义务"在有关文件中也有所提及。例如，中国证券投资基金业协会于2019年3月29日发布的《集合资产管理计划资产管理合同内容与格式指引（试行）》第 16 条第 2 项托管人承诺规定："1. 按照《基金法》恪尽职守、诚实信用、谨慎勤勉的原则安全保管委托财产，履行信义义务以及本合同约定的其他义务……"其实，单从字面上很难区分"诚信义务"和"信义义务"，只能从英美法系和大陆法系的具体内容和语境中分析两者区别，毕竟英美法系和大陆法系是在立法精神、立法模式、法律表现形式等多方面都存在重大区别的两大法系。我们在立法活动中，统一使用"诚信义务"一词，并吸收"Fiduciary Duty"中可以借鉴的内容，赋予其新的内涵，这是一种逻辑更为清晰的选择。

信托作为一种理财制度，或者称之为财产管理制度，它的核心内容就是"基于信任，受人之托，代人理财"。这种制度是以信任为基础的，有信任才有托付。这种制度是一种委托，区别于赠与制度。这种制度的内容是理财，目的是实现受益人的利益，体现了委托人的意愿。由此可见，受托人是受人之托、代人理财的，受托人承担着管理、运用、处分信托财产的重要责任，具有很大的权利，也应当履行严格的义务，这种义务应当是确定的、必须履行的。

我国《信托法》第 25 条规定："受托人应当遵守信托文件的规定，为受益人的最大利益处理信托事务。受托人管理信托财产，必须恪尽职守，履行诚实、信用、谨慎、有效管理的义务。"该条规定的受托人应尽的义务，既是道德上的要求，也是法律上的规范。受托人是受托代人理财的，必须忠于职守，履行职责，管理、运用、处分好信托财产，符合信托目的，不得有失职守。"诚实"要求受托人忠诚地履行职责；"信用"要求受托人信守自己的承诺；"谨慎"要求受托人慎重、严谨地处理信托事务；"有效管理"要求受托人实现为受益人谋取应得利益的目标。如果出现受托人违反信托目的处分信托财产的情形，或者由于受托人违背管理职责、处分信托事务不当致使信托财产受到损失的情形，那么受托人应当承担相应的责任。

一般认为，信托法中受托人的责任要比公司法中的董事、监事和高级

管理人员的责任更为严格。信托中的受托人责任之所以不同于传统的法定
义务，其原因在于当事人对责任的具体内容和标准可以作出约定，这给当
事人进行约定留下空间。我国《信托法》中关于受托责任的规则就是任意
性规则，当事人可以通过约定的方式加以修改。《信托法》第 28 条第 1 款
规定："受托人不得将其固有财产与信托财产进行交易或者将不同委托人
的信托财产进行相互交易，但信托文件另有规定或者经委托人或者受益人
同意，并以公平的市场价格进行交易的除外。"关于谨慎义务的规定也是
强制性规定。《信托法》无法对谨慎义务提供明晰的行为标准，受托人可
以在信托文件中明确约定自己的行为边界和义务边界，以此减少自己的
责任。

（四）回到本案

2011 年，鲁南制药董事长赵某某通过在海外设立"赵氏信托"来管
理争议股份——安德森公司持有鲁南制药 25.7% 的股权与另外四家公司的
股权。赵某某为什么要设立信托？这跟他身患癌症有直接关系。他的女儿
尚在读书，如何传承和管理财产一直是他的心结。这时候大多数中国企业
家对于海外信托的概念还非常陌生。赵某某采纳了熟谙信托制度的王某某
律师的建议。王某某曾就读于北京大学、哈佛大学，是国内知名律师事务
所的合伙人。因为赵某某与王某某合作十多年，建立了良好的信任基础，
所以赵某某将自己持有的股权委托给王某某管理也在情理之中。赵某的投
诉信披露，鲁南制药 2011 年发行短期债券时，便由王某某提供法律服务。
当时王某某建议，为使赵某某的身份不被披露，建议他将名下的股权信托
给魏某某，赵某某就照办了。赵某说，这么做违反《证券法》有关利益冲
突的规定，但王某某并未提示赵某某。赵某某的信托从一开始就存在风
险。这是离岸信托，受托人是基于朋友间的信任，如果信托文件缺乏对受
托人的约束惩罚机制或者约束机制失灵，那么就埋下了信托风险。魏某某
是安德森公司的唯一董事，赵某某的股权在一定程度上已经由王某某和魏
某某所控制。虽然这是可撤销的信托，但赵某某身患癌症，应该考虑到各

种可能的风险。

后来发生的一系列事情证实了风险的存在。赵某某去世后，信托的确未能如他所愿转让给自己的女儿，甚至还引起了公司内斗和法律纠纷。如果由可靠的机构担任受托人，或许能规避这种风险。因为非机构担任受托人，理论上必定存在道德风险。赵某某委托的受托人实质是王某某和魏某某夫妻，而不是可靠规范的机构。赵某某在世时，他完全可以要求王某某和魏某某按照自己的意志去做事；赵某某去世后，他的女儿缺乏同等的制约力，王某某和魏某某反而拥有了不受制约的处置权。在家族信托架构的设计过程中，不少信托公司不愿意拥有受托人的酌情处置权。境外财产信托比国内财产信托更为复杂，托付的律师不仅要专业，更要诚信。王某某负有为实现受益人赵某的利益而管理资产的责任，不能违背受托约定。

2014 年 10 月下旬至 11 月初，赵某某病情恶化。王某某在自述中写道："我和我妻子虽然多次表示去探望他，都被他婉言谢绝。我们之间只有几次简短的电话通话，除了几句寒暄和我祝愿他早日康复的话之外，话题只有一个，即遗嘱继承和法定继承有什么不同，我耐心地给他解释了两者的区别。言谈之中并没有谈到外资股的处置问题。最后，他非常吃力地说希望我能尽量关照好他的女儿。" 2014 年 11 月 9 日，赵某某签署了一份《关于撤销信托和办理信托财产过户的通知》，该通知指示王某某的妻子魏某某按照 2011 年 7 月 19 日《信托协议》的约定，在收到本通知后，将安德森公司的股权过户给赵某某的女儿赵某。通知中写道："根据我于 2011 年 7 月 19 日代表凯伦 BVI 公司与您签署的信托协议，我已委托您管理安德森 BVI 及其名下的所有财产……现在我已决定将安德森 BVI 及其名下的所有财产转让给我的女儿赵某……请在收到本函后尽快安排转让手续。"[①] 在赵某某委托设立信托的时候，在赵某某向王某某请教遗嘱继承和法定继

---

① 朱英子：《律师近亿元股权 4 次转让"狸猫换太子"女儿竟成受益人？》，载《21 世纪经济报道》2021 年 8 月 5 日，第 8 版。

承的时候，在赵某某发出《关于撤销信托和办理信托财产过户的通知》的时候，经验丰富的律师王某某应当就股权归属询问赵某某本人。在 2014 年 11 月 14 日赵某某弥留之际，对王某某又发出了依据他和魏某某之间的信托协议、结束信托关系并将信托资产过户给赵某的指令。

　　按照一般的逻辑，王某某夫妇应当按照委托人赵某某的要求尽快办理股权转让手续。如果王某某夫妇按照赵某某的指令，及时办理信托财产过户，那么赵某将持有鲁南制药 25.7% 股权，另外还持有其他下属子公司的股权，可能鲁南制药股权之争就已经结束。然而，王某某夫妇一直没有将股权转让给赵某。赵某某为家人铺好的路，也由此出现了转折。据赵某的说法，接到其父赵某某的指令后，王某某准备了过户文件，并且开始办理过户，她为此还专门去了一趟王某某的办公室，但在赵某某去世后，王某某便停止了过户手续的办理。

　　鲁南制药原本打算在香港上市。赵某某去世后，张某某成为鲁南制药的董事长，而持有人额股权的赵某成为各方拉拢的对象。当时，虽然赵某不是名义上的股东（名义股东显示为魏某某），但各方还是承认赵某是背后的实际股东。2015 年元旦，王某某约赵某和两位香港律师见面，说为避免公司上市后赵某身份被披露，建议设立家族信托。当时香港吴某某律师提醒赵某说，这样设计风险极大，赵某便拒绝了王某某的建议。

　　王某某此后对信托股权转移相关的操作使问题变得更为复杂。2015 年 8 月，在赵某完全不知情的情况下，安德森公司的股权被转移到两家由王某某、张某某、王某强担任董事的嘉德公司、中智公司名下。嘉德公司、中智公司分别持有安德森公司 90%、10% 股权。2016 年，王某某又设立恒德公司，其为唯一的股东和董事。魏某某设立菩提树信托，指定恒德公司为受托人管理嘉德公司持有的安德森公司 90% 股权，受益人是赵某以及王某某的女儿，但王某某作为信托保护人有权增加或移除受益人，可以把赵某去掉。赵某直到 2016 年年底鲁南制药完成重组时，对菩提树信托的存在仍不知情。2015 年下半年，王某某负责鲁南制药的重组方案，并告诉赵某："如果没完成重组就把股权过户给赵某，美国税务部门会找魏某某的麻烦。"2016年年底，鲁南制药重组成功，但王某某仍然没有将股权过户给赵某。

直至2017年2月20日，王某某在办公室向赵某出示菩提树信托文件时，赵某才知道他从未打算真正按照赵某某的过户指示函将股权转交给她。王某某想让赵某签署相关文件，但遭赵某拒绝。赵某对王某某已经失去信任，要与他对簿公堂。私自设立信托，根据英属维尔京群岛法律是无效的。王某某提出辞去菩提树信托保护人的职务，聘任赵某母亲作为信托保护人。第二天，王某某女儿也签发弃权声明，放弃其在菩提树信托的受益权。

赵某知道股权被转走后，向全国律师协会会长和当地政府投诉，称王某某在没有授权的情况下私分安德森公司财产，涉嫌非法侵占罪，并向英属维尔京法院起诉。2017年3月16日，王某某向山东省临沂市人民政府递交了《致临沂市人民政府：关于鲁南制药集团股份有限公司外资股的历史演变、海外信托和管理权之争的说明》。

综上可见，抛开股权归属问题，单从信托角度看，本案的信托设计很容易引起质疑。信托的整个流程和设立结构有缺陷，对受托人约束机制不完善。受托人在履行信托协议和委托人指令时，并没有依法履行诚信义务及相应职责，没有及时按照委托人指令完成信托财产过户。如果王某某和魏某某事先确实没有告知赵某设立菩提树信托，那么这就与诚信原则严重背离。王某某把自己的女儿安排为受益人，也容易引起诉病。这也是英属维尔京法院判决后，此案中的信托问题引起广泛关注的原因。英属维尔京法院认定，这种行为严重违反了信托契约的相关条款。王某某既是鲁南制药聘请的律师，也是赵氏家族信托的受托人，当鲁南制药的管理层与赵氏家族产生利益冲突的时候，他有责任根据客观事实妥善处理这种冲突。因为王某某是从头到尾参与的资深律师，有责任还原事实，化解矛盾纠纷，维护其应该维护的利益，而不是激化矛盾，双方把官司从国内打到国外。

不管 25.7% 的股权属于鲁南制药还是属于赵某某个人，即使王某某律师坚持认为股权属于鲁南制药，也有责任站在客观公正的立场上尽力协助化解纠纷。当然，情况越来越复杂，局面已经失控，纠纷化解的难度或许已经完全超越了他的能力范围。

鲁南制药脱胎于一家国有企业，是中国改革开放过程中企业成长的缩影。鲁南制药股权和信托设计存在的潜在风险具有普遍的警示意义。

知识产权法

案例七

商标权与在先姓名权冲突的司法应对
——"乔丹"商标争议系列案[*]

◀ **吴汉东**

　　法学博士，中南财经政法大学原校长，文澜资深教授，腾讯讲席教授，博士研究生导师，教育部人文社科重点研究基地、国家版权局国际版权研究基地主任，教育部和外国专家局"111"引智项目中方首席专家。兼任教育部社会科学委员会法学学部委员、中国知识产权法学研究会名誉会长、国家知识产权咨询专家委员会成员、国务院反垄断委员会专家咨询小组成员、最高人民法院知识产权司法保护研究中心学术委员会副主任。著有"中国当代法学家文库·吴汉东知识产权研究系列"7 卷本。另在《中国社会科学》《法学研究》《中国法学》等期刊发表论文 180 余篇。其著述入选 2011 年度国家哲学社会科学成果文库，并以英文、日文、韩文列入中华学术外译项目在海外出版。2006 年 5 月在中央政治局第 31 次集体学习上为国家领导人讲授《我国知识产权保护的法律和制度建设》。2009 年、2010 年两次被评为"年度十大全国知识产权保护最具影响力人

---

　　* 参见最高人民法院（2016）最高法行再 20 号系列行政判决书。

物"，并先后于 2009 年、2010 年两次被英国《知识产权管理》（*Managing Intellectual Property*，*MIP*）杂志评为"全球知识产权界最具影响力五十人"。

◀ **刘 鑫**

法学博士，中南财经政法大学法学院讲师，知识产权研究中心专职研究员。德国马克斯·普朗克创新与竞争法研究所访问学者（2018—2019 年），德国马克斯·普朗克奖学金获得者。在《人民日报》《法律科学》《法学杂志》《自然辩证法研究》等报刊发表论文 30 余篇。主持德国马克斯·普朗克基金会个人项目，国家知识产权战略实施研究基地 2021 年专项课题（ZX210101），参与吴汉东教授主持的国家社科基金重大攻关项目"中国特色知识产权理论体系研究"（11&ZD076），并参与多项国家知识产权局、国家版权局等部级委托课题。

一、基本案情

"乔丹"商标争议系列案，是一件具有国际影响并在中国具有标志性意义的商标案。尽管学术界、实务界有人对权利人怠于行使权利、权利人与争议商标构成唯一对应关系等问题存有疑虑，但判决体现的"尊重在先权利"立场和"商标注册善意原则"，对商标授权确权规则的构建与企业品牌运营的战略调整极具参考价值和指导意义，受到社会广泛好评。①

2012 年 2 月，再审申请人美国篮球运动员迈克尔·杰弗里·乔丹（本文以下简称迈克尔·乔丹）以其自身在我国的较高知名度为依据，主张乔丹体育股份有限公司（本文以下简称乔丹公司）所注册并含有其英文

---

① 参见吴汉东：《最高人民法院再审"乔丹"商标争议系列案》，载中国行为法学会、中南大学：《中国法治实施报告（2016）》，法律出版社 2017 年版，第 539 页。

姓名中文译名的 3 件"乔丹"商标、4 件"QIAODAN"商标、3 件"qiaodan"商标，以及其他涉及运动形象的 50 余件商标，会使相关公众产生关联性误认，属于《商标法》（2001 年修正）第 31 条规定的"损害他人现有在先权利"的情形，故向商标评审委员会①提出撤销乔丹公司商标的申请。

2014 年 4 月，商标评审委员会裁定对争议商标予以维持。其主要理由在于如下几个方面：首先，涉案商标"乔丹""QIAODAN"及"qiaodan"与"Michael Jordan"及其中文译名"迈克尔·乔丹"存在一定区别，并且"乔丹"为英美普通姓氏，难以认定这一姓氏与迈克尔·乔丹之间存在当然的对应关系。其次，再审申请人迈克尔·乔丹与其合作伙伴耐克公司在宣传使用其姓名及形象时，使用的是"迈克尔·乔丹"或"Michael Jordan"的全称和其飞身扣篮的形象，与争议商标有所不同。再次，乔丹公司于 2001 年和 2003 年核准注册的第 1541331 号"乔丹"商标及第 3028870 号篮球运动员上篮形象商标，已经进行了长期、广泛的宣传使用，获得了较高的市场声誉，并曾获驰名商标保护。而且，乔丹公司与耐克公司所拥有的不同商标已在市场上共存近 20 年，双方具有相互区分的稳定消费群体。最后，虽有部分媒体在篮球报道中以"乔丹"代指再审申请人，但其使用数量有限，并未形成统一的固定使用形式。因此，从对于"乔丹"名称使用的广泛性、持续性、唯一对应性综合考虑，不能认定"乔丹"与再审申请人之间的对应关系强于乔丹公司。

迈克尔·乔丹不服，向北京市第一中级人民法院提起行政诉讼。2015 年 4 月，北京市第一中级人民法院作出行政判决，驳回迈克尔·乔丹的诉讼请求。迈克尔·乔丹不服一审判决，提起上诉。2015 年 8 月，北京市高级人民法院作出行政判决，驳回迈克尔·乔丹上诉，维持原判。迈克尔·

---

① 2019 年 2 月 14 日，国家知识产权局发布《关于变更业务用章及相关表格书式的公告（第 295 号）》，称"原国家工商行政管理总局商标局、商标评审委员会、商标审查协作中心整合为国家知识产权局商标局"。

乔丹仍不服，以二审判决认定事实和适用法律均有错误，遗漏其重要诉讼请求为由，向最高人民法院申请再审。

2015 年 12 月，最高人民法院作出行政裁定，对有关姓名权的 10 件案件予以提审。2016 年 4 月，最高人民法院依法组成以时任副院长的陶凯元大法官为审判长的 5 人合议庭对 10 件案件公开开庭审理，并于同年 12 月对系列案件进行公开宣判。① 其中，（2016）最高法行再 15 号、26 号、27 号 3 项行政判决书是针对"乔丹"商标的司法判决，最高人民法院以"乔丹"名称在我国具有较高的知名度、为相关公众所知悉，我国相关公众通常以"乔丹"指代再审申请人，且"乔丹"已经与再审申请人之间形成了稳定的对应关系为由，认定再审申请人就"乔丹"享有姓名权。而乔丹公司在明知再审申请人及其姓名"乔丹"具有较高知名度的情况下，擅自注册了包括争议商标在内的大量与再审申请人密切相关的商标，放任相关公众误认为标记有争议商标的商品与再审申请人存在特定联系的损害结果。乔丹公司的行为有违诚实信用原则，其对于争议商标的注册具有明显的主观恶意。乔丹公司的经营状况，以及乔丹公司对其企业名称、有关商标的宣传、使用、获奖、被保护等情况，均不足以使争议商标的注册具有合法性。为此，最高人民法院认定上述争议商标的注册损害了再审申请人对"乔丹"享有的在先姓名权，违反《商标法》有关"申请商标注册不得损害他人现有的在先权利"的规定，应予撤销，并判决撤销原商标评审委员会作出的被诉裁定及法院作出的一审、二审判决，判令原商标评审委员会针对争议商标重新作出裁定。与此同时，（2016）最高法行再 20 号、29 号、30 号、31 号 4 项行政判决书和（2016）最高法行再 25 号、28 号、32 号 3 项行政判决书则分别对汉语拼音"QIAODAN"及"qiaodan"商标作出判决，认定再审申请人提交的证据均不足以证明相关公众使用

---

① 参见杜微科：《商标法视野下的在先姓名权保护——"乔丹"商标争议行政纠纷系列案件评析》，载《法律适用（司法案例）》2017 年第 18 期。

"QIAODAN""qiaodan"指代再审申请人，也不足以证明"QIAODAN""qiaodan"与再审申请人之间已经建立了稳定的对应关系。因此，再审申请人对"QIAODAN""qiaodan"不享有在先姓名权，最高人民法院对相关再审理由未予支持，并作出驳回再审申请的司法判决。在此基础上，2019年10月，最高人民法院针对再审申请人迈克尔·乔丹主张乔丹公司的商标侵犯其运动形象肖像权的其余50余件商标作出判决，认定争议商标没有体现迈克尔·乔丹的个人特征，不具有可识别性，并未损害再审申请人迈克尔·乔丹的肖像权。至此，历时7年之久的"乔丹"商标争议系列案终于尘埃落定。[①]

二、商标法中在先姓名权涵盖的主要范畴

商标的注册和使用，不得侵犯他人在先合法权益，这是非冲突性原则的基本要义。权利冲突的存在是一个普遍现象，如所有权与合同债权的冲突，是财产权利之间的纠纷；知情权与隐私权的冲突，是不同属性权利的争端；而商标权益的冲突，表现了确权待定或是主张授权的商标权益与已经在先存在的民事权益之间的紧张关系。在国际立法例上，《保护工业产权巴黎公约》（本文以下简称《巴黎公约》）最早规定了商标注册无效事由，且采取列举式方法描述了商标注册的冲突性情形，包括第三人在先权利、被代理人（或被代表人）的商标、驰名商标等。[②]《与贸易有关的知识产权协定》第16条作出了概括性规定，即注册商标的所有者享有的权利，"不得损害任何已经在先存在的权利"。在我国，"在先权利"的概念

---

① 参见张惠彬、郑丹：《商标法视野下体育明星姓名权保护之困与纾解之道——以"乔丹商标案"为切入点》，载《天津体育学院学报》2020年第5期。

② 在《巴黎公约》中，构成冲突性规范的在先权利，包括已经受到保护的商标权、商号权或者著作权，此外姓名、肖像等人格权也可以适用该规定。参见［奥］博登浩森：《保护工业产权巴黎公约指南》，汤宗舜、段瑞林译，中国人民大学出版社2003年版，第76页。

首次出现在《商标法实施细则》（已失效）之中，2001 年《商标法》修正时将其纳入具体规范中。① 现行《商标法》（2019 年修正）关于非冲突性原则的在先权利条款，见之于"总则""商标注册的审查和核准"两章。其中，第 9 条第 1 款后半句规定的"不得与他人在先取得的合法权利相冲突"是总则条款，亦即对在先权益的"总括性"规定。② 而第 32 条［对应《商标法》（2001 年修正）第 31 条］有关他人现有在先权利的规定，则是对姓名权等商标权以外在先合法权益的非冲突性规范。在本案中，再审申请人迈克尔·乔丹正是以 2001 年《商标法》第 31 条的规定作为法律依据，对含有其英文姓名中文译名的 10 件争议商标提出撤销申请的。因而，本案争议的首要问题在于，外国自然人外文姓名的中文译名能否成为商标法中在先姓名权涵盖的内容，并依据在先姓名权的有关规定受到保护。

姓名作为自然人之间相互区别的一种个性化称谓，是自然人人格的重要组成部分。姓名权是自然人对其姓名享有的人身权利，属于标志性的人格权。根据《民法典》第 1012 条的规定，自然人享有姓名权，有权依法决定、使用、变更或者许可他人使用自己的姓名。姓名权不得转让，但是权利人可以通过许可他人使用而获得一定的物质利益。姓名权的商业化利用，在商标法领域即是将他人姓名注册为商标并使用，涉及在先人格权保护问题。本案再审申请人迈克尔·乔丹对其姓名所享有的姓名权，对于乔丹公司所注册的"乔丹"商标而言，无疑是一种在先权利，但关于其能否被商标法中在先姓名权所涵盖则争议重重。这是因为通常而言，自然人姓

---

① 参见韩景峰：《商标法中在先权利的法理分析》，载《知识产权》2012 年第 10 期。

② 关于《商标法》（2019 年修正）第 9 条第 1 款后半句规定，有观点认为是指他人注册在先的商标权。参见国家工商行政管理总局商标局：《中华人民共和国商标法释义》，中国工商出版社 2003 年版。也有观点认为，应涵盖在先商标权益在内的所有在先权利。参见孔祥俊：《商标与不正当竞争法：原理和判例》，法律出版社 2009 年版，第 106 页；汪泽：《中国商标法律现代化理论、制度与实践》，中国工商出版社 2017 年版，第 155 页。

名包括本名、笔名、艺名等，外国自然人外文姓名的中文译名能否被涵盖在内是存有疑问的。不仅如此，本案再审申请人迈克尔·乔丹的全名为迈克尔·杰弗里·乔丹，而争议商标"乔丹"只是美国一个普通的姓氏，甚至也有中国人姓名为"乔丹"。不仅如此，争议商标中的"QIAODAN"及"qiaodan"更是与"Michael Jordan"相去甚远。基于此，原商标评审委员会并未对再审申请人迈克尔·乔丹向原商标评审委员会提出的撤销申请予以支持，一审及二审法院也并未对再审申请人迈克尔·乔丹的诉讼请求予以支持。

然而，必须格外注意的是，本案的关键问题在于，在我国相关公众心目中，"乔丹"这一称谓指代谁？在国内媒体长期以"乔丹"称呼这位篮球巨星，并使其具有极高的且跨越行业领域的知名度的情况下，否认相关公众对"乔丹"所指该特定人物的认知，不但严重违反常理，也背离了商标法以防止混淆为核心的立法精神。[1] 尤其是本案所争议的"乔丹"商标还注册在国际分类第 28 类"体育活动器械、游泳池（娱乐用）、旱冰鞋、圣诞树装饰品（灯饰和糖果除外）"及第 25 类"服装、婴儿全套衣、游泳衣、鞋、足球鞋、帽、袜、手套、领带、皮带（服饰用）、防水服"等与体育运动密切相关的产品类型上，更会使相关公众误以为相关争议商标与本案再审申请人迈克尔·乔丹之间存在某种联系。有鉴于此，最高人民法院在对本案进行提审时，首先对再审申请人迈克尔·乔丹主张保护其姓名权的法律依据予以阐明，确认姓名权可以构成《商标法》（2001 年修正）第 31 条规定的"在先权利"。在此基础上，进一步对商业化利用具有一定知名度的自然人姓名的行为予以明确界定。其中，乔丹公司未经许可擅自将再审申请人享有在先姓名权且具有较高知名度的中文译名"乔丹"注册为商标，容易导致相关公众误认为标记有该商标

---

[1] 参见王迁：《回归常理——评"乔丹"商标争议再审案》，载《人民司法》2017年第 5 期。

的商品或者服务与再审申请人迈克尔·乔丹存在代言、许可等特定联系，争议商标的注册损害了再审申请人迈克尔·乔丹的在先姓名权，应当认定相关争议商标的注册违反《商标法》（2001 年修正）第 31 条的规定；而乔丹公司所注册的"QIAODAN"及"qiaodan"商标，则与再审申请人迈克尔·乔丹不存在直接联系，再审申请人迈克尔·乔丹也并不在"QIAODAN"及"qiaodan"名称之上享有在先姓名权。最高人民法院之所以会在本案的审理过程中，对于姓名的商业化利用行为格外关注，是因为随着我国社会主义市场经济的不断发展，通过合同等方式将姓名进行商业化利用，为特定商品、服务代言的现象已经日益普遍。在适用商标法相关规定对他人的在先姓名权予以保护时，不仅要重视对自然人人格尊严的保护，还要强调对自然人姓名，尤其是知名人物姓名所蕴含的经济利益的保护。

本案从再审申请人迈克尔·乔丹这一知名人物姓名商业化利用现状出发，通过合理界定商标法中在先姓名权涵盖的范畴，实现了对于再审申请人迈克尔·乔丹的姓名所蕴含的经济利益的保护，使商标法尊重在先权利的非冲突性原则得以充分践行。但与此同时，有学者对本案以保护再审申请人迈克尔·乔丹在先姓名权为基础进行的司法裁判提出了质疑，认为本案的判断是以保护姓名权之名，行保护姓名的商品化权益之实，并未对商标法在先权益中民法意义上的姓名权和反不正当竞争法意义上的商品化权益进行合理界分。① 当然，也有学者提出了相反的意见，认为本案以在先姓名权保护为依据的裁判是符合实际需要的，因为具有一定知名度的自然人姓名作为商标使用的情形，难以通过"商品化权益"对被侵权人姓名的自由使用利益、个性化利益甚至同一性利益的损害进行救济。② 尽管学界

---

① 参见孔祥俊：《姓名权与姓名的商品化权益及其保护——兼评"乔丹商标案"和相关司法解释》，载《法学》2018 年第 3 期。
② 参见马一德：《商标权行使与姓名权保护的冲突与规制》，载《中国法学》2018 年第 4 期。

尚有争议，但本案对于商标法中在先姓名权涵盖范畴的合理界定无疑是值得肯定的，对进一步明确商标法非冲突性原则下在先权利的内容与范围具有较大的参考价值。

三、商标法中在先姓名权保护的基本标准

不与在先姓名权相冲突，是商标注册申请应遵循的非冲突性原则。这一原则要求申请人秉持诚实信用原则，对知名人物在先姓名、艺名、笔名、译名等特定名称进行合理避让，顾及他人合法权益。[①] 但是，长期以来，在商标法律实践中，就如何展开在先姓名权的保护并没有明确的标准，直到最高人民法院对本案作出以（2016）最高法行再 26 号行政判决书为代表的系列判决。从某种程度上来说，本案再审判决对于商标法中在先权利保护的规定作出了具有在先判决意义的解释，分别从权利人所主张在先姓名的知名度评定、商标与在先姓名之间的对应关系判定和商标恶意注册损害在先姓名权的认定三个方面为类似案件裁判给出了明确的法律适用标准。在此，结合本案判决，试从上述三个方面展开阐释。

首先，权利人所主张的在先姓名的知名度评定，是确定在先姓名权获得保护的前提条件。之所以设置这一要求，是因为并非在所有的在先姓名商标注册中都会出现激烈的权利冲突。事实上，商标注册过程中与在先姓名权相冲突的情形，大多源于将识别个体身份之姓名的显著性直接延伸至识别产品来源之商标的"搭便车"企图。[②] 在本案中，乔丹公司以"乔丹"名称注册商标，从某种程度上说，存在利用再审申请人姓氏"乔丹"在我国相关领域中高知名度的嫌疑。因此，在认定商标注册侵害在先姓名权的过程中，应先明确的标准是，权利人所主张的姓名应在我国具有一定知名度，为相关公众所知悉。而在这一标准之中，最先需要确定的，无疑

---

① 参见曹新明：《姓名商标与姓名权客体冲突及合理避让研究》，载《甘肃政法学院学报》2019 年第 5 期。

② 参见李士林：《论姓名商标》，载《法治研究》2014 年第 7 期。

是相关公众的范围。这是因为相关公众范围的不同会直接影响在先姓名的知名度评定结果。根据《最高人民法院关于审理商标民事纠纷案件适用法律若干问题的解释》（法释〔2020〕19号）第8条的规定，商标法所称相关公众，是指与商标所标识的某类商品或者服务有关的消费者和与前述商品或者服务的营销有密切关系的其他经营者。事实上，相关公众是一个主观性很强的标准，审理者并不能将自身返回到相关产品或服务的相关公众初始的认知状态中，并且即使相关公众具有一般认知水平，其就某标识的认知也是因人而异的。① 在实践中，对于相关公众的司法认定应采取较为审慎的态度，结合在先姓名的影响范围和相关商标注册核准的产品或服务的类型展开综合考量，并在此基础上进一步展开对于在先姓名知名度的评判。相比于相关公众范围的认定，在先姓名的知名度无疑是更为主观的一种评判。对于某一特定名称而言，其知名度的高低往往受评判者个体认知及主观偏好所左右，不同的司法裁判者往往会得出不同的结论。例如，在本案中，对于再审申请人迈克尔·乔丹知名度的判断，便会因公众个体对于篮球运动的关注程度有所不同；即使是高度关注篮球运动的个体之间，也会因年龄、环境等因素的影响，对迈克尔·乔丹的喜爱程度有所差异，进而对知名度产生不同的认知。基于此，为克服个体认知和偏好差异对于在先姓名的知名度评定的主观影响，应在明确相关公众范围的基础上，以案件各方当事人的可视化的充分举证来实现评判标准的相对客观与统一。② 在本案中，最高人民法院对于再审申请人迈克尔·乔丹在我国知名度的认定，即是以其所提供的大量证据材料为参照的，虽然"乔丹"名称只是再审申请人迈克尔·乔丹外文译名的中文简称，但我国相关公众对这

---

① 参见丁相顺、杜民：《姓名权与商标权法律关系的符号学分析——以"乔丹"商标案为分析路径》，载《上海政法学院学报（法治论丛）》2018年第4期。
② 参见袁博：《刍议"乔丹"商标案带来的三类启发》，载《中华商标》2017年第1期。

一名称的认知程度，足以证明其在我国具有较高知名度。

其次，对于商标与在先姓名之间的对应关系的判定，是确定商标注册与在先姓名权冲突的关键要素。本案从一审、二审到再审，在商标与在先姓名之间的对应关系的判定标准上经历了从"唯一的对应关系"到"稳定的对应关系"的转变。其中，一审和二审坚持采用原商标评审委员会裁定维持争议商标的"唯一的对应关系"标准，并作出了驳回起诉的司法判决；最高人民法院在提审本案时，则综合考量"乔丹""QIAODAN"及"qiaodan"等10件涉及与在先姓名相冲突的争议商标，提出以"稳定的对应关系"标准进行评判，并认定其中3件汉字"乔丹"商标与再审申请人迈克尔·乔丹的在先姓名之间存在"稳定的对应关系"，而其余7件以拼音"QIAODAN"及"qiaodan"所注册的商标则与再审申请人迈克尔·乔丹的在先姓名之间并无"稳定的对应关系"。最高人民法院在提审本案时，之所以改采"稳定的对应关系"标准，以特定名称与再审申请人迈克尔·乔丹之间"稳定的对应关系"为基础判别相关公众是否使用该特定名称指代再审申请人，是源于商标权区分产品及服务来源的基础功能与姓名权指代特定自然人功能的本质差异。进言之，商标权不像姓名权，并不要求形成"唯一的对应关系"，其只需能够与其他产品及服务相区别即可。毋庸置疑，本案再审过程中针对争议商标与再审申请人迈克尔·乔丹的在先姓名之间关联判断所建立的"稳定的对应关系"标准，比原有的"唯一的对应关系"标准更符合本案案情，能够在笔名、艺名、译名共存，以及姓名权商业化利用情形的有效适用，尤其本案再审判决对于汉字"乔丹"商标与拼音"QIAODAN"及"qiaodan"商标同再审申请人迈克尔·乔丹的在先姓名之间对应关系的区分对待，充分体现出司法审判人员的智慧，以及"稳定的对应关系"标准的合理性。但是，必须格外注意的是，本案再审过程中所形成的"稳定的对应关系"的标准也并不是无懈可击的，如果在实践中出现自然人改名，或者多个自然人重名的特殊情况，则势必会使这一"稳定的对应关系"标准失之"稳定"。① 事实上，无论是"唯一的对应关系"标准还是"稳定的对应关系"标准，都各有利弊。在具体的司法实践中，要想真正确保对于在先姓名与争议商标对应关系的公平评判，不能固守于某一种已有的判断标准，而应结合相关案件事实，根据特定的市场情景，并综合考量特定名称的字面含义、发音，以及消费者的认知与联想等多重因素，对具体问题展开具体分析。

最后，有关商标权人主观恶意的认定，则同样是判定商标注册损害在先姓名权与否的重要考量因素。诚实信用原则是商标注册过程中应遵循的基本法律原则。以不正当利用他人市场声誉、损害他人在先合法权益为表现形式的恶意商标注册行为是对诚实信用原则的严重背离。② 最高人民法院对于本案的再审判决，即是以诚实信用原则为依据，并以商标申请人的主观恶意评判为进路，明确了对在先姓名权侵害的适用条件：一是商标申请人明知权利人及其姓名具有较高知名度，但未能与其协商并取得授权；二是商标申请人擅自注册大量与之密切相关的商标，意图不付出成本却取得由权利人为其"代言"的效果。在本案中，作为商标申请人的乔丹公司在明知再审申请人迈克尔·乔丹对"乔丹"这一特定名称拥有在先姓名权的情况下仍注册与之相同的商标，且不能就该商标使用缘由给出合理的解释，因而再审判决认定乔丹公司对于争议商标的注册存在主观恶意，并据此对原商标评审委员会的商标维持裁定，以及一审、二审驳回起诉的判决予以撤销，重新对该系列案件进行裁判。虽然，"使用"是商标法的灵魂所在，在本案再审过程中乔丹公司也以其对于"乔丹"商标近 20 年的宣传使用为由进行抗辩，但并没有对本案的再审判决结果产生影响。乔丹公司的抗辩之所以未能获得法院的支持，究其根本，是由于商标使用并不能

---

① 参见崔建远：《姓名与商标：路径及方法论之检讨——最高人民法院（2016）最高法行再 27 号行政判决书之评释》，载《中外法学》2017 年第 2 期。

② 参见张凌寒、胡泽宇：《商标恶意注册行为规制中的诚实信用原则适用》，载《法律适用》2020 年第 6 期。

阻却其本身恶意注册的法律后果。进言之，即使系争议商标，申请人经过多年的经营为该商标的商誉累积做出一定的贡献，仍不能赋予其恶意注册行为以合理性。[①] 如若在本案再审中法院对乔丹公司商标使用的抗辩理由予以支持，无疑是对故意利用他人市场声誉、损害他人在先合法权益等违反诚实信用原则的恶意商标注册行为的纵容，长此以往，势必会对相关市场的有序健康发展带来负面影响。本案再审判决对于商标恶意注册损害在先姓名权认定标准的明确，不仅是对商标注册中的诚实信用原则的司法遵循，同时也是对一些中国企业的品牌运营路径与谋略的重要警示。早年间，我国很多企业在品牌运营过程中，商标保护意识不强，不注重自主品牌的打造，甚至会以"搭便车""打擦边球"的方式，简单模仿国际名牌和利用明星效应，从而谋取不正当利益。遵循诚实信用原则，遏制大量抢注、极力仿冒知名品牌与标识，不正当利用他人市场声誉、损害他人在先合法权益等恶意商标注册，对于营造良好的市场竞争环境具有重要意义。尤其是在当前经济全球化和知识产权保护一体化的背景下，中国企业更应提高商标法律意识，远离恶意商标注册，加强品牌运营能力，通过产业技术创新和产品品质革命培育出具有市场影响力、国际知名度的本土商标和民族品牌。

四、结语

总而言之，本案判决体现的尊重在先权利立场和商标注册善意原则，对商标授权确权规则的构建与商标注册制度的修改和完善提供了重要的思想启迪。

本案再审判决秉持了商标注册的诚实信用原则，界定了商标法中在先姓名权涵盖的主要范畴，确立了商标法中在先姓名权保护的基本标准，对

---

① 参见吴汉东：《最高人民法院再审"乔丹"商标争议系列案》，载中国行为法学会、中南大学：《中国法治实施报告（2016）》，法律出版社 2017 年版，第 539 页。

商标法中在先权利保护的相关规定作出了具有在先判决意义的解释，其基本思想为 2017 年 1 月公布的《最高人民法院关于审理商标授权确权行政案件若干问题的规定》（法释〔2017〕2 号）所吸收。该规定第 20 条第 1款从"相关公众认为商标标志指代了该自然人，容易认为标记有该商标的商品系经过该自然人许可或者与该自然人存在特定联系"的角度，认定了对姓名权的侵害；对于实践中并非以自然人的户籍姓名，而是以笔名、艺名、译名等特定名称来主张姓名权的情形，该条第 2 款规定如果"该特定名称具有一定的知名度，与该自然人建立了稳定的对应关系，相关公众以其指代该自然人的，人民法院予以支持"。外国自然人姓名的部分译名，即属于特定名称范畴。可以认为，上述规定的特定名称保护条件，即是对本案再审判决所体现规则的归纳和确认。从某种程度上说，这是我国从本土判例中提取个案规范，并将其纳入司法解释的重大尝试。① 此外，作为本案系列判决典型代表的（2016）最高人民法院行再 26 号行政判决书，经最高人民法院审判委员会讨论通过，已于 2019 年 12 月在最高人民法院第 22 批指导案例中予以发布，并成为第 113 号指导案例，充分彰显本案对于我国商标权与在先姓名权冲突之司法应对的指导价值和借鉴意义。

---

① 参见汤文平：《从个案规范到民法法典化——以"乔丹案"对司法解释及民法典草案的影响为例》，载《现代法学》2020 年第 3 期。

商业秘密构成要件研究
——香兰素侵害技术秘密纠纷案*

◀ **孔祥俊**

　　法学博士，上海交通大学讲席教授、博士研究生导师、知识产权与竞争法研究院院长。主要研究方向为知识产权法和竞争法。在权威性法学期刊发表论文 10 余篇。被 CSSCI 和中文核心期刊收录论文百余篇。出版专著 40 余部，涉及司法哲学与法律方法、民商法、行政法、知识产权法和竞争法领域。代表作有：《知识产权法律适用的基本问题》《反不正当竞争法新原理》《反垄断法原理》《网络著作权保护法律理念与裁判方法》《商标与反不正当竞争法：原理与判例》《商业秘密保护法原理》《法律解释与适用方法》《法官如何裁判》《司法哲学》等。曾获评"第五届全国十大杰出青年法学家"、"首届全国法院审判业务专家"、中宣部"文化名家"。多次入选"全球最具影响力的五十位知识产权人物"，入选"2018年知识产权年度影响力人物"。兼任中国市场监督管理研究会副会长、上海市法学会副会长等。曾兼任中国法学会知识产权法研究会副会长、中国

---

　　* 参见最高人民法院作出的（2020）最高法知民终 1667 号民事判决。

知识产权研究会副理事长、中国科技法学会副会长、国际知识产权保护协会中国分会副会长。

一、基本案情与法院判决

（一）香兰素案的典型性

2021 年 2 月 19 日，最高人民法院对嘉兴市中华化工公司有限责任公司（本文以下简称嘉兴中华化工公司）、上海欣晨新技术有限公司（本文以下简称上海欣晨公司）等与王龙集团有限公司（本文以下简称王龙集团公司）等侵害技术秘密纠纷案（本文以下简称香兰素案）作出二审判决，判决王龙集团公司等赔偿技术秘密权利人 1.59 亿元人民币。这是迄今为止中国法院判决赔偿额最高的侵害商业秘密案件。该判决在商业秘密侵权认定以及解决商业秘密案件取证难、审理难等问题上进行了积极探索，很有借鉴价值。

香兰素案系因公司前员工勾结竞争对手窃取并使用公司技术秘密、蚕食企业原有市场份额而引发的纠纷，具有相当的典型性。涉案技术秘密载体涉及 58 个非标设备的 287 张设备图、25 张工艺管道及仪表流程图，专业性极强；原告嘉兴中华化工公司自 2010 年开始维权，通过刑事报案及两次民事诉讼，直至 2016 年年底才基本掌握本案的初步证据，取证过程极其困难。综合这些因素，香兰素案可称得上是侵害商业秘密案件的典型研究样本。

本案经浙江省高级人民法院一审判赔 300 万元，最高人民法院二审改判为 1.59 亿元，判决差距极大。而且，最高人民法院在涉案技术秘密范围、责任承担的主体上的认定上均宽于原审判决，有意体现严厉打击恶意侵权行为的司法态度。

（二）基本案情

"香兰素"是一种可食用香料。2002—2007 年，原告嘉兴中华化工公司与上海欣晨公司共同研发出生产香兰素的新工艺，并将其作为技术秘密加以保护。本案侵权行为发生前，嘉兴中华化工公司是全球最大的香兰素制造商，占据全球香兰素市场约 60% 的份额。

2010 年，嘉兴中华化工公司前员工傅某某伙同案外人冯某某窃取香兰素技术秘密，并披露给王龙集团公司及其关联企业使用，王龙集团公司批量生产同类产品。

由于被告王龙集团公司系非法获取涉案技术秘密，没有实质性的研发成本投入，故能以较低价格销售香兰素产品，对嘉兴中华化工公司原有的市场形成了较大冲击，导致嘉兴中华化工公司的全球香兰素市场份额从 60% 滑落至 50%，且被告的侵权行为一直未停止。

2018 年 5 月，两原告嘉兴中华化工公司、上海欣晨公司向浙江省高级人民法院起诉，请求法院判令王龙集团公司等 5 名被告停止侵害其商业秘密，并赔偿原告经济损失及合理费用 5.02 亿元。

在本案中，二审法院确认侵权企业的法定代表人应承担连带责任，有效打击了企业负责人以企业为侵权工具的违法行为。

本案被告之一王某某系宁波王龙科技股份有限公司（本文以下简称王龙科技公司）的法定代表人。对于王某某的被诉侵权行为，一审法院认为，法人人格独立是公司法的基本价值取向，本案中涉案技术秘密的获取、使用均以王龙集团公司和王龙科技公司的名义完成，王某某的行为并未明显超出其法定代表人职务行为的范畴，因此认定王某某不构成共同侵权。但最高人民法院二审则认为，如果特定法人是其法定代表人或者主要负责人为从事侵权而专门登记成立的，客观上该法人的生产经营本身就是在实施侵权行为，且该法定代表人或者主要负责人自身积极参与侵权行为实施，则该侵权行为既体现了法人的意志又体现了其法定代表人或主要负责人的意志，该法人事实上成为其法定代表人或主要负责人实施侵权行为的工具，此时可以认定该法定代表人或者主要责任人与法人共同实施了侵权行为，并应依法承担相应的法律责任。

从查明的事实来看，王龙科技公司系其法定代表人王某某和王龙集团公司专门为侵权而成立的企业，因此最高人民法院最终认定王某某个人亦实施了被诉侵权行为，与其他被告构成共同侵权，依法应承担法律责任。

关于赔偿数额，根据 2017 年《反不正当竞争法》（2019 年已再次修正）第 17 条第 3 款、第 4 款规定，因不正当竞争行为受到损害的经营者的赔偿数额，按照其因被侵权所受到的实际损失确定；实际损失难以计算的，按照侵权人因侵权所获得的利益确定。赔偿数额还应当包括经营者为制止侵权行为所支付的合理开支。经营者违反 2017 年《反不正当竞争法》第 6 条、第 9 条规定，权利人因被侵权所受到的实际损失、侵权人因侵权所获得的利益难以确定的，由人民法院根据侵权行为的情节判决给予权利人 300 万元以下的赔偿。

在本案一审中，两原告以其香兰素产品因王龙科技公司低价竞争导致的价格下降部分乘以销售数量计算损失，一审法院认为该方式缺乏明确的法律依据，故顶格适用法定赔偿，确定侵权损害赔偿为 300 万元。最高人民法院二审认为，根据 2017 年《最高人民法院关于审理不正当竞争民事案件应用法律若干问题的解释》（现已失效）第 17 条、2008 年《专利法》（2020 年已再次修正）第 65 条，商业秘密侵权损害赔偿金额可以参照 2015 年《最高人民法院关于审理专利纠纷案件适用法律问题的若干规定》（2020 年已再次修正）第 20 条第 2 款规定的方式计算，即"侵权人因侵权所获得的利益可以根据该侵权产品在市场上销售的总数乘以每件侵权产品的合理利润所得之积计算。侵权人因侵权所获得的利益一般按照侵权人的营业利润计算，对于完全以侵权为业的侵权人，可以按照销售利润计算"。并且最高人民法院认为，上述"侵权行为的情节"，一般可以考虑商业秘密的性质、商业价值、研发成本、创新程度、所带来的竞争优势以及侵权人的主观过错、侵权行为的性质、具体行为、后果等因素。

鉴于二审中两原告补充了相关证据，原告提供的赔偿数额的计算方式共计 3 种：（1）按营业利润计算为 116 804 409 元；（2）按销售利润计算为 155 829 455 元；（3）按价格侵蚀计算为 790 814 699 元。其中，针对第一种算法，二审庭审时，原告主张以 116 804 409 元为基数乘以 1.5 倍为惩罚性赔偿，即赔偿数额为 175 206 613.50 元。本案二审法官认为，一方面，因当事人的诉讼请求及新旧法律适用衔接的原因，本案不宜适用惩罚性赔偿；另一方面，由于销售利润高于营业利润，但远低于价格侵蚀损失，最终结合本案实际情况，选择了较为折中的计算方法，即以侵权人 2011—2017 年，实际每年至少销售香兰素 2000 吨作为销售数量，再乘以权利人销售香兰素产品的价格和利润率，从而得出销售利润数额作为损害赔偿数额（计算结果同上述第 2 种）。

二、从香兰素案看中国商业秘密保护总体法律走向

香兰素案二审判决是在中国总体上加强包括商业秘密在内的知识产权保护背景下作出的，尤其有中国商业秘密保护法律日趋完善且保护力度空前加大的宏观背景。香兰素案二审判决对侵权行为的认定、举证责任的把握以及赔偿数额的确定等，应该是与整个推进法律发展与完善的大环境相契合的。因此，在此首先介绍以《反不正当竞争法》为主的中国商业秘密保护法律完善的宏观背景。

（一）1993—2017 年：商业秘密保护的起步与发展

从法律层面上讲，我国商业秘密保护制度率先由《反不正当竞争法》作出规定，后来《刑法》中又规定了侵犯商业秘密罪。其中，1993 年《反不正当竞争法》首次确定商业秘密制度，2017 年 11 月 4 日《反不正当竞争法》的首次修订，完善了商业秘密制度。

1993 年《反不正当竞争法》第 10 条规定："经营者不得采用下列手段侵犯商业秘密：（一）以盗窃、利诱、胁迫或者其他不正当手段获取权利人的商业秘密；（二）披露、使用或者允许他人使用以前项手段获取权利人的商业秘密；（三）违反约定或者违反权利人有关保守商业秘密的要求，披露、使用或者允许他人使用其所掌握的商业秘密。第三人明知或者

应知前款所列违法行为，获取、使用或者披露他人的商业秘密，视为侵犯商业秘密。本条所称的商业秘密，是指不为公众所知悉、能为权利人带来经济利益、具有实用性并经权利人采取保密措施的技术信息和经营信息。"

2017 年 11 月 4 日《反不正当竞争法》的首次修订，涉及商业秘密条款的修改，其关键问题在于职工能否成为侵犯商业秘密的法律主体。

1993 年《反不正当竞争法》并未排斥职工作为侵犯商业秘密的主体。虽然在该法施行初期，学界和实务界曾经发生过职工是否纳入经营者范围和可否成为侵犯商业秘密的适格主体的争论，但最终行政执法和司法均对此持肯定态度。

2017 年《反不正当竞争法（修订草案送审稿）》第 10 条第 1 项曾规定"商业秘密权利人的员工、前员工实施本法第九条第一款规定的行为"，视为侵犯商业秘密的行为。在审议过程中，"有的常委会组成人员和部门、企业提出，本法规范的主体是经营者，商业秘密权利人的员工、前员工，不属于经营者，对于其侵犯商业秘密的行为，权利人可通过其他法律途径获得救济；有的提出，相关法律对国家机关工作人员，律师、注册会计师等专业人员的商业秘密保密义务已经作了规定，本法重复规定没有必要。法律委员会经研究，建议删除修订草案第 10 条的上述规定；同时，针对实践中商业秘密权利人的员工、前员工通过非法手段获取商业秘密后，有的经营者明知或者应知上述情况仍将该商业秘密用于生产经营活动的问题，在第 9 条中进一步明确：第三人明知或者应知商业秘密是权利人的员工、前员工或者其他单位、个人通过非法手段取得，仍获取、披露、使用或者允许他人使用的，视为侵犯商业秘密"。[①]

这种观点认为职工并非经营者，所以不能由《反不正当竞争法》调整，但可以按照一般侵权行为进行处理。但是，实践中职工侵犯商业秘密

---

① 参见全国人民代表大会法律委员会于 2017 年 8 月 28 日作出的《关于〈中华人民共和国反不正当竞争法（修订草案）〉修改情况的汇报》。

的情形比较常见，如果因为职工不是经营者而将此种侵权情形排除于《反不正当竞争法》的适用，必然弱化对于职工侵权行为的直接追究，显然不利于商业秘密保护。在 2017 年修订《反不正当竞争法》之前，司法和行政执法对于职工可以成为经营者和商业秘密侵权主体已达成共识；2017年修订法律中的上述立法说明反而忽视了之前形成的实践共识，就法律保护而言，这无疑是一种倒退。

当然，虽然具有这种立法背景，《反不正当竞争法》有关条文也没有明确排除职工作为侵权主体，但立法说明毕竟不是一般性的观点表达。不过，法律起草者在修订法律通过后进行的解释中，仍认为职工可以作为经营者，适用侵犯商业秘密的有关规定。①

（二）2019 年至今：商业秘密保护的完善与成熟

2019 年 4 月 23 日《反不正当竞争法》修正时，更加明确了职工可以作为侵权主体，无论是将职工解释为侵犯商业秘密行为的当然主体（即经营者），还是纳入新增第 9 条第 2 款规定的主体范围，均不能将职工排除于《反不正当竞争法》调整的侵犯商业秘密主体范围之外。这次修正是针对商业秘密条款的精准修改，不是泛泛之作，具有鲜明的针对性和特定意图。

2019 年《反不正当竞争法》修正与当时正进行的中美贸易谈判有关。在 2019 年之前的中美贸易争议和谈判中，知识产权和强制技术转让一直是重要议题，商业秘密保护又是其中的一个焦点。

美国贸易代表办公室发布的《2019 年特别 301 报告》特别指出，中国《反不正当竞争法》于 2018 年 1 月 1 日生效。修订后《反不正当竞争法》错失了解决关键问题的机会，存在的问题包括覆盖的行动和行为者范围过于狭窄，未能解决禁令救济适用的障碍问题，以及未能在适当情况下

---

① 参见王瑞贺：《中华人民共和国反不正当竞争法释义》，法律出版社 2018 年版，第 31 页。

允许举证责任转移。一个重点关注的问题是商业秘密和其他知识产权纠纷中初步禁令的适用问题。《最高人民法院关于审查知识产权与竞争纠纷行为保全案件适用法律若干问题的规定》于 2019 年 1 月 1 日生效。目前在实践中，这种司法解释能否保障权利人及时获得针对各类商业秘密侵权的初步禁令尚不清楚。中国不仅要解决这些不足，还要发布指导性案例，以提高商业秘密司法判决的一致性。改革还应防止向政府监管机构、法院和其他主管机构披露商业秘密和其他机密信息，并解决刑事执法方面的障碍。[①]

2019 年修正《反不正当竞争法》是在完善商业秘密制度和加强商业秘密保护方面彰显决心和力度，也是对正在进行的中美贸易谈判的一个重要回应。

当然，从更大的背景看，缘于商战不可无商业秘密。在以美欧为代表的西方发达国家，商业秘密一直是一种独特的、独立的和重要的知识产权，是市场竞争的利器。商业秘密不是专利制度无关紧要的附庸和简单的补充，而是具有独立的价值和重要性，甚至与专利相辅相成，有时还会使专利如虎添翼的制度设计。商业秘密保护一直受到包括跨国公司在内的权利人和西方发达国家的高度重视。

在我国，近年来国内外经营者对于完善商业秘密制度和打击侵害商业秘密行为的呼声越来越高。保护商业秘密也始终是中美知识产权保护问题的重要议题。

2019 年《反不正当竞争法》修正旨在完善第 9 条规定，并增设第 32 条以专门规定侵犯商业秘密的证据规则，此外还完善了相关民事责任和严格行政处罚。这次修正的意图很清晰，就是扩展商业秘密的保护范围和加强保护力度，主要修正内容如下。

1. 纳入新型侵权手段

《反不正当竞争法》（2019 年修正）将通过电子侵入方式获取商业秘

---

① 参见《〈2019 年特别 301 报告〉中国部分》，载为你创业·知识产权网，http://wncyip. com/ShowNews. asp?ID = 7389，2022 年 11 月 26 日访问。

密的行为列举为侵犯商业秘密的一种手段。非法获取商业秘密的传统方式主要是盗窃、贿赂、欺诈、胁迫等。随着互联网的发展，利用黑客技术获取他人商业秘密越来越容易，因而法律修正中增加了"通过电子侵入方式获取商业秘密也属于侵权行为"的规定。

2. 规定了间接商业秘密侵权行为

该次修正增加了教唆、引诱、帮助侵权的规定，即该法第 9 条第 1 款第 4 项规定，"教唆、引诱、帮助他人违反保密义务或者违反权利人有关保守商业秘密的要求，获取、披露、使用或者允许他人使用权利人的商业秘密"。将此类教唆、引诱或帮助他人侵权行为纳入侵犯商业秘密行为。

3. 增加规定惩罚性赔偿制度

在该法第 17 条第 3 款增加惩罚性赔偿的规定，即经营者恶意实施侵犯商业秘密行为，情节严重的，可以按照权利人因侵权所遭受的损失或侵权人的侵权所得数额的 1 倍以上 5 倍以下确定赔偿数额。赔偿数额还应当包括经营者为制止侵权行为所支付的合理开支。

4. 提高了法定赔偿的最高限额

《反不正当竞争法》（2019 年修正）第 17 条第 4 款规定："……权利人因被侵权所受到的实际损失、侵权人因侵权所获得的利益难以确定的，由人民法院根据侵权行为的情节判决给予权利人五百万元以下的赔偿。"此次修正将原最高 300 万元人民币的赔偿限额，增加至 500 万元人民币。

5. 加大了行政处罚力度

此次法律修正加大了行政处罚力度。该法第 21 条规定："经营者以及其他自然人、法人和非法人组织违反本法第九条规定侵犯商业秘密的，由监督检查部门责令停止违法行为，没收违法所得，处十万元以上一百万元以下的罚款；情节严重的，处五十万元以上五百万元以下的罚款。"

6. 完善了举证责任制度

此次修正增设专条，就商业秘密保护中的举证责任加以规定。在该法

第 32 条规定："在侵犯商业秘密的民事审判程序中，商业秘密权利人提供初步证据，证明其已经对所主张的商业秘密采取保密措施，且合理表明商业秘密被侵犯，涉嫌侵权人应当证明权利人所主张的商业秘密不属于本法规定的商业秘密。商业秘密权利人提供初步证据合理表明商业秘密被侵犯，且提供以下证据之一的，涉嫌侵权人应当证明其不存在侵犯商业秘密的行为：（一）有证据表明涉嫌侵权人有渠道或者机会获取商业秘密，且其使用的信息与该商业秘密实质上相同；（二）有证据表明商业秘密已经被涉嫌侵权人披露、使用或者有被披露、使用的风险；（三）有其他证据表明商业秘密被涉嫌侵权人侵犯。"

2020 年 9 月 12 日起施行的《最高人民法院关于审理侵犯商业秘密民事案件适用法律若干问题的规定》（本文以下简称《2020 商业秘密解释》），解释内容涉及商业秘密保护客体、构成要件、保密义务、侵权判断规则、民事责任、民刑交叉、举证责任及有关程序规定，既有实体性规定又有程序性规定。与其他类型的知识产权不同，商业秘密的权利边界不具有公示性，在权利性质、侵权判断、法律责任、诉讼程序等方面有自身特点。《2020 商业秘密解释》根据侵犯商业秘密案件的特点，聚焦审判实践中的突出问题，对商业秘密的构成要件、刑民交叉、诉讼中的商业秘密保护、与员工及前员工有关的法律适用、商业秘密的明确等问题作出规定。

此外，商业秘密刑法保护也是一个重要方面。1997 年修订的《刑法》第 219 条规定了侵犯商业秘密罪。该条对行为类型的规定以及商业秘密的界定与《反不正当竞争法》的规定完全相同。该法的实施，加大了制裁侵犯商业秘密行为、保护商业秘密的力度。2020 年修正的《刑法》对侵犯商业秘密罪进行了完善，并增加了商业间谍罪。

三、商业秘密的客体

《反不正当竞争法》（2019 年修正）第 9 条第 4 款："本法所称的商业秘密，是指不为公众所知悉、具有商业价值并经权利人采取相应保密措施的技术信息、经营信息等商业信息。"这些要件性法律规定在司法实践中不断被阐释。例如，最高人民法院在（2018）最高法民再 389 号民事判决书中指出："商业秘密应当具有实用性、秘密性和保密性。实用性是指能为权利人带来经济利益，它能使商业秘密的所有人因掌握商业秘密而获得竞争上的优势。秘密性是指不为公众所知悉，即不为社会公众包括通常处理所涉信息范围的人普遍知道或者容易获得。保密性是指采取保密措施，即所有人主观上将该信息视为秘密，并且采取适当的保密措施以维持信息的保密性。"在这些要件中，经营信息与技术信息是商业秘密的两种基本类型。

1993 年《反不正当竞争法》第 10 条第 3 款将商业秘密规定为"技术信息和经营信息"，2017 年修订时未修改，2019 年《反不正当竞争法》修正时将其修改为"技术信息、经营信息等商业信息"。按照惯常解释，这意味着商业秘密还包括技术信息和经营信息以外的商业信息。但《2020 商业秘密解释》界定了技术信息和经营信息，并未界定其他商业信息。这些信息的界定可能具有重要原因，涉及商业秘密的保护边界。

根据《2020 商业秘密解释》第 1 条第 1 款、第 2 款的规定，技术信息是"与技术有关的结构、原料、组分、配方、材料、样品、样式、植物新品种繁殖材料、工艺、方法或其步骤、算法、数据、计算机程序及其有关文档等信息"。经营信息是"与经营活动有关的创意、管理、销售、财务、计划、样本、招投标材料、客户信息、数据等信息"。

香兰素案涉及"香兰素"配方的技术秘密保护。在实践中有商业秘密点的说法，商业秘密点是指构成商业秘密的信息内容和范围。不同于专利通过公开的权利要求书来确定保护范围；在商业秘密侵权诉讼中，权利人需要先明确其主张的商业秘密的范围（秘密点）。秘密点如何确定是每一个技术秘密案件都会遇到的难点。

从香兰素案二审判决看，一方面，秘密点的内容应当具体、明确。在本案中，权利人主张的技术秘密包括六个秘密点：一是缩合塔的相关图纸；二是氧化装置的相关图纸；三是粗品香兰素分离工艺及设备，一审庭审中权利人明确放弃该秘密点中关于工艺部分的权利主张；四是蒸馏装置的相关图纸；五是愈创木酚回收工艺及相应设备，一审庭审中权利人明确放弃该秘密点中关于工艺部分的权利主张；六是香兰素合成车间工艺流程图，包括工艺管道及仪表流程图。并且，权利人还通过载体来呈现技术秘密的具体内容，本案技术秘密的载体包括：涉及58个非标设备的设备图287张（包括主图及部件图）、工艺管道及仪表流程图（第3版）25张（本文以下统称涉案技术秘密）。设备图的技术内容包括：设备及零部件的尺寸、大小、形状、结构，零部件位置和连接关系，设备进出口位置、尺寸、设备型式，搅拌器型式和电功率，设备、零部件和连接件的材质、耐压、耐腐蚀性、耐高温性能、耐低温性能等技术信息。

另一方面，秘密点范围的界定应当适当。如果秘密点的范围过于宽泛，则可能包含公知信息，在秘密性认定中易受到挑战；如果秘密点的范围过于狭窄，则可能与被诉侵权的技术信息存在差异，在同一性认定中易受到质疑。根据判决书记载，在本案一审庭审中，权利人明确设备图涉密信息范围仅限于其上直接记载的技术信息，不包含对应的工艺等其他技术信息。工艺管道及仪表流程图的技术内容包括：各设备之间的位置关系和连接关系，物料和介质连接关系，控制点位置、控制内容和控制方法，标注的反应条件，基于上述连接关系形成的物料、介质的流向、控制参数等技术信息。本案权利人明确了合适的秘密点范围，后续也成功地被认定为构成商业秘密且被诉侵权人构成侵权。

四、不为公众所知悉——秘密性

"不为公众所知悉"是商业秘密的法定构成要件之一。《2020商业秘密解释》第3条和第4条均规定了"不为公众所知悉"。

《2020商业秘密解释》第3条规定："权利人请求保护的信息在被诉侵权行为发生时不为所属领域的相关人员普遍知悉和容易获得的，人民法院应当认定为反不正当竞争法第九条第四款所称的不为公众所知悉。"根据该规定，"不为公众所知悉"具有两个构成要素，即"不为所属领域的相关人员普遍知悉"和"不容易获得"。即使不为相关人员普遍知悉，但容易获得的，新颖性太低，同样不符合商业秘密构成要件。对此，可以从以下四个方面理解。

（一）相对秘密

"不为公众所知悉"具有相对性，即只是在相关技术或者经营领域内不为相关人员普遍知悉即可，且允许权利人在采取保密措施的情况下让有必要知道商业秘密的人员知悉，而不是除权利人以外的任何人都不能知道。

（二）不容易获得

一项信息要构成商业秘密，不仅要处于一般的保密状态，而且获得该项信息要有一定的难度，即属于不容易获得。这样才符合商业秘密的秘密性要求。例如，一些相关人员不需要创造性劳动，仅经过一定的联想即能获得的信息，就是容易获得的信息。如果一项信息的组成部分已在有关公开出版物上刊载，但把这些组成部分进行机密地组合而产生了特殊的效果，构成一种特殊性的秘密组合，他人不经一定的努力、不付出代价是不能获取的，该秘密组合同样可以成为商业秘密。

例如，香兰素案二审判决指出，"不为公众所知悉"是指有关信息不为其所属领域的相关人员普遍知悉和容易获得。一般说来，普遍知悉或者容易获得均不要求商业秘密已必然为某个具体的人所知悉或获得，只要该商业秘密处于所属领域相关人员想知悉就能知悉或者想获得就能获得的状态，或者所属领域相关人员不用付出过多劳动就能够知悉或者获得该商业秘密，就可以认定其为所属领域的相关人员普遍知悉或者容易获得。

嘉兴中华化工公司和上海欣晨公司的设备图和工艺管道及仪表流程图属于不为公众所知悉的技术信息。首先，涉案技术信息是企业自行设计的非标设备及工艺流程参数信息，主要为计算机应用软件绘制、表达的工程图形信息，现有证据不能证明其已经在先公开。其次，对于不同的香兰素生产企业而言，其使用的生产设备及连接方式、工艺流程的步骤和控制方法往往基于企业的规模、技术实力、实践经验等具有各自的特点。嘉兴中华化工公司的设备图、工艺管道及仪表流程图的尺寸、结构、材料信息是根据自身生产工艺对参数优选数值的有机组合，需要经过大量技术研发、检验筛选才能够获得。市场上并不存在标准化的成套香兰素工业化生产设备技术图纸以及工艺流程图，涉案技术信息无法从公开渠道获取，也无法通过观察香兰素产品直接获得。最后，根据（2017）沪科咨知鉴字第 48 - 1 号《知识产权司法鉴定意见书》的鉴定意见，涉案香兰素生产设备技术图纸在 2015 年 5 月 30 日和 2017 年 8 月 21 日之前分别构成不为公众所知的技术信息。当然，时至今日也没有证据证明上述涉案香兰素生产设备技术图纸已经被公开并为相关公众所普遍知悉。

对于权利人主张的涉案技术信息是否具有秘密性，二审法院认为：首先，涉案技术信息是权利人自行设计的非标设备及工艺流程参数信息；其次，对于不同香兰素生产企业，相关技术信息具有各自的特点，涉案技术信息由权利人经过大量技术研发、检验筛选获得，无法通过公开渠道获取；最后，鉴定意见亦表明涉案技术信息具有秘密性。在被诉侵权人未能提供证据证明涉案技术信息已经在先公开或可以从公开渠道获取的情况下，二审法院认定，权利人的设备图和工艺管道及仪表流程图属于不为公众所知悉的技术信息。

对于秘密点的确认和证明，首先要由权利人对其主张的秘密点进行说明，并不必然需要提供证据，重点是要说明秘密点的主要内容以及其与该领域的通常信息和一般技能存在的区别。如果权利人作出了一个合理解释，那么在通常情况下，就可以初步认为商业秘密点基本可以确定，而由被诉侵权人来证明秘密点不成立，提供反证来推翻；如果不能提供反证予以推翻，那么秘密点就可以确定了。

再如，在某环境工程有限公司与某电力清洗公司、陈某等侵害商业秘密纠纷案中，为证明其主张保护的信息具有秘密性，原告提交了技术成果查新报告、鉴定报告、另案判决书。但是，法院认为，技术成果查新报告、鉴定报告的形成时间早于被诉侵权行为发生时约十年之久；虽然另案判决书认定涉案信息构成商业秘密，但是距被诉侵权行为发生时亦有数年之久。因此，该等文件不能成为涉案信息构成商业秘密的当然依据。更何况，被告提交的证据可以证明涉案信息已经公开，而原告并未提供进一步的证据证明涉案信息仍然处于不为公众所知悉的状态。

在原告罗某与被告某电子有限公司侵犯商业秘密案中，一审判决认为，该电子有限公司1998年11月的商业促销方式已体现了一定条件下的"零风险购机"的经营特点，在当今市场经济活动中，通过免费退货以达到促销目的的商业运行理念和做法，在罗某的策划书之前已经存在，且众所周知。因此在罗某的"策划书"中所反映的"零风险购机"经营策略并不构成商业秘密。此外，罗某也不能证明该公司曾经采取不正当手段实施侵权行为。故一审判决驳回了罗某的诉讼请求。罗某提起上诉以后，二审判决认为一审事实清楚，适用法律正确，判决驳回其上诉。在该案中，因原告主张的"零风险购机"经营策略为众所周知，不符合商业秘密的条件，不能构成商业秘密。

（三）公知信息的"拼合"

应当将构成商业秘密的各个部分作为一个整体看待，即使其各个部分分开来看都不具有新颖性，但如果组合起来以后发生质变，具有新颖性，那么就应该从整体上看待，不能因组成部分没有新颖性而否定整体的新颖性，或者将不能分割的各部分割裂开来，认为一部分有新颖性而其他部分没有新颖性。

《2020商业秘密解释》第4条第2款规定："将为公众所知悉的信息进行整理、改进、加工后形成的新信息，符合本规定第三条规定的，应当认定该新信息不为公众所知悉。"这表明，商业秘密不排除"将为公众所知悉的信息进行整理、改进、加工后形成的新信息"，此即拼合型商业秘密。

例如，在江苏省高级人民法院作出的（2010）苏知民终字第 0179 号民事判决中，就涉案技术信息是否具有秘密性，法院认为，如果不考虑涉案技术信息的形成过程以及各技术信息之间的内在关联性，孤立地看待图纸上所记载的某一项技术信息，那么大部分零件的设计尺寸参数、公差配合、技术要求以及具体工艺参数都能在相关国家标准和行业标准中找到，并且是所属领域技术人员的常规选择。这是因为除外观设计之外，标准化或常规设计是机械设计人员在设计产品过程中优先考虑的，这样有利于提高设计效率和降低加工成本。然而，设计过程不是简单地从标准手册中寻找参数并将其罗列在图纸上，而是一个需要设计人员根据机械产品工况和性能要求，通过一系列计算来确定各参数的过程。最终的设计结果——技术信息的确切组合，会因不同设计人员的经验、专业水平、风格偏好、审慎程度而异。经过设计人员精心计算并最终选择的某一标准参数，其性质已由手册上供所有人员选择参考的公开属性转变为专用于某个产品对象的专有属性。涉案图纸上所记载的各技术信息的确切组合，是该产品设计人员特有的创造性劳动的结果，既不为本领域相关人员普遍知悉，也不容易获得，因此不为公众所知悉。

"不为公众所知悉"只是设定了一个最低限度的要件，实际上商业秘密信息的新颖性程度差别极大，甚至可以说是有"天壤之别"。例如，有的信息可能只是某种信息的汇编，同行业的其他人只要付出劳动进行收集整理也可以得到相同或近似的结果，只是同行未这样做而该经营者这样做了，这种有新颖性、但新颖性的程度极低的信息也可以构成商业秘密；有的信息可能完全可以申请专利，只是所有人不愿意通过专利方式进行保护而以商业秘密的形式存在，这种信息就可能是新颖性极高且已经达到专利法意义上的创造性的信息。但是，在两者都是商业秘密的情况下，法律一视同仁地给予保护。关于专利保护与商业秘密保护的关系，国外有一种极为形象的比喻，即将专利保护比喻成置于高处的漏孔极小的筛子，商业秘密保护则是置于低处的网孔很大的网，前者保护水平高但保护范围狭窄，后者保护范围宽泛但保护水平低。

（四）投资多少与商业秘密的关系

在美国法上，限制商业秘密所有人的投资在认定商业秘密创设中的作用，与美国联邦最高法院在 Feist 案①中的观点相一致，即美国联邦最高法院明确拒绝遵循"保护额头上的汗水"原则。该案判决指出："编辑者的劳动成果大量地被他人使用而不支付报偿，看起来不公平……但这种结果既不公平又并非不幸。它是版权法促进科学艺术进步的应有之义。"就商业秘密法而言，仅仅是付出时间、辛劳和支出去搜集甚至创造信息，并不使其成为商业秘密。根据《美国统一商业秘密法》的规定，只要符合商业秘密三要件，花费少的资源和时间创造的信息（如灵感一现），与付出巨大努力获取的同样信息，一视同仁地受到保护。

在我国商业秘密认定中，投资多少与是否构成商业秘密有关系，但并不是必然联系。投资多少不是商业秘密的必然条件，但有时可以辅助说明所主张的商业秘密不容易取得，其在商业秘密的认定中仍有一定的作用。

例如，在沈阳化工股份有限公司（本文以下简称沈化公司）与唐山三友氯碱有限责任公司（本文以下简称三友公司）等侵害技术秘密纠纷案②中，涉及沈化公司请求保护的"微悬浮法聚氯乙烯糊树脂生产工艺"是否构成商业秘密，三友公司主张涉案微悬浮法聚氯乙烯糊树脂技术中的工艺流程、主要设备、技术规格和技术参数等技术信息已为公众所知悉。关于涉案技术信息是否不为公众所知悉，最高人民法院在裁定书中提出如下意见。

首先，根据一审法院查明的事实，涉案微悬浮法聚氯乙烯糊树脂生产工艺是在 1983 年经国家计划委员会批准，由具有对外贸易权的中国化工

---

① Feist Publications, Inc. v. Rural Telephone Service Co., Inc., 499 U. S. （1991）.
② 参见最高人民法院（2016）最高法民申 2857 号民事裁定书。

建设总公司代表沈化公司与日本钟渊化学工业株式会社辽宁实业公司签订《年产 1 万吨糊用聚氯乙烯树脂生产技术及主要设备合同》后引进的技术，沈化公司在此基础上投入大量人力、物力、财力，经多年技术革新升级，已实现年产糊树脂产品 10 万吨以上，并多次获得国家、省、市部门的奖励。沈化公司凭借该项核心技术，成为国内糊树脂行业知名企业，该项技术为沈化公司带来了明显的竞争优势及可观的经济利益。由于全国糊树脂行业的每家企业都有自己的主打产品，故涉案微悬浮法聚氯乙烯糊树脂生产工艺技术信息并非一般常识或行业惯例。

其次，涉案微悬浮法聚氯乙烯糊树脂生产工艺不仅涉及技术原理、相关专利，还包括各种经过大量生产检验获得的优选数值、流程图、设备尺寸、各种技术信息的配比配套。三友公司主张涉案技术信息属于公知信息，但其提供的教科书专业文献等资料所披露的大多是本领域聚氯乙烯糊树脂技术的常规技术资料，缺乏更为确切具体的配方、工艺参数、工艺控制条件等数据，而实际上在聚氯乙烯糊树脂产品的生产过程中必须将相关核心数据确定并具体化，才能大量生产出质量稳定、标准统一的产品。三友公司在再审申请期间补充提交的证据仅能说明部分涉案技术信息确属公知信息，不能证明涉案技术信息中的配方、工艺参数和工艺控制条件等关键技术信息亦属于公知信息。

最后，涉案技术信息是沈化公司作为技术秘密进行保护的，没有证据证明相关技术信息曾经由沈化公司或其他公司在公开出版物或媒体上公开披露，或者通过公开的报告会、展览等方式公开。即使整体技术信息中的某一项或几项生产工艺已进入公有领域，但是那些需要经过实际生产检验、磨合才能获得的关键数据、资料势必被沈化公司作为企业核心竞争力严格保护起来，无法从其他公开渠道获得。多名沈化公司、沈阳欧陆科技发展有限公司（一审被告）工作人员以不正当手段获取、使用沈化公司涉案技术秘密被追究刑事责任的事实，也可以从另一方面说明涉案技术信息无法从公开渠道获得。在该技术秘密的建立完善过程中，沈化公司耗费了大量人力、物力、财力，故并非无须付出代价而容易获得。二审法院据此认定涉案技术信息属于"不为公众所知悉"并无不当。

五、商业秘密的价值性

针对商业秘密的价值性，1993 年《反不正当竞争法》第 10 条第 3 款中规定价值性是"能为权利人带来经济利益"且"具有实用性"。2019 年修正时，价值性直接表述为"具有商业价值"。《2020 年商业秘密解释》第 7 条规定："权利人请求保护的信息因不为公众所知悉而具有现实的或者潜在的商业价值的，人民法院经审查可以认定为反不正当竞争法第九条第四款所称的具有商业价值。生产经营活动中形成的阶段性成果符合前款规定的，人民法院经审查可以认定该成果具有商业价值。"其中，"因不为公众所知悉而具有现实的或者潜在的商业价值"的表述与《与贸易有关的知识产权协定》和《美国统一商业秘密法》的规定更为接近。

香兰素案二审判决认为，"具有商业价值"一般是指有关信息具有现实的或者潜在的商业价值，能为权利人带来竞争优势。商业秘密具有的商业价值并不限于其已经实际产生的价值，还包括其可能带来的价值。同时，商业秘密的价值既包括使用该商业秘密给其带来的价值增长，也包括使用该商业秘密为其避免的价值减损或者成本付出。嘉兴中华化工公司和上海欣晨公司的涉案技术信息具有极高的商业价值。嘉兴中华化工公司系香兰素行业的龙头企业，其投入大量时间和成本研发的生产设备和工艺流程已经实际投入生产，提高了其香兰素产品的生产效率，并为企业形成市场优势、创造可观利润，从而为企业带来经济利益和竞争优势，故涉案技术信息明显具有极高的商业价值。

（一）现实的价值和潜在的价值

商业秘密的价值性包括现实的价值性和潜在的价值性。前者涉及可以现实地直接应用的信息；后者涉及虽不能现实地应用，但将来可以应用的信息，如阶段性研发成果。商业价值细分为"现实的或者潜在的经济利益或者竞争优势"两种情况，不以现实的价值为限。这种规定符合国际趋势，有利于适应高科技的发展需求以及促进科学技术的发展。这表明，不管是现实的可直接使用的商业秘密，还是正在研究、试制、开发中而具有潜在（可预期的）价值的信息，都可以构成商业秘密，受法律保护。

如在四川省成都市中级人民法院二审判决的丁某某等与成都某电子科技有限公司侵害商业秘密纠纷案①中，原告主张保护的商业秘密为其研发手持无线点歌机（即 ROCK 项目）过程中形成的阶段性成果。法院认为，该商业秘密虽为阶段性成果，对手持无线点歌机的研发完成具有重要的意义，具有商业价值。

（二）积极信息和消极信息

不管是积极信息，还是消极信息，只要具有价值性，就可以构成商业秘密。无论是对生产、销售、研究、开发等生产经营活动直接有用的信息，还是在生产经营中有利于节省费用、提高经营效率的信息，如失败的试验报告、顾客名单、设计图等，都属于商业秘密。

（三）有价值的继续使用信息和短暂的信息

不论是继续使用的信息，还是短暂的信息，只要具有价值性，就可以构成商业秘密。如《国家工商行政管理局关于禁止侵犯商业秘密行为的若干规定》（1998 年修订）第 2 条第 5 款将"招投标中的标底及标书内容"及有关司法解释将"招投标材料"作为商业秘密，这种信息就是典型的短暂信息。

如在陕西省高级人民法院作出的（2015）陕民三终字第 00033 号民事判决中，原告主张保护的商业秘密为其在生产、经营过程中所形成的独特的"煤层气抽采、开发、利用、销售及瓦斯发电"经营模式。法院认为，商业经营模式的价值必须在将该模式付诸实践后才可以体现出来，实践行

---

① 参见四川省成都市中级人民法院（2014）成知民终字第 75 号民事判决书。

为本身就是一种对外公开的行为，所以对商业模式而言，其价值性与不为公众知悉存在一定矛盾，而价值性与不为公众知悉是商业秘密必备的两个特征，所以商业模式本身并不具备商业秘密的全部特征，不构成商业秘密。

（四）价值具有客观性

仅仅由所有人主观上认为有价值而客观上并没有价值的信息，不能构成商业秘密。而且，与竞争优势无关的信息不能构成商业秘密。换言之，商业秘密是使经营者取得竞争优势的信息，与此无关的信息，即使由经营者作为秘密进行管理，也不是商业秘密，但可以构成隐私、国家机密等。

（五）具体性和确定性

一种信息要想得到法律的保护，必须转化为具体的可以据以实施的方案或形式，法律并不保护单纯的构想、大概的原理和抽象的概念。因为抽象的、模糊的原理或观念本身不能转化为竞争优势，没有保护的必要。而且，确定具体性要件的目的是通过区分受保护的商业秘密与抽象性的一般知识和经验，以免妨碍他人的商业机会。抽象的、模糊的原理或观念的覆盖范围必须极为宽泛，尤其是"权利人"自己尚处于探索阶段而无法具体化的信息，如果给予保护，无异于束缚他人手脚，不利于社会进步。

确定性，是指商业秘密的所有人能够界定商业秘密的具体内容并划清其界限。例如，能够说明商业秘密由哪些信息组成，组成部分之间的关系，该信息与其他相关信息之间的区别，如何将信息付诸实施。如果商业秘密不具有确定性，也就成为无本之木、无源之水，无从加以保护。

例如，在前文提及的三友公司与沈化公司侵害技术秘密纠纷案中，三友公司主张沈化公司没有明确商业秘密的具体内容，未提供技术秘密载体的证据，导致其无法进行有针对性的答辩。最高人民法院认为，通常而言，在商业秘密侵权纠纷中，请求保护的权利人应列明技术秘密的具体内容，并界定其与公知技术信息之间的不同。但是，由于请求作为商业秘密保护的技术信息或者经营信息的类型、所涉领域不同以及侵权行为方式不同，不能将商业秘密的具体内容仅理解为一段文字的集中体现，不能对商业秘密具体内容的描述提出过于严苛的要求。沈化公司请求保护的商业秘密广泛分布于具体工艺流程、核心设备技术规格及技术参数、原料组分等各个环节。为证明涉案技术信息不为公众所知悉，沈化公司在司法鉴定过程中还提供了"3 万吨/年特种聚氯乙烯（糊树脂）"工艺流程图图纸 9 张（蓝图）及设备一览表 2 张（蓝图）、2 个微悬浮法聚氯乙烯糊树脂生产配方，故其技术秘密信息的载体是明确具体的。因此，三友公司主张沈化公司未明确商业秘密的具体内容的主张与事实不符，不予支持。

六、保密措施

《2020 商业秘密解释》第 5 条规定："权利人为防止商业秘密泄露，在被诉侵权行为发生以前所采取的合理保密措施，人民法院应当认定为反不正当竞争法第九条第四款所称的相应保密措施。人民法院应当根据商业秘密及其载体的性质、商业秘密的商业价值、保密措施的可识别程度、保密措施与商业秘密的对应程度以及权利人的保密意愿等因素，认定权利人是否采取了相应保密措施。"其中，"相应""合理"的保密措施乃是与商业秘密的价值、属性等具体情形相适应的措施，要达到通常情况下足以防止商业秘密泄露的程度，但要求不能过于苛刻而达到天衣无缝的程度。

合理的保密措施是保密措施的通行做法和要求。例如，美国的 Rockwell Graphic Systems, Inc. v. DEV Industries, Inc. 一案①就涉及保密措施是否合理问题，法官提出了"最完美的保密措施未必是适当的保密措施，保密措施不能要求过高和损害生产能力"的观点。在美国著名的杜邦公司案（E. I. DuPont De Nemours & Co. v. Christopher）② 中，在说明保密措施的合理性方面，审理该案的美国法院只要求"在特定条件下的合理

---

① Rockwell Graphic Systems, Inc. v. DEV Industries, Inc. , 925 F. 2d 174（7th Cir. Ⅲ. Feb. 11，1991）.

② E. I. Dupont De Nemours & Co. v. Christopher, 431 F. 2d 1012（5th Cir. 1970）.

性"，不要求采取极端的和过分昂贵的措施保护商业秘密。

香兰素案二审判决认为，"保密措施"一般是指权利人为防止信息泄露所采取的与其商业价值等具体情况相适应的合理保护措施，通常应当根据商业秘密及其载体的性质、商业秘密的商业价值、保密措施的可识别程度、保密措施与商业秘密的对应程度以及权利人的保密意愿等因素，认定权利人是否采取了相应保密措施。嘉兴中华化工公司对涉案技术信息采取了相应的保密措施。嘉兴中华化工公司制定了文件控制程序、记录控制程序等管理性文件，对公司重要文件、设备进行管理；由专人对文件的发放、回收进行管理和控制，并规定通过培训等方式向员工公开，表明其具有保密意愿且采取了保密措施。具体到涉案技术信息，嘉兴中华化工公司与上海欣晨公司之间签订的技术开发合同约定有保密条款，嘉兴中华化工公司也制定了《档案与信息化管理安全保密制度》等管理规定，并对员工多次进行保密宣传、教育和培训。而且，涉案图纸有专门部门保管，员工一般无法轻易获取。由于上述保密措施，涉案技术信息至今仍未被公开。可见，嘉兴中华化工公司的保密措施与涉案技术信息价值基本相适应，客观上起到了保密效果。

在前述三友公司与沈化公司侵害技术秘密纠纷案中，关于沈化公司对涉案技术信息是否采取了保密措施这一问题，最高人民法院认为，对照司法解释规定的可以认为权利人已采取了合理保密措施的七种情形，结合本案查明事实作如下认定：沈化公司自20世纪60年代始即制定并实施严格的保密制度及泄密处罚条例；与本案相关生效刑事案件被告人原沈化公司技术人员孙某与沈化公司签订的劳动合同书对保密义务作出明确约定；生效刑事案件被告人原沈化公司技术人员解某文供述称沈化公司有严格的保密制度，其从沈化公司退休后无法再进入相关生产厂区。沈化公司对涉案技术信息采取的保密措施已经满足司法解释规定的要求，在正常情况下足以防止涉案技术信息不当泄露。故二审法院认定沈化公司采取了合理的保密措施并无不当。

行政法

公民取姓权的行政规制

——"北雁云依"案评析*

◀ 胡建淼

中共中央党校（国家行政学院）一级教授、博士研究生导师、专家工作室领衔专家。中国首届十大"杰出青年法学家"。曾任杭州大学副校长、浙江大学副校长、浙江工商大学校长、国家行政学院法学部主任。兼任中国法学会常务理事和学术委员会委员、中国行政法学研究会顾问、最高人民法院特邀咨询员和案例指导工作委员会委员、最高人民检察院专家咨询委员、北京市法官检察官惩戒委员会主任，为北京市人大代表和法制委员会成

---

* 本文分析的案例是 2017 年最高人民法院发布的第 89 号指导案例。对本案进行分析的意义在于：首先，法院保持中立和克制，将法律规定不明之处提请全国人大常委会作出解释，这在中国行政诉讼历史上是第一次。其次，本案判决生效后，竟引起司法界和学术界广泛的讨论，尤其是对该判决所进行的讨论时至今日一直在持续，这在中国行政法的实务界和理论界是很罕见的。这也正是中国的法治实践和法治理论成熟进步的一个重要表现，因为这种持续性的讨论会把公民取姓权中涉及的方方面面都尽量完整地展现出来，这无疑为将来全国人大专门制定"公民姓名登记法"，系统、全面地解决公民取姓权问题作出充分的司法和理论准备。

员、2011 年 3 月 28 日就"推进依法行政和弘扬社会主义法治精神"为中
共中央政治局授课。

◀ **金承东**

法学博士，浙江大学法学院副教授。1995—
1998 年，在杭州大学法律系学习，获法学硕士学
位；2003—2006 年，于浙江大学法学院攻读博士，
获法学博士学位；2006—2009 年，入中国社会科学
院法学研究所进行博士后研究；2011—2013 年，受
国家留学基金委和浙江大学"青骨"项目共同资

助，前往美国爱荷华大学法学院访学。现为中国行政法治研究会常务理事、
中国行政法学研究会理事、中国网络与信息法学研究会理事、浙江省行政法
学会常务理事。

一、基本案情与法院判决①

（一）"北雁云依"案的指导性

2017 年 11 月 15 日，经最高人民法院审判委员会讨论通过，最高人民
法院发布第 17 批指导性案例，其中"北雁云依"诉山东省济南市公安局
历下区分局燕山派出所公安行政登记案被列为第 89 号指导案例。

本案是 1990 年我国《行政诉讼法》施行以来的首例姓名登记案。由
于本案是关于公民姓氏登记的案件，既涉及公民的民事权利与自由的保
障，又涉及国家行政权依法对此进行登记规制；既涉及中华传统文化和家
庭伦理观念，又涉及现代社会不断张扬的个性需求和男女在家庭中地位的
变化；同时，本案还涉及司法机关解释法律的权限大小，以及立法权与司

---

① 参见山东省济南市历下区人民法院（2010）历行初字第 4 号行政判决书。本部
分的"基本案情""裁判结果""裁判理由""裁判要点"均摘录自最高人民法院发布的
第 89 号指导案例。

法权的分工制约与衔接问题。由此，本案从提起诉讼起，无论是在社会层面，还是在司法审判层面，抑或是在学术界，都引起了广泛的关注和激烈的争辩，直到今天，这种关注和争辩还在持续。所以，对本案进行深入、全面的分析和探讨很有必要。

（二）基本案情

原告"北雁云依"法定代理人吕某峰诉称：其妻张某峥在医院产下一女，取名"北雁云依"，并依规办理了出生证明、计划生育服务手册，做了新生儿落户备查登记。在其为女儿办理户口登记时，被告山东省济南市公安局历下区分局燕山派出所（本文以下简称燕山派出所）不予登记。理由是孩子姓氏必须随父姓或母姓，即姓"吕"或姓"张"。根据《婚姻法》和《民法通则》① 关于姓名权的规定，请求法院判令确认被告拒绝以"北雁云依"为姓名办理户口登记的行为违法。

被告燕山派出所辩称：依据法律和上级文件的规定，他们不按"北雁云依"办理户口登记的行为是正确的。《民法通则》规定公民享有姓名权，但没有对此作出具体规定。而2009年12月23日最高人民法院举行新闻发布会，对夫妻离异后子女更改姓氏这一问题的答复称，《婚姻法》第22条②是我国法律对子女姓氏问题作出的专门规定，该条规定子女可以随父姓，可以随母姓，但没有规定可以随第三姓。行政机关应当依法行政，法律没有明确规定的行为，行政机关就不能实施，原告和行政机关都无权对法律作出扩大化解释，这就意味着子女只有随父姓或者随母姓两种选择。从另一个角度讲，法律确认姓名权是为了使公民能以文字符号即姓名，明确地区别于他人，实现自己的人格和权利。姓名权和其他权利一样，受法律的限制而不可滥用。新生婴儿随父姓或者随母姓是中华民族的传统习俗，这种习俗标志着血缘关系，随父姓或者随母姓，都是有

---

① 本文案例适用的《婚姻法》和《民法通则》均已失效，下同。

② 现为《民法典》第1015条规定相关内容。

血缘关系的，可以在很大程度上避免近亲结婚，但是随第三姓，则与这种传统习俗、与姓的本意相违背。全国各地公安机关在执行《婚姻法》第 22 条有关子女姓氏的问题上，标准都是一致的，即子女应当随父姓或者随母姓。综上所述，其拒绝原告法定代理人以"北雁云依"的姓名为原告申报户口登记的行为正确，恳请人民法院依法驳回原告的诉讼请求。

法院经审理查明，原告"北雁云依"出生于 2009 年 1 月 25 日，其父名为吕某峰，母名为张某峥。因酷爱诗词歌赋和中国传统文化，吕某峰、张某峥夫妇决定给爱女起名为"北雁云依"，并以"北雁云依"为名办理了新生儿出生证明、计划生育服务手册，做了新生儿落户备查登记。2009 年 2 月，吕某峰前往燕山派出所为女儿申请办理户口登记，被民警告知拟被登记人员的姓氏应当随父姓或者母姓，即姓"吕"或者"张"，否则不符合办理出生登记的条件。因吕某峰坚持以"北雁云依"为姓名为女儿申请户口登记，被告燕山派出所遂依照《婚姻法》第 22 条之规定，于当日作出拒绝为其办理户口登记的具体行政行为。

本案经过两次公开开庭审理，原告"北雁云依"法定代理人吕某峰在庭审中称，其为女儿选取的"北雁云依"之姓名，"北雁"是姓，"云依"是名。

因案件涉及法律适用问题，需送请有权机关作出解释或者确认，本案于 2010 年 3 月 11 日裁定中止审理，中止事由消除后，本案于 2015 年 4 月 21 日恢复审理。

（三）裁判结果

山东省济南市历下区人民法院于 2015 年 4 月 25 日作出（2010）历行初字第 4 号行政判决，驳回原告"北雁云依"要求确认被告燕山派出所拒绝以"北雁云依"为姓名办理户口登记行为违法的诉讼请求。

一审宣判并送达后，原、被告双方均未提出上诉，本判决已发生法律效力。

（四）裁判理由

法院生效裁判认为，2014 年 11 月 1 日，第十二届全国人大常委会第十一次会议通过了《全国人民代表大会常务委员会关于〈中华人民共和国民法通则〉第九十九条第一款、〈中华人民共和国婚姻法〉第二十二条的解释》（已失效，本文以下简称《姓名权立法解释》）。该立法解释规定："公民依法享有姓名权。公民行使姓名权，还应当尊重社会公德，不得损害社会公共利益。公民原则上应当随父姓或者母姓。有下列情形之一的，可以在父姓和母姓之外选取姓氏：（一）选取其他直系长辈血亲的姓氏；（二）因由法定扶养人以外的人扶养而选取扶养人姓氏；（三）有不违反公序良俗的其他正当理由。少数民族公民的姓氏可以从本民族的文化传统和风俗习惯。"

本案不存在选取其他直系长辈血亲姓氏或者选取法定扶养人以外的扶养人姓氏的情形，案件的焦点就在于原告法定代理人吕某峰提出的理由是否符合《姓名权立法解释》第 2 款第 3 项规定的"有不违反公序良俗的其他正当理由"。首先，从社会管理和发展的角度来看，子女承袭父母姓氏有利于提高社会管理效率，便于管理机关和其他社会成员对姓氏使用人的主要社会关系作出初步判断。倘若允许公民随意选取姓氏甚至恣意创造姓氏，则会增加社会管理成本，不利于社会和他人，不利于维护社会秩序和实现社会的良性管控，而且极易使社会管理出现混乱，增加社会管理的风险和不确定性。其次，公民选取姓氏涉及公序良俗。在中华传统文化中，"姓名"中的"姓"，即姓氏，主要来源于客观上的承袭，系先祖所传，承载了对先祖的敬重、对家庭的热爱等，体现着血缘传承、伦理秩序和文化传统。而"名"则源于主观创造，为父母所授，承载了个人喜好、人格特征、长辈愿望等。公民对姓氏传承的重视和尊崇，不仅体现了血缘关系、亲属关系，而且承载着丰富的文化传统、伦理观念、人文情怀，符合主流价值观念，是中华民族向心力、凝聚力的载体和彰显。公民原则上随父姓或者母姓，符合中华传统文化和伦理观念，符合绝大多数公民的意愿和实际做法。如果任由公民仅凭个人意愿和喜好，随意选取姓氏甚至自创姓氏，则会造成对文化传统和伦理观念的冲击，违背社会善良风俗和一般道德要求。最后，公民依法享有姓名权，公民行使姓名权属于民事活动，既应当依照《民法通则》第99条第1款①和《婚姻法》第22条的规定，还应当遵守《民法通则》第7条②的规定，即应当尊重社会公德，不得损害社会公共利益。通常情况下，在父姓和母姓之外选取姓氏的行为，主要存在于实际抚养关系发生变动、有利于未成年人身心健康、维护个人人格尊严等情形。本案原告"北雁云依"的父母自创"北雁"为姓氏，选取"北雁云依"为姓名给女儿办理户口登记的理由是"我女儿姓名'北雁云依'四字，取自四首著名的中国古典诗词，寓意父母对女儿的美好祝愿"。仅凭个人喜好和愿望创设姓氏，具有明显的随意性，不符合《姓名权立法解释》第2款第3项的情形，不应予以支持。

（五）裁判要点

公民选取或创设姓氏应当符合中华传统文化和伦理观念。仅凭个人喜好和愿望，在父姓、母姓之外选取其他姓氏或者创设新的姓氏，不属于《姓名权立法解释》第2款第3项规定的"有不违反公序良俗的其他正当理由"。

二、户籍登记依据的合法性问题

在本案审理中，一审法院首先遇到的问题是该如何适用法律，即被告拒绝原告姓名登记所依据的行政规范性文件合不合法。被告提出其是依据《婚姻法》以及山东省发布的两个规范性文件作出拒绝原告的户籍登记的。其中，《婚姻法》第22条规定："子女可以随父姓，可以随母姓。"而《山东省公安厅关于规范常住人口管理若干问题的意见（试行）》和《山

---

① 现为《民法典》第110条规定相关内容。
② 现为《民法典》第8条规定相关内容。

东省卫生厅关于进一步加强〈出生医学证明〉使用管理的通知》（已失效）都规定新生儿姓氏应当随父姓或母姓。

而原告代理人认为，《民法通则》第 99 条第 1 款规定："公民享有姓名权，有权决定、使用和依照规定改变自己的姓名，禁止他人干涉、盗用、假冒。"根据这个规定，公民享有姓名权，任何人不得干涉。另外，《婚姻法》第 22 条的规定是"可以"，并不是必须。所以，山东省的两个规范性文件中关于新生儿取姓权的规定与《民法通则》和《婚姻法》的规定不一致，不应当适用，因此，被告依据《婚姻法》第 22 条，以及山东省的两个规范性文件作出拒绝以"北雁云依"为姓名为其女儿进行户籍登记的行为是违法的，请求法院予以确认。

一审法院在审理中认为，此案无法确定法律适用，于是向山东省济南市中级人民法院请示。山东省济南市中级人民法院研究后，也无法确定，于是就如何理解《婚姻法》第 22 条的规定，以及《山东省公安厅关于规范常住人口管理问题的意见（试行）》和《山东省卫生厅关于进一步加强〈出生医学证明〉使用管理通知》（已失效）能否在本案中适用，子女是否必须随父姓或母姓的问题，向山东省高级人民法院请示。

山东省高级人民法院审判委员会经研究后形成两种意见。第一种意见认为，一方面，《婚姻法》第 22 条以列举的形式表明子女可以随父姓或者母姓，但没有规定"也可以"随其他姓或者根本不用任何姓氏，因此，该条规定应理解为只能随父姓或者母姓。另一方面，姓名虽然属于私人权利范畴，但户籍管理机关出于社会管理的需要可以进行必要的限制。所以，山东省的两个规范性文件与《婚姻法》的规定并无明显冲突，可以适用。第二种意见认为，《婚姻法》第 22 条的立法本意不是将子女的姓氏限定在父姓和母姓，山东省的前述两个规范性文件没有法律依据，在本案中不能适用。多数委员倾向于第二种意见。由于两种相左的意见都有一定的法律基础和道理，无法取得一致，为慎重起见，山东省高级人民法院又向最高人民法院请示。

最高人民法院收到请示后组成合议庭对此案进行了多次评议，但对本案应如何适用法律问题同样也形成了两种不同意见。第一种意见认为，可以适用山东省的前述两个规范性文件，理由为以下四点。第一，《婚姻法》第 22 条规定"子女可以随父姓，可以随母姓"，其内涵应当是指在确定公民尤其是新生儿"姓"时，只能在父姓和母姓之间作出选择，而不应作其他选择。第二，《民法通则》第 99 条规定了公民享有姓名权，但该项权利的行使也不能没有限制。虽然《民法通则》及相关法律、法规没有对公民行使该项权利作出限制，但肯定应该受文化传统、风俗习惯等公序良俗的限制。从中国文化传统和风俗习惯来看，"姓"代表着血缘传承关系，在父姓和母姓之外取姓，就违背了这一文化传统和风俗习惯。第三，姓名所承载的社会功能也要求应对姓名的确定加以规范，以免造成社会秩序混乱。第四，国外的有关立法对姓名权都有一定的限制。综上，山东省的两个规范性文件规定新生儿姓氏应当随父或母姓，虽缺乏明确的上位法依据，但也不宜认定它们与《婚姻法》第 22 条的规定存在冲突。

第二种意见则认为，本案不能适用山东省的两个规范性文件，理由为以下两点。第一，《婚姻法》第 1 条①规定："本法是婚姻家庭关系的基本准则。"第 2 条第 2 款规定："实行婚姻自由、一夫一妻、男女平等的婚姻制度。"② 把这两个条款和《婚姻法》第 22 条的规定结合起来分析，就可以得出该法调整的范围仅限于婚姻家庭关系，强调婚姻自由和男女平等。而第 22 条"子女可以随父姓，可以随母姓"的规定是为了落实这些立法目的，强调夫妻平等和男女平等，并不是为了规范公民的姓名权，也不涉及户籍登记中要对姓名登记进行限制的问题，故《婚姻法》第 22 条规定不能作为限制公民取姓权的依据。第二，《民法通则》第 99 条第 1 款规定赋予了公民姓名权。根据该条规定，只要不违反公序良俗，公民既可以自

---

① 现为《民法典》第 1040 条规定相关内容。
② 现为《民法典》第 1041 条规定相关内容。

由决定"姓"，也可以自由决定"名"。因此，公民可以在父姓或者母姓之外取其他姓，登记机关或他人不得干涉。因此，山东省的两个规范性文件规定的新生儿姓氏应当随父姓或母姓，属于公权干预私权，限制了公民的姓名权，应当认定与《民法通则》第99条第1款的规定相抵触，因而不能作为被告拒绝为原告进行户籍登记的依据。

所以，围绕被告依据的山东省的两个规范性文件是否符合《民法通则》第99条第1款和《婚姻法》第22条的规定，四级法院都进行了谨慎的审查，但最终呈现出两种相左的观点，而且两种观点各自都有道理，相持不下。[①]

三、全国人大常委会的法律解释弥补法律漏洞

在四级法院对本案的法律适用问题都无法取得一致意见的情况下，最高人民法院经审判委员会讨论，向全国人大常委会提出议案，请求对《民法通则》第99条第1款以及《婚姻法》第22条的规定作出法律解释，以明确公民在父姓和母姓之外选取姓氏时，该如何适用法律。

对此，2014年11月1日，全国人大常委会作出《姓名权立法解释》，指明："对民法通则第九十九条第一款、婚姻法第二十二条解释如下：

公民依法享有姓名权。公民行使姓名权，还应当尊重社会公德，不得损害社会公共利益。

公民原则上应当随父姓或者母姓。有下列情形之一的，可以在父姓和母姓之外选取姓氏：

（一）选取其他直系长辈血亲的姓氏；

（二）因由法定扶养人以外的人扶养而选取扶养人姓氏；

---

① 关于四级法院围绕法律适用问题争议的详细阐述，参见蔡小雪：《因公民起名引起立法解释之判案解析》，载《中国法律评论》2015年第4期；曹磊、段磊：《北雁云依案之方法论评析——兼释〈民法典〉第1015条》，载《山东法官培训学院学报》2021年第1期。

（三）有不违反公序良俗的其他正当理由。

少数民族公民的姓氏可以从本民族的文化传统和风俗习惯。"

此外，全国人大常委会在上述立法解释中还阐述了作出上述解释的理由："公民依法享有姓名权。公民行使姓名权属于民事活动，既应当依照民法通则第九十九条第一款和婚姻法第二十二条的规定，还应当遵守民法通则第七条的规定，即应当尊重社会公德，不得损害社会公共利益。在中华传统文化中，'姓名'中的'姓'，即姓氏，体现着血缘传承、伦理秩序和文化传统，公民选取姓氏涉及公序良俗。公民原则上随父姓或者母姓符合中华传统文化和伦理观念，符合绝大多数公民的意愿和实际做法。同时，考虑到社会实际情况，公民有正当理由的也可以选取其他姓氏。"

根据全国人大常委会作出的《姓名权立法解释》，对公民的取姓权，以下几个方面是可以直接明确的。第一，公民在根据《民法通则》第99条第1款规定行使自己姓名权的同时，还要受《民法通则》第7条规定的限制，即要尊重社会公德，不得损害社会公共利益。第二，明确了公民取第三姓的范围。公民原则上要按照《婚姻法》第22条的规定在父姓和母姓之间选取姓氏。如果有特殊情况，公民也可以在父姓和母姓之外选取姓氏。但如果要在父姓和母姓之外选取姓氏，那只能在以下三个范围（或条件）内选取：一是其他直系长辈血亲的姓氏；二是法定扶养人以外实际扶养人的姓氏；三是有不违反公序良俗的其他正当理由。这意味着原则上公民不能取第三姓，只能在父姓和母姓之间选择。但如果遇有特殊情况需要取第三姓的，那也应该在直系长辈血亲的姓氏和实际扶养人的姓氏中选取。但这也不是绝对的，如果有其他正当理由，且不违反公序良俗的也可以在本解释所列范围之外选取姓氏。第三，少数民族公民的姓氏遵从本民族的文化传统和风俗习惯。

由此可见，前述解释，解决了《民法通则》第99条第1款和《婚姻法》第22条对在公民在父姓和母姓之外选取姓氏规定不清楚的漏洞。也正基于此，本案的审理法院在中止审理5年之后，于2015年4月21日恢复审理本案。这也反映了在本案审理中，法院整体保持了足够的耐心，对法律含义不明确的地方保持理性克制，恪守基本人权和基本社会秩序问题由立法权进行价值判断和权衡取舍的理念，恪守了司法权的中立性。这应该也是本案入选最高人民法院指导性案例的一个重要原因。①

四、第三姓的公序良俗问题

当法院恢复审理时，由于有了全国人大常委会直接针对本案的立法解释，法院自然就不需要再去审查山东省的两个规范性文件是否合法。因为法院的目的是对行政机关的具体行政行为进行合法性审查，因而在有直接的法律依据的情况下，法院自然就得直接依据法律来对被告的具体行政行为进行合法性审查，而不能再依据行政机关的规范性文件进行合法性审查。另外，原告在诉讼请求中也没有附带要求法院对这两个规范性文件的合法性进行审查，这样法院依照不告不理原则自然就得放弃对山东省两个规范性文件是否合法的审查，而仅仅对被告拒绝对原告进行户籍登记这个具体行政行为的合法性进行审查。

可是当法院直接依据全国人大常委会作出的《姓名权立法解释》来审理此案时，发现此案还是不能据此直接作出判决。因为原告取的第三姓，既不属于该解释第 2 款所列的第 1 项范围，也不属于所列的第 2 项范围，而是属于所列的第 3 项范围。也就是说，法院要审查原告取姓"北雁"符不符合第 3 项所要求的"有不违反公序良俗的其他正当理由"。

（一）法院观点

对此，审理法院从社会管理、中华传统文化、实体法规定这三个角度进行了阐述。首先，论证了公民为什么原则上只能在父姓和母姓之中选取姓氏。其次，阐明了如果要在父姓和母姓之外选取第三姓，则应基

---

① 参见曹磊、段磊：《北雁云依案之方法论评析——兼释〈民法典〉第 1015 条》，载《山东法官培训学院学报》2021 年第 1 期。

于"实际抚养关系发生变动、有利于未成年人身心健康、维护个人人格尊严等"这些正当情形。最后，指出本案中原告父母自创"北雁"为姓氏，选取"北雁云依"为女儿姓名的原因是原告父母酷爱中国古代文学，因而从四首著名的中国古典诗词中各选取一个字，组成"北雁云依"四字作为女儿的姓名，寓意父母对女儿的美好祝愿。法院认为，原告父母仅凭个人喜好、愿望来创设姓氏，具有明显的随意性，不符合《姓名权立法解释》第2款第3项规定的情形，因此判决驳回原告的诉讼请求。

由此可以看出，法院的核心观点是公民仅凭个人喜好和愿望在父姓和母姓之外选取其他姓氏或者创设新的姓氏，不符合《姓名权立法解释》第2款第3项规定的"有不违反公序良俗的其他正当理由"。这一点也是最高人民法院在把本案公布为第89号指导案例时所确认的本案的裁判要点。

（二）反对观点

本案作出判决后，原告和被告都没有上诉，因而该一审判决自然成了生效判决。本案虽已案结，但却引起了学界和司法界的激烈讨论，核心问题是到底该如何理解和适用全国人大常委会《姓名权立法解释》第2款第3项规定的"有不违反公序良俗的其他正当理由"，即本案审理法院认定的原告父母从古典诗词中选取四个字组成"北雁云依"作为女儿的姓名，是仅凭个人喜好、愿望来创设姓氏，具有明显的随意性，不具有符合公序良俗的正当理由。

第一，案外法官对此有不同意见。最高人民法院行政审判庭第三合议庭原审判长蔡小雪认为："'其他正当理由'在解释时，应当相对宽泛一些。"并列举了五种构成"其他正当理由"的情形，其中第四种情形就是"父母取于古诗词中的某些字为姓，表达对子女的祝福"。他认为："只要其理由是健康的、积极向上的，都不宜禁止。以封建迷信等不健康或者颓废为理由的，应当予以禁止。"① 另外，济南市中级人民法院高级法官曹磊也认为："如果认为'北雁'属于姓氏选择，那么原告之父陈述的理由果真违反公序良俗吗？作者不敢苟同判决理由。"②

第二，很多学者也有不同意见。如刘练军教授认为："公序良俗只能消极地防止权利滥用，而不能积极地干预权利行使。""将'北雁'作为自己的姓氏……无论如何都不会对公共秩序或社会公德造成某种不利或损失，更不可能严重违反法律伦理学的内在原则。姓名登记机关和法院一致反对'北雁'之姓氏，且后者是以公序良俗的名义，误会公序良俗可谓深矣。"③ 黄泷一博士在评述此案时，也认为公序良俗原则是对具体法律规范的补充，其目的不在于正面推行道德，为民事主体课加义务，而在于阻止权利行使或法律行为违反社会的一般道德。本案原告以"北雁"为姓氏并不会对社会基本秩序造成严重负面影响，并不具有反社会、反人伦色彩。在这种情况下，认定取姓"北雁"违反公序良俗显然是错误的。④ 笔者也认为"北雁云依"的取名无非是个"美好祝愿"，还谈不上"有伤社会风化"。⑤

（三）反对理由

综合反对观点，理由主要为以下三个方面：

第一，公序良俗原则应该是补充性适用、消极性限制。

根据《姓名权立法解释》的规定，公民在父姓和母姓之外选取第三姓

---

① 蔡小雪：《因公民起名引起立法解释之判案解析》，载《中国法律评论》2015年第4期。

② 曹磊、段磊：《北雁云依案之方法论评析——兼释〈民法典〉第1015条》，载《山东法官培训学院学报》2021年第1期。

③ 刘练军：《姓名登记规范研究》，载《法商研究》2017年第3期。

④ 参见黄泷一：《姓氏选择、公序良俗与法律解释——最高法院第89号指导案例与姓名权立法解释评述》，载《法治研究》2018年第5期。

⑤ 参见胡建淼：《法行天下——胡建淼法治咖啡屋》，法律出版社2017年版，第150页。

时，应该从该解释第 2 款所列的第 1 项和第 2 项中选取；特殊情况下，也可以在第 1 项和第 2 项之外选取，但要有符合公序良俗的正当理由。所以，此处的公序良俗是补充性的原则。因为立法者无法穷尽公民可以选取第三姓的所有情形，所以在列举了第三姓可以选取的主要范围后，需要用公序良俗这个一般条款来补充限制，以适应时代的变迁和客观情况的无限多样性。但在用公序良俗原则进行补充限制时，必须注意，其目的不在于正面推行道德，为民事主体设定道德义务；而在于消极地防止权利滥用，消极性地阻止权利的行使违反一般的社会道德。正如王泽鉴教授所言，善良风俗原则的目的并非将道德直接入法，使道德义务成为法律义务，而是不使法律行为成为反伦理性的工具。① 从各国的情况来看，被确定为违反公序良俗的行为大多是侵害基本权利、严重限制人身自由、剥削弱者、违反家庭伦理、违反性道德等具有反人伦、反社会色彩的行为。② 蔡小雪法官也认为："只有在对国家和国家机关的公共形象毁损，或者损害其他公民、法人或者组织的姓名、名称、名誉，或者国家法律禁止的，才属违反公序良俗。反之，不宜认为违反公序良俗。"③ 显然本案中原告取姓"北雁"，并没有达到以上标准。

第二，姓氏制度本身在不断发展演变。

在中国历史上，姓氏制度经历了三次较大规模的变革。第一次大变革发生在战国以后，从此不仅贵族有姓氏，平民也有了姓氏。第二次大变革开始于司马迁的《史记》，从汉代开始，从天子到庶民都可以有姓氏。第三次大变革是"安史之乱"。"安史之乱"沉重打击了维持姓氏高低贵贱

---

① 参见王泽鉴：《民法总则》（增订版），中国政法大学出版社 2001 年版，第 289 页。

② 参见梁慧星：《民法总论》（第四版），法律出版社 2004 年版，第 205 页；［德］卡尔·拉伦茨：《德国民法通论》（下册），王晓晔等译，法律出版社 2009 年版，第 604 页。

③ 蔡小雪：《因公民起名引起立法解释之判案解析》，载《中国法律评论》2015 年第 4 期。

之分的门阀制度，从此姓氏表明身份等级的社会功能逐渐萎缩。①

　　而且在中国历史上，也经历了很多次的改姓运动，比较常见的类型有以下六种。（1）因民族融合而改姓。如汉武帝赐匈奴休屠王的太子日磾姓"金"；朱元璋曾下召禁止胡服、胡语、胡姓；清朝灭亡后，爱新觉罗氏改姓金、那、关等。（2）皇帝赐姓、贬姓。各朝各代都存在皇帝赐姓予臣子以示尊贵，如"李"姓；同时，也存在贬姓以示耻辱的，如"驴"姓。（3）避讳改姓。如南朝梁国时期，权臣侯景曾建立一个汉朝，由于"敬"姓人的姓氏与他的名字同音，于是便将"敬"姓改为"恭"姓。（4）避祸改姓。如游侠田光与燕太子丹合谋派荆轲刺杀秦王嬴政，失败后田光自刎，其子避居他乡，改姓光。（5）音讹改姓。由于我国南方方言与北方方言读音差异比较大，久而久之也引起了姓的改变。如三国时的简雍，本姓耿，幽州人读耿为简，"耿雍"就变成了"简雍"。（6）省文改姓。即省写原姓的偏旁或笔画，长此以往，新姓就产生了。如邵改成召，鄚改成章，谭改成覃。还有其他的复音姓氏单音化、因婚姻改姓等。②

　　即使在今天，因各种情况而改第三姓的也很多，并不限于前述《姓名权立法解释》所列的两种情况。如蔡小雪法官就列举了以下五种情况：一是用笔名发表文章，因笔名被公众认可后，将其姓名改为笔名；二是父母的亲戚或者朋友没有小孩，子女的抚养关系虽未改变，但其子女使用其亲戚或朋友的姓，以表达对亲属或朋友的友谊或关爱；三是父母离异并给子女造成巨大伤害，子女不愿意姓父母的姓，自创姓或姓第三姓；四是父母取于古诗词中的某些字为姓，表达对子女的祝福；五是为了纪念出生地、有纪念意义的事件，将地名或事件名称作为自己的姓或子女的姓；等等。③ 除

---

　　① 参见何晓明：《姓名与中国文化》，人民出版社 2001 年版，第 10 ~ 12 页。

　　② 有关这方面的详细阐述，参见马桦、袁雪石：《"第三姓"的法律承认及规范》，载《法商研究》2007 年第 1 期。

　　③ 参见蔡小雪：《因公民起名引起立法解释之判案解析》，载《中国法律评论》2015 年第 4 期。

此之外，以下这些情形也会出现取第三姓的情形：救助机构收养的弃婴或者出生后父母双亡的；父或母对未成年人有虐待、伤害、性侵害等违法行为，子女要求改姓的；父或母对未成年子女不常联系有疏远情形，子女要求改姓的；孙辈要求返祖改姓的；中国妇女和外国人结婚，要求改姓的；等等。①

所以，在父姓和母姓之间选取姓氏并不是一成不变的传统，姓氏也不是绝对地体现血缘传承关系。姓氏制度本身的历史演变和现实需求，都表明第三姓有其存在的客观必然性，前述《姓名权立法解释》的第 2 款第 1 项和第 2 项也远没有穷尽第三姓的所有正当性情形。

第三，从社会管理角度来看。

就社会管理角度而言，法院认为取第三姓会增加社会管理成本，增加社会管理的风险和不确定性。但现代社会，随着身份证制度的实施，指纹区分、计算机和人脸识别等技术的广泛运用，依靠姓名对个体进行区分已毫无意义。从技术上讲，第三姓并不会增加社会管理的成本和风险。② 相反，现在造成社会管理混乱的原因之一是重姓重名很多，以及父母双方都来自独生子女家庭时，新生儿取姓时，是取父姓还是取母姓引起家庭内部纷争。另外，允许取第三姓，也有利于部分生僻姓氏、歧义姓氏、贬义姓氏当事人改姓意愿的实现。③

综上，无论是从法律原则的适用，还是从姓氏制度的历史传统，抑或是从社会管理的角度来看，都不能说取姓"北雁"有违公序良俗。虽然审

---

① 参见这些方面的详细阐述以及相关案例，参见张红：《姓名变更规范研究》，载《法学研究》2013 年第 3 期；刘练军：《姓名登记规范研究》，载《法商研究》2017 年第 3 期；马桦、袁雪石：《"第三姓"的法律承认及规范》，载《法商研究》2007 年第 1 期。

② 关于第三姓不会带来社会管理方面的成本和风险的详细论述，参见马桦、袁雪石：《"第三姓"的法律承认及规范》，载《法商研究》2007 年第 1 期；蔡小雪：《因公民起名引起立法解释之判案解析》，载《中国法律评论》2015 年第 4 期。

③ 如河南省登封市唐庄乡张村、玉台等村的 40 多户"苟"姓村民，因无法忍受祖辈传承下来的姓氏给他们带来的心理负担而集体上书登封市公安局要求改"苟"姓为"敬"姓，后来他们的请求获得批准。参见程红根、张朝晖：《"苟"姓改姓"敬" 众人效仿起风波》，载《记者观察》2005 年第 12 期。

理法院也是从这三个角度出发阐述了取姓"北雁"违背了公序良俗,^① 但两方相比较,似乎反对方的理由更有说服力,而且支持的声音也更多。^②

五、对立法解释的另一种解读

本案除了引起"有没有违反公序良俗的争议"外,还存在着另一个值得我们认真思考的问题,即对全国人大常委会的《姓名权立法解释》到底该怎么解读。

首先,济南市中级人民法院法官曹磊认为,对该解释应该进行体系解释。他认为该解释第 2 款对取第三姓的情形作了"列举条款 + 一般条款"的规定方式,这意味着第 3 项的一般条款与前两项的列举条款在逻辑上应属于并列关系,因此第 3 项中的"其他正当理由"应与前两项理由具有标准一致性和程度相当性。也就是说,第 1 项和第 2 项所列举的都是公民在已有的姓氏中选取,即或者是在直系长辈血亲的姓氏中选取,或者是在实际扶养人的姓氏中选取,那么第 3 项所说的"其他正当理由"也应该是从已有姓氏中选取,而绝不是在已有姓氏之外再创设一个新的姓氏。因为,如果我们把第 3 项理解为是在已有姓氏之外再创设一个新的姓氏,那么第 3 项和前两项就不具有标准一致性和程度相当性,这就有违法条体系一致性的要求。毕竟姓氏创设和姓氏选取是不一样的,显然对姓氏创设所应给予的限制肯定应比姓氏选取要多。所以,如果第 3 项是对姓氏创设的要求,就应该规定在另一个条款中,而不应与规定姓氏选取的款项并列放在一起。

---

① 本案的审理法官之一白杨法官也专门就此案与了一篇评析文章,参见白杨:《公民选取"第三姓"应有不违反公序良俗的正当理由》,载《山东审判》2015 年第 5 期。但在这篇文章中,作者并没有再深入讨论为什么取姓"北雁"违背公序良俗,只是从一般意义上探讨了在取第三姓时,哪些是不违反公序良俗的正当理由。

② 笔者在学术期刊网上搜集了关于此案的所有学术论文(截至 2021 年 12 月 3 日,不包括新闻报道的文章)共计 13 篇,其中赞同法院把取姓"北雁"认定为违背公序良俗的只有 3 篇,其他有 8 篇都明确不赞同法院的观点,另有 2 篇没有讨论这个问题。

其次，从目的解释来看，该立法解释是基于个案请示而作出的针对性的法律适用解释，其首要目的是解答请示的问题。如果全国人大常委会认为取"北雁"姓氏行为是合法的，那应该对其理由正当性以列举或概括的方式直接作出明确回应，而不是将其置入需要进行再解释的一般条款中，使法官在接到该立法解释后仍然一头雾水。而且全国人大常委会在《姓名权立法解释》中阐述为何作出这个解释时，也明确指出："公民原则上随父姓或者母姓符合中华传统文化和伦理观念，符合绝大多数公民的意愿和实际做法。同时，考虑到社会实际情况，公民有正当理由的也可以选取其他姓氏。"这里全国人大常委会用的词是"选取"，而不是"创设"，这就进一步表明，全国人大常委会的这个立法解释所指的是姓氏选取，而不姓氏创设。

最后，既然《姓名权立法解释》只对姓氏选取进行了规定，并没有对姓氏创设作出规定，那么依据"明示其一排除其他"的立法原则，全国人大常委会对姓氏选取和姓氏创设的态度是很明确的，那就是允许有限制的姓氏选取，但禁止姓氏创设。

由此，曹磊法官认为，本案原告取姓"北雁"是姓氏创设行为，而不是姓氏选取行为，这就明显违反了全国人大常委会《姓名权立法解释》的规定，审理法院应以此为由驳回原告的诉讼请求。但本案审理法院却以原告违反公序良俗为由驳回其诉讼请求，这没有对该立法解释进行体系化解读，导致对立法意图的把握出现偏差。而且法院认定取姓"北雁"是凭"个人喜好"而不具有正当性，那么照此逻辑，无论原告给出何种理由，均可被认定为违反公序良俗，这是目前该判决招致众多批判声音的一个根本原因。①

另一学者杨铜铜博士也针对本案提出对"公序良俗"等不确定法律概

---

① 参见曹磊、段磊：《北雁云依案之方法论评析——兼释〈民法典〉第 1015 条》，载《山东法官培训学院学报》2021 年第 1 期。

念应进行体系解释。他认为，体系解释方法是法律解释的黄金规则，是化解不确定法律概念解释难题的基础方法。他提出体系解释方法应该基于"规则中心主义"展开，其目的在于确保不确定法律概念的规范意义，保持概念的"规范属性"，这是不确定法律概念解释之核心。因为坚守法律的规范性意义，保持法律解释的克制姿态，是维护概念的形式法治维度，实现法治是规则之治的内在要求。因而在解释不确定法律概念时应尽量参照法秩序体系，考察规范的目的，结合案件语境进行解释。即使在没有可参照的法律规范时，也应尽量避免法官的主观性解释，结合案件事实进行"语境解释"。但是，现实中对不确定法律概念的解释主要集中在对不确定法律概念的具体化上，或是进行能动性解释，或是进行价值补充。这就导致解释者往往基于裁判需要过度地赋予不确定法律概念"法外意义"，致使不确定法律概念自身的规范意义被遮蔽。所以，杨铜铜博士强调，在对不确定法律概念进行解释时，不能径直步入价值补充，应运用类型化的方法，对不同类型的不确定法律概念采用不同的体系解释路径。[①] 所以，杨铜铜博士所阐述的这些体系解释方法其实为曹磊法官的解读提供了法理支撑。

由此我们看到，对不确定法律概念进行体系解释的方法，又为本案的裁判提供了另一种以规范为中心的解决思路。这与本案审理法院以价值判断和价值补充为基础的裁判思路完全不一样。

但这里的问题在于，对"选取"一词进行语义解释时，本身就会出现分歧。像曹磊法官和杨铜铜博士那样理解为只是在已有姓氏中选择，而不包括在已有姓氏之外创设。但"选取"一词也可以理解为既包括"选"，在已有姓氏中选择，也包括"取"，即创设。这也是符合汉语表达方式的理解，而本案的审理法院正是这样来理解的。法院在判决书中适用全国人

---

① 参见杨铜铜：《论不确定法律概念的体系解释——以"北雁云依案"为素材》，载《法学》2018 年第 6 期。

大常委会的《姓名权立法解释》时，明确指出根据该立法解释禁止公民"随意选取姓氏甚至恣意创造姓氏"，禁止公民"随意选取姓氏甚至自创姓氏"，并认定原告取姓"北雁"是"自创姓氏"。所以，这就很难说，本案的审理法院是错误解读了全国人大常委会的立法解释。但我们也要看到体系解释说的观点确实也很有道理，"姓氏选择"和"姓氏创设"确实应该区分开来。所以，笔者认为，为了避免引起歧义，全国人大常委会对"姓氏选择"和"姓氏创设"应进行明确区分，而不应用姓氏"选取"这一能够进行双重解释的词语来表述。

六、结语

我们可以很清楚地看到，本案最初的争议点在于被告作出拒绝对原告进行户籍登记行为所依据的山东省的两个规范性文件符不符合《民法通则》第99条第1款和《婚姻法》第22条关于公民取姓权的规定。由此，四级法院层层请示，最后请示到全国人大常委会。而在全国人大常委会对《民法通则》第99条第1款和《婚姻法》第22条关于公民取姓权的规定作出立法解释后，本案又出现了新的争议点。这时的争议点变成了原告取第三姓"北雁"违不违反公序良俗。审理法院认定原告取姓"北雁"是凭"个人喜好"，具有明显的随意性，不具有符合公序良俗的正当理由，由此判决驳回原告的诉讼请求。对此，原告没有上诉，但该判决却引起了司法界和学术界多方面的激烈讨论。首先，很多法官和学者不赞同审理法院的观点，他们认为原告取第三姓"北雁"并没有违反公序良俗。其次，有的法官和学者则认为，审理法院对不确定法律概念，没有进行体系解释，因而没有区分出全国人大常委会的《姓名权立法解释》对姓氏选取和姓氏创设的态度是截然不同的，这导致审理法院的裁判理由出现偏差。最后，还有的学者认为全国人大常委会的《姓名权立法解释》本身也超出了立法解释的范围，因为"全国人大常委会实际上是在进行法律的补充、修改，而非法律解释"。① 笔者也认为，全国人大常委会的这个立法解释跨度较大，"与其说是'解释'，不如说是新的'立法'"。②

综上，笔者认为，本案的指导意义不仅在于法院保持中立和克制，对法律规定不明确的地方提交全国人大常委会作出解释，这在我国行政诉讼历史上是第一次；还在于案件判决后，竟然引起司法界和学术界如此广泛的讨论，尤其是对该判决所进行的讨论时至今日一直在持续。但仔细分析后就会发现，其实这并不是审理法院的裁判有很大的问题，或者是全国人大常委会的立法解释有什么问题，而是取姓权本身不仅具有高度敏感性和现实普遍性，而且要面临很多复杂而艰难的权衡和取舍，这是无法通过某一个案件，或者通过某一个立法解释所能解决的。这个案例引起的持续讨论，正是这种复杂性和敏感性的体现。而这种持续性的讨论会把公民取姓权中涉及的方方面面都尽量完整地展现出来，这无疑为将来全国人大专门制定"公民姓名登记法"或者"公民姓名法"，从而系统、全面地解决公民取姓权问题进行了充分的理论准备。

---

① 黄泷一：《姓氏选择、公序良俗与法律解释——最高法院第 89 号指导案例与姓名权立法解释评述》，载《法治研究》2018 年第 5 期。
② 胡建淼：《法行天下——胡建淼法治咖啡屋》，法律出版社 2017 年版，第 149 页。

行政复议机关撤销采矿权的司法监督

——饭垄堆公司采矿权纠纷案*

◀ **江必新**

北京大学宪法行政法博士。中国共产党第十九次全国代表大会代表、第十三届全国人大代表、第十三届全国人民代表大会宪法和法律委员会副主任委员。兼任中国法学会第八届副会长，中南大学、中国政法大学教授。曾被评为"全国十大杰出中青年法学家""当代中国法学名家"，曾获中国行政法学"杰出贡献奖"、第二届"金平法学成就奖"。在《中国社会科学》《求是》《中国法学》《法学研究》等期刊发表论文400余篇；出版"十八大与法治国家建设"丛书、"完善和发展中国特色社会主义制度，推进国家治理现代化"丛书、"最高人民法院指导性案例裁判规则理解与适用"丛书等著作50余部；主持国家社科基金重大项目"加快建设法治中国研究"等多项课题。

---

* 参见最高人民法院（2018）最高法行再6号行政判决书。

◀ **耿宝建**

武汉大学法学博士。现任职于最高人民法院行政审判庭，为第一巡回法庭副庭长。先后在《法商研究》《法律适用》《法学》《行政法学研究》等期刊发表论文数十篇。独著、合著有《行政纠纷解决的路径选择》《中国行政法总论》《行政诉讼中的法律适用》等多部著作。办理了多起有影响力的案件，其中多件被最高人民法院作为指导性案例和公报案例选用。

一、基本案情

2006 年 1 月 16 日，湖南省国土资源厅（本文以下简称湖南省国土厅）向郴州市兴光矿业有限公司颁发《采矿许可证》，矿山名称为"郴州市兴光矿业有限公司红旗岭矿"，开采矿种为"锡矿、钨、砷"，之后矿山与中信集团合作成立中信兴光矿业有限公司（本文以下简称中信兴光公司）。2010 年 11 月和 2011 年 10 月，中信兴光公司在国土资源部①办理了采矿许可证延续登记手续，《采矿许可证》的有效期为 2011 年 10 月 7 日至 2012 年 10 月 7 日。而 2006 年 3 月 24 日，郴州市国土资源局（本文以下简称郴州市国土局）为"苏仙区饭垄堆北段有色金属矿"颁发《采矿许可证》，开采矿种为"铅矿、锌、银"，有效期限为 2006 年 3 月至 2011 年 3 月，之后矿山登记成立郴州饭垄堆矿业有限公司（本文以下简称饭垄堆公司）作为新的采矿权人，经延续和变更登记，饭垄堆公司《采矿许可证》包含的开采矿种变更为"锡矿、铅、锌，综合回收钨、银、铜"，且有效期为 2011 年 9 月 1 日至 2014 年 9 月 1 日。由此红旗岭矿与饭垄堆矿

---

① 原国土资源部已于 2018 年 3 月更名为自然资源部，如非必要，本文不再特别说明。相应的"国土资源厅""国土资源局"也已更名为"自然资源厅""自然资源局"。

存在矿区垂直投影重叠问题，但因在采矿许可证有效期内无法解决该问题，中信兴光公司于2012年11月向国土资源部申请行政复议，请求撤销饭垄堆公司取得的《采矿许可证》。2014年7月14日，国土资源部作出国土资复议〔2014〕455号行政复议决定，撤销湖南省国土厅向饭垄堆公司颁发的《采矿许可证》。饭垄堆公司不服提起行政诉讼。

北京市第一中级人民法院一审驳回饭垄堆公司的诉讼请求；北京市高级人民法院二审判决驳回上诉，维持一审判决。

判决生效后，饭垄堆公司向最高人民法院申请再审，请求撤销一审、二审法院判决，撤销被诉行政复议决定，判令国土资源部依法重新作出行政复议决定。

最高人民法院再审认为，中信兴光公司在申请行政复议时，虽然其《采矿许可证》开采期限已经届满，但中信兴光公司仍然拥有除开采矿产资源以外的其他合法权益，具备行政复议申请人资格，国土资源部受理中信兴光公司的行政复议申请，符合《行政复议法》有关行政复议受理条件的相关规定。湖南省国土厅委托郴州市国土局向饭垄堆公司颁发2006年《采矿许可证》的行为虽然存在瑕疵，但该瑕疵已经因为2011年湖南省国土厅以自己的名义向饭垄堆公司颁证而得到纠正，被诉复议决定以"2006年颁证行为违法"作为撤销2011年颁证行为的理由不能成立。饭垄堆公司2011年《采矿许可证》与中信兴光公司相应《采矿许可证》载明的矿区范围存在部分垂直投影重叠情形属实，但被诉复议决定未全面查清案件事实与重叠情形，在对重叠问题有多种处理方式、有多种复议决定结论可供选择的情况下，未履行充分说明理由义务，也未能提供有关撤销的必要性和紧迫性的相应证据而径行撤销饭垄堆公司取得的2011年《采矿许可证》，且援引法律规范不明确不具体，依法应予纠正。一审、二审法院支持行政复议决定的裁判结果不当，亦应一并予以纠正。因此，最高人民法院判决撤销一审、二审法院行政判决，撤销被诉行政复议决定，责令国土资源部重新作出行政复议决定。

二、采矿权"垂直投影重叠"的事实和法律判断

"矿业权兼具行政许可（特许）和民事物权双重属性，矿业权法律关系，需要妥当适用作为调整手段的国家干预和私人自治。"① 本案裁判结论实质上是对矿业权法律关系调整中复议撤销之再撤销。本案的核心争议是中信兴光公司取得的采矿许可与饭垄堆公司取得的采矿许可是否构成"垂直投影重叠"，以及在构成"垂直投影重叠"情形下是否必须对后证（饭垄堆公司采矿许可证）作出撤销决定。采矿权"垂直投影重叠"属于专门领域判断问题，但也会衍生出法律问题，本案被诉复议决定撤销饭垄堆公司采矿许可的主要原因，就是认为饭垄堆公司取得的采矿许可与中信兴光公司取得的采矿许可，构成"垂直投影重叠"。一般认为，采矿权矿区范围垂直投影重叠，是指两个分别处于上、下位置的采矿权矿区范围，虽然不发生物理交叉，但垂直投影后在平面上形成重叠。由于可供开采的矿产资源分布于地表上下，不同种类矿藏可能在不同深度的垂直空间分层分布，采矿权矿区范围垂直投影重叠也就难以完全避免。

对于矿区能否重叠，现行法律法规没有明确规定。但是，从安全生产角度看，垂直投影全部或者部分重叠，有可能存在一定的安全隐患。因此，国土资源部为便于行政管理，原则上要求不得"垂直投影重叠"。在规范性文件层面上，国土资源部《关于进一步治理整顿矿产资源管理秩序的意见》（已失效）第二部分第 4 项中规定："一个矿山原则上只能审批一个采矿主体。不能违法重叠和交叉设置探矿权、采矿权。"同时，国土资源部于 1998 年制定发布的《矿产资源开采登记有关规定》第 1 条第 3 项第 4 目规定，审批机关在划定矿区范围时，应当保护已有探矿权、采矿

---

① 江必新：《矿业权法律关系调整中的国家干预和私人自治——兼论法律行为效力理论之重构》，载《法学评论》2018 年第 1 期。

权人利益。① 申请人申请划定的矿区范围，其地面投影或地表塌陷区与已设立探矿权、采矿权的区块范围、矿区范围重叠或有其他影响的，采矿登记管理机关在审批矿区范围时应以不影响已有的探矿权人或采矿权人权益为原则。采矿权申请人应与已有的探矿权人或采矿权人就可能造成对探矿权或采矿权有影响的诸方面签订协议。探矿权人或采矿权人同意开采的，采矿登记管理机关可划定矿区范围；探矿权人或采矿权人认为有影响且出具充分证明的，采矿登记管理机关可以组织技术论证。论证结果确有影响且无法进行技术处理的，不予划定矿区范围。

但是，上述规定均未完全禁止设立区分矿业权或者重叠矿业权，也未规定对"垂直投影重叠"的采矿权必须撤销，而是分别从国家干预和私法自治角度对采矿权"垂直投影重叠"问题加以规范。如果考察矿产资源的共生和伴生过程，以及不同类型的矿产资源可能分别蕴藏于不同的垂直分层这一地质现象，简单强调在同一矿区范围已经存在采矿权的情况下，不考虑矿产资源形成状态和地质条件、开采工艺差别、不同矿业权人的不同开采意向、开采能力与开采工艺以及矿藏的开发规律等因素，对垂直投影重叠的其他采矿权一律不予设置，或者要一律撤销已经设立的、重叠的采矿权，既不利于推进有限矿产资源的全面节约与循环高效利用，也不利于对矿产资源产权的保护。在实践中，解决重叠有多种方式，包括将不同采矿权主体推动整合为同一采矿权主体、调整并缩小采矿许可证范围、在不同采矿权主体间建立开采协调机制、区分矿产资源开发时序且在确保安全生产的前提下签订承诺协议、撤销一方采矿许可并通过补偿或者赔偿等方式弥补损失等。据此，对因采矿权主体不同且采矿权重叠之情形，处理方式是多样的，且可以综合运用，撤销重叠的采矿许可仅为其中一种，而本案中被诉复议决定未在综合考虑上述具体因素情形下即径行撤销采矿许可，是不符合立法本意的。

---

① 《矿产资源开采登记有关规定》已于2014年修订，修订后该条规定已变更。

三、前后延续行政许可的合法性和效力性判断

前后延续行政许可的合法性和效力性判断，主要涉及在判断后续行政许可合法性时，是否必然要延伸对前续行政许可合法性的审查，以及前续行政许可的违法性是否必然延及后续行政许可，进而撤销其行为效力。

行政行为公定力理论认为，特定主体对业已生效的行政行为负有法律上的遵从义务，将这种遵从义务具体化，表现为行政行为的确定力和构成要件效力。① 根据行政行为确定力原理，相对人在经过一定期间后不能通过争讼的方式争议行政行为（形式确定力），行政主体在行政行为发生效力以后，也不能自行撤销或者废除行政行为（实质确定力）；构成要件效力则把这种限制指向其他机关和法院。但是，行政行为违法性继承理论认为，在后续行为的撤销诉讼中，虽然后续行为自身并没有固有的瑕疵，但可以通过主张先行行政行为违法撤销后续行政行为。② 既然后阶段行为应以前阶段行为的规制结论为构成要件，在相同或相关问题的判断上不能与前阶段行为相悖，那么前阶段行为如果罹患违法瑕疵，这种违法性必然会由后阶段行为所继承。③

公定力理论和违法性继承理论冲突的实质，是法安定性与实质正义之间的价值冲突。论者指出，早期基于行政行为的公定力，原则上否认行政行为的违法性继承，而只从行为之间效果关系和救济目的角度例外承认行政违法性的继承；最新的发展则是从程序角度权衡权利保护的要求与法安定性的要求，突破了"原则—例外"的既有理论模式。④

---

① 参见章剑生：《行政行为对法院的拘束力——基于民事、行政诉讼的交叉视角》，载姜明安：《行政法论丛》（第 14 卷），法律出版社 2012 年版，第 398 页。

② 参见朱芒：《"行政行为违法性继承"的表现及其范围——从个案判决与成文法规范关系角度的探讨》，载《中国法学》2010 年第 3 期。

③ 参见赵宏：《法治国下的目的性创设：德国行政行为理论与制度实践研究》，法律出版社 2012 年版，第 151 页。

④ 参见王贵松：《论行政行为的违法性继承》，载《中国法学》2015 年第 3 期。

本案判决在处理前后延续行政许可的合法性和效力判断问题上，一方面，承认在审查被申请行政复议的 2011 年《采矿许可证》时，也要将 2006 年《采矿许可证》纳入审查范围，认为湖南省国土厅 2011 年行政许可系对郴州市国土局 2006 年行政许可的承继和延续，对 2011 年行政许可的合法性审查，必然会涉及对 2006 年行政许可甚至采矿权的设立行为、拍卖出让行为的合法性评价。另一方面，限缩了违法性继承范围，认为对 2006 年行政许可合法性的审查与对 2011 年行政许可合法性的审查，其审查标准应当有所不同，只有在 2006 年行政许可存在重大明显违法或者显而易见的违法且无法补正的情况下，才可能直接影响到 2011 年行政许可的合法性，而不是前续行政行为违法一概都由后续行政行为所继承；且对许可期限届满的行政许可，许可机关在延续时，既要考虑原许可的适法性问题，也要考虑法律规范的变化对是否延续的影响，还要考虑基于公共利益需要是否能够延续的问题。可见，即便前续行政许可违法，行政机关在决定不予延续时，还要考虑公共利益和事情变更等客观因素，而不能纯粹以前续行政许可行为违法而不予延续。

一般认为，行政行为公定力在行政行为存续期间发生，但在前续行政许可对后续行政许可的拘束效力方面，则主要涉及前续行政许可已届期满，此时行政机关将决定是否延续许可，以及评价后续行政许可合法性时涉及对前续行政许可合法性评价。对此，行政主体作出首次许可时，许可机关对符合裁量决定情形的可以依法裁量不予许可，但在是否延续许可的裁量和判断上则应受到首次许可的约束，即使首次许可存在瑕疵或者违法，基于对行政相对人信赖利益的保护，许可机关仍应审慎行使不予延续职权。行政复议机关或者人民法院对许可机关裁量权进行审查时，也要尊重许可机关首次行政许可对自身裁量权的限缩。在本案中，虽然郴州市国土局以自己的名义作出 2006 年许可行为，系违反了国家有关"应当由省级国土资源部门审批发证并不得再行授权"的规定，但对于湖南省国土厅将审批发证权限违法下放至市级国土资源局的法律责任，则不应全部由作为行政许可相对方的饭垄堆公司承担。饭垄堆公司系通过采矿权公开挂牌拍卖出让、签订采矿权出让合同、缴纳采矿权价款、办理相关行政许可手续等法定程序依法取得采矿权，其合法的矿产资源权益应当受到法律保护。且在郴州市国土局颁发的 2006 年《采矿许可证》于 2011 年到期后，延续许可的审批主体已经由郴州市国土局变更为湖南省国土厅，并由湖南省国土厅以自己的名义颁发了 2011 年《采矿许可证》。因此，2006 年许可行为虽然存在越权情形，但该瑕疵已经得到 2011 年许可行为治愈，因而不构成违法性继承问题。此亦表明，法安定性理论对行政违法性继承进行限制，在技术层面还可以通过瑕疵治愈理论实现。

四、信赖保护原则对行政机关撤销权的限制

一般认为，撤销行政行为要受法安定性原则的限制。法安定性原则意味着国家公权力行为、规范与制度的持续性，但其不以保障公民个体权益为直接目标，其本身也可能是对公民不利的。与法安定性原则不同的是，信赖利益保护原则意为，非经法定事由并非经法定程序，行政机关不得撤销、变更已经生效的行政决定；因国家利益、公共利益或者其他法定事由需要撤回或者变更行政决定的，应当依照法定权限和程序进行，并对行政相对人因此而受到的财产损失予以补偿。[1] "信赖保护原则的实质意义是以信赖保护请求权的方式来实现个人权利的具体化。因此，信赖保护原则又被称为'主观化的法安定性原则'。"[2]

信赖保护原则在行政许可领域的适用，是为了保护被许可人对行政许可这一授益行政行为的信赖利益，必须对该行为的撤销、变更或者撤回予

---

① 参见胡若溟：《行政诉讼中"信赖利益保护原则"适用——以最高人民法院公布的典型案例为例的讨论》，载《行政法学研究》2017 年第 1 期。

② 刘飞：《信赖保护原则的行政法意义——以授益行为的撤销与废止为基点的考察》，载《法学研究》2010 年第 6 期。

以限制。① 对于合法的行政许可行为，由于其符合依法行政原则的要求，行政机关不得撤销或者废止，除非因事实或法律状态的变更使该行政许可不再具有合法性。对于违法的行政许可行为，又可以区分为存续保护和财产保护。就存续保护而言，如果行政许可"对于公权力机关而言基本上仅意味着经济负担而非职责范围内应予履行的任务"，如果受益人已经对行政许可的存在产生信赖，已基于该行政许可的存续作出相应处置，并且其信赖利益相对于公共利益而言值得保护，那么就应对该违法的行政许可适用存续保护。此时，将公共利益与私人利益置于平等地位予以权衡，只要私人利益相对于公共利益而言值得保护，就不得撤销该违法决定，而应保护其存续力。就后者而言，对于其他可能给相对人带来财产上的利益但对行政机关而言并不构成经济负担的行政许可行为，行政机关虽然可以撤销，但也应当补偿行政相对人的损失。②

本案判决，除认为信赖保护原则适用于原作出行政行为的行政机关以外，还明确扩大到行政复议机关，认为行政复议机关在复议程序中撤销行政许可行为，同样要受到信赖保护原则的限制，需要权衡撤销行为对公共利益的增进和对私人权益的损害。最高人民法院在再审行政判决书中指出，坚持依法行政和有错必纠是法治的基本要求，但法治并不要求硬性地、概无例外地撤销已经存续的、存在瑕疵甚至是违法的行政行为，而是要求根据不同情况作出不同处理。颁发《采矿许可证》属于典型的许可类授益性行政行为，撤销采矿许可必须考虑被许可人的信赖利益保护，衡量撤销许可对国家、他人和权利人造成的利益损失大小问题。确需撤销的，还应当坚持比例原则，衡量全部撤销与部分撤销的关系问题。行政复议机关对违法的行政许可行为可以作出撤销、变更或者确认违法等行政复议决定，但应当审慎选择适用复议决定的种类，权衡撤销对法秩序的维护与撤

---

① 参见周佑勇：《行政许可法中的信赖保护原则》，载《江海学刊》2005年第1期。
② 参见刘飞：《信赖保护原则的行政法意义——以授益行为的撤销与废止为基点的考察》，载《法学研究》2010年第6期。

销对权利人合法权益造成损害的程度以及采取补救措施的成本等相关因素；认为撤销存在不符合公共利益等情形时，可以决定不予撤销而选择确认违法等复议结果；确需撤销的，还需指明因撤销许可而给被许可人造成的损失如何给予以及给予何种程度的补偿或者赔偿问题。如此，方能形成一个合法的撤销决定。

五、行政机关撤销授益性行政行为的程序监督

监督行政权一般有三种模式：命令监督、指导监督和竞争监督。通过规则的命令监督模式，对压缩和取消不必要的裁量具有重要意义；通过原则的指导监督模式，既为行政划定了运作标准，也为其保留了选择空间；通过程序的竞争监督模式，意在确立一个"公—私"的竞争性结构，相对人在程序规则的引导下，挑战行政判断，打破行政机关对知识、信息和话语的垄断。[①] 面对多样化的现实情境，特别是对于专业领域问题的判断，行政机关享有较充分的自由裁量权，司法审查一般也应予以尊重，只有在判断自由裁量权明显不当时，才会行使司法撤销权。通过程序的竞争监督模式则是司法介入行政裁量、挑战行政判断的有效"武器"。

区别于通过行政程序规则的程序监督，行政机关在作出负担性行政行为或者撤销授益性行政行为时说明理由应当更为精细化和技术化。行政行为说明理由，要求行政主体在作出对行政相对人合法权益产生不利影响的行政行为时，必须向行政相对人说明其作出该行政行为的事实因素、法律依据以及进行自由裁量时所考虑的政策、公益等因素。[②] "行政行为的蓝本是法院的裁判。"[③] 由于法院的裁判总要面对败诉一方，因而要充分说

---

① 参见王锡锌：《行政自由裁量权控制的四个模型——兼论中国行政自由裁量权控制模式的选择》，载北大法律评论编委会：《北大法律评论》（第10卷第2辑），北京大学出版社2009年版。

② 参见章剑生：《论行政行为说明理由》，载《法学研究》1998年第3期。

③ ［德］奥托·迈耶：《德国行政法》，刘飞译，商务印书馆2013年版，第100页。

明作出此裁判的事实和法律依据，撤销授益性行政行为意味着对行政相对人利益的减损，也应当说明理由。

本案判决明确将说明理由制度作为行政复议机关行使撤销权的程序监督要件，并将未说明理由的行政行为视为轻率的决定以及司法审查行使撤销权的依据之一。再审判决指出，"行政机关行使自由裁量权的，应当在行政决定中说明理由。行政复议决定是复议机关居中行使准司法权进行的裁决，且行使着上级行政机关专业判断权，人民法院对行政复议决定判断与裁量及理由说明，应当给予充分尊重。与此相对应，行政复议决定和复议卷宗也应当依法说明理由，以此表明复议机关已经全面客观地查清了事实，综合衡量了与案情相关的全部因素，而非轻率或者武断地作出决定。因为只有借助书面决定和卷宗记载的理由说明，人民法院才能知晓决定考虑了哪些相关因素以及是否考虑了不相关因素，才能有效地审查和评价决定的合法性。不说明裁量过程和没有充分说明理由的决定，既不能说服行政相对人，也难以有效监督行政裁量权，还会给嗣后司法审查带来障碍"。本案在对案涉采矿许可权重叠问题有多种处理方式以及可能存在多种复议结论的情况下，国土资源部选择作出撤销采矿许可的决定，依法应当充分说明理由。但从复议机关所提供的证据与全案卷宗情况来看，被诉复议决定并未体现相应的衡量因素，也未进行充分说理，仅简单以构成重叠之由即作出撤销决定，难以得到人民法院支持。人民法院认为复议机关所提供的证据材料不能满足司法审查需要，复议机关未完全履行说明理由义务的，可以要求复议机关重新调查处理，并提供可以进行审查的证据、依据以及相应的理由说明。

六、结语

当代社会中，监管与自治总是存在着不可调和的矛盾，而"矿业权是一个复杂的权利束"。① 在对采矿许可行使撤销权时,除存在公共利益方面的必要考量外,还要兼顾行政相对人基于采矿许可延续已经取得的矿产资源产权等诸项权利,衡量公共利益的增进和私人矿业权减损之间的比例关系,防止由私人主体完全承担公共利益而增进的成本,在个案处理中消弭管制与自治之间的矛盾,尽可能实现个案正义。

施瓦茨说:"行政裁量是行政权的核心,行政法如果不是控制行政裁量权的法,那它就什么也不是。"② 行政裁量既体现出强烈的人治色彩,又显得不可或缺。没有裁量调和,规则本身便无法应对现代行政的复杂性;但如果裁量是恣意的,则无疑是对法治的轻视与傲慢。

本案通过对行政复议撤销权之再撤销,对关涉行政裁量权行使的诸多行政法理论予以回应。例如,对于行政行为公定力理论,判决既承认行政机关对行政专门事项具有首次判断权和裁量决定权,承认行政机关首次判断对其自身和其他行政机关后续行政行为的约束,也将这种存续力的范围拓展到行政复议和司法审查过程当中。又如,对于行政行为违法性继承理论,判决既承认裁决机关在适当情形下对前续行政行为合法性审查的必要性,也在行政行为无效的"最低限度"内将行政的违法性继承与行政审判实践"嫁接"。再如,对于信赖利益保护原则,判决明确将行政行为作出时是否符合比例原则视为评价是否违反信赖保护利益原则的技术性工具。同时,判决还对构建多元化的行政复议制度予以阐发,而区别于传统单向度地审查行政复议制度,③ 判决既将行政复议视作行政行为,认为行政复议机关在作出"作为复议决定"的具体行政行为时可以适度体现"有错

---

① 江必新:《矿业权法律关系调整中的国家干预和私人自治——兼论法律行为效力理论之重构》,载《法学评论》2018年第1期。

② 转引自刘国乾:《行政裁量控制的程序安排》,载姜明安:《行政法论丛》(第15卷),法律出版社2012年版。

③ 行政复议单一功能的三种主要观点包括内部监督说、权利救济说、解决纠纷说。参见耿宝建:《行政复议法修改展望》,法律出版社2016年版,第29~31页。

必纠"，加强行政系统内部层级监督；也将行政复议视为居中裁决，认为行政复议机关行使撤销权也要像人民法院作出裁判那样充分说明理由，要实现对权利的有效救济和对纠纷的彻底解决。这一点，最高人民法院在司法裁判层面对《行政复议法》修改时予以回应。

环境法

检察公益诉讼，守护长江生物多样性

——王某某等 59 人非法捕捞、贩卖、收购鳗鱼苗案*

◀ 吕忠梅

武汉大学法学博士。曾任农工党湖北省委员会主委、湖北省经济学院院长、湖北省高级人民法院副院长。现为第十四届全国人民代表大会常务委员会委员、环境与资源保护委员会副主任委员，中国农工民主党第十七届中央委员会副主席，中国法学会副会长，最高人民法院法官遴选委员会委员，最

* 参见江苏省高级人民法院作出的（2019）苏民终 1734 号民事判决。本案入选《2019 年度人民法院十大民事行政及国家赔偿案件》，载《人民法院报》2020 年 1 月 13 日，第 4 版。作者曾在《法律适用》2022 年第 3 期发表同名文章。此案依据最高人民法院于 2015 年发布的《最高人民法院关于审理环境民事公益诉讼案件适用法律若干问题的解释》审理。鉴于本案是我国第一起由检察机关提起的保护长江流域生物多样性案件，具有以公益诉讼方式保护生物多样性和体现环境公益诉讼制度中国特色的双重典型性，且本案在《民法典》施行前判决，其对共同侵权责任的认定，准确理解《民法典》侵权责任编有关"环境污染和生态破坏责任"的规定，促进《民法典》顺利实施具有重要意义。

高人民检察院检察官遴选委员会委员，最高人民法院环境司法研究中心学术委员会主任。主要研究方向为环境资源法、经济法，曾主持国家哲学社会科学基金重大项目、教育部哲学社会科学重大项目等国家级、部省级科研项目近 20 项，主持国际国内合作科研项目 10 余项，发表科研成果近600 万字。

一、基本案情

2018 年上半年，董某某等人在长江干流水域，使用网目尺寸小于 3 毫米的禁用渔具捕捞长江鳗鱼苗并出售以谋取利益。王某某等收购者明知长江鳗鱼苗系非法捕捞所得，单独收购或者通过签订合伙协议、共同出资等方式建立收购鳗鱼苗的合伙组织，共同出资收购并统一对外出售，均分获利。秦某某在明知王某某等人向其出售的鳗鱼苗系在长江中非法捕捞的情况下，仍多次予以收购。2019 年 7 月，江苏省泰州市人民检察院（本文以下简称泰州市检察院）向江苏省南京市中级人民法院（本文以下简称南京市中院）提起民事公益诉讼，指出被告王某某等 59 人实施的非法捕捞、贩卖和收购长江鳗鱼苗的行为，严重侵害了长江以鳗鱼为代表的渔业资源和其他生态资源，致使生物多样性减少，损害了社会公共利益。根据《环境保护法》第 64 条，《侵权责任法》（已失效）第 6 条、第 8 条①，《民事诉讼法》（2017 年修正）第 55 条第 2 款②等法律规定，依法提起民事公益诉讼，请求判令王某某、董某某、秦某某等 59 人对所造成的生态资源损害结果承担连带赔偿责任。

南京市中院一审认为，董某某等非法捕捞者于禁渔期内，在长江干流水域多次非法捕捞长江鳗鱼苗，造成生物多样性损害，应当承担赔偿责任。王某某等非法收购者与非法捕捞者之间形成了完整的利益链条，共同

---

① 现为《民法典》第 120 条、第 178 条规定相关内容。
② 现为《民事诉讼法》（2021 年修正）第 58 条第 2 款规定。

造成生态资源的损害，应当共同承担连带赔偿责任。遂判决王某某等 13 名非法收购者对其非法买卖鳗鱼苗所造成的生态资源损失连带赔偿 850 余万元人民币；秦某某、董某某等其他收购者、捕捞者根据其参与非法买卖或捕捞的鳗鱼苗数量，承担相应赔偿责任或与直接收购者承担连带赔偿责任。王某某等 11 人不服一审判决提起上诉，江苏省高级人民法院（本文以下简称江苏省高院）审理后，依法判决维持原判。

二、环境民事公益诉讼案件的责任认定及法律适用

《民法典》第 1229 条有关"因污染环境、破坏生态造成他人损害的，侵权人应当承担侵权责任"的规定，为生态破坏侵权责任提供了更完善的法律依据。[①] 本案系检察机关为保护长江流域生物多样性而提起的第一起环境公益诉讼案件，江苏省南京市中级人民法院的南京环境资源法庭依据《最高人民法院关于审理环境民事公益诉讼案件适用法律若干问题的解释》（本文以下简称《民事公益诉讼司法解释》）予以受理，[②] 这也是该法庭自 2019 年 6 月 28 日成立后受理并开庭审理的第一起案件。[③] 本案涉及多名被告非法捕捞、贩卖、收购鳗鱼苗等多个不同违法行为，在这类案件中，

---

①　在《民法典》施行前，《侵权责任法》（已失效）第 65 条规定："因污染环境造成损害的，污染者应当承担侵权责任。"《环境保护法》第 64 条规定："因污染环境和破坏生态造成损害的，应当依照《中华人民共和国侵权责任法》的有关规定承担侵权责任。"

②　最高人民法院根据《侵权责任法》（已失效）和《环境保护法》的相关规定发布的《民事公益诉讼司法解释》（法释〔2015〕1 号）第 1 条规定："法律规定的机关和有关组织依据民事诉讼法第五十五条、环境保护法第五十八条等法律的规定，对已经损害社会公共利益或者具有损害社会公共利益重大风险的污染环境、破坏生态的行为提起诉讼，符合民事诉讼法第一百一十九条第二项、第三项、第四项规定的，人民法院应予受理。"该解释已于 2020 年 12 月 23 日修正，修正内容于 2021 年 1 月 1 日与《民法典》同日施行。

③　参见《南京环境资源法庭敲响"第一槌"——"特大非法捕捞长江鳗鱼苗公益诉讼案"59 名被告被索赔 900 余万》，载江苏法院网，http://www.jsfy.gov.cn/art/2019/10/18/23_98718.html，2021 年 6 月 21 日访问。

是否应该认定以及如何认定不同主体的法律责任、明晰生态损失的判断依据、恰当运用法律责任承担方式，都是当前环境公益诉讼面临的重大理论与实践问题。本案所作出的从捕捞、贩卖到收购长江鳗鱼苗的"全链条"承担生态损害责任的判决，既体现了中国环境公益诉讼制度的特点，又对《民法典》的顺利施行，具有较好的推动作用。

（一）收购者构成共同侵权

本案系非法捕捞水产品造成生态资源破坏引起的环境民事公益诉讼案件。依据案件审理时施行的《侵权责任法》（已失效）第 6 条"行为人因过错侵害他人民事权益，应当承担侵权责任"① 的规定。本案水产品捕捞者在长江禁渔期捕捞鳗鱼苗，已由相关刑事判决书认定为非法捕捞罪，② 故各非法捕捞者应在其非法捕捞范围内承担相应赔偿责任，这一点并无争议。本案的主要争议在于，鳗鱼苗的收购者是否为共同侵权行为人，是否应对生态资源破坏承担责任以及应当如何承担责任。

所谓共同侵权，是指二人以上共同实施侵害他人民事权益的行为。如何理解共同侵权中的"共同"，学术界存在不同观点。有学者认为，多个行为主体之间的"意思联络"方能使各自的行为转化为共同行为，共同的故意是成立共同侵权行为的核心要素。③ 有学者认为，共同的过失也可以构成共同侵权。④ 也有学者认为，只要数个行为主体在客观上有共同加害行为，就可以构成共同侵权，而不应当以多个行为主体之间存在共同的意

---

① 《民法典》继受了这一规定。《民法典》第 1165 条第 1 款规定："行为人因过错侵害他人民事权益造成损害的，应当承担侵权责任。"

② 参见江苏省泰州医药高新技术产业开发区人民法院，（2018）苏 1291 刑初 315 号刑事判决书。

③ 参见程啸：《论意思联络作为共同侵权行为构成要件的意义》，载《法学家》2003 年第 4 期。

④ 参见王利明：《侵权行为法归责原则研究》，中国政法大学出版社 2003 年版，第 300～397 页。

思联络为必要条件。① 还有学者认为，既需要考虑多个行为主体在主观上是否存在共同过错，也需要考虑多个行为主体之间行为上的客观联系等。② 就一般侵权责任而言，共同侵权行为应当具备主观过错的共同性和加害行为的共同性。主观上，多个行为主体应当都具有过错，如果主观上没有过错，只是行为上的偶然结合，就不应认定为共同侵权。客观上，多个行为主体应当都实施了一定的行为，这些行为结合在一起，共同对损害结果的产生发生作用。此外，多个行为主体的行为结果还应具有同一性，即多个行为主体的侵权行为都指向同一个目标，共同造成损害后果的发生。

对于采取无过错责任的特殊侵权行为能否构成共同侵权，学术界也有不同观点。肯定说观点认为，共同侵权制度可以扩张至无过错责任的特殊侵权行为。③ 加害人应负无过错责任时，即使没有过失，但行为竞合依然造成损害，就应类推适用共同加害行为的规定。④ 否定说观点则认为，尽管随着危险责任的发展及对受害人救济的强化，出现了淡化行为人主观过失而注重行为人行为客观关联性的趋势，但这不能成为放弃共同侵权行为主观要件的理由，共同侵权仍然属于一般侵权即过错责任的范畴。⑤

由于环境侵权领域存在环境污染侵权和生态破坏侵权两种不同类型，⑥ 可能会出现既属于一般侵权又属于特殊侵权的情形，需要区别对待。⑦

---

① 参见邓大榜：《共同侵权行为的民事责任初探》，载《现代法学》1982 年第 3 期。
② 参见张新宝、李玲：《共同侵权的法理探讨》，载《人民法院报》2001 年 11 月 9 日。
③ 参见周友军：《我国共同侵权制度的再探讨》，载《社会科学》2010 年第 1 期。
④ 参见邱聪智：《新订民法债编通则》（上），中国人民大学出版社 2003 年版，第 123 页。
⑤ 参见王利明：《侵权责任法研究》（上卷），中国人民大学出版社 2010 年版，第 207 页。
⑥ 参见吕忠梅：《论环境侵权的二元性》，载《人民法院报》2014 年 10 月 29 日，第 8 版。
⑦ 参见吕忠梅：《环境侵权的遗传与变异——论环境侵害的制度演进》，载《吉林大学社会科学学报》2010 年第 1 期。

《侵权责任法》（已失效）在将环境污染侵权作为特殊侵权加以规定的同时，对数人侵权也作出专门规定。① 这表明对环境污染中的数人侵权并无主观要件要求，也无承担连带责任的规定，可以理解为是对共同侵权属于过错责任的坚持，但也考虑到了对数人环境污染侵权受害人救济需要加强。值得注意的是，《环境保护法》（2014 年修订）第 64 条明确规定："因污染环境和破坏生态造成损害的，应当依照《中华人民共和国侵权责任法》的有关规定承担侵权责任。"这意味着在《侵权责任法》（已失效）并未将生态破坏作为特殊侵权加以规定的情况下，因生态破坏造成损害的，法院应按照《侵权责任法》（已失效）的相关规定进行认定，并不是只能适用环境污染侵权的规定。因此，在本案中，法官根据环境侵权的不同性质，对生态破坏侵权行为适用共同侵权的规定，是适当的。

在本案中，王某某、秦某某等收购者明知鳗鱼苗系非法捕捞所得仍然进行收购，主观上存在放任损害结果发生的故意，收购行为与生态资源损害之间存在法律上的因果关系，收购与捕捞、贩卖行为共同造成了对生态资源的损害。公益诉讼起诉人泰州市检察院主张秦某某与王某某等人实施的非法捕捞、贩卖和收购长江鳗鱼苗的行为构成共同侵权。对此，被告秦某某辩称，其未与捕捞者产生非法捕捞的意思联络，收购行为上的过错与非法捕捞造成生态损害之间的因果关系的关联性较弱，其不应对非法捕捞造成的损害结果承担责任。被告高某某等 7 人则辩称，其主观上没有过错，且和捕捞者之间不存在共同侵权，故应当承担较轻的赔偿责任。可见，本案原、被告双方围绕是否构成共同侵权展开诉辩，法官也从是否构成共同侵权对本案进行了事实认定。

首先，收购者明知鳗鱼苗系非法捕捞所得但仍然收购，与捕捞者存在共同意思联络。本案所关联的刑事案件中，刑事判决书对各收购者明知所

① 《侵权责任法》（已失效）第 67 条规定："两个以上污染者污染环境，污染者承担责任的大小，根据污染物的种类、排放量等因素确定。"现为《民法典》第 1231 条规定相关内容。

收购的鳗鱼苗系犯罪所得而予以收购并加价出售的事实进行了认定并追究刑事责任。每一个捕捞者和收购者对于自己在这个利益链条中所处的位置、作用，以及通过非法捕捞、出售收购、加价出售、养殖出售不同方式获取利益的目的，均有明确认知；对非法捕捞、收购长江鳗鱼苗的违法性和可能造成的长江生态资源损害亦有清晰判断。因此，收购者与捕捞者之间、收购者与收购者之间具有共同的意思联络。

其次，非法捕捞与收购形成了完整的利益链条，形成共同造成生态资源损害的因果关系。本案收购行为多数发生在王某某等13人与其他收购者及捕捞者之间。王某某等13人为谋取非法利益，专门成立收购、贩卖鳗鱼苗的团队并就收购鳗鱼苗的事项进行明确约定，统一收购价格、统一对外出售，已经通过高度组织化的日常性、经常性收购行为形成了非法捕捞、收购、贩卖的利益链条。捕捞者将非法捕捞的鳗鱼苗出售给收购者赚取经济利益，直接收购者将收购鳗鱼苗加价出售以获取差值利润，最终收购者将鳗鱼苗进行养殖并出售获利。在这一利益链条中，各环节被告之间存在相互利用、彼此支持的行为分担情形，均从非法捕捞行为中获得利益，具有高度协同性，其行为与长江生态资源损害结果之间具有法律上的因果关系。

最后，收购诱发非法捕捞，导致严重损害后果。在本案中，案涉鳗鱼苗体型细小却价格高昂，无法进行人工繁育，也无法直接食用。捕捞者之所以进行非法捕捞，是由于鳗鱼养殖户需要收购鱼苗进行养殖，养到可食用时再贩卖以获取经济利益。因此，收购是非法捕捞实现获利的唯一渠道，市场需求是引发非法捕捞和多层收购的主要原因。针对鳗鱼苗这一特定物种，没有大规模的收购，捕捞行为则毫无价值，而采用"绝户网"进行大规模非法捕捞，必然导致对生态资源的严重破坏。

综上，当销售是非法捕捞的唯一目的，且收购者与非法捕捞者之间形成了固定的买卖关系时，收购行为诱发非法捕捞行为，收购行为与非法捕捞行为造成的生态资源损害后果之间具有法律上的因果关系，收购者与非法捕捞者构成共同侵权，对非法捕捞行为造成的生态资源损害后果也应当承担侵权责任。要预防非法捕捞行为，就必须从源头上切断利益链条，让非法收购、贩卖鳗鱼苗的共同侵权者付出经济代价，与非法捕捞者共同承担对长江生态资源损害后果的连带赔偿责任。故一审法院和二审法院对公益诉讼起诉人对于捕捞者和收购者均应当在各自所涉的侵权责任范围内对生态资源损害结果承担连带赔偿责任的诉讼主张，依法予以支持。

（二）专家参与认定生态资源损失

非法捕捞者在禁渔期内使用网目极小的张网方式捕捞鳗鱼苗，除了造成鳗鱼资源的直接损失外，也会造成其他生态资源的损失。在本案中，对于直接经济损失，可以按照市场交易价格确定。但是，对于生态资源的损失如何认定，也是争议焦点之一。

环境案件本身呈现科学性与社会性交织的状态，环境资源审判对生态损害、环境污染状况的事实认定和裁判量化，高度依赖专业技术事实的认定，具有专业性和复合性、法律知识与科学知识相互交织交融的特征，这意味着传统的司法方法难以解决生态损害、环境污染状况等专业技术事实的认定问题。在司法实践中，鉴定是法官解决专业性问题的重要手段；但在环境资源司法领域，由于科学认知的局限以及法律规则的不确定性等多种因素，客观上导致鉴定费用高昂、鉴定周期长。如果法官对鉴定评估的专业判断和专业事实认定过度依赖，很容易形成环境资源案件"无评估鉴定难以裁判"或者"反复评估鉴定拖延裁判"的状况，不利于公正司法。

为破解司法鉴定难题，除了在立法上确定降低证明难度的事实认定规则外，人民法院在司法实践中也进行了一些积极探索，并主要是通过发挥技术专家参与审判的作用，帮助法官完成专业技术事实认定。例如，由专家担任人民陪审员，直接参与案件审理；又如，准予当事人申请的专家辅助人或专家证人当庭质证；再如，在法院建立专家咨询委员会或者专家库，从中直接选取专家为审判人员提供技术咨询意见。在本案审判过程中，专家在不同环节都发挥了积极作用，尤其是对法官认定生态资源损失给予了大力协助。

泰州市检察院提起公益诉讼时，向法院提交了中国水产科学研究院淡水渔业研究中心出具的《关于王某某等人民事公益诉讼案中非法捕捞水产品造成生态资源损害的专家评估意见》（本文以下简称《评估意见》）作为证据。《评估意见》认为：鳗鱼属于江苏省重点保护鱼类，至今无法人工繁殖，其群落必须依靠自身繁殖。张网一般设置在鱼虾类繁育场所或鱼类洄游通道内，其选择性差、网目尺寸小、作业范围广、时间长，是一种竭泽而渔的高强度捕捞网具，对生产、资源、环境均有较大危害。而高度的捕捞强度会导致水生生物减少，水域食物链遭到破坏，威胁长江水域生态系统的稳定性和生物多样性。使用禁用网具进行大量捕捞鳗鱼苗，不仅必然破坏鳗鲡族群稳定，导致生物多样性减少；还容易误捕其他保护物种，且张网作业多集中在鱼类繁育区，渔获物绝大部分属于鱼类幼苗，会对整个鱼类群落的稳定产生威胁。本案中非法捕捞的鳗鱼苗的总经济价值至少在 351 万元人民币以上。鉴于涉案人员长期在长江水域使用禁用网具非法捕捞鳗鱼幼苗，数量巨大，对鳗鱼资源造成了毁灭性打击，严重危害渔业资源，严重破坏长江生态系统，且会误捕其他保护鱼类，影响长江水域物种多样性，因此在长江生态系统已十分脆弱的情况下，建议以直接经济损失的 3 倍价格对渔业资源损失进行赔偿，即捕获每条鳗鱼苗应承担渔业资源损失 90～105 元，故本案渔业资源损失合计金额为 1053 万元人民币以上。

在本案审理过程中，负责出具《评估意见》的专家出庭接受各被告方询问。针对被告方提出的《江苏省渔业管理条例》中渔业生物致死量如何理解、《评估意见》对鳗鱼资源造成毁灭性打击有无证据支持、过度捕捞是否会导致鳗鱼资源急剧下降、渔业资源损失包括哪些方面等问题，专家回答称，渔业生物致死量指某一特定时刻脱离原生活水域渔业生物的数量，包括捕捞过程中死亡的渔获物和出水后暂时并未死亡的渔获物。本案所涉及的鳗鱼，学名为日本鳗鲡，2014 年被世界自然保护联盟列为濒危物种。鳗鲡在长江干流生长至性成熟，然后回到深海产卵，干流捕捞会损害鳗鱼种群繁衍。国内学者关于鳗苗网对渔业资源影响的调查研究结果表明，鳗苗网兼捕其他鱼类 51 种，鳗鱼苗兼捕渔业资源损伤率平均为 158.1，即每捕获一条鳗鱼苗，平均兼捕其他鱼类 158.1 尾。渔业资源损失包括兼捕或误捕其他鱼类的数量，以及造成水生生物多样性下降等生态损失。本案中鳗鱼苗所损失的数量和价格已确定，可直接计算，不需要进行评估。

针对合议庭成员提出的长江渔业资源目前状况、禁捕期捕捞会对鱼类繁衍造成何种影响、本案中的捕捞工具有哪些危害、生态环境损害和生物多样性的损害如何修复更为科学等问题，专家回答称，长江分布鱼类 416 种，其中 177 种为长江特有。近 30 年来，受包括过度捕捞等高强度人为活动的影响，长江水生生物的生存环境趋于恶化，生物重要栖息地丧失，生物多样性持续下降，特别是珍稀特有鱼类全面衰退。长江禁捕期为每年 3 月 1 日至 6 月 30 日，是绝大多数经济鱼类和珍稀物种的繁殖期，该时期捕捞渔获物多数是即将产卵的成鱼，或者是刚孵化尚未发育的幼鱼，严重影响鱼类资源的天然补充，破坏鱼类整体种群结构。由于鳗苗网的网目尺寸小，对渔获物的选择性差，一般设置在小型鱼类、虾类密集分布的产卵场、培育场或洄游的通道上，捕捞鳗鱼苗会降低鳗鲡资源量，破坏其天然补充和种群稳定，危害洄游性鱼类以及其他经济鱼类的幼体，破坏其种群结构，造成其他非经济鱼类损失，引发不可估量的生态损害。对于遭受破坏的鱼类资源应当结合开展增殖放流及生境修复，如人工鱼巢、生态浮岛等方式，在人工补充种群资源量基础上，加大鱼类资源天然补充量。

通过专家参审，在一定程度上厘清了本案非法捕捞鳗鱼苗所致生态资源损失，同时为确定本案生态资源损失提供了参考。《民事公益诉讼司法解释》（法释〔2015〕1 号）第 23 条规定："生态环境修复费用难以确定或者确定具体数额所需鉴定费用明显过高的，人民法院可以结合污染环境、破坏生态的范围和程度、生态环境的稀缺性、生态环境恢复的难易程度、防治污染设备的运行成本、被告因侵害行为所获得的利益以及过错程度等因素，并可以参考负有环境保护监督管理职责的部门的意见、专家意见等，予以合理确定。"这一规定实际上赋予了法院在生态环境修复费用难以确定或者确定具体数额所需鉴定费用明显过高时，综合相关因素酌定损失的裁量权。在本案中，因鳗鱼苗被非法捕捞后，或已死亡，或已被出售，且捕捞鳗鱼苗还会兼捕多种鱼苗，生态资源的损失难以确定。依据该司法解释的规定，可以结合生态破坏的范围和程度、资源的稀缺性等，在充分考量案涉鳗鱼苗捕捞数量、捕捞工具、捕捞地点、捕捞期间等非法行为的方式破坏性、时间敏感性和地点特殊性的基础上，参考专家意见，酌情作出判断。

在环境审判实践中，酌定生态损害的方法得到了较为普遍的运用，在一定程度上缓解了专业技术事实认定高度依赖司法鉴定的张力。但值得说明的是，这种司法裁量权的适用并非法官任意为之，应注意其所适用的条件。一是须存在损害。根据"无损害，无救济"的原则，当事人就所受损害主张权利的前提是存在受损害的事实或者能够证明损害发生事实已经达到使法官内心确信的程度。如果无损害产生或者当事人不能证明损害事实存在，就没有对损害酌定的问题。二是损害数额难以精确计算或不能证明。在损害确实存在的情况下，损害赔偿数额一般可通过举证来确定。只有在损害数额证明的费用过高、损害的性质特殊等证明困难的情况下，才可以适用酌定方法。三是法官依职权酌情合理地确定损害数额。酌定的核心在于从司法公正角度出发，在损害数额大小难以证明或不能证明的情况下，法官在职权范围内以全案证据材料为依据，综合考虑与之相关的主客观因素，形成内心确信并合理行使自由裁量权。

（三）生态恢复责任的承担方式及其执行

不同于传统民法上具体的物，生态破坏的对象是生态环境及其生态服务功能。生态环境是由各要素组成的生态系统，不仅各要素之间相互作用和影响，还处于不断的物质循环、能量流动、信息传递过程中。因此，恢复被破坏的生态环境，不是传统民事责任上的"恢复原状"，而是环境民事责任意义上的"恢复生态系统功能"。经过 40 多年的实践发展，中国的环境侵权制度，在行为认定上，逐步从单一的环境污染转向环境污染与生态破坏双重认定；在救济对象上，逐步从单一的私人利益转向对私人利益与公共利益的双重保护；在救济方式上，逐步从传统的民事救济转变为以生态修复为主的综合救济，并最终确立了"生态修复为主"的恢复性司法理念。环境法理论也从传统侵权损害论的"大一统"逐渐分化，形成了环境侵权的专业救济理论——生态恢复论。① 该理论不同于传统侵权以"差额说"为基础确定责任承担方式，而是以"恢复生态系统功能"为目标确定责任承担方式。但是，在《民法典》明确规定生态环境损害责任之前，② 法律上并无"生态修复"责任承担方式，而是由最高人民法院通过对《侵权责任法》（已失效）规定的"恢复原状"进行扩大解释方式予以确定。③ 通过这种"借道"的方法，推进司法实践探索，为立法积累经验；同时规范裁判行为，为司法公正提供保障。

依据修复对象的不同，生态环境修复责任的承担方式可分为直接修复

---

① 参见吕忠梅、窦海阳：《以"生态恢复论"重构环境侵权救济体系》，载《中国社会科学》2020 年第 2 期。

② 《民法典》第 1234 条规定："违反国家规定造成生态环境损害，生态环境能够修复的，国家规定的机关或者法律规定的组织有权请求侵权人在合理期限内承担修复责任。侵权人在期限内未修复的，国家规定的机关或者法律规定的组织可以自行或者委托他人进行修复，所需费用由侵权人负担。"这是我国法律首次对生态环境修复责任作出明确规定。

③ 如《民事公益诉讼司法解释》（法释〔2015〕1 号）第 20 条第 1 款规定："原告请求恢复原状的，人民法院可以依法判决被告将生态环境修复到损害发生之前的状态和功能。无法完全修复的，可以准许采用替代性修复方式。"此外，《最高人民法院关于审理环境侵权责任纠纷案件适用法律若干问题的解释》（法释〔2015〕12 号）、《最高人民法院关于审理生态环境损害赔偿案件的若干规定（试行）》（法释〔2019〕8 号）也作出了相同规定。

和替代修复。直接修复是针对受到污染或者被破坏的环境介质、生物、生态系统等进行评估并予以原区域、原体的修复。一般情况下，与生态环境损害具有直接利害关系、受到直接影响的，主要是损害结果发生地。被告原地、原样进行生态修复，能够避免产生生态环境修复费用是否必要、生态环境修复费用合理性判断以及赔偿义务人可能产生的异议等难题。在实践中，法院在可能的情况下都会直接判令被告在一定期限内履行生态环境修复义务，如清除污染物，恢复土地、水体原有的养殖等功能，在植被破坏地按照受损植被的种类及 10 倍株数进行补种复绿及养护等。同时，对修复的具体标准通常会由专门部门予以确定并监督实施。这种方式大多适用于生态环境损害不太严重的情况，甚至以直接的劳动行为短时间内即可完成修复，无须借助复杂的技术和设备的情况。因此，如果能够直接原地、原体修复，使生态环境损害达到污染环境、破坏生态行为未发生时区域内生态环境及其生态系统服务状态的，应当直接修复。与之对应，在无法直接修复的情况下，如囿于直接修复的技术难度过大或所需修复费用过高等因素，可以采取替代性修复的方式。替代性修复的方式包括同地区异地点、同功能异种类、同质量异数量、同价值异等级等情形，以使生态环境恢复到受损害之前的功能、质量和价值为标准，加以确定。①

　　为解决渔业资源修复难题，人民法院在办理相关案件时，结合国家渔业法律法规的相关规定，通过与渔业行政主管部门等建立联动机制，共同开展增殖放流活动，并将该活动作为一项工作机制引入司法领域，使其成为修复受损渔业资源及水生生物的替代性方式。② 本案的审理在《民法

---

　　① 参见吴一冉：《生态环境损害赔偿诉讼中修复生态环境责任及其承担》，载《法律适用》2019 年第 21 期。

　　② 根据原农业部发布的《水生生物增殖放流管理规定》（农业部令第 20 号）的规定，增殖放流是指采用放流、底播、移植等人工方式向海洋、江河、湖泊、水库等公共水域投放亲体、苗体等活体水生生物的活动。《渔业法》（2013 年修正）以专章方式规定了渔业资源的增殖与保护，明确了渔业行政主管部门以及相关经营者的法定职责、义务。

典》施行之前，法院依据《侵权责任法》（已失效）第 15 条第 1 款的规定①以及《民事公益诉讼司法解释》（法释〔2015〕1 号），判决被告承担生态修复责任。由于水生生物的流动性，加之非法捕获位置很难精确定位，客观上很难对非法捕捞违法犯罪活动造成的渔业资源损害进行直接的原地、原质修复。因此，采纳了《评估意见》及出庭专家有关将渔业资源损失的赔偿用于长江靖江、南通段水域生境保护和渔业资源保护，补偿因违法捕捞造成的资源损失和生态破坏，并将鱼类资源补偿费用纳入长江渔业资源增殖放流计划，由渔业主管部门统筹安排的建议，采取由被告以缴纳生态资源损失费的方式承担替代性修复责任。判决生效后，法院联合江苏省农业农村部门于 2021 年 3 月 1 日上午，举办"贯彻长江保护法 共同守护母亲河"增殖放流活动。② 本次增殖放流活动由江苏省农业农村部门科学筛选确定增殖放流鱼苗鱼种及数量，不仅包括传统鱼类，还包括胭脂鱼、长吻鮠等长江珍稀濒危鱼类，以有效增加水域生物资源数量，提高水域生产力，改善长江渔业资源生物种群结构，维护生物的多样性，通过替代性修复的方式恢复受损的生态环境和生态系统服务功能。③

此外，本案在判决各被告承担赔偿责任的同时，考虑到部分被告经济较为困难、年龄较大且经济偿付能力欠缺的实际情况，在被告确无履行能

---

① 《侵权责任法》（已失效）第 15 条第 1 款规定："承担侵权责任的方式主要有：（一）停止侵害；（二）排除妨碍；（三）消除危险；（四）返还财产；（五）恢复原状；（六）赔偿损失；（七）赔礼道歉；（八）消除影响、恢复名誉。"

② 参见许宸：《贯彻长江保护法 共同守护母亲河 江苏举行修复长江鱼类增殖放流活动》，载荔枝网，http://news. jstv. com/a/20210301/5dc8887e68ae441c82ad1862cde8e214. shtml，2021 年 6 月 21 日访问。

③ 《民法典》第 1235 条规定："违反国家规定造成生态环境损害的，国家规定的机关或者法律规定的组织有权请求侵权人赔偿下列损失和费用：（一）生态环境受到损害至修复完成期间服务功能丧失导致的损失；（二）生态环境功能永久性损害造成的损失；（三）生态环境损害调查、鉴定评估等费用；（四）清除污染、修复生态环境费用；（五）防止损害的发生和扩大所支出的合理费用。"这一规定，对于支付生态损害赔偿金承担替代性修复责任方式作出了明确规定。

力的情况下，准予采用劳务代偿的方式履行生效判决。由被告参加所在地
渔政部门开展的保护长江生态环境等公益性质的活动，或者配合参与长江
沿岸河道管理、加固、垃圾清理等方面的工作，按照从事劳务行为的具体
内容、强度及时间，经相关部门统计及量化后，在其应当承担的赔偿数额
范围内予以折抵。这种由侵权人通过提供从事生态环境保护相关劳务折抵
生态环境修复费用的做法即为劳务代偿，亦是实践中探索的一种恢复性司
法措施。劳务代偿作为一种责任实现方式，是金钱给付义务与行为给付义
务在特定时空条件下的等价转换，它不仅是财产价值的估量与测算，更是
社会权益、公共利益的权衡，体现了恢复性司法和社会矫正理论。人民法
院将劳务代偿纳入生态环境案件裁判和执行体系，一定程度上丰富和发展
了生态环境责任承担方式，有利于实现生态环境案件裁判得到有效执行、
受损生态环境得到修复、生态环境侵权人得到有效教育的三重目的，实现
生态环境审判法律效果、生态效果、社会效果的有机统一。

三、环境司法专门化在推进生态环境保护中的作用

"有损害即有救济。"传统上，一般把民事裁判理解为围绕私人权益而
发生的民事纠纷的解决程序。[①] 伴随社会经济的高速发展，环境污染、生
态破坏等危害公共利益的问题不断出现，现代型诉讼理论应运而生。[②] 环
境诉讼作为典型的现代型诉讼，具有衡平性、能动性[③]、诉讼利益社会

---

① 参见［德］H. 盖茨：《扩散利益的保护——接近正义运动的第二波》，载［意］
莫诺·卡佩莱蒂编：《福利国家与接近正义》，刘俊祥等译，法律出版社 2000 年版，第
66 页。
② 参见［日］小岛武司：《现代型诉讼的意义、性质和特点》，载《西南政法大学
学报》1999 年第 1 期。
③ 参见［德］鲁道夫·瓦瑟尔曼：《社会的民事诉讼——社会法治国家的民事诉
讼理论与实践》，载［德］米夏埃尔·施蒂尔纳编：《德国民事诉讼法学文萃》，赵秀举
译，中国政法大学出版社 2005 年版，第 371 页。

化、救济请求方式转变①等显著特征。因此，环境诉讼需重构传统诉讼、探究环境纠纷解决的特殊规则需求。在中国，通过推进环境审判机构专门化和职能专业化、建立检察机关提起环境公益诉讼制度等方式，探索重构传统诉讼、满足生态环境保护新需求，确保让人民群众在每一个环境司法案件中感受到公平正义。本案是南京环境资源法庭成立后审理的第一个案件，也是中国环境司法专门化建设的一个缩影。

（一）专门司法机构发挥专业职能

我国 1982 年修订的《宪法》首次确认"生态环境"的概念，进一步明确了"保护自然资源和野生动植物"与"保护和改善生活环境和生态环境"的国家战略。② 2018 年修正的《宪法》，将"生态文明"和"美丽中国"写入序言并与其他国家目标相互协同，为在环境法治中处理协调经济发展、社会发展和环境保护等权力和权益冲突提供了宪法解决方案。③人民法院和人民检察院按照宪法和法律赋予的职责，充分发挥审判和检察职能，以推进环境司法专门化的方式，服务和保障生态文明建设。

1. 专门司法机构主管环境资源案件

2014 年，最高人民法院成立环境资源审判庭，负责环境民事、行政案件的审判工作。截至 2021 年 12 月，全国 31 个省、自治区、直辖市共有环境资源审判专门机构 2149 个，其中环境资源审判庭 649 个、合议庭

---

① 参见黄凯：《环境侵害诉讼程序特别论》，载《中国应用法学》2018 年第 6 期。

② 1978 年《宪法》第 11 条第 3 款规定："国家保护环境和自然资源，防治污染和其他公害。"1982 年修订《宪法》时将其改为两条。其中，第 9 条第 2 款规定："国家保障自然资源的合理利用，保护珍贵的动物和植物。禁止任何组织或者个人用任何手段侵占或者破坏自然资源。"第 26 条第 1 款规定："国家保护和改善生活环境和生态环境，防治污染和其他公害。"

③ 2018 年《宪法》在保留 1982 年《宪法》第 9 条、第 26 条的基础上，还在第 89 条第 6 项中明确了国务院"领导和管理经济工作和城乡建设、生态文明建设"的职权，以宪法形式规定了国家行政机关领导和管理生态文明建设的法定权力。

（审判团队）1285 个、人民法庭（巡回法庭）215 个。① 2015 年，全国人大常委会授权 13 个省、自治区、直辖市试点检察机关提起公益诉讼。2018 年，开始全面实施检察公益诉讼制度。2019 年，最高人民检察院成立第八检察厅，负责办理法律规定由最高人民检察院办理的破坏生态环境和资源保护等民事公益诉讼案件，生态环境和资源保护等领域的行政公益诉讼案件以及其他案件。截至 2020 年 12 月，全国已有 27 个省级检察院设立公益诉讼检察专门机构，市、县级检察院按需设立公益诉讼专门机构或办案组。2019 年，公安部成立食品药品犯罪侦查局，主管环境资源犯罪案件，各地方公安厅局也设立了相应的侦查机构。

2. 专门化规则规范环境资源司法

最高人民法院先后出台《最高人民法院关于为长江经济带发展提供司法服务和保障的意见》（法发〔2016〕8 号）、《最高人民法院关于充分发挥审判职能作用为推进生态文明建设与绿色发展提供司法服务和保障的意见》（法发〔2016〕12 号）、《最高人民法院关于深入学习贯彻习近平生态文明思想为新时代生态环境保护提供司法服务和保障的意见》（法发〔2018〕7 号）、《最高人民法院关于为黄河流域生态保护和高质量发展提供司法服务与保障的意见》（法发〔2020〕19 号）等司法规范性文件，强调环境资源审判在救济环境权益、制约公共权力、终结矛盾纠纷和公共政策形成中的作用，明确在环境资源审判中遵循环境正义、恢复性司法、生态预防等"绿色"司法理念。鼓励地方法院对环境资源案件在管辖、审理模式、裁判方式和责任方式、执行方式等方面探索创新。最高人民法院单独或联合发布《最高人民法院、最高人民检察院关于办理环境污染案件适用法律若干问题的解释》（法释〔2016〕29 号）、《最高人民法院、最高人民检察院关于检察公益诉讼案件适用法律若干问题的解释》（法释〔2020〕

① 参见吕忠梅、张忠民：《环境司法 2021：推动中国环境司法体系建设迈向新征程》，载最高人民法院环境资源司法研究中心、清华大学环境资源与能源法研究中心联合课题组：《中国环境司法发展报告（2021）》，2022 年 6 月 5 日发布。

20 号，本文以下简称《检察公益诉讼司法解释》）、《最高人民法院印发
〈关于贯彻《中华人民共和国长江保护法》的实施意见〉的通知》（法发
〔2021〕8 号）等司法解释，明确环境污染、非法采矿、破坏性采矿刑事
案件、环境侵权、矿业权民事纠纷案件，环境民事公益诉讼、检察公益诉
讼以及生态环境损害赔偿案件的法律适用。最高人民检察院通过高检民
〔2018〕9 号文件，同时印发《检察机关民事公益诉讼案件办案指南（试
行)》《检察机关行政公益诉讼案件办案指南（试行)》，明确了检察机关
办理公益诉讼案件的程序规则。

3. 专业化体系保障环境资源司法

为保证环境司法专门化规则的顺利实施，最高人民法院、最高人民检
察院指导各级地方法院、检察院在实践中积极探索建立专业化的环境司法
体系，并逐渐形成了人民法院受理的环境资源案件在省域内集中管辖或在
长江、黄河流域性案件的跨省域协作管辖机制。人民检察院建立与公益诉
讼审判管辖相协调的案件集中管辖机制，探索检察公益诉讼案件集中管
辖、跨省办理制度机制。人民法院建立环境刑事、民事、行政案件"三审
合一"审判模式，实现环境资源案件归口审理，建立立体式环境资源审判
体系。积极推进恢复性司法实践，探索建立"恢复性司法实践 + 社会化综
合治理"审判结果执行机制。建立跨区域法院协作机制、法检协作机制、
检行衔接机制。[1] 在环境资源案件中，邀请专业人员以担任人民陪审员、
专家证人等方式参与审判，在判决承担生态修复责任的文书中邀请专业人
员审核生态修复方案或监督执行生态修复方案等。建立完善既体现已有纠
纷解决的体系规律，又彰显环境纠纷解决特点的多元纠纷解决机制，贯彻
"公众参与"原则。[2]

---

[1] 参见吕忠梅：《环境司法 2020：推进中国环境司法体系不断成熟定型》，载微信
公众号"中国法律评论"，2021 年 6 月 21 日发布。
[2] 参见吕忠梅、吴一冉：《中国环境法治七十年：从历史走向未来》，载《中国法
律评论》2019 年第 5 期。

审理本案的南京环境资源法庭，就是一个以贯彻绿色司法理念为使命的专门法庭。根据党的十八届三中全会"探索建立与行政区划适当分离的司法管辖制度"的要求，按照最高人民法院改革部署，江苏省各级人民法院根据江苏省人民政府所确立的全省生态功能区规划方案，积极探索建立以生态流域区域为基础、跨地级市集中管辖的"9＋1"机制。其中，"9"就是按照生态功能区的划分，分别设立长江流域、太湖流域、黄海湿地等9个环境资源法庭，跨设区市集中管辖全省基层法院一审案件。"1"就是经最高人民法院批准设立南京环境资源法庭，集中管辖9个法庭上诉案件和全省中级人民法院一审案件。① 本案由公益诉讼人泰州市检察院提起，如依据与传统行政区划相一致的司法管辖制度，应由泰州市中级人民法院管辖，现本案由南京环境资源法庭一审审理，乃是打破了行政区划的制约，是高度集中化、专业化的"9＋1"审判机制运行的具体体现。

（二）检察公益诉讼制度发挥积极作用

公益诉讼，一般是指特定的国家机关、相关的社会组织或者个人，依据法律法规的授权，对违反法律，侵犯国家利益、社会公共利益或者不特定多数人利益的行为，向法院提起诉讼，由法院依法追究其法律责任的活动。② 相对于保护个体权利的私益诉讼而言，提起公益诉讼的原告可以是与本案无任何利害关系的人，其目的在于实现社会公平，保护社会公共利益。《民事诉讼法》（2017 年修正）第 55 条第 1 款规定："对污染环境、侵害众多消费者合法权益等损害社会公共利益的行为，法律规定的机关和有关组织可以向人民法院提起诉讼。"由此建立起了环境公益诉讼制度，但学术界对于是否应赋予检察机关提起公益诉讼的资格有争议。因为检察机关有着宪法规定的特殊地位和任务，既具有国家公诉机关的职权，又同

---

① 参见夏道虎：《中国环境司法改革之江苏实践》，江苏凤凰文艺出版社 2020 年版，第 69 ~ 70 页。

② 参见廖中洪：《民事诉讼改革热点问题研究综述：1991—2005》，中国检察出版社 2006 年版，第 205 页。

时是法律监督机关。对于企业污染环境的致害行为，检察机关可以优先行使监督权，督促政府有关部门加强执法，而无须直接提起诉讼加以解决。加之，这种特殊性还会带来相应的诉讼程序制度问题，如举证责任分担、专业技术问题判断、诉讼费用缴纳等。① 因此，在2012年修正《民事诉讼法》以及2014年修订《环境保护法》时，均未规定检察机关提起公益诉讼的制度。

2014年10月，党的十八届四中全会通过《中共中央关于全面推进依法治国若干重大问题的决定》，提出"探索建立检察机关提起公益诉讼制度"。2015年7月，第十二届全国人大常委会第十五次会议通过《全国人民代表大会常务委员会关于授权最高人民检察院在部分地区开展公益诉讼试点的决定》，授权最高人民检察院在生态环境和资源保护、国有资产保护、国有土地使用权出让、食品药品安全等领域开展为期两年的公益诉讼试点。同时，将北京、内蒙古、吉林、江苏、安徽、福建、山东、湖北、广东、贵州、云南、陕西、甘肃13个省、自治区、直辖市确定为试点地区。2015年7月，中共中央深化改革领导小组审议通过《检察机关提起公益诉讼改革试点方案》，进一步明确了检察机关可以提起民事公益诉讼和行政公益诉讼两种方式。

2017年6月27日，第十二届全国人大常委会第二十八次会议通过《全国人民代表大会常务委员会关于修改〈中华人民共和国民事诉讼法〉和〈中华人民共和国行政诉讼法〉的决定》，正式确立检察院公益诉讼制度。2017年7月至2019年9月，全国检察机关提起刑事附带民事公益诉讼4944件，提起行政公益诉讼案件995件，提起民事公益诉讼案件414件。②

---

① 参见李浩：《民事公益诉讼起诉主体的变迁》，载《江海学刊》2020年第1期。

② 参见张军：《最高人民检察院关于开展公益诉讼检察工作情况的报告——2019年10月23日在第十三届全国人民代表大会常务委员会第十四次会议上》，载最高人民检察院网，https://www.spp.gov.cn/spp/tt/201910/t20191024_435925.shtml，2021年3月2日访问。

据统计，在检察机关提起的公益诉讼案件中，生态环境公益诉讼案件占80%以上。① 经过5年发展，检察公益诉讼制度从顶层设计到实践落地，从局部试点到全面推开、健康发展，形成了公共利益司法保护的"中国方案"，受到国内外社会各界广泛关注。②

第一，检察机关作为公益起诉人，充分运用检察一体化办案机制。

《检察公益诉讼司法解释》第4条规定："人民检察院以公益诉讼起诉人身份提起公益诉讼，依照民事诉讼法、行政诉讼法享有相应的诉讼权利，履行相应的诉讼义务，但法律、司法解释另有规定的除外。"检察机关充分利用这一诉讼地位发挥职能作用，运用检察一体化办案工作机制，③ 成立公益诉讼指挥中心，统一管理案件线索，统一调配办案力量，建立公益诉讼内外协作机制，提升工作合力，加强办案力度，提高办案质效。

第二，检察机关享有不同于普通原告的诉讼权利与义务，更有利于保护生态环境。

人民检察院作为公益诉讼起诉人，其定位应该是国家利益和社会公共利益的代表，不能兼具法律监督机关和诉讼当事人的身份，否则将违背民事诉讼当事人平等的基本原则和改变两造对审、居中裁判的诉讼基本架构。但人民检察院作为公益诉讼起诉人，根据法律、司法解释规定，享有不同于普通诉讼中原告的特殊诉讼权利与义务。根据《检察公益诉讼司法

---

① 参见吕忠梅等：《中国环境司法发展报告（2019）》，法律出版社2020年版，第144~145页。

② 参见张军：《最高人民检察院关于开展公益诉讼检察工作情况的报告——2019年10月23日在第十三届全国人民代表大会常务委员会第十四次会议上》，载最高人民检察院网，https://www.spp.gov.cn/spp/tt/201910/t20191024_435925.shtml，2021年3月2日访问。

③ 检察一体化办案工作机制是指按照检察工作整体性、统一性要求，实行上下统一、横向协作、内部整合、总体统筹的一项工作机制。参见谢鹏程：《正确把握检察工作一体化机制的内涵和价值》，载《人民检察》2007年第10期。

解释》的规定，人民检察院的诉讼权利主要包括以下三项。一是支持起诉。在法律规定的机关或者有关组织提起诉讼时，人民检察院可以支持起诉。二是起诉与受理材料。人民检察院向人民法院提交的是公益诉讼起诉书，并非普通民事诉讼中原告提交的起诉状；人民法院开庭审理检察公益诉讼案件，向人民检察院送达出庭通知书，不是开庭传票；人民检察院派员出庭时，向人民法院提交派员出庭通知书，而非授权委托书。三是调查取证。人民检察院办理公益诉讼案件，可以向有关行政机关以及其他组织、公民调查收集证据材料；有关行政机关以及其他组织、公民应当配合。这些诉讼权利使得人民检察院可以更好地发挥国家利益和公共利益代表职能，更好地开展公益诉讼工作。自检察公益诉讼制度全面实施以来，最高人民检察院连续部署了多个专项行动，以加强在生态环境和资源领域的公益诉讼工作。2018 年以来，最高人民检察院先后单独或与国务院相关部门联合开展了"携手清四乱、保护母亲河""守护海洋""公益诉讼守护美好生活"等专项监督活动。各地方检察机关结合本地生态环境实际情况，也部署开展符合地域特色的专项行动。依托公益诉讼专项活动，检察机关集中办理了一大批有影响力的案件，产生了公益诉讼案件的规模效应。检察机关办理破坏生态环境领域案件时，贯彻恢复性司法理念，主动延伸检察职能，特别是在办理环境刑事附带民事公益诉讼案件时，积极贯彻宽严相济的刑事司法政策，促进认罪认罚从宽制度与恢复性司法理念的有机衔接，将被告人修复生态环境情况作为批捕和起诉的重要参考，依法对符合条件的生态环境案件从宽处理，达到恢复环境、修复关系、促进和谐的目的。

除本案民事公益诉讼外，非法捕捞者、贩卖者、收购者均在另案被追究刑事责任。江苏省泰州医药高新技术产业开发区人民检察院对 53 名被告人分别以非法捕捞水产品罪，掩饰、隐瞒犯罪所得罪提起公诉，江苏省泰州医药高新技术产业开发区人民法院经审理依法对各被告人追究刑事责任。提起本案诉讼前，因案件涉及人员多、案情复杂、法律适用问题疑难，泰州市检察院成立专业化办案组，重点围绕本案侵权责任主体的确定、违法行为造成的生态资源损害范围和数量、不同侵权主体间责任承担的方式等疑难问题开展公益调查。在此基础上，泰州市检察院将违法行为人非法捕捞鳗鱼苗的数量在刑事判决认定的 6.2 万尾的基础上增加了 5.5 万尾，诉请认定非法捕捞 11.69 万尾；在刑事判决认定的 53 名侵权行为人的基础上增加了 6 人，诉请认定 59 名侵权行为人。同时，聘请专家出具非法捕捞水产品造成生态资源损害专家评估意见，为本案的审理奠定了坚实基础。①

---

① 参见卢志坚、徐理想、葛东升：《"绝户网"捕捞长江鳗鱼苗 检察机关："全链条"担责》，载正义网，http://news.jcrb.com/jszx/201912/t20191205_2085312.html，2021 年 6 月 21 日访问。

以公式模型推算生态环境损害费用的司法裁量研究

——泰州环境污染侵权案、巨蟒峰公益诉讼案等*

◀ **汪 劲**

北京大学法学院教授、博士研究生导师。兼任中国法学会环境资源法学研究会副会长、最高人民法院环境资源审判咨询专家、最高人民检察院专家咨询委员、国家核安全专家委员会委员、生态环境部法律顾问等职务。主持国家重点研发计划课题、国家哲学社会科学基金项目、教育部哲学社会科学项目、司法部和生态环境部等国家级、省部级科研项目及世界银行、亚洲开发银行技术援助项目 40 余项。主要学术成果有专著《环境法律的理念与价值追求——环境立法目的论》《环境法律的解释：问题与方法》《环境法治的中国路径：反思与探索》等，独著"十五"国家级规划教材《环境法学》（2020 年获得北京市高等学校优质教材奖），主持编辑《环境法学研究文库》系列学术专著 8 部，发表论文 100 余篇。

---

* 参见最高人民法院（2015）民申字第 1366 号民事裁定书、江西省高级人民法院（2020）赣民终 317 号民事判决书。

虽然我国《侵权责任法》（已失效）并未将生态环境损害作为环境侵权的对象，但伴随着环境民事公益诉讼的开展和生态环境损害赔偿的试行，在环境司法实践中通过公式模型计算的生态环境损害修复费用确认为损害赔偿等费用的工作却已开展了 10 余年。在环境侵权和生态环境损害赔偿责任不断确立和完善的过程中，原环境保护部于 2011 年发布《环境污染损害数额计算推荐方法（第 I 版）》（本文以下简称《推荐方法第 I 版》），并于 2014 年进行修订，编制发布了《环境损害鉴定评估推荐方法（第 II 版）》（本文以下简称《推荐方法第 II 版》），均为审理环境民事公益诉讼和生态环境损害赔偿案件提供了重要司法裁量基础，并在确认生态环境损害数额过程中得到普遍适用。

2021 年 1 月 1 日起施行的《民法典》在第 1235 条中首次规定："违反国家规定造成生态环境损害的，国家规定的机关或者法律规定的组织有权请求侵权人赔偿下列损失和费用：（一）生态环境受到损害至修复完成期间服务功能丧失导致的损失；（二）生态环境功能永久性损害造成的损失；（三）生态环境损害调查、鉴定评估等费用；（四）清除污染、修复生态环境费用；（五）防止损害的发生和扩大所支出的合理费用。"已经生效的环境民事公益诉讼和生态环境损害赔偿判例表明，实践中除《民法典》第 1235 条规定的第 4 项和第 5 项为实际发生的支出费用且计算相对容易外，前 3 项的费用计算均十分困难。其中，对"生态环境受到损害至修复完成期间服务功能丧失导致的损失"（本文以下简称期间损失）和"生态环境功能永久性损害造成的损失"（本文以下简称永久损失）的计算，在生态环境损害发生后无法得到实际修复工程费用等情况下，目前是通过《推荐方法第 I 版》或《推荐方法第 II 版》确定的公式模型和理论推算方法得出并量化为生态环境损害赔偿数额的。由于以公式模型推算生态环境损害费用作为生态环境修复方案成本的方法具有较强的科学不确定性和现实不合理性，因此近 10 年来，在我国生态环境损害赔偿案件中已经出现了大量因公式模型和理论推算方法得出"天价"生态环境损害赔偿结果的判决案。

而在 2020 年 12 月，生态环境部在总结《推荐方法第Ⅰ版》和《推荐方法第Ⅱ版》适用经验的基础上，联合国家市场监督管理总局发布了《生态环境损害鉴定评估技术指南　总纲和关键环节　第 1 部分：总纲》等六项生态环境损害鉴定评估的推荐性国家标准，并于 2021 年 1 月 1 日起施行。① 鉴于《生态环境损害鉴定评估技术指南　总纲和关键环节　第 1 部分：总纲》等六项推荐性国家标准源于并沿用了《推荐方法第Ⅱ版》确定的公式模型和理论推算方法，并未从根本上解决公式模型和理论计算存在的科学不确定性问题，因此本文拟在介绍典型案例的基础上，分析《推荐方法第Ⅰ版》和《推荐方法第Ⅱ版》在计算生态环境损害赔偿数额方法中存在的法律瑕疵和问题，并对《民法典》施行背景下，我国环境司法实践中如何正确适用"推荐方法"、确认公式模型和理论推算生态环境损害数额的方法提出建议。

一、生态环境损害鉴定评估技术方法的发展与司法确认适用的典型案例

（一）生态环境损害鉴定评估技术方法在中国的兴起

在我国，生态环境损害的概念源于"环境损害"和"环境污染损害"

---

① 需要强调的是，这六项推荐性国家标准并非《环境保护法》授权制定的国家环境质量标准和污染物排放标准。根据专家解读，这六项标准与已发布的相关技术文件相比，主要在如下几个方面作了调整：一是进一步增强科学性，针对基线的确定方法进行了修改完善，充分考虑历史数据和对照数据的时间与空间变异，统一了基线的取值原则和方法，调整了损害确认条件，减少人为主观性影响。二是提升可操作性，完善了生态损害调查的内容和方法、明确了环境价值评估方法的优先次序、优化了恢复方案制定原则和程序，针对大气污染和地表水污染完善了简化评估方法。参见《专家解读六项生态环境损害鉴定评估新标准》，载生态环境部网，http://www.mee.gov.cn/zcwj/zcjd/202012/t20201231_815765.shtml，2021 年 8 月 24 日访问。

的用语。① 自 20 世纪 80 年代以来，"生态环境损害"概念一直是我国环境公益诉讼制度中有关社会公共利益损害②研究的主要对象，也是环境侵权责任③研究的重要内容。例如，沈建明 1991 年撰文指出，环境侵权行为的侵害事实是指环境侵权行为给他人造成的环境权益、财产和人身权益，以及其他权益的不利益，它包括损害结果。④ 徐以祥 2003 年撰文指出，传统侵权制度难以承担生态环境损害等新型损害的重任，中国有必要借鉴其他国家的相关制度，针对生态环境损害建立一个综合性的补偿体系。⑤ 李挚萍 2006 年撰文认为，应将开发利用行为造成的环境资源损害包括经济价值损失、生态价值损害和环境破坏的恢复费用等作为生态损害（环境损害），以区别于环境污染和破坏所导致的人身与其他财产损害。⑥

2002 年 11 月，天津渤海湾发生了"塔斯曼海"号溢油事故造成生态

---

① 中国许多专业术语的官方表述是与该行政主管部门的性质联系在一起的。2018 年国务院机构改革以前，原环境保护部的职能配置主要与环境污染相关，因此对涉及环境损害的调查研究多称"环境污染损害"。2018 年国务院机构改革组建生态环境部后，因职能范围扩大而将环境污染损害改称为"生态环境损害"。

② 参见彭天杰：《外国环境污染对人、财、物的巨大损害》，载《四川环境》1984 年第 1 期。该文首次介绍国外已将环境污染给自然资源带来的巨大生态破坏纳入环境污染损失之中。此外，许多环境法学教科书将环境污染对生态效益或者生态价值造成的侵害纳入环境损害的范畴。参见汪劲：《中国环境法原理》，北京大学出版社 2000 年版，第 350 页。

③ 我国学者从 20 世纪 90 年代以来就开始研究生态环境损害及其赔偿立法问题。参见袁国宝：《农业生态环境损害赔偿立法初探》，载《中外法学》1990 年第 4 期。

④ 参见沈建明：《试论环境侵权行为》，载《法律科学（西北政法大学学报）》1991 年第 2 期。

⑤ 参见徐以祥：《论生态环境损害的补偿体系》，载《西南政法大学学报》2003 年第 2 期。

⑥ 参见李挚萍：《论国有环境资源损害的民事赔偿》，载《资源节约型、环境友好型社会建设与环境资源法的热点问题研究——2006 年全国环境资源法学研讨会论文集（一）》，2006 年 8 月。

破坏，并引发了索赔诉讼案①，原天津市海洋局提出了 7 项赔偿请求，天津海事法院在判决中依据"天津市渤海碧海行动计划"以及天津市依照 1999 年修订的《海洋环境保护法》② 规定实施的总量控制制度，确认了海洋环境容量损失费用，并确认了生物治理研究和监测评估费用。但另有 5 项诉讼请求因原告未提供有关证据证明而未予确认。法院认为，原告对于海洋生态服务功能损失方面的计算没有提供实际原始监测数据和法定计算标准；在海洋沉积物恢复费用方面，"用生物解烃菌修复海洋底质石油类沉积物"方案尚无先例，没有相应的负面效应试验，因而不具备在开阔海域使用的条件；在潮滩生物环境恢复费用方面，原告未提出潮滩背景值而不可能计算潮滩污染程度与损失数额；在浮游植物恢复费用和游泳动物恢复费用方面，因原告不能证明其拟增殖放流的生物已能人工繁殖且工厂化生产，所以难以实施。③ 由于海洋生态环境的损害属于公益领域的损害范畴，本案促进了最高人民法院有关审理船舶油污案件范围的法律改革，生态损害赔偿开始受到重视。

针对"塔斯曼海"号溢油生态破坏索赔诉讼案中海洋溢油生态损害评估方法的缺失，2007 年原国家海洋局发布了《海洋溢油生态损害评估技术导则》（HY/T 095 - 2007），首次对海洋环境污染造成的生态环境损害量化评估方法作出规定。原农业部也于 2007 年发布了《农业环境污染事故损失评价技术准则》（NY/T 1263 - 2007），对农业环境污染事故损害评

---

① 2002 年 11 月 23 日，"塔斯曼海"号外籍油轮与中国某轮船在渤海发生碰撞溢油事故，造成渤海局部溢油污染损害。原天津海洋局受原国家海洋局委托，于同年 12 月 26 日代表国家提起海洋生态破坏索赔诉讼，请求赔偿海洋环境容量损失、海洋生态服务功能损失、海洋沉积物恢复费用、潮滩生物环境恢复费用、浮游植物恢复费用、游泳动物恢复费用以及生物治理研究和监测评估费用等合计 9836 万余元人民币。

② 现行《海洋环境保护法》是 2017 年修正的。

③ 参见天津海事法院（2003）津海法事初字第 183 号民事判决书。此外，天津海事法院另行判决被告连带赔偿天津市渔政渔港监督管理处渔业资源损失和调查评估费等共计 1500 余万元人民币。

估作出了原则性规定。

伴随我国试点环境公益诉讼①的不断展开，如何计算并确认生态环境损害等问题逐渐显现在环境主管部门和法院面前。2011 年，为切实推动环境污染损害鉴定评估工作顺利开展，原环境保护部发布了《环境保护部关于开展环境污染损害鉴定评估工作的若干意见》（环发〔2011〕60 号），并在该文附件中将《推荐方法第Ⅰ版》作为开展试点工作的推荐方法。2014 年，原环境保护部办公厅在借鉴国内外环境损害鉴定评估方法并总结国内外环境损害鉴定评估实践经验的基础上修订并印发了《推荐方法第Ⅱ版》，以供在环境污染损害鉴定评估有关工作中参照执行。

本文所选取讨论的两个典型案例和引用的其他案例，或是被纳入最高人民法院的典型案例，或是最高人民法院的指导性案例，都是当下中国环境资源审判实践中具有较高研究价值的典型案例。这些案件，在因损害发生后无法得到实际修复工程费用的情况下，通过适用公式模型和理论推算方法得出"天价"② 生态环境（环境公益）损害赔偿数额并得到司法确认，因而受到社会各界以及法学研究者的关注。

---

① 2005 年，笔者和北京大学另外 5 位师生曾赴黑龙江省高级人民法院对中石油等企业污染事故致松花江特大水污染损害案提起民事公益诉讼，但法院未受理。其他案例还有：2009 年朱某茂、中华环保联合会诉江阴港集装箱有限公司污染侵权案（江苏省无锡市）；2009 年广州市番禺区人民检察院诉卢某章水域污染损害赔偿案（广东省广州市）；2010 年中华环保联合会和贵阳市公众环境教育中心诉乌当区定扒造纸厂水污染（乌江）案（贵州省贵阳市）；2011 年昆明市环保局（检察院支持起诉）诉昆明三农农牧有限公司、昆明羊甫联合牧业有限公司养殖废水污染案（云南省昆明市）等。

② 自 2014 年江苏省"泰州市环保联合会诉泰兴锦汇化工有限公司等环境污染侵权赔偿纠纷案"被媒体首次称为"天价"环境公益诉讼案以来，还出现了很多类似案例，如 2016 年常州"毒地"事件环境公益诉讼案（江苏省常州市）、2017 年江苏德司达（南京）染料有限公司环境公益诉讼案（江苏省南京市）、2020 年广州非法处置固体废物公益诉讼案（广东省广州市）、2021 年佛山非法采砂生态环境损害赔偿案（广东省佛山市）等索赔金额巨大的"天价"环境公益诉讼案。

（二）典型案例简介

案例一　泰州市环保联合会诉泰兴锦汇化工有限公司等环境污染侵权赔偿纠纷案（本文简称泰州环境污染侵权案）①

2012年1月至2013年2月，江苏常隆农化有限公司（本文以下简称常隆公司）、泰兴锦汇化工有限公司（本文以下简称锦汇公司）等6家公司将生产过程中产生的副产酸等危险废物总计约2.6万吨，通过买卖合同等方式交给没有危险废物经营许可证的泰州市江中化工有限公司（本文以下简称江中公司）等企业进行处置，同时以每吨20~100元不等的价格提供补贴。江中公司等企业对这些危险废物未做任何处理，直接将其倾倒进如泰运河、古马干河，造成了严重的环境污染。江中公司等企业负责人及倾倒者因此犯有污染环境罪，被判处2~5年有期徒刑。2013年泰兴市环境监测站对如泰运河、古马干河水质进行检测，检测结果显示不达标。受泰州市人民检察院和原泰州市环境保护局委托，江苏省环境科学学会于2014年4月出具《泰州市泰兴市古马干河、如泰运河12·19废酸倾倒事件环境污染损害评估技术报告》（本文以下简称《评估技术报告》），载明正常处理倾倒危险废物中的废酸需要花费3662万余元人民币。

2014年8月，泰州市环保联合会对上述6家企业提起诉讼。泰州市中级人民法院一审认定6家被告构成侵权。根据原环境保护部《推荐方法第Ⅰ版》规定的Ⅲ类水体环境修复费用计算标准，以上述《评估技术报告》中合法处置副产酸的成本3662.0644万元人民币为虚拟治理成本，按该虚拟治理成本的4.5倍计算环境修复费用，最终判决6家公司分担赔偿环境修复费用共计约1.6亿余元人民币。

常隆公司、锦汇公司等四家公司不服一审判决，向江苏省高级人民法院提起上诉。2014年12月，二审判决认定一审事实清楚，适用法律基本

---

① 参见最高人民法院（2015）民申字第1366号民事裁定书。2017年该案被最高人民法院选入"十起环境公益诉讼典型案例"。

正确，但对一审确定的判决履行方式和履行期限作了改判，即如果当事人提出申请，且能够在判决生效之日起 30 日内提供有效担保的，环境修复费的 40% 可以延期至判决生效之日起一年内支付；在判决生效之日起一年内，如当事人能够通过技术改造对副产酸进行循环利用，明显降低环境风险，且一年内没有因环境违法行为受到处罚的，其已支付的技术改造费用可以凭环境主管部门出具的企业环境守法情况证明、项目竣工环保验收意见和具有法定资质的中介机构出具的技术改造投入资金审计报告，向泰州市中级人民法院申请在延期支付的 40% 额度内抵扣。

锦汇公司对终审判决仍存异议，遂向最高人民法院提起再审申请，最高人民法院经审理最终裁定驳回锦汇公司的再审申请。

经查阅中国裁判文书网，可发现 2014—2019 年引用《推荐方法第 I 版》计算环境污染损害（生态环境损害）费用的一审、二审和再审刑事和民事裁判文书共计有 18 份。[1]

案例二 江西省上饶市人民检察院诉张某等损毁三清山巨蟒峰自然遗迹民事公益诉讼案（本文简称巨蟒峰公益诉讼案）[2]

张某等 3 人系成年攀岩爱好者，通过微信约定前往三清山风景名胜区。在明知巨蟒峰为核心景区中的核心景点和认识到自己的行为会造成名胜古迹损毁而"被抓起来"受到"坐牢"制裁的情况下，依然有计划、有预谋地从下至上用电钻、岩钉（膨胀螺栓，为不锈钢材质）、铁锤、绳索等工具对岩柱体打入 26 颗岩钉依次攀爬到达巨蟒峰顶部，致使巨蟒峰

---

① 实际共检索 24 篇文书，其中有 7 篇重复。参见中国裁判文书网，https://wenshu. court. gov. cn/website/wenshu/181217BMTKHNT2W0/index. html? pageId = 6a7db8e013b77d70040 f06b6195c4656&s21 =% E7% 8E% AF% E5% A2% 83% E6% B1% A1% E6% 9F% 93% E6% 8D% 9F% E5% AE% B3% E6% 95% B0% E9% A2% 9D% E8% AE% A1% E7% AE% 97% E6% 8E% A8% E8% 8D% 90% E6% 96% B9% E6% B3% 95，2021 年 8 月 23 日访问。

② 参见江西省高级人民法院（2020）赣民终 317 号民事判决书。该案被选入《2020 年度人民法院环境资源十大典型案例》。

遭受通体性破坏。2018 年 8 月，江西省上饶市人民检察院以张某等 3 名被告涉嫌故意损毁名胜古迹罪向江西省上饶市中级人民法院提起公诉（3 名被告犯故意损毁名胜古迹罪已判决）。

人民检察院在履职过程中发现，3 名被告损毁巨蟒峰岩体破坏生态环境的行为损害了社会公共利益，在履行完公告程序后依然没有法定机关和组织提起诉讼的情况下，上饶市人民检察院依法提起了民事公益诉讼，请求判令 3 名被告依法连带赔偿对巨蟒峰非使用价值造成损失的最低值 1190 万元人民币，判令 3 名被告共同采取建设巨蟒峰周界防护系统或连带支付有关费用等有效方式，消除他人借助 3 名被告的侵权行为进一步攀爬、损毁巨蟒峰的危险等民事责任。

诉前，上饶市人民检察院委托江西财经大学专家组就 3 名被告行为造成巨蟒峰损毁进行了价值评估。专家组在出具的《三清山巨蟒峰受损价值评估报告》中根据《推荐方法第Ⅱ版》推荐的意愿价值法，分析得出巨蟒峰非使用价值受损的最小值为 1190 万元人民币。上饶市中级人民法院在听取律师意见后考虑到评估结果具有不确定性等因素，决定仅将《三清山巨蟒峰受损价值评估报告》作为最终判定 3 名被告承担侵权责任的参考依据。最终考虑到巨蟒峰作为世界自然遗产的珍稀性，3 名被告的行为造成的严重后果以及社会影响的广泛性，并兼顾 3 名被告的经济条件和赔偿能力等具体问题的基础上，法院按照《最高人民法院关于审理环境民事公益诉讼案件适用法律若干问题的解释》（法释〔2015〕1 号）的规定酌定赔偿数额为 600 万元人民币。

张某等二名被告（另一名被告未上诉）不服一审法院民事诉讼判决，向江西省高级人民法院提起上诉。2020 年 5 月江西省高级人民法院作出二审判决，驳回上诉，维持原判。

经查阅中国裁判文书网，可发现 2016—2021 年引用《推荐方法第Ⅱ版》计算生态环境损害费用的一审、二审和再审刑事和民事裁判文书共计

92 份①。

通过对以上两个典型案例的介绍分析，可以发现，在严格适用《推荐方法第Ⅰ版》和《推荐方法第Ⅱ版》相关公式模型和推算方法的前提下，计算得出的生态环境损害赔偿费用经常出现"天价"数额，这也引发了社会公众广泛的讨论。基于科学的考量，采用公式模型和推算方法或许能给司法裁量提供选择，但这种方法计算出的生态环境损害赔偿费用具有明显的不合理性，笔者认为，环境司法不应完全确认采用此方法得出的赔偿修复结论。

二、公式模型推算生态环境修复方案成本的可变性因素分析

（一）《推荐方法第Ⅰ版》和《推荐方法第Ⅱ版》确立公式模型推算生态环境损害费用的基本原理

目前，各国主要通过基线条件的方法来评估环境损害，并在此基础上开展索赔工作。图 1 简要说明了在生态服务基线水平线下，发生事件前后环境损害的期间损失与人工恢复成本的关系，即环境的恢复过程模式。② 它说明尽早采取人工干预措施修复环境损害的费用远远低于让自然自行恢复所造成的损失。

---

① 实际共检索 107 篇文书，其中有 15 篇重复。参见中国裁判文书网，https://wenshu. court. gov. cn/website/wenshu/181217BMTKHNT2W0/index. html?pageId = 6a7db8e013b77d70 040f06b6195c4656&s21 = % E7% 8E% AF% E5% A2% 83% E6% B1% A1% E6% 9F% 93% E6% 8D% 9F% E5% AE% B3% E6% 95% B0% E9% A2% 9D% E8% AE% A1% E7% AE% 97% E6% 8E% A8% E8% 8D% 90% E6% 96% B9% E6% B3% 95，2021 年 8 月 23 日访问。

② 《推荐方法第Ⅱ版》附录 B 沿用了美国和欧盟采用的"环境的恢复过程"模式图。在图 1 中，A + B 区域为采用自然恢复措施的期间损害量，A 区域为采用人工恢复措施过程的期间损害量，B 区域为自然恢复过程的期间损害量。也即期间损害的大小取决于基本恢复方案的恢复路径与恢复所需的时间。

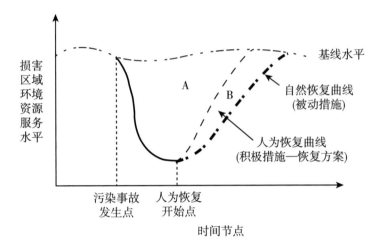

图1 环境的恢复过程模式

从图1可以看出，其间损害量的计算高度依赖于受影响区域采取的基本恢复方法类型：若采取人工恢复措施，受损的资源与服务可以较快地恢复到基线状态，相应的期间损害量较小；若采取自然恢复措施，受损的资源与服务恢复到基线状态需要较长时间，相应的期间损害量较大。可以说，环境资源量和服务量的期间损害与所选择的基本恢复方案密切相关，即所选择的基本恢复方案在很大程度上决定了环境资源量和服务量的期间损害量。①

在《推荐方法第Ⅰ版》中，对生态环境服务功能、基线、污染修复、生态恢复和期间损害等概念都作了详细的定义，对污染修复费用推荐的计算方法有两种：一种是如果环境污染事故和事件发生后，执行了详细完整的污染修复方案，以实际修复工程费用作为污染修复费用；另一种是如果无法得到实际修复工程费用，《推荐方法第Ⅰ版》推荐采用虚拟治理成本法和/或修复费用法计算，并根据受污染影响区域的环境功能敏感程度分别乘以1.5～10以及1.0～2.5的倍数作为这部分费用的上、

---

① 参见《推荐方法第Ⅱ版》附录B。

下限值。①

由于虚拟治理成本法的计算方法简单易行，且多数当事人和法官对此类技术规范的机理、方法和合理性了解不够，因此在国家推行环境公益诉讼制度背景下，对受损环境或未得以恢复的环境进行价值评估时，以虚拟治理成本法计算"生态环境损害"的结果得到了法院的认可。泰州环境污染侵权案中的生态环境修复费用就是依据《推荐方法第Ⅰ版》上列的方法计算得出的。然而，伴随环境公益诉讼中"天价"赔偿数额的判决时常出现，当事人、律师、法官和法学者开始质疑通过虚拟治理成本法等方法计算出"生态环境损害"结果的合理性和准确性。为此，原环境保护部办公厅于 2014 年 10 月印发了《推荐方法第Ⅱ版》。与《推荐方法第Ⅰ版》相比，《推荐方法第Ⅱ版》除了将名称由"环境污染损害数额计算推荐方法"变更为"环境损害鉴定评估推荐方法"外，还在永久性生态环境损害的评估方面作出了如下修改：

第一，如果生态环境损害评估既无法将受损的环境恢复至基线，也没有可行的补偿性恢复方案弥补期间损害，或只能恢复部分受损的环境，则应采用环境价值评估方法对受损环境或未得以恢复的环境进行价值评估。按照参与编制《推荐方法第Ⅱ版》的相关人士解释，"价值评估的结果也就是采选企业需要支付的损害赔偿数额"②。

第二，在《推荐方法第Ⅱ版》附录 A（资料性附录）列举了常用的环境价值评估方法，包括：（1）直接市场价值法（含生产率变动法、剂量—反应法、人力资本和疾病成本法）；（2）揭示偏好法（内涵资产定价

---

① 参见《推荐方法第Ⅰ版》第 4.5 项。

② 按照参与编制《推荐方法第Ⅱ版》的相关专业人士的解释，如果受损的生态环境能够进行恢复，那么鉴定评估机构应确定恢复的目标，选择合适的替代等值分析方法，确定最优的恢复方案，包括基本恢复、补偿性恢复和补充性恢复方案，估算实施最优恢复方案的工程量和所需的费用。鉴定评估机构可以根据法院要求仅给出生态环境恢复方案，也可以同时给出损害赔偿数额。参见张衍燊、田超、於方：《鉴定评估机构如何完成法院委托？》，载《中国环境报》2015 年 1 月 21 日，第 5 版。

法、避免损害成本法、虚拟治理成本法）；（3）效益转移法；（4）陈述偏好法（含条件价值法、选择试验模型法）。将《推荐方法第Ⅰ版》推荐的虚拟治理成本法纳入揭示偏好法的选项之中。

第三，《推荐方法第Ⅱ版》对虚拟治理成本法的适用对象作出特别限制，即仅适用于"环境污染所致生态环境损害无法通过恢复工程完全恢复、恢复成本远远大于其收益或缺乏生态环境损害恢复评价指标的情形"。而对虚拟治理成本法的具体计算方法，则要求采用《推荐方法第Ⅱ版》印发时尚未发布的《突发环境事件应急处置阶段污染损害评估技术规范》载明的方法。该技术规范附件的文字载明："利用虚拟治理成本法计算得到的环境损害可以作为生态环境损害赔偿的依据。"①

第四，在《推荐方法第Ⅱ版》附录B（资料性附录）关于补偿性恢复方案的确定中，明确了等值分析法的一般步骤为：第一步，量化生态环境损害或损失；第二步，确定单位效益的预期恢复量；第三步，用总的损害或损失除以单位效益恢复量，得出需要的恢复总量或恢复方案所需经费。

在泰州环境污染侵权案和巨蟒峰公益诉讼案中，无论是适用《推荐方法第Ⅰ版》，还是适用《推荐方法第Ⅱ版》，当它们适用于既无法将受损的环境恢复至基线，也没有可行的补偿性恢复方案来弥补期间损害或

---

① 《突发环境事件应急处置阶段污染损害评估技术规范》当时并未发布，根据最高人民检察院于2016年12月29日发布的《最高人民检察院关于印发最高人民检察院第八批指导性案例的通知》（高检发研字〔2016〕13号）中检例第28号文件指引，该规范应当是原环境保护部于2014年12月在环办〔2014〕118号文件中发布的《突发环境事件应急处置阶段环境损害评估推荐方法》。其资料性附件F规定，虚拟治理成本法，虚拟治理成本是指工业企业或污水处理厂治理等量的排放到环境中的污染物应该花费的成本，即污染物排放量与单位污染物虚拟治理成本的乘积。单位污染物虚拟治理成本是指突发环境事件发生地的工业企业或污水处理厂单位污染物治理平均成本（含固定资产折旧）。在量化生态环境损害时，可以根据受污染影响区域的环境功能敏感程度分别乘以1.5～10的倍数作为环境损害数额的上下限值，确定原则见附表F-1。

只能恢复部分受损的环境的场合时，均采用了被推荐的环境价值评估方法对受损环境或未得以恢复的环境进行价值评估，然后将这种以公式模型推算生态环境损害费用的结果转换为生态环境修复方案的成本提供给法院。然后，法院再直接将其予以司法上的确认，以使其作为判决的依据。

虽然应用推荐的公式模型和理论推算方法在形式上可以生态环境损害数额的计算结果替换生态环境修复方案的成本费用，但是直接将其结论作为司法裁量赔偿生态环境修复费用的依据，在科学性和合理性方面存在许多疑问。

（二）境外经验规则并无事后以公式模型和理论推算方法计算环境修复方案费用的先例

关于生态环境损害和纯粹经济损失关系的研究，无论是大陆法系还是英美法系，生态环境损害均属于传统侵权法不认可赔偿的范畴。在英美法系国家，英国侵权法对过失引发的纯经济损失，原则上采取不予赔偿的做法[1]；美国法官则认为侵权法不能仅因经济损失的发生而提供救济，这样会导致法律范围的无限扩张[2]和人之责任的过分延伸[3]。多数大陆法系国家的法律与法院并不愿意确认这类损失，主张没有实际损害，就不存在可赔偿性损害，[4] 同时担心承认这类损失可能打开"诉讼闸门"。然而，20世纪60年代以后伴随世界贸易活动的全球化，各国沿海和内陆发生的油污损害不断增多，从损害赔偿案件的实务出发，油污损害应当如何赔

---

[1]　参见陈协平：《英国侵权法对过失所致纯粹经济损失的处理方法及理由分析》，载《西华大学学报》（哲学社会科学版）2012年第5期。

[2]　See Robins Dry Dock and Repair Co. v. Flint 275 U. S. 303 (1927), p. 309.

[3]　See Ultramares Corporation v. Touche 255 N. Y. 170 (1931), p. 179.

[4]　See Ulrich Magnused., Unification of Tort Law：Damages, The Hague/London/Boston：Kluwer Law International, 2001, p. 90. 转引自朱晓峰：《论德国与法国侵权法中可赔偿性损害的确定方式》，载《人大法律评论》2011年卷第2辑。

偿、赔偿的范围包括哪些等开始成为国际法和国内法需要应对的主要问题。

国际海事委员会制定并于 1994 年通过了《国际海事委员会油污损害指南》（本文以下简称《指南》），明确了经济损失、预防措施、清除及恢复原状费用、油污损害的请求范围与计算方法等内容。《指南》对生态环境损害赔偿制度发展的贡献，是将经济损失分为相继经济损失和纯粹经济损失两部分。其中，纯粹经济损失是指请求人因财产的此种有形灭失或损害以外的原因而遭受的资金损失。《指南》规定，因油类污染引起的纯粹经济损失可以受偿，但通常仅限于损失必须是由污染本身所引起，而仅证明在损失与造成当事船溢漏或排放油类的事故之间存在因果联系是不够的。只有在污染与损失之间存在合理程度的近因时，纯粹经济损失方视为由污染所引起。此外，在预防措施、清除及恢复原状费用方面，《指南》规定，预防措施（包括清除和处理）的费用可以得到赔偿，只要措施本身和支付的费用在当时情况下都是合理的。如果采取的措施或因发生事故而使用的设备在作出相应决定时，基于客观技术评价有可能成功地避免或减轻油污损害，则应予以赔偿。如果所采取的措施在当时情况下，基于客观技术评价，没有成功的可能性或者所动用的设备是不必要的，也不予以赔偿。①

值得注意的是，《指南》第三部分明确规定，环境损害赔偿（利润损失除外）应限于实际采取的或将要采取的合理复原措施的费用。根据理论模型计算损害在抽象定量的基础上提出的索赔，不予赔偿。②

除油污损害外，20 世纪 80 年代美国工业用地污染导致的"棕色土地"

---

① 参见《国际海事委员会油污损害指南》，载《中国海商法年刊》，大连海事大学出版社 1994 年版，第 463 页。

② 同上书，第 468 页。

污染事件不断发生，如 1978 年美国发生的拉夫运河事件①就轰动全国，引发了大规模抗议和索赔活动。以此为契机，美国于 1980 年制定了《综合环境反应、赔偿与责任法》（本文以下简称《超级基金法》），规定泄漏有害物质的船舶的拥有者和运营者承担对自然资源损害、破坏或者损失的赔偿责任，其中包括评估这种损害、破坏或损失的费用和成本。② 值得注意的是，修复过渡期自然资源使用价值损失被纳入该法的赔偿范围。同时，该法授权美国内政部制定详细的规则以指导自然资源损害评估③，适用于《超级基金法》下的有害物质泄漏和清洁水法下的石油排放引起损害的评估。

1989 年 3 月，埃克森石油公司的埃克森·瓦德兹（Exxon Valdez）号油轮在美国阿拉斯加威廉王子湾触礁，引发了美国历史上最严重的溢油污染事故。除水上浮油蔓延、海岸线污染和数个国家公园受到严重损害外，还造成大量海獭、海鸟死亡和大量海洋生物灭绝，预估清污费和各种污染损失费高达 80 亿美元。④ 在公众强烈要求采取溢油应急对策的呼声下，美国参议院和众议院经紧急讨论于 1989 年 7 月通过了《石油污染法》，并于 1989 年 8 月由总统签字生效。根据《石油污染法》规定，当发生油污事故后，国家油污基金中心应当派遣由法官、索赔专家、财务管理人员、保赔专家、政策协调官与事故处理官等组成的事故处理小组前往现场处理有

---

① 该事件的基本情况如下：位于纽约州的拉夫运河是一条老旧的人工河流，后因干涸而被废弃。1942 年，美国一家电化学公司购买该运河用于倾倒并填埋有毒有害工业废物。1953 年后，纽约市政府在运河上开发房地产并盖起了大量住宅和学校。从 1977 年开始，这里的居民不断发生各种怪病，到 1978 年，地面开始渗出含有多种有毒物质的黑色液体。1978 年 2 月，纽约州卫生部宣布运河处于紧急状态，发布命令关闭了这里的学校并开始执行清污计划。1980 年 12 月，美国通过了《超级基金法》，电化学公司和纽约州被认定为加害方，向受害居民赔偿经济损失和健康损失费用约 30 亿美元。

② 参见 1980 年《超级基金法》第 107 条（a）（1）～（4）、（c）。

③ 同上书，第 151 条（c）（1）～（2）。

④ 参见宋家慧：《美国〈1990 年油污法〉及船舶油污损害赔偿机制概述》，载《交通环保》1999 年第 3 期。

关事宜，他们将与溢油应急反应现场协调员密切配合，确保足够的清污费用，以保证对溢油的迅速反应。

《石油污染法》将对陆地、渔类、野生动物、生态区、空气、水、地下水或其他资源的破坏定义为"自然资源损害"，将修复受损资源的费用（而非资源减少的市场价值）作为衡量"公共自然资源损失"和"临时损失"的标准，规定损害赔偿分为修复、恢复、替代或获取受损自然资源的类似等价物的成本、自然资源在进行修复期间价值的减少与评估这些损害赔偿的费用等三部分。

与《国际油污损害民事责任公约》相比，美国油污损害赔偿的机制范围更宽、责任限制更高、赔偿更为充分。[①] 特别是《石油污染法》中的主要基金的分类使用，对自然资源损害评估、恢复以及制订应急计划、进行溢油应急科研等费用给予了保障。

依据《石油污染法》规定，托管者可以得到：（1）修复、恢复、替代或获取受损自然资源的类似等价物的成本；（2）自然资源在进行修复期间价值的减少；（3）评估这些损害赔偿的费用。此外，该法还授权美国国家海洋与大气管理局制定石油污染造成的自然资源损害评估规则，从而与1986年内政部发布的自然资源损害赔偿评估规则，一道构建起两套美国自然资源损害评估系统。

1986年，美国内政部自然资源损害赔偿评估规则，确立了"较少原则"和以市场价值评估法[②]为主的评估方法。针对不同规模的自然资源损害，评估规则设计了 A、B 两套程序方法。一般情况下，当损害规模较

---

① 参见宋家慧：《美国〈1990 年油污法〉及船舶油污损害赔偿机制概述》，载《交通环保》1999 年第 3 期。

② 市场价值评估法是环境价值评估方法之一，又称"生产率法"。这种方法把环境看作生产要素，环境质量的变化导致生产率和生产成本的变化，用产品的市场价格来计量由此引起的产值和利润的变化，估算环境变化所带来的经济损失或经济效益。

小、影响范围较窄、自然资源损害赔偿评估相对较易时，适用 A 程序；反之，则适用 B 程序。

在该规则下，修复费用仅在不超过受损资源减少的市场价值时才能得到赔偿，非使用价值也只有在市场价值不能确定时才能测定。这两项评估规则在后来的俄亥俄案①中得到了修正。经历过多次修订，美国现行评估规则规定损害赔偿金包括"修复、恢复、替代和/或获取受损自然资源或其提供服务的等价物的费用"、"由授权官员裁量的，从排放或泄漏到修复、恢复、替代和/或获取资源和其服务等价物至基线的时间内公众流失的所有或部分服务的可赔偿价值"、评估的合理必要的费用以及利息。美国现行评估规则分别界定了修复费用、可赔偿价值的确切含义，提出了具体的评估方法。② 借鉴美国经验，2004 年欧盟通过了《关于预防和补救环境损害的环境责任指令》，旨在预防及修复对水、土地、受保护物种或自然生态环境的损害。

从国际规则和域外生态环境损害赔偿机制来看，以公式模型和理论推算方法计算生态环境损害赔偿及其修复方案并未得到权威机构的认可，也并未成为一个有迹可循的先例。我国的两版生态环境损害鉴定评估技术推荐方法虽然借鉴了国外在评估生态环境损害评估中的技术规范，但上述推荐方法只是从理论模型设计出发，仅仅通过数学推演便得出了损害结论，显然不具有足够的说服力。

---

① 在该案中，法院否认了采用较少规则可以提高效率的看法，认为内政部的根本错误在于把环境看成 种可以依据市场价格进行定价的有形商品。其得出结论：修复费用是自然资源损害赔偿和基本计算方法。对于评估方法，法院拒绝把市场价格作为评定自然资源损失的唯一标准，认为《超级基金法》并没有把使用价值局限于市场价值。参见刘静：《略论美国自然资源损害赔偿范围》，载《河南省政法管理干部学院学报》2009 年第 2 期。

② 参见刘静：《略论美国自然资源损害赔偿范围》，载《河南省政法管理干部学院学报》2009 年第 2 期。

（三）以公式模型和理论推算方法事后计算生态环境损害赔偿成本费用的不确定性因素

无论是国际油污损害赔偿规则还是美国自然资源损害赔偿规则，一般都不存在事后以公式模型和理论推算方法计算生态环境损害赔偿及其修复方案的先例。

第一，倍数确定的主体的不合理性及其对倍数选择的任意性。

《推荐方法第Ⅰ版》分别对地表水污染、地下水污染、空气环境污染、土壤环境污染、海洋环境污染等给出了"污染修复费用难于计算"时的污染修复费用确定原则（见表1）。由于泰州环境污染侵权案所致水污染或者污染事故并未发生，因此无法计算污染修复费用。按照《推荐方法第Ⅰ版》污染修复费用的确定原则，对污染修复费用难以计算的，需要在运用虚拟治理成本法计算成本后，再根据受污染影响区域的环境功能敏感程度乘以 1.5~10 的倍数，即可得出不同的污染修复费用。

表1　污染修复费用的确定原则①

环境功能区类型	污染修复费用难于计算	污染修复费用易于计算
地表水污染		
Ⅰ类	＞虚拟治理成本的 8 倍	＞修复费用的 1.8 倍
Ⅱ类	虚拟治理成本的 6~8 倍	修复费用的 1.6~1.8 倍
Ⅲ类	虚拟治理成本的 4.5~6 倍	修复费用的 1.4~1.6 倍
Ⅳ类	虚拟治理成本的 3~4.5 倍	修复费用的 1.2~1.4 倍
Ⅴ类	虚拟治理成本的 1.5~3 倍	修复费用的 1.0~1.2 倍
地下水污染		
Ⅰ类	＞虚拟治理成本的 10 倍	＞修复费用的 2.5 倍
Ⅱ类	虚拟治理成本的 8~10 倍	修复费用的 2.0~2.5 倍
Ⅲ类	虚拟治理成本的 6~8 倍	修复费用的 1.6~2.0 倍

---

① 参见《推荐方案第Ⅰ版》。

续表

环境功能区类型	污染修复费用难于计算	污染修复费用易于计算
地下水污染		
Ⅳ类	虚拟治理成本的 4~6 倍	修复费用的 1.3~1.6 倍
Ⅴ类	虚拟治理成本的 2~4 倍	修复费用的 1.0~1.3 倍
空气环境污染		
Ⅰ类	>虚拟治理成本的 6 倍	——
Ⅱ类	虚拟治理成本的 4~6 倍	——
Ⅲ类	虚拟治理成本的 2~4 倍	——
土壤环境污染		
Ⅰ类	>虚拟治理成本的 10 倍	>修复费用的 2.0 倍
Ⅱ类	虚拟治理成本的 6~10 倍	修复费用的 1.5~2.0 倍
Ⅲ类	虚拟治理成本的 3~6 倍	修复费用的 1.0~1.5 倍
海洋环境污染		
Ⅰ类	>虚拟治理成本的 10 倍	>修复费用的 1.7 倍
Ⅱ类	虚拟治理成本的 7~10 倍	修复费用的 1.4~1.7 倍
Ⅲ类	虚拟治理成本的 4~7 倍	修复费用的 1.2~1.4 倍
Ⅳ类	虚拟治理成本的 2~4 倍	修复费用的 1.0~1.2 倍

　　为了显示公式模型计算结果的科学性，《推荐方法第Ⅰ版》引入了环境质量标准作为环境功能区类型的依据，从而确定受污染影响区域的环境功能敏感程度。认定受污染影响区域的环境功能敏感程度的具体方法，一般是以环境质量标准为依据，根据环境部门事先对受污染影响区域的环境功能区的类别划定而确定。泰州环境污染侵权案中所污染的水体，根据被告人提供的数据，一般处于地表水环境质量标准二类水体和三类水体之间，实践中水体经常呈现出一段时期是三类、一段时期是二类的状况。依照表 1 这个倍数系数则可以在 3~4.5 倍和 4.5~6 倍之间浮动。

　　然而，虚拟治理成本法适用的反映环境功能敏感的倍数值自身还存在变量的空间。也就是说，虚拟治理成本本身就存在着较大的变量，这个成本与生态环境质量之间不存在任何关系，它是由市场定价决定的。由于公式模型计算结果依据的倍数受市场变量的影响，1.5～10 的倍数完全属于制定者的臆想，因为这时的倍数如何选取都是不可能准确的。

因泰州环境污染侵权案属于事后计算污染修复费用，计算难度大。按照《推荐方法第Ⅰ版》第 4.5 条规定，在污染修复费用难以计算的情况下，地表水污染修复费用计算方法为：Ⅲ类地表水的污染修复费用为虚拟治理成本的 4.5～6 倍。如泰运河、古马干河受污染前的水质状况均为Ⅲ类地表水，应当按照Ⅲ类地表水的污染修复费用系数。若以下限 4.5 倍计算，根据常隆公司等 6 家公司副产酸的不同浓度，技术评估单位按照表 2 的公式推算，被技术评估单位认定的被倾倒的常隆公司副产酸总量为 12 190 吨，每吨需花费 1508 元人民币；被倾倒的锦汇公司副产酸为 5460 吨，每吨需花费 1669 元人民币；被倾倒的江苏施美康药业股份有限公司副产酸应为 2687 吨，每吨需花费 700 元人民币；被倾倒的泰兴市申龙化工有限公司副产酸 4747 吨，每吨需花费 1239 元人民币；被倾倒的泰兴市富安化工有限公司副产酸 216 吨，每吨需花费 1754 元人民币；被倾倒的泰兴市臻庆化工有限公司副产酸 50 吨，每吨需花费 1454 元人民币。因此得出污染修复费用总额约为 1.65 亿元人民币；若以上限 6 倍计算，污染修复费用总额约为 2.2 亿元人民币。本案选取 4.5 倍计算，因而一审法院判决污染修复费用约为 1.6 亿余元人民币。

实际上，水污染的治理与污染物的浓度直接相关，单位容积中污染物的浓度越高，则治理费用就越高。在司法实践中，选择变量倍数值的主体一般是鉴定评估单位。例如，泰州环境污染侵权案中是鉴定评估单位从 4.5～6 倍的数值中选择了最低值 4.5 倍计算后得出结果的。问题在于，谁有权决定选择差别巨大的变量倍数值呢？《推荐方法第Ⅰ版》留有将鉴定评估人员主观心态作为生态环境损害价值判断依据的选择余地。该案在不存在现场污染损害后果的证据（数据）条件下，鉴定评估单位依据什么在

4.5～6 倍的数值中选取最小值而不是最大值或者其他数值呢？法院为何裁量确认这个依据最小倍数值计算得出的结果呢？①

江苏省南京环境资源法庭庭长陈迎认为，过度依赖科学证据有时会导致极其不合理的裁判结果。《推荐方法第Ⅱ版》推荐的特定的环境功能区所对应的计算系数并非固定值，而是具有上限取值和下限取值的取值区间。可见，以虚拟治理成本法计算生态环境损害时存在较大的裁量空间。然而，在实践中需要借助评估报告确定生态环境修复费用时，法院往往会将虚拟治理成本计算系数的确定权交给评估单位。②

为了说明裁判的正确性和合理性，法院往往会在裁判文书中反复强调排污者的违法行为和保护环境公益与生态环境的意义。这也给环境司法实践带来了一些疑问：在无证据证明生态环境损害存在的情形下，能否仅通过违法行为推定损害事实的存在？再进一步通过绕开实际修复，能否直接适用虚拟治理成本法对推定的损害进行量化？鉴于人类开发利用环境的行为总会对之带来一定程度的影响，而生态环境损害赔偿诉讼常伴随高昂的评估和诉讼成本，应当选取何种临界值来认定损害事实？又应如何量化损害？③

第二，以虚拟治理成本法简单计算事后人工恢复生态环境损害费用的做法失之简单。

所谓虚拟治理成本法，《推荐方法第Ⅰ版》第 4.5.1 条对其作出解释："虚拟治理成本为治理所有已排放的污染物应该花费的成本，即污染物排放量与单位污染物虚拟治理成本的乘积。单位污染物虚拟治理成本按事故

---

① 虽然笔者对事后以公式模型和理论推算方法计算生态环境损害赔偿费用的方法存疑，但是笔者认为法案法官选择适用的 4.5 倍值是合理的。如果按照最高 6 倍数值计算，上限的计算数额则会超过 2 亿元人民币。

② 参见陈迎：《环境污染侵权责任认定中司法裁量》，载《法律适用（司法案例）》2017 年第 22 期。

③ 参见刘静：《生态环境损害赔偿诉讼中的损害认定及量化》，载《法学评论》2020 年第 4 期。

或事件所在地前三年单位污染物实际治理平均成本计算。虚拟污染治理成本 $= \Sigma$（污染物排放量 × 单位虚拟治理成本）。"

依据《推荐方法第Ⅰ版》第4.5.2条的相关规定，水体修复费用包括编制修复方案、水体修复和后期监测监管发生的所有费用。其中，修复水体的参考单位治理成本在表2作出规定，其他费用按直接市场价值法计算。

表2 土地和水资源参照单位修复治理成本

修复技术	适用介质	单位治理成本（元/吨）	修复技术	适用介质	单位治理成本（元/吨）
市政工程技术			化学修复技术		
污染场地覆盖技术	土壤、底泥	—	化学氧化	土壤、底泥、地表水、地下水	700～4000
含水层隔离墙技术	地表水、地下水	—	化学脱氧	土壤、底泥	—
污染场地隔离墙技术	土壤、底泥、地表水、地下水	—	土壤淋洗	土壤、底泥	300～1500
污染物挖除和处理措施	土壤、底泥	—	溶剂浸提	土壤、底泥	5000～8900
生物修复技术			物理修复技术		
自然衰减	地表水、地下水	—	两相气提	土壤、底泥、地表水、地下水	900～1600
生物翻堆	土壤、底泥	320～1400	曝气技术	地表水、地下水	600～1200
生物通风	土壤、底泥	250～800	土壤气提	土壤、底泥	600～1400
生物注气	土壤、底泥、地表水、地下水	500～1100	反应性生物渗透墙技术	地表水、地下水	250～4100
耕作修复	土壤、底泥	300～2000	土壤清洗	土壤、底泥	250～800
生物浆反应器	土壤、底泥	300～900	—	—	—

修复技术	适用介质	单位治理成本（元/吨）	修复技术	适用介质	单位治理成本（元/吨）
稳定和固定技术			热处理技术		
水力封堵	土壤、底泥	200~700	焚烧	土壤、底泥	5200~13 000
玻璃化技术	土壤、底泥	900~2800	热脱附	土壤、底泥	300~3300

资料来源：《推荐方法第Ⅰ版》。

由表 2 可知，《推荐方法第Ⅰ版》对每项不同修复技术的单位治理成本都给出了从数百元至数千元的差别费用供适用选择。以地下水、地表水的物理修复技术为例，反应性生物渗透墙技术的单位治理成本为 250~4100 元/吨。然而，在适用虚拟治理成本法的场合，根本就无法假定发生污染行为时的单位治理成本为多少。例如，处理 10% 盐酸的市场单位治理成本在 700~1400 元/年波动，当司法裁量选取最低值较为有利于被告人时，原告也会产生为何不选取最大值的疑问。

在泰州环境污染侵权案中，《评估技术报告》运用公式模型计算得出消减倾倒危险废物中酸性物质对水体造成的损害需要花费约 2541 万元人民币，正常处理倾倒危险废物中的废酸需要花费约 3662 万元人民币。

实践中的价格和赔偿数额计算方法受市场因素的影响非常大，市场价格由供需关系决定，而非由公式模型和理论推算决定。以泰州环境污染侵权案中的废酸为例，废酸的市场价格在不同地域之间的差距会达到数倍，当废酸在市场上供大于求时，价格就会降低，反之则会升高。以废酸为资源的化工企业较多的地域对废酸的需求量相对较大，价格也相对较高。此外，受国家法律规定的限制，危废处置行业在我国并未完全市场化，危废处置企业实际上处于垄断地位。当垄断行为呈强势状态时，市场价格也会高涨。

因此，虚拟治理成本中的一个很重要的变量，是要以市场定价为准，而市场定价又以供需关系为准。在计算生态环境损害成本时，表 2 给定的价格并不准确。除市场因素决定市场价格外，公式模型计算方法中的敏感系数与环境质量标准中设定的环境要素没有任何关联性。

在诸多适用推荐方法的案例中，由于该推荐方法是原环境保护部推荐适用的，并且在没有法律明确规定的情况下又得到最高人民法院司法解释的准用，因而其或多或少提供了一个相对科学的可预测的赔偿标准，且减少了裁判的主观性。法院最终确认鉴定评估单位给定的赔偿数额的结果，既可以减轻法官对赔偿数额的主观裁量，又可以将这个结果可能存在的科学技术不确定问题推给鉴定评估单位，在保证正确适用法律法规的前提下也避免了法官"擅断"被问责。吕忠梅等学者在对千余份环境裁判文书进行比较分析后认为，在环境污染侵权案件审理认定事实时，法官对科学证据的过度偏好是长期以来环境资源审判的一个通病。[1]

第三，制定者依主观因素判定期间损害计算公式中 $n=100$ 的取值建议，具有法外的惩罚性。

在《推荐方法第Ⅱ版》中，还存在着制定者依主观因素确定期间损害计算公式的现象。在量化期间损害方面，《推荐方法第Ⅱ版》附录 B 对资源等值分析方法或服务等值分析方法的适用作出了规定，即期间损害为在受损的期间内每年的资源或服务损失贴现量的加总，计算公式为：

$$H = \sum_{t=0}^{n} (Rt + dt) \times (Hr)^{(T-t)} \quad [2]$$

---

[1]　参见吕忠梅、张忠民、熊晓青：《中国环境司法现状调查——以千份环境裁判文书为样本》，载《法学》2011 年第 4 期。

[2]　公式中：H 是期间损害量。t 是评估期内的任意给定年（0 ~ n）。T 是基准年，也叫贴现年，一般是进行损害评估的年份。Rt 是受影响资源或服务单位数量。对于资源，Rt 参数可能是个体数量、生物量、寿命值、子女数量、能量、生产率或对生物或生态系统具有重要影响的其他量度。对于服务，Rt 参数可能是受影响的栖息地面积（公顷），也可能是河流长度或其他栖息地的面积等。dt 是损害程度，指资源或服务的受损程度，用选择的量度衡量。损害程度随时间变化，可以是损害的个体数量，对于亚致死效应而言，也可以是预期寿命或生物数量的减少。如果损害的资源单位数量涵盖了亚致死概念，则不需要将其受损程度单列出来。r 是现值乘数，推荐采用 2% ~ 5%。采用现值系数对过去的资源或服务损失进行复利计算和对未来的资源或服务损失进行贴现计算。参见《推荐方法第Ⅱ版》附录 B。

对于式中 n 的取值，《推荐方法第 Ⅱ 版》附录 B 认为，在某些情况下即使采取了恢复措施，受损的环境也可能始终无法恢复到基线水平，这种情况下建议 n 取 100。[①]　实际上，式中的 r 表示现值乘数，官方推荐采用 2% ~ 5%，目的为计算过去的资源或服务损失和未来的资源或服务损失；$t = 0$ 表示起始年，是损害开始年或损失计算起始年；$t = n$ 是终止年，是指不再遭受进一步损害（或者通过自然恢复达到，或者通过基本恢复措施达到）的年份。即当生态环境损害事件发生后无法计算受损环境恢复到基线水平的年份时，《推荐方法第 Ⅱ 版》附录 B 推荐鉴定评估单位以 $n = 100$ 年取值。

很明显，这个建议对自然恢复结果的预判存在很大的主观性和随意性。即使可以通过公式模型和理论推算方法算出年度人工恢复费用，也意味着污染者需要承担每年 2% ~ 5% 的复利或贴现，在 n 取 100 年这样的前提下，求和公式所累加的总额会格外巨大。

侵权责任的承担有填平损失和教育（预防、惩罚）两个功能。就泰州环境污染侵权案而言，倍数系数选择越高、损害赔偿数额就越大。在环境司法无法精确计算损害赔偿数额时，法官在确认评估鉴定结论裁量中，会更多考量以评估鉴定意见的损害数额为准，确认一个较高额度的损失数额可能更能实现教育（预防、惩罚）的功能。所以在计算倍数等系数的裁量时，法官会关注污染者的主观过错并将其作为确认赔偿数额的考量因素。

虽然这种裁量因素具有一定的合理性，但是这种裁量的结果，不仅填平了生态环境损害赔偿，还将惩罚性赔偿的因素也考虑在内。因此，《推荐方法第 Ⅱ 版》实际上是将对生态环境损害的惩罚性赔偿后果事先植入公式模型和理论推算方法之中。

第四，适用条件价值评估法与人们支付意愿的现实差距较大。

---

① 参见《推荐方法第 Ⅱ 版》附录 B。

所谓条件价值评估法，是用调查技术直接询问人们的环境偏好。当缺乏真实的市场数据，甚至也无法通过间接地观察市场行为来赋予环境资源价值时，通常采用条件价值评估技术。《推荐方法第Ⅱ版》附录第 A.4.1 条规定，该技术特别适用于选择价值占有较大比重的独特景观、文物古迹等生态系统服务价值评估。[1]

在巨蟒峰公益诉讼案中，评估专家根据《推荐方法第Ⅱ版》附录第 A.4 部分所列陈述偏好法中的条件价值评估法对三清山巨蟒峰受损价值进行了评估。尽管评估专家在分析相关样本的基础上得出巨蟒峰非使用价值受损的区间值为 1190 万～2.37 亿元人民币[2]，但是评估结果依然受到了被告的质疑：第一，采用条件价值评估法（该案中称"意愿价值法"）的前提条件是受访者对评估方法相当了解，而只有 35% 的人对评估方法有所了解，故评估结论不可靠。第二，专家既没有进行现场勘验，也未进行科学的检测和试验，仅凭公式模型和理论推断计算得出恢复费用的结果。第三、公式模型和理论推断计算不能证明被告的行为造成了巨蟒峰不可修复的毁损，也不能得出被告的行为加速巨蟒峰倒塌的结论。

如果说被调查的人们对行为人的行为致名胜古迹损害应当承担修复责任表示认同的话，那么他们对在巨蟒峰上打入 26 枚岩钉的行为，应当按每颗岩钉需支付 45 万～910 万余元人民币的修复成本来承担责任，一定会表示怀疑和不接受。更让人不可接受的是，《推荐方法第Ⅱ版》只在附录第 A.4.1 条陈述了条件价值法，但没有对如何适用该方法作出规定。因此，条件价值评估法在具体适用时具有专家选择的任意性。

综上所述，《推荐方法第Ⅰ版》和《推荐方法第Ⅱ版》都是由原环境保护部环境规划院研究制定并由原环境保护部推荐适用的。这些看似科学

---

[1] 条件价值法也叫"权变评价法"或"或然估计法"，参见《推荐方法第Ⅱ版》附录第 A.4.1 条。

[2] 经网络查询，三清山风景名胜区门票的成人票价为每张 120 元人民币。这一评估结果相当于三清山风景名胜区售出成人门票近 10 万～近 200 万张不等。

合理的推荐方法实际上存在一些不科学、不合理的问题，但是这些问题并未在生态环境损害赔偿案件的审判中引起审判人员的广泛注意。

在环境司法实践中被诟病的还有一点，这就是鉴定评估单位索要的巨额鉴定评估费用。目前，事后污染修复费用几乎都是通过公式模型计算得出的，不存在大量现场调查并现场获取大量证据和数据等科学测试行为。而鉴定评估单位的权威性和唯一性仅仅在于该单位为原环境保护部所推荐，因此具有鉴定评估的唯一性和垄断性，其鉴定评估结论也往往会得到各级人民法院、人民检察院的认可。在此背景下，对动辄上亿元人民币评估鉴定结果的生态环境损害赔偿案件，鉴定评估单位索要的鉴定评估费用等也高达数百万元甚至千万元之多。

在司法实践中，还存在生态环境损害只有数千元的案件而鉴定评估单位也会索要数十万元鉴定评估费用的情况。这种鉴定评估收费的乱象，实际上助推了鉴定评估单位将生态环境损害鉴定评估数额巨大化的心态。

三、司法对生态环境损害赔偿费用即生态环境修复方案成本的合理确认

（一）行使司法裁量权认定技术评估费用需保持司法特有的价值判断标准

2012 年 8 月，全国人大常委会修正了《民事诉讼法》，确立了法律规定的机关和有关组织可以对污染环境等损害社会公共利益的行为向人民法院提起诉讼的环境民事公益诉讼制度。2015 年 12 月，中共中央办公厅、国务院办公厅印发了《生态环境损害赔偿制度改革试点方案》①，明确了人民政府作为赔偿权利人向赔偿义务人索赔生态环境损害修复费用或损失

---

① 试点方案在实践中取得明显成效，为进一步在全国范围内加快构建生态环境损害赔偿制度，中共中央办公厅、国务院办公厅于 2017 年 12 月制定并印发了《生态环境损害赔偿制度改革方案》。

的生态环境损害赔偿制度。在这个背景下，原环境保护部通过内部文件的方式为试点单位下发《推荐方法第Ⅰ版》（之后修订印发了《推荐方法第Ⅱ版》）作为开展环境污染损害数额计算实例验算的方法。鉴于环境民事公益诉讼和生态环境损害赔偿索赔诉讼日益增多，最高人民法院也根据《民事诉讼法》、《侵权责任法》（已失效）、《环境保护法》等法律规定于2015年1月公布了《关于审理环境民事公益诉讼案件适用法律若干问题的解释》（之后依据《环境保护法》《民事诉讼法》等法律规定于2019年6月公布了《关于审理生态环境损害赔偿案件的若干规定（试行）》）。①

在2021年1月1日《民法典》和《生态环境损害鉴定评估技术指南 总纲和关键环节 第1部分：总纲》等六项标准技术文件施行前，以上最高人民法院公布的司法解释和原环境保护部下发的各推荐方法，都是各级法院审理环境民事公益诉讼和生态环境损害赔偿案件和认定生态环境损害赔偿费用的依据。

然而，由行政机关推荐适用的技术规范并非行使司法裁量权的法律依据。《标准化法》第11条第1款规定："对满足基础通用、与强制性国家标准配套、对各有关行业起引领作用等需要的技术要求，可以制定推荐性国家标准。"由于环境行政权力的行使是以对企业排放污染物实行监管为目的，因此对违法排污行为而言，环境行政的需求是惩罚排污行为和对环境污染损害进行治理。在这个理念支撑下，原环境保护部推荐适用的《推荐方法第Ⅰ版》和《推荐方法第Ⅱ版》以及生态环境部2021年开始施行的《生态环境损害鉴定评估技术指南 总纲和关键环节 第1部分：总纲》等六项标准技术文件在目的和方法上具有一定合理性，在形式上也均坚持要求鉴定评估保持合法合规、科学合理、独立客观等原则，但在基线确定方法、生态环境损害确定、因果关系分析、生态环境损害实物量化、

---

① 《关于审理环境民事公益诉讼案件适用法律若干问题的解释》和《关于审理生态环境损害赔偿案件的若干规定（试行）》于2020年12月根据《民法典》修正。

生态环境损害价值量化以及生态环境恢复效果评估等内容的要求上，都带有明显而主观的行政功利主义色彩。① 从《推荐方法第Ⅰ版》到最终演变形成的六项推荐性国家标准技术文件，它们确系满足环境行政管理、生态环境损害赔偿磋商、环境司法等工作需要的产物。

　　笔者认为，生态环境修复方案成本的确认是行使司法裁量权的结果。例如，在泰州环境污染侵权案中，常隆公司等 6 家公司曾对一审判决中确认的环境污染修复费用计算方法提出过质疑。为此，二审法院认识到应当行使司法裁量权，而非完全依赖第三方采用有争议的公式模型和理论推算得出损害赔偿数额的方法来作出判决，因而在二审判决维持一审判决中关于 1.6 亿元赔偿数额的基础上特别指出，本判决生效之日起一年内，如常隆公司等 6 家公司能够通过技术改造对副产酸进行循环利用，明显降低环境风险，且一年内没有因环境违法行为受到处罚的，其已支付的技术改造费用可以凭环境主管部门出具的《企业环境守法情况证明》《项目竣工环保验收意见》和具有法定资质的中介机构出具的《技术改造投入资金审计报告》，向泰州市中级人民法院申请在延期支付的 40% 额度内抵扣。也就是说，假如常隆公司等 6 家公司依照法院判决去做的话，其可以依据自行承担修复治理义务的证明，申请在延期支付的 40% 赔偿额度内抵扣。

　　这一判决实际上降低了常隆公司等 6 家公司实际应当支付的污染治理费用。该案法官在综合考量的基础上，同时认为政府有义务从社会管理的角度防范环境污染的整体风险，在危废处置产能较高的地区采取措施予以

---

　　① 以《生态环境损害鉴定评估技术指南　总纲和关键环节　第 1 部分：总纲》（GB/T39791.1—2020）为例，其附录 B 和《推荐方法第Ⅱ版》附录 B 同样列出了等值分析方法的类型与适用性，不仅设立了无法开展资源或服务等值分析时应当采用的替代方法，还设立了受损生态环境服务功能即使采取恢复措施也可能始终无法恢复到基线时，计算期间损害公式中 dt、r、n 的推荐取值数额。与《推荐方法第Ⅱ版》附录 B 相比，该标准附录 B 中计算期间损害的公式为：$H = \sum_{t=t0}^{tn} Rt \times dt \times (1 + r)^{(T-t)}$，并将公式中 dt 的推荐取值数额进行明确，即 t 取值 $0 \sim 1$。

应对。因此，应当考虑将赔偿费用用于企业污染源的环境治理方面，实现赔偿价值的最大化。最终，该案实际执行金额约为 1.17 亿元，并已全部用于污染所在地农村饮用水水源改造、畜禽养殖与粪便无害化处理以及农村生活垃圾处理等与生态环境保护相关的民生项目方面。而常隆公司等 6 家公司未支付的 40% 的污染修复费用则由各企业分别用于自行建设危险废物处理设施方面。① 与此案相同的是，巨蟒峰公益诉讼案中一审法院将专家组的评估报告作为参照因素，酌定判决被告 600 万元人民币以赔偿环境资源损失，用于公共生态环境保护和修复。

泰州环境污染侵权案和巨蟒峰公益诉讼案中审理法院的做法都表明了生态环境修复方案成本的最终确认是行使司法裁量权的结果，而非对公式模型计算结果的直接司法适用。

制定环境民事公益诉讼制度和生态环境损害赔偿制度的意义，在于维护社会公共利益和追究造成生态环境损害者的赔偿责任，虽然二者诉讼形态不一样，但它们的目的却是相同的。特别是对违反国家规定造成生态环境损害和致使生态环境不能修复的，这两类诉讼的结果均为通过金钱赔偿生态环境损害的损失来作为替代人工修复生态环境的成本费用。为此，人民法院审理环境民事公益诉讼案件和生态环境损害赔偿案件的重点，应当是人工修复生态环境的客观成本和费用方面。因此，与环境主管部门注重生态环境修复的治理效果和期盼惩处违法排污者的视角不同，法院在审理环境民事公益诉讼和生态环境损害赔偿时，应当秉承公平和公正原则，在查明事实的基础上，让环境侵权行为人承担与其造成的生态环境损害相应的赔偿责任。

在我国标准化工作依法由国家标准化主管部门和有关主管部门管理的前提下，即使是国家标准的制定也只是技术专家和行政官员依职权选择的

---

① 在此感谢江苏省南京环境资源法庭陈迎庭长于 2021 年 9 月 13 日笔者调研时，介绍有关该案的执行情况。

产物，不存在像制定法律那样有着严格的程序并由国家立法机关审议通过。在这个背景下，虽然法院对推荐性国家标准不享有司法审查权，但在审判中对依照推荐性国家标准作出的技术评估结论是否予以确认享有司法裁量权，因此行使司法裁量权认定技术评估费用须保持司法特有的价值判断标准。

（二）司法最终确认生态环境损害赔偿中人工替代修复成本费用的参考因素

实际上，在2015—2020年各地法院审理的环境民事公益诉讼案和生态环境损害赔偿案中，部分人民法院通过行使司法裁量权未确认或者未完全确认采纳评估鉴定单位提供的生态环境损害赔偿费用的结论。本文表3中所列案件就是法院未完全认定评估鉴定单位提供的鉴定评估费用数额，而是通过行使司法裁量权对评估鉴定单位提供的鉴定评估费用数额予以酌定的。

表3　环境公益诉讼案和生态环境损害赔偿案法院判决认定的生态环境损害费用

案名	评估依据	计算公式	鉴定评估费用数额	法院酌定判决数额
泰州市环保联合会诉泰兴锦汇化工有限公司等环境污染侵权赔偿纠纷案	《推荐方法第Ⅰ版》	虚拟治理成本法	1.6亿元人民币（取最低值4.5倍系数）	1.6亿元；若30日内提供有效担保，40%赔偿额度可延期一年支付；一年内技术改造费用可于40%赔偿额度内抵扣
上饶市人民检察院诉张某等损毁三清山巨蟒峰自然遗迹民事公益诉讼案	《推荐方法第Ⅱ版》	条件价值法	1190万~2.37亿元人民币（最低和最高值系数的差别）	600万元

续表

案名	评估依据	计算公式	鉴定评估费用数额	法院酌定判决数额
中华环保联合会诉山东德州晶华集团振华有限公司大气污染民事公益诉讼案	《推荐方法第Ⅱ版》	虚拟治理成本法	2746万元人民币（取最高值5倍系数）	2198万元（取区间折中值4倍系数）
中华环保联合会与谭某、方某环境污染责任纠纷案	未写明	未写明	410万元人民币	两被告共同修复到本次污染损害发生之前的状态和功能（标准由环境主管部门审核）
中国生物多样性保护与绿色发展基金会、江苏宝众宝达药业有限公司等与扬州市邗江腾达化工厂、张某等环境污染责任纠纷案	《推荐方法第Ⅱ版》	虚拟治理成本法	9706万元人民币	张某赔偿生态环境修复费用8965万元；其他被告承担连带责任
中国生物多样性保护与绿色发展基金会与浙江淘宝网络有限公司大气污染责任纠纷案	未写明	未写明	1.5亿元人民币（具体数额以评估鉴定报告为准）	350万元人民币

资料来源：《推荐方法第Ⅰ版》表3。其中，所列司法判例案号依次为：最高人民法院（2015）民申字第1366号民事裁定书；江西省高级人民法院（2020）赣民终317号民事判决书；山东省德州市中级人民法院（2015）德中环公民初字第1号民事判决书；广东省广州市中级人民法院（2015）穗中法民一终字第3804号民事判决书；江苏省高级人民法院（2017）苏民终365号民事判决书；浙江省高级人民法院（2019）浙民终863号民事判决书。

表 3 中各案裁判文书的内容表明，法院未确认或者未完全确认采纳的原因主要包括如下几个方面：（1）对计算模型、系数以及基数，因证据认定产生出入而不认可；（2）虽然认可公式模型计算结果的确定赔偿数额，但司法裁量采用担保延期支付及抵扣模式，实际上将其转换为企业自行治理方式以减少赔偿金；（3）兼顾被告的经济条件和赔偿能力，适度减少依公式模型计算结果的赔偿数额；（4）在司法裁量权范围内参照公式模型计算结果的确定赔偿数额；（5）不认可公式模型计算结果的确定赔偿数额，而以修复到本次污染损害发生前的状态和功能为标准所实际产生的费用为准；（6）根据各企业排放情况、是否受过环境行政处罚以及有无加大投入从源头上降低环境风险等因素综合认定；（7）在无相关国家标准或因样品数量不足而无法计算对污染损害进行替代性修复的经济成本时，不认可公式模型计算结果的确定赔偿数额。

由此可以看出，法院依法行使司法裁量权对合理数值的选取和计算结果加以确认，对合理解决环境公益与生态环境争议，促进双方当事人就赔偿金额达成一致的认识，是非常重要的。

第一，在责任确定基础上，可以考虑由当事人双方共同聘请评估单位计算并确定恢复费用的方式。

环境公益诉讼和生态环境损害赔偿案件的审判实践表明，一旦此类案件进入司法程序，法院的审理重点已经不是环境侵权行为人有无责任的问题，而是责任范围、责任大小、责任分配和赔偿数额认定的问题。

侵权责任制度的主要功能在于填补损失和预防不法行为。特别是在环境公益诉讼和生态环境损害赔偿诉讼中，制度设计已将以往环境公益和生态环境损害不可赔偿变为可能，而且有资格提起环境公益诉讼和生态环境损害赔偿诉讼的一方往往并非传统私法意义上的直接受害者。此时，司法的作用并非一味强调违法行为的主观恶性和保护法益的珍稀性，而是应当在明确侵权责任的基础上，在诉讼当事人之间就如何填补公益损害、修复生态环境或赔偿生态环境损害进行磋商以达成修复环境损害的最大共识。

《生态环境损害赔偿制度改革试点方案》将"依法推进，鼓励创新；环境有价，损害担责；主动磋商，司法保障；信息共享，公众监督"作为重要的工作原则，将"赔偿义务人因同一生态环境损害行为需承担行政责任或刑事责任的，不影响其依法承担生态环境损害赔偿责任"作为分清责任性质并分别追究责任的准则。

因此，与其采取一般民事诉讼让双方当事人相互举证和质证，倒不如在全面认同评估单位能力的前提下，考虑由当事人双方共同聘请评估单位依照技术规范计算并确定恢复费用和赔偿损失的结论。此举还能够节省评估鉴定成本。

第二，合理确定人工修复生态环境损害的赔偿费用的方法。

在原环境保护部推荐适用的《推荐方法第Ⅰ版》《推荐方法第Ⅱ版》，以及生态环境部发布的《生态环境损害鉴定评估技术指南总纲和关键环节第1部分：总纲》等六项标准中，我们发现，在存在许多变量或者不确定因素的数值选取方面，这些技术规范常常会用"推荐"或者"建议"的文字对这些存在变量的区间数值予以明确提示，要求评估鉴定单位根据实际采取灵活的方法合理地选取数值。也就是说，制定者在制定技术规范时已经认识到，事后评估生态环境损害和采用替代性人工修复措施的费用存在较多不确定性因素和干扰性因素。这也是司法实践中，当两个以上的评估鉴定单位对同一生态环境损害结果通过公式模型计算时，容易得出较大差异的生态损害赔偿费用或采用替代性人工修复措施的费用的内在原因，对技术规范公式模型中的变量数值的选取不同，计算结果就会出现巨大的偏差。

以构建生态环境损害赔偿制度所借鉴的美国经验为例，自然资源的受托人必须在索赔过程中考虑预期的恢复费用与提议行动的收益之间的关系，也即追求经济收益并非唯一的标准。所以在1994年美国内政部制定的规则中引入了按比例浮动的计算方式。在这个规则之下，损害赔偿总额等于可赔偿价值和重新启动措施的总和，只是在可补偿价值和恢复成本之间通常需要进行权衡。例如，采用快速和密集的恢复可能会获得更短的恢复期与更低的期间损失，并减少相关的可补偿价值，但是这种替代修复方案的实施可能会导致修复费用显著提高。

这一点值得我国法院在行使司法裁量权时注意，因为在最高人民法院发布的典型案例和指导性案例中，很少看到有法院通过对多种修复方案进行比选，并最终从中选择一个最佳方案来作出判决的判例。

在生态环境损害赔偿案件中，生态恢复的成本费用与替代方案的收益之间存在很大的变量关系。美国学者爱德华认为，最低限度的修复或自然恢复，可能会损失更高的可赔偿价值但获得较低的修复成本（见图2）。

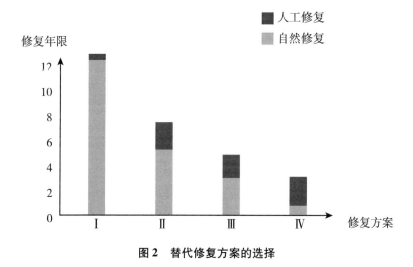

图2　替代修复方案的选择

假如，方案Ⅰ是以自然修复为主的方案：自然修复12年，监视与保护成本50万元，其期间损失估算为1200万元。那么，据此设计出Ⅱ、Ⅲ、Ⅳ三个更好的人工干预方案供选择。

方案Ⅱ：自然修复7年，监视与保护成本500万元，期间损失估算700万元，成本为投入500万元，避免期间损失500万元。方案Ⅲ：自然修复需要4.5年，监视与保护成本600万元，期间损失估算450万元，成本与方案Ⅱ相比多投入 100 万元，避免期间损失增加 250 万元。方案Ⅳ：自然修复 3 年，监视与保护成本 1300 万元，期间损失估算 300 万，成本与方案Ⅲ相比多投入 100 万元，避免期间损失增加 700 万元。[①]

如此便将复杂的公式模型计算简单化了。相比之下，这样一眼就能够看出方案Ⅲ是成本最低、效果最好的选择方案。因此，对于仅凭事后的公式模型推算修复方案费用的生态环境损害赔偿案件，通过司法裁量权引导公式模型计算若干个结果并作出合理选择，这对当事人就赔偿费用达成一致将产生积极的影响。

第三，关于惩罚性因素的考量。

实际上，法治国家环境行政自身也具有两面性：一方面要容忍合法环境利用行为以满足经济社会的可持续发展；另一方面也要惩治违法环境利用行为以维护国家对社会的管理秩序，保护环境和自然资源。因而，在诸如排污收费或者环境税收制度的设计上，各国均以形式补偿环境损害为目的，而非以公式模型计算结果所得的费用，征收填补环境公益和生态环境损害的费用。当环境公益和生态环境作为法益受私法保护时，追究环境侵权行为人的责任当然还是应当以恢复原状和填补损失为原则。至于对违法行为人的惩罚仍然应当由行政处罚或者刑罚执行，而非私法的职能。

当评估鉴定单位适用生态环境部门推荐的公式模型得出的计算结果不能令人信服或者与事实出入较大时，法院应当行使司法裁量权对该计算结果进行干预。例如，《推荐方法第Ⅰ版》和《推荐方法第Ⅱ版》以公式模型计算方式计算出虚拟治理成本，然后再乘以倍数值，按照一般逻辑来理解，其基本意图掺杂了惩罚性的因素。

笔者认为，惩罚性赔偿属于司法裁量权的范畴，不应当将其预置于国家标准之中。从司法裁量权的立场出发，惩罚性的内容本属于司法裁量权

---

① See Edward H. P. Brans, *Liability for Damage to Public Natural Resources Standing*, *Damage and Damage Assessment*, *Kluwer Law International*, 2001, pp. 122 – 124.

的范畴，但却被事先预置纳入推荐方法中。因此，这个不具有强制执行效力的推荐方法存在内容违法的嫌疑，应当审慎适用。

从环境保护行政的角度看，环境主管部门期待借生态环境损害赔偿制度的实施以强化企业预防环境污染的效果。然而，从司法的立场看，则应当强调平等主体之间加害人实际对损害予以填平的目的。对侵权人违反法律规定，故意污染环境、破坏生态造成严重后果，被侵权人请求相应的惩罚性赔偿的，法院应当根据《民法典》第1232条的规定依法作出处理。

第四，加强环境公益诉讼和生态环境损害赔偿案件审理中的公众参与。

环境公益诉讼和生态环境损害赔偿案件的审判结果与公众具有十分密切的利害关系，因而此类案件的审理除了应当依法公开外，还应当在协商、磋商或者调解环节引入公众参与。

以构建生态环境损害赔偿制度所借鉴的美国经验为例，在美国内政部规则下，制订评估计划的环节需要经过公众审查、评估计划才会生效。评估计划需由任何潜在的责任方、受托人、其他受影响的联邦或州和部落的政府机构以及任何其他利益相关方进行为期30日的审查，各方的反馈或评价也需纳入所制订的评估计划中。而在国家海洋与大气管理局的自然资源损害评估规则下，公众可以查阅发布的实施修复计划的公告，在起草损害评估文件时，公众同样可以进行审查和作出评议。公众的意见有助于帮助受托人判断评估计划的适当性，同时可将评估过程中遗漏的影响因素反映给受托人。①

---

① 参见于文轩：《美国水污染损害评估法制及其借鉴》，载《中国政法大学学报》2017年第1期。转引自 Natural Resource Damage Assessments，43 C. F. R. §11. 32（c）；自然保护协会（Natural Resources Defense Council，NRDC）中国环境法项目：《自然资源损害救济体系：美国经验及对中国的启示》，载谢玉红、曹明德编：《中国环境法治·2014年卷》（下），法律出版社2015年版，第177页。

2017 年 12 月中共中央办公厅、国务院办公厅发布的《生态环境损害赔偿制度改革方案》，特别将"鼓励公众参与"作为方案落实的保障措施提出要求，即要不断创新公众参与方式，邀请专家和利益相关的公民、法人、其他组织参加生态环境修复或赔偿磋商工作。依法公开生态环境损害调查、鉴定评估、赔偿、诉讼裁判文书、生态环境修复效果报告等信息，保障公众知情权。

从目前的环境审判实践状况看，公众参与主要表现在参加旁听审判和事后参加生态环境修复工作，而在参与有关环境公益诉讼和生态环境损害赔偿案件的赔偿磋商，公开查阅生态环境损害各类调查鉴定评估文书和生态环境修复效果报告等方面，还有很大提升空间。

第五，司法裁量对次生环境损害的考量。

实际上，生态环境损害所发生的时期与损害结果的关系也很密切。例如，在泰州环境污染侵权案中，如果倾倒废酸致河流污染损害事件发生在水生生物的繁殖期或者法律规定的禁渔期，这个自然资源的期间损失就比非繁殖期和非禁渔期重大，这时如果将环境质量标准作为环境功能区类型的依据而确定受污染影响区域的环境功能敏感程度，就无法体现出自然资源的期间损失。对此，就应当在司法裁量中提高倍数的数值；反之，则应当降低倍数的数值。农田灌溉期亦是如此。

在实践中，还存在合法排放污染物的情况下，是否应当将这部分生态环境损害计算在内的问题。例如，在环境保护税的计税当量中，就有相应的污染物排放浓度、数量与计税的比例关系。这个比例关系的确定是在总结中国 30 多年排污收费实践经验基础上，将排污收费制度平移为环境保护税制度，而为《环境保护税法》所确立。确切地说，对环境保护税税率的确定，已经考虑到污染的治理成本和环境对污染物的自净能力等因素。

笔者认为，即使按照推荐的公式模型计算方式得出损害数额，合理的计算方法仍应当参酌环境保护税税率所计算的污染物排放当量，亦即应将这部分生态环境损害的损失从总额中减去。

四、结语

近 10 年来，各级人民法院在审理环境民事公益诉讼和生态损害赔偿案件中，通过行使司法裁量权，在大量裁判文书中以《推荐方法第 I 版》和《推荐方法第 II 版》的公式模型和计算方法得出的数额作为赔偿生态环境损害的恢复费用并予以确认。实践证明，公式模型和计算方法仅仅给司法裁量提供了一个相对科学的准据，但是通过公式模型和计算方法得出数额的结论，因其具有较多的科学不确定性等因素，并未全部得到法院的确认。

2021 年起施行的《民法典》和《生态环境损害鉴定评估技术指南总纲和关键环节 第 1 部分：总纲》等六项推荐性国家标准技术文件，形式上使过去适用最高人民法院司法解释和中央事业单位编制的推荐方法作为审理环境民事公益诉讼和生态损害赔偿案件依据的方法成为历史。回首分析近 10 年来的成案，虽然这些判决实现了构建环境公益诉讼制度和生态环境损害赔偿制度的目的，但是有关法律文书显现出法院作为审判机关在环境公益诉讼和生态环境损害赔偿司法实践中，还存在过度依赖技术评估单位的评估意见和对生态环境损害鉴定评估技术推荐方法理解不深、研判不足等问题，法院对司法裁量权的适用还有很大的空间。

通过典型案例分析，笔者认为，以公式模型推算生态环境损害费用作为生态环境修复方案成本具有很多的不科学性、不合理性，以及鉴定评估人员选择计算参数上的主观性，因此，法院在审理环境民事公益诉讼和生态损害赔偿案件时，应当在鉴定评估的基础上，通过行使司法裁量权对生态环境损害赔偿费用即生态环境修复方案成本确认进行审查和裁量，应当深化和扩大司法裁量权的适用，对生态环境损害赔偿数额的确认保持司法特有的价值判断标准；在责任确定的基础上，通过由当事人双方共同聘请评估单位计算并确定恢复费用，采取不确定因素情形下多种人工修复费用的比选方法，引入公众参与机制，让确认生态环境修复方案成本的判断依法归于法院行使司法裁量权的判断，而非鉴定评估单位运用公式模型推算的结论。

经济法

论企业名称的竞争法保护

——天津青旅擅用他人企业名称纠纷案*

◀ 李友根

　　南京大学法学院教授、博士研究生导师，中国法律案例研究中心主任。教学研究领域为经济法学、知识产权法学，在《中国法学》《法学研究》等期刊发表论文近百篇，主持国家社科基金规划项目"基于反不正当竞争法修改的案例类型化研究"等，科研成果曾获高等学校科学研究优秀成果奖（人文社会科学）三等奖、江苏省哲学社会科学优秀成果二等奖。任中国法学会经济法学研究会副会长、江苏省法学会社会法学研究会会长、江苏省法学

---

　　* 笔者曾在《中国法学》2015 年第 4 期发表本文。本文分析的案例是 2014 年最高人民法院颁布的第 29 号指导案例 ⌊（2012）津高民三终字第 3 号]。对本案进行分析的意义在于：首先，本案解决了 1993 年《反不正当竞争法》相关条文的解释与适用问题，完善了相关的竞争规则，因此研究本案可以揭示此类裁判规则变迁的进程。其次，本案的裁判要点与结论，对于 2017 年《反不正当竞争法》的修订起到了关键性的作用。最后，也是最为重要的，本案的分析充分表明了我国法律发展的规律性特征，彰显了司法裁判在制度发展与法治进步中的重要作用，也说明了我国法学界重视对司法裁判特别是指导案例研究。

会经济法学研究会副会长等学术职务，兼任最高人民检察院专家咨询委员、江苏省人大常委会立法咨询专家、江苏省人民检察院专家咨询委员等。

一、法律背景与案例概要

根据我国 1993 年颁布的《反不正当竞争法》第 5 条第 3 项规定，"擅自使用他人的企业名称或者姓名，引人误认为是他人的商品"的行为属于不正当竞争。① 按照《企业名称登记管理规定》②和《企业名称登记管理实施办法》③的规定，企业名称由行政区划、字号、行业或经营特点、组织形式四个部分组成。而擅自使用他人企业名称的行为，"有两种表现，一种是未经权利人的许可而使用其企业名称或者姓名；另一种是虽然经过权利人的许可，但在使用中超出了权利人许可使用的范围或者方式，或者这种许可本身就是违法的行为"④。据此，行为人擅自使用的，应当是他人完整的企业名称（包含四部分内容），如果仅仅是擅自使用他人企业名称中的部分内容（如字号）甚至简称，则不属于该法条所规定的不正当竞争行为。

而最高人民法院 2014 年发布的第 29 号指导案例——天津中国青年旅行社诉天津天青国际旅行社擅自使用他人企业名称纠纷案（本文以下简称天津青旅案），涉及的正是擅自使用企业名称的简称是否构成不正当竞争的问题。

成立于 1986 年的天津中国青年旅行社，是从事国内及出入境旅游业务的国有企业，在其业务活动（如报价单、旅游合同、与同行业经营者合

---

① 《反不正当竞争法》已于 2017 年修订，并于 2019 年再次修正。本文案例适用 1993 年版，下文不再做特殊说明。

② 《企业名称登记管理规定》于 1991 年公布，并于 2012 年、2020 年两次修订。本文案例适用于 2012 年修订版，下文不再做特殊说明。

③ 《企业名称登记管理实施办法》于 1999 年公布，并于 2004 年修订。本文案例适用于 2004 年修订版，下文不再做特殊说明。

④ 王晓晔：《竞争法学》，社会科学文献出版社 2007 年版，第 84 页。

作文件、发票等资料以及经营场所各门店招牌上）和媒体报道中，常使用"天津青旅"作为企业名称的简称。成立于 2010 年的天津国青国际旅行社有限公司，是从事国内旅游及入境旅游接待等业务的有限责任公司。

2010 年年底，天津中国青年旅行社发现通过 Google 搜索引擎分别搜索"天津中国青年旅行社"或"天津青旅"，在搜索结果的第一名并标注赞助商链接的位置，分别显示"天津中国青年旅行社网上营业厅和天津国青网上在线营业厅"及相关宣传文字，点击链接进入网页后显示的是标称天津国青国际旅行社乐出游网的网站，网页内容为天津国青旅游业务信息及报价，标称网站版权所有：乐出游网—天津国青，并标明了天津国青的联系电话和经营地址。在百度搜索引擎搜索"天津青旅"，在搜索结果的第一名并标注推广链接的位置，显示"天津青旅"的宣传文字，但点击链接进入网页后显示的仍然是上述标称天津国青乐出游网的网站。

天津中国青年旅行社便将天津国青国际旅行社有限公司诉至法院，理由是被告非法使用原告企业名称全称及企业名称简称"天津青旅"，违反了《反不正当竞争法》的有关规定。

一审天津市第二中级人民法院作出（2011）二中民三知初字第 135 号民事判决，判决被告败诉；被告不服，提起上诉。二审天津市高级人民法院作出（2012）津高民三终字第 3 号民事判决，维持了原判，指出："天津青旅"作为原告企业名称简称，经过原告多年在经营活动中使用和宣传，已享有一定的市场知名度，为相关公众所知悉，已与天津中国青年旅行社之间建立起稳定的关联关系，具有可以识别经营主体的商业标识意义。所以，可以将"天津青旅"视为企业名称。经营者擅自将他人的企业名称或简称作为互联网竞价排名关键词，使公众产生混淆误认，利用他人的知名度和商誉达到宣传推广自己的目的的，属于不正当竞争行为，应当予以禁止。

2014 年，最高人民法院将本案作为指导案例发布，其裁判要点指出：

第一，对于企业长期、广泛对外使用，具有一定市场知名度、为相关公众所知悉，已实际具有商号作用的企业名称简称，可以视为企业名称予以保护。

第二，擅自将他人已实际具有商号作用的企业名称简称作为商业活动中互联网竞价排名关键词，使相关公众产生混淆误认的，属于不正当竞争行为。

显然，从《反不正当竞争法》明确规定的"企业名称"到最高人民法院指导案例提出的"简称"，从本案中原告"天津中国青年旅行社"、被告"天津国青国际旅行社有限公司"的名称，到涉案的企业名称简称"天津青旅"，其中存在较大的差异。那么，将简称视为企业名称是否符合《反不正当竞争法》的立法宗旨？换言之，最高人民法院的这一裁判立场是否具有合法性与正当性呢？该指导性案例的发布，对于《反不正当竞争法》的发展又具有何种意义呢？

笔者试图对这一问题作出回答，为此本文首先回顾与梳理《最高人民法院公报》（本文以下简称《公报》）历年来发布的有关指导性案例对企业名称保护的变迁过程，并从法理角度对此进行相关评论与分析，最后从法律发展与案例的作用角度得出一些初步的结论。

二、企业名称竞争法保护的变迁：《公报》案例的梳理

我国于 2010 年 11 月正式建立了案例指导制度，《最高人民法院关于案例指导工作的规定》（法发〔2010〕51 号）第 6 条第 2 款明确规定："最高人民法院审判委员会讨论决定的指导性案例，统一在《最高人民法院公报》、最高人民法院网站、《人民法院报》上以公告的形式发布。"第 7 条规定："最高人民法院发布的指导性案例，各级人民法院审判类似案例时应当参照。"但在此之前，司法实践中也存在实际上的案例指导制度，即《公报》所选登的案例。1991 年，时任最高人民法院院长任建新在向第七届全国人民代表大会第四次会议作《最高人民法院工作报告》时指出："通过《最高人民法院公报》公布了一批典型案例，发挥案例的指导

作用。"2008 年，时任最高人民法院院长肖扬在向第十一届全国人民代表
大会第一次会议作《最高人民法院工作报告》时指出："（过去五年来）
通过公报发布指导性案例 169 个，为探索建立案例指导制度积累了经验。"
因此，2010 年以前的《公报》案例代表着最高人民法院的倾向性意见，
对各地法院的司法裁判起到一定的指导作用，具有一定的参考意义，应成
为法学研究的基础性与权威性案例材料。

据此，笔者搜集整理了有关企业名称的《公报》案例，将其视为分析
我国司法裁判立场变迁的基本案例材料。自 1993 年《反不正当竞争法》
实施以来至 2015 年，《公报》发布的涉及企业名称的指导性案例共有 11
件，现将其初步整理，见表 1。

表 1　最高人民法院公报涉及的企业名称指导案例

期号	原告	被告	与企业名称相关的结论
1998 年第 2 期	南京电力自动化设备厂	南京天印电力设备厂	擅自使用他人企业名称，构成不正当竞争
2001 年第 3 期	芳芳陶瓷厂	恒盛陶瓷建材厂	仅使用字号，不是合法使用企业名称
2004 年第 6 期	上海避风塘美食有限公司	上海德荣唐美食有限公司	擅自使用字号，侵犯企业名称权
2005 年第 6 期	中国药科大学	江苏福瑞科技有限公司	被告盗用原告名称属于不正当竞争
2005 年第 12 期	博内特里塞文奥勒有限公司	上海梅蒸服饰有限公司	任意简化使用他人的企业名称，不合法
2006 年第 6 期	南京雪中彩影婚纱摄影有限公司	上海雪中彩影婚纱摄影有限公司	被告简化自己的名称，构成不正当竞争
2007 年第 2 期	江苏汤沟两相和酒业有限公司	陶某	被告应当完整使用企业名称

续表

期号	原告	被告	与企业名称相关的结论
2007 年第 6 期	上海统一星巴克咖啡有限公司	上海星巴克咖啡馆公司	被告对其企业名称不享有权利
2008 年第 6 期	河北三河福成养牛集团总公司	哈尔滨福成饮食有限公司昆明分公司	简化并非随意使用新名称
2009 年第 11 期	上海罗芙仙妮化妆品有限公司	上海市工商行政管理局金山分局	知名企业名称中的字号视为企业名称
2010 年第 3 期	山东起重机厂有限公司	山东山起重工有限公司	企业名称的保护可适用于企业的简称

由表 1 可知，最高人民法院《公报》发布的此类案例，总体上涉及企业名称权的两个内涵，即使用权与禁止权。使用权是指企业名称权人使用自己名称的方式与要求。禁止权是指企业名称权人可以在何种情形下禁止他人对自己名称的使用。而从最初的对完整企业名称的典型保护，到最近的对企业简称的保护，其间经历了市场竞争实践、司法解释、理论学说的发展与演变过程。分析这一变迁过程，有助于我们清晰地把握法律发展的内在规律。

（一）企业名称的严格解释：完整使用

企业对于自己的名称，依法享有名称权。《民法通则》（已失效）第 99 条第 2 款①对此作了明确规定，即"法人、个体工商户、个人合伙享有名称权。企业法人、个体工商户、个人合伙有权使用、依法转让自己的名称"。② 对于侵害名称权，学界的一般理解是："法人、个体工商户、个人合伙若使用与其他法人、个体工商户、个人合伙已登记的名称相同或相类

---

① 《民法典》第 1013 条作了有关规定。

② 虽然企业并不必然具有法人地位（如独资企业、合伙企业等），但依照"举轻以明重"的解释方法，个体工商户、个人合伙尚且享有名称权，则企业自然享有名称权。

似的名称，则为侵害名称权。"① 而对于所侵害的名称，显然是由各种名称要素共同组成的："企业的名称应反映所属的行业，其印章、牌匾、银行账户的名称应与营业执照上核定的企业的名称相一致。企业不得使用未经核准登记的名称或擅自改变已经核准登记的名称。"②

这样的理解与认识，在 1993 年《反不正当竞争法》施行以后，也成为认定、处罚与制裁企业名称领域不正当竞争行为的基本理论指导。例如，原国家工商行政管理总局在其编印的案例精选中三件有关企业名称的案例均是完整使用他人企业名称的案件。③ 而在法学界，对于被擅自使用的他人"企业名称"，也基本上理解为由四部分内容所构成的完整名称。④

《公报》早期公布的指导性案例与此相适应，针对的同样是擅自使用他人企业名称的典型案件，以确立这一类案件的基本裁判规则，这也是对《反不正当竞争法》规定的宣传与解释：在南京电力自动化设备总厂诉南京天印电力设备厂不正当竞争纠纷案中，被告在其生产的产品上使用原告的企业名称，被法院认定为不正当竞争行为："被告利用原告的知名度销售自己的产品，既侵害了原告的名称权，损害了原告的名誉和利益，又破坏了正常的市场竞争秩序。"⑤ 在这一指导性案例中，法院不仅援用并解释了《反不正当竞争法》的规定，而且进一步说明了该法的立法意图——

----

① 王利明、郭明瑞、方流芳：《民法新论》（上），中国政法大学出版社 1988 年版，第 523 页。

② 王利明、郭明瑞、方流芳：《民法新论》（上），中国政法大学出版社 1988 年版，第 277 页。

③ 这三个案例分别是：山东长城食品厂擅自使用他人企业名称进行不正当竞争案、张某华擅自使用他人企业名称案、宁夏贺兰县奋力造纸厂擅自使用他人企业名称案。参见国家工商行政管理局公平交易局编著：《不正当竞争案例精选》，工商出版社 1996 年版，第 19～25 页。

④ 参见种明钊主编：《竞争法》，法律出版社 1997 年版，第 209 页；邵建东：《中国竞争法》，江西人民出版社 1994 年版，第 75 页。

⑤ 参见南京电力自动化总厂诉南京天印电力设备厂不正当竞争纠纷案，载《最高人民法院公报》1998 年第 2 期。

不仅保护企业名称权，还保护正常的市场竞争秩序。不仅如此，根据《企业名称登记管理规定》的规定，基于对企业名称四部分组成的认识，在司法实践中，法院对于名称权纠纷案件坚持着严格解释的裁判立场。

第一，企业未按照工商登记的完整内容使用企业名称，构成非正常使用。

《企业名称登记管理规定》（2012 年修订）第 20 条规定："企业的印章、银行账户、牌匾、信笺所使用的名称应当与登记注册的企业名称相同，从事商业、公共饮食、服务等行业的企业名称牌匾可适当简化，但应当报登记主管机关备案。"① 那么，企业在其产品的包装上是否可以使用企业名称简称呢？《公报》发布的案例所表明的立场是：必须使用全称。

在福建省晋江市磁灶岭畔芳芳陶瓷厂诉福建省南安市恒盛陶瓷建材厂侵犯商标专用权纠纷案中，原告的注册商标是"恒盛"牌瓷砖，被告在其生产的瓷砖外包装箱上标注"恒盛瓷砖"字样。就被告是否属于使用自己企业名称的行为，福建省高级人民法院认为："恒盛瓷砖"并非恒盛陶瓷建材厂的企业全称，恒盛陶瓷建材厂在其产品包装箱上标注"恒盛瓷砖"不是对企业名称的合法使用。②

本案源于原告拥有合法的商标权、被告拥有企业名称权而形成的权利冲突，法院的裁判思路是确定一方的权利行使方式不合法，于是从被告的标注行为是否属于企业名称权的合法行使角度进行判断。对此，福建省高级人民法院的法官在其文章中进行了解释，恒盛陶瓷建材厂经登记主管机关核定的企业名称为"福建省南安市恒盛陶瓷建材厂"，其仅可在牌匾上适当简化使用其企业名称（须报备案）。此外，任何形式的改变使用均无依据。故其在产品的包装箱上标注"恒盛瓷砖"是对其企业名称的不适当

---

① 该第 20 条规定内容在《企业名称登记管理规定》（2020 年修订）中已删除。
② 参见福建省晋江市磁灶岭畔芳芳陶瓷厂诉福建省南安市恒盛陶瓷建材厂侵犯商标专用权纠纷案，载《最高人民法院公报》2001 年第 3 期。

使用。①

尽管这样的理解值得商榷，但在司法实践中仍被大量的法院采纳与坚持。《公报》2008 年发布的一起指导性案例延续着这样的裁判立场。

在河北三河福成养牛集团总公司诉哈尔滨福成饮食有限公司昆明分公司侵犯注册商标专用权及不正当竞争纠纷案（本文以下简称福成公司案）中，原告拥有"福成"餐馆等服务的注册商标权，被告的牌匾及宣传材料标注"福成火锅"或"福成肥牛火锅"等字样，因此而引起纠纷。一审法院认为被告行为属于合理简化使用企业名称。二审法院撤销了一审判决，认为企业名称一般应当规范使用，使用时应当与登记注册的企业名称相同。被告并没有在经营场所规范、完整地使用其企业名称，而是使用了与其企业名称不符的文字。被告的行为明显不符合法律的规定，并非正常使用其企业名称。②

本案一审法院试图改变长期以来司法裁判的立场，从经营实务角度承认了名称的简化使用方式，但是二审法院仍然恢复了传统立场，强调名称简化只能使用于牌匾和报登记机关备案的要件，不符合该要件者构成非正常使用。

第二，被告仅使用原告企业名称中的字号，不构成违法。

与上述理解和裁判立场相适应，如果被告仅使用原告企业名称中的部分内容（往往是字号），而非企业名称整体，则往往被法院理解为合法或至少是不违法的行为。

例如，在蜜雪儿服饰（北京）有限公司诉上海蜜雪儿服饰有限公司一案中，法院认为：字号虽然是企业名称中最具区别特征的组成部分，但也仅是企业名称的一个组成部分，并不等于企业名称本身。在这种特殊情况

---

① 参见叶毅华：《不适当使用企业名称构成商标侵权》，载《人民司法》2000 年第 8 期。

② 参见河北三河福成养牛集团总公司诉哈尔滨福成饮食有限公司昆明分公司侵犯注册商标专用权及不正当竞争纠纷案，载《最高人民法院公报》2008 年第 6 期。

下，被告只使用蜜雪儿三个字的行为并不构成 1993 年《反不正当竞争法》第 5 条第 3 项所指的不正当竞争。①

虽然裁判结果是与本案的特殊案情相联系的，但北京市第一中级人民法院对于企业名称与字号关系的理解，明显地反映了实务界的普遍认识："就企业名称的仿冒而言，其保护范围仅限于使用他人的企业名称，也即对他人企业名称全部使用而不是部分使用（如只使用字号）。"② 实务界从而严格地解释企业名称的内涵，或者说是"按照狭义的解释方法解释企业名称"③。在《公报》所发布的指导性案例中，这一立场被最高人民法院肯定与采纳。

例如，在上海避风塘美食有限公司诉上海德荣唐美食有限公司不正当竞争纠纷案（本文以下简称避风塘纠纷案）中，一审法院认为，判断是否使用他人企业名称，应以是否使用了他人完整的企业名称为标准。被告广告宣传中虽有"避风塘"一词，但不会使消费者混淆对两家经营者的识别，或者产生两家经营者存在关联关系的误解。因此，原告指控被告侵犯企业名称权，理由不能成立。二审法院维持了一审判决。④

（二）企业名称的扩大解释：字号视同

上述实务界及理论界对 1993 年《反不正当竞争法》第 5 条中企业名称的严格解释，似乎过于脱离市场经营的实践。无论是店面装潢还是商品包装，无论是经济成本还是吸引消费者注意力，经营者往往对企业名称进行简化，正如云南省昆明市中级人民法院在福成公司案中所指出的，餐饮行业的经营方式一般采取店堂经营，在店堂的醒目位置（牌匾、门头等处）突出使用企业名称可以使消费者准确、直观地识别服务的提供者，而

---

① 参见北京市第一中级人民法院（1997）一中知初字第 71 号民事判决书。

② 孔祥俊：《反不正当竞争法新论》，人民法院出版社 2001 年版，第 326 页。

③ 孔祥俊：《反不正当竞争法原理》，知识产权出版社 2005 年版，第 200 页。

④ 参见上海避风塘美食有限公司诉上海德荣唐美食有限公司不正当竞争纠纷案，载《最高人民法院公报》2004 年第 6 期。

完整使用企业名称不易强化消费者对字号部分的识别印象，故在长期商业实践中逐渐发展出仅保留其中字号部分的简化使用方式。①

事实上，不只餐饮行业，其他行业也是如此。除了依据法律规定必须标注完整的企业名称外，经营者往往基于快捷、有效传递经营者信息的需要在商品或包装、广告宣传中标注部分文字，特别是企业的字号或者简称。对于这些行为，如果一概认为不合法，则显然与经济生活的实践相悖。同样，如果简单地认为仅使用他人企业名称中的字号便不构成违法，也是对竞争实践中各种具有市场混淆效果、破坏竞争秩序行为的无视。

因此，在我国市场经济不断发展、市场竞争日益激烈的背景下，理论界与实务界的立场逐渐松动，对企业名称采取了扩大化的解释："除狭义的企业名称外，还包括企业名称的字号、简称、缩略语、代号、图形标志、外文名称等称谓。"② "擅自使用的形态，还应包括将他人的企业名称或姓名中的字号作为商标或商品名称加以使用的情形。"③

在司法实践中，此种对企业名称的扩大理解与适用，不仅表现在主体范围的扩大（如适用于事业单位等非企业主体）和客体范围的扩大（如电话号码及商品条形码等非名称客体上）④，更普遍扩大到企业名称中的

---

① 参见河北三河福成养牛集团总公司诉哈尔滨福成饮食有限公司昆明分公司侵犯注册商标专用权及不正当竞争纠纷案，载《最高人民法院公报》2008 年第 6 期。

② 孔祥俊：《反不正当竞争法原理》，知识产权出版社 2005 年版，第 197 页。

③ 邵建东编著：《竞争法教程》，知识产权出版社 2003 年版，第 73 页。

④ 例如，在中国药科大学诉江苏福瑞科技有限公司不正当竞争纠纷案中，原告中国药科大学的名称虽非企业名称，但法院仍适用了（1993 年）《反不正当竞争法》第 5 条第 3 项，参见《最高人民法院公报》2005 年第 6 期。在辽宁省铁岭市取暖设备厂诉周某福等侵害名称权纠纷案中，法院认为被告擅自将电话号码簿中原告的电话号码更改为被告电话号码的行为，构成侵犯原告的名称权，参见《最高人民法院公报》2000 年第 6 期。在广州市电筒工业公司诉宁海县京杭汽配有限公司不正当竞争纠纷一案中，被告擅自在其生产的手电筒包装上冒用原告厂商识别代码，法院将商品条码视为企业名称的特殊表现形式，认定被告构成不正当竞争。参见浙江省宁波市中级人民法院（2007）甬民初字第 317 号民事判决书，载浙江省高级人民法院《案例指导》2009 年第 1 期。

字号。

对被告擅自使用原告企业名称中字号的行为，不再简单地认为法律不予禁止。在前引上海避风塘纠纷案中，上海市高级人民法院认为："企业名称，是作为市场主体的企业的标识；字号，是企业名称的核心。当字号只有一种含义时，即使仅擅自使用企业名称中的字号，也可能造成消费者误认或者混淆市场主体，从而侵害相应企业的名称权。"

上海市高级人民法院的裁判思路，显然已经改变了法院系统长期以来的立场，即一审法院所持的"仅使用字号不构成不正当竞争"的裁判立场。

而在南京雪中彩影婚纱摄影有限公司诉上海雪中彩影婚纱摄影有限公司商标侵权、不正当竞争纠纷案（本文以下简称雪中彩影公司案）中，法院全面确立了对字号的竞争法保护思路与裁判立场。在该案中，原告企业名称中的字号与注册商标均为"雪中彩影"，被告公司在上海登记设立不久后即到江苏省南京市江宁区设立分公司并从事经营活动。原告以商标侵权和不正当竞争将被告公司诉至法院。江苏省南京市中级人民法院在认定被告并不构成商标侵权后指出：上海雪中彩影公司在上海设立无法经营的总公司，而把主要力量投入分公司，在南京的婚纱摄影市场上打出"上海雪中彩影婚纱摄影有限公司（江宁分公司）"的招牌，并在其宣传单上将企业名称简化为"上海雪中彩影"……构成不正当竞争。①

在该案中，当被告不构成商标侵权时，在分析被告行为法律性质的过程中，法院从字号的角度加以分析，即被告简化使用自己的企业名称，而其字号又与原告的字号完全相同时，结合被告使用动机、主观故意及客观效果，认定为不正当竞争。因此，该案表明，被告使用原告企业名称中的字号，虽然并不必然构成对原告名称权的侵犯，但在符合其他条件时可以

---

① 参见南京雪中彩影婚纱摄影有限公司诉上海雪中彩影婚纱摄影有限公司商标侵权、不正当竞争纠纷案，载《最高人民法院公报》2006 年第 5 期。

构成不正当竞争，从而使字号获得了 1993 年《反不正当竞争法》第 5 条第 3 项的保护。

在前述竞争实践、理论发展与司法探索积累的基础上，2007 年 1 月公布的《最高人民法院关于审理不正当竞争民事案件应用法律若干问题的解释》（已失效），其第 6 条第 1 款第 2 句明确指出："具有一定的市场知名度、为相关公众所知悉的企业名称中的字号，可以认定为反不正当竞争法第五条第（三）项规定的'企业名称'。"该司法解释已经不再局限于个案中对企业名称的扩大解释，而是从司法政策的角度整体性地将符合一定条件的字号视同企业名称。

对此，2009 年《公报》发布了一件指导性案例——上海罗芙仙妮化妆品有限公司诉上海市工商行政管理局金山分局工商行政处罚决定案，针对市场中大量存在的"傍名牌"现象，运用上述司法解释，对如何通过《反不正当竞争法》保护企业名称字号进行了具体的运用。①

（三）企业名称能否进一步扩大解释：企业名称简称

所谓企业名称简称，往往是社会公众、广大消费者、新闻媒体甚至企业自身在社会生活实践中，为了简洁、方便起见，将企业名称中的若干个关键字进行整合，通过长期使用或传播而形成的某种约定俗成的企业名称的缩略语。例如，"南京市新街口百货商店股份有限公司"往往被简称为"新百"或"南京新百"。而且此种语言表达习惯在各个领域、各个国家或地区均普遍存在。例如，"中央电视台"被简称为"央视"，《消费者权益保护法》被简称为"消法"，美国职业篮球联盟被简称为"美职篮"或"NBA"，等等。

于是，由《企业名称登记管理规定》严格限定构成内容并由工商行政管理部门②登记注册的企业名称，在市场竞争实践中普遍化地被企业自

---

① 参见上海罗芙仙妮化妆品有限公司诉上海市工商行政管理局金山分局工商行政处罚决定案，载《最高人民法院公报》2009 年第 11 期。

② 当前为市场监督管理部门。

身、消费者、新闻媒体以各种灵活方式简化使用，并逐渐集中于字号与简称两类形式。当企业字号已经被司法解释明确视为企业名称加以保护后，接下来的问题便是：企业名称的简称是否也可以被扩大解释为企业名称，进而被纳入《反不正当竞争法》的保护之中？

事实上，这个问题早在最高人民法院制定《反不正当竞争法》有关司法解释时就曾经被提出并产生争论。在 2005 年 4 月 22 日的草稿中曾写道："擅自使用为相关公众所熟知的企业名称的简称、缩略语、外文名称和字号（商号）、代号、标志、图形等，引人误认为是该企业的商品的，视为《反不正当竞争法》第 5 条第 3 项规定的行为。"但是，由于字号以外的这些标识情况较为复杂，且我国企业名称采取核准登记制度，将企业名称简称纳入企业名称保护范围，或将其视同企业名称给予保护，显然过于扩张企业名称的范围，未必合适。在司法解释后期的专家论证会上，与会专家大多不主张将企业名称的保护范围扩展到企业名称简称等。因此，司法解释没有将企业名称简称等作为企业名称进行保护。①

与企业字号相比，将企业名称简称纳入企业名称范围受《反不正当竞争法》保护，存在两个理论与法律的障碍。第一，企业字号是法定的、固定的，是登记注册的企业名称的核心组成部分，具有公示性与法律效力，因此将其视为企业名称具有一定的合法性与合理性。而企业名称简称只是习惯上与经营实践中使用的词语，既不具有任何的法定性，也无固定性，是没有法律意义的固定载体。第二，企业字号具有唯一性与确定性，而企业名称简称则往往具有任意性，即不同的人对于企业名称简称能否成立会有不同的认识，也可能使用不同的企业名称简称。

例如，在刘某佳与索尼爱立信移动通信产品（中国）有限公司等商标行政纠纷案中，针对"索爱"是否为索尼爱立信的简称，北京市第一中级

---

① 参见孔祥俊：《商标与不正当竞争法：原理和判例》，法律出版社 2009 年版，第 752 页。

人民法院认为，自索尼爱立信公司成立以及其手机和电子产品面世后，"索爱"这一简称被中国相关公众、媒体采用并广泛使用，且这种称谓已被广大消费者感知并一致认同，成为索尼爱立信公认的简称。北京市高级人民法院则认为，"索爱"并非索尼爱立信公司的企业名称简称或其手机及电子产品的简称，故撤销了一审判决。①

在该案中，北京市第一中级人民法院与北京市高级人民法院对于"索爱"是否为企业名称简称的结论完全相反，也足以说明企业名称简称问题的非法定性与复杂性。当然，该案也充分说明了企业名称简称在经济生活与社会生活中的普遍性，正如北京市第一中级人民法院在该案中所指出的：从汉语的语言表达来看，索尼爱立信在呼叫上相对烦琐，根据汉语中广泛使用简称（或称之为缩略语）的语言习惯，在组成索尼爱立信两家公司或品牌索尼和爱立信中各取一字构成对其简称，是非常自然的。②

因此，尽管 1993 年《反不正当竞争法》第 5 条第 3 项严格限定于"企业名称"，尽管最高人民法院的司法解释也只是将"企业名称"扩大解释到"字号"，但因为市场竞争实践中存在大量的针对知名企业名称简称而进行商标注册、字号登记的现象，部分法院开始突破这些法律与司法解释的规定，将企业名称简称纳入《反不正当竞争法》的保护。③

2009 年 4 月，借应对金融危机、配合国家"保增长、保民生、保稳定"政策之机，最高人民法院发布了《关于当前经济形势下知识产权审判服务大局若干问题的意见》，这一司法政策文件对有关知识产权领域的司法规则进行了扩张性的解释，针对企业名称提出："对于具有一定市场知名度、为相关公众所熟知、已实际具有商号作用的企业名称中的字号、企业或者企业名称的简称，视为企业名称并给了制止不正当竞争的保护。"这一司法政策，

---

① 参见北京市高级人民法院（2008）高行终字第 717 号行政判决书。

② 参见北京市高级人民法院（2008）高行终字第 717 号行政判决书。

③ 例如，河南省洛阳市中级人民法院（2006）洛民五初字第 21 号民事判决书，贵州省贵阳市中级人民法院（2008）筑民三初字第 101 号民事判决书。

虽然并非司法解释，但对于各地法院处理此类案件起到重要的支持作用。例如，在上海精密科学仪器有限公司诉上海精学科学仪器有限公司、成都科析仪器成套有限公司案中，法院将企业名称简称视为企业名称并适用《反不正当竞争法》的保护，① 相关学者与法官在就该案撰写的文章中认为该文件"为企业名称简称的反不正当竞争保护提供了坚实的法律基础"②。

于是，在前期司法政策文件的探索基础上，为了回应司法实践中对于企业名称简称问题认识的分歧，最高人民法院借助《公报》发布了指导性案例，明确了对企业名称简称的竞争法保护。在山东起重机有限公司诉山东山起重工有限公司侵犯企业名称权纠纷案（本文以下简称山起案）中，最高人民法院再审指出：对于具有一定市场知名度、为相关公众所熟知并已实际具有商号作用的企业或者企业名称的简称，可以视为企业名称。……1993 年《反不正当竞争法》第 5 条第 3 项对企业名称保护的规定可以适用于保护该企业的特定简称。③

2014 年，最高人民法院又通过发布第 29 号指导案例，再一次确认了上述裁判立场，即对于企业长期、广泛对外使用，具有一定市场知名度、为相关公众所知悉，已实际具有商号作用的企业名称简称，可以视为企业名称予以保护。

（四）小结与问题

至此，最高人民法院通过发布《公报》案例、指导案例和司法政策、司法解释，完成了从企业名称到字号、最终到企业名称简称的裁判规则演进，将企业名称简称纳入了《反不正当竞争法》（2017 年修订）第 6 条的保护。但问题在于：这种对企业名称的扩大解释与扩大适用，其理论基础何在？

① 参见上海市浦东新区人民法院（2010）浦民三（知）初字第 769 号民事判决书，上海市第一中级人民法院（2011）沪一中民五（知）终字第 232 号民事判决书。
② 黄汇、谢申文：《商标与名称简称相同的不正当竞争认定》，载《人民司法》2013 年第 2 期。
③ 参见最高人民法院（2008）民申字第 758 号民事裁定书。

三、企业名称的民商法保护及限制

（一）概念辨析

在我国法律规范和法学理论研究中，与企业名称相关的概念还有商号、字号、商业名称等，而它们相互之间的关系却十分模糊，甚至混乱。

我国《民法通则》（已失效）规定了法人、个人合伙、个体户对其名称所享有的名称权，同时将字号等同于个体户、个人合伙的名称。① 然而，我国《企业名称登记管理规定》（2012 年修订）第 7 条将商号等同于字号，而字号只是企业名称的一个组成部分。正是由于这些法律规定的不统一，导致法学理论界对于上述概念的观点非常混乱。

在民法学界，依据《民法通则》（已失效）和《企业登记管理规定》，一般使用法人名称、企业名称等概念。② 有些学者认为，商号、商业名称、厂商名称等均与企业名称所指相同，即企业从事营业活动时所用的名称，是区别不同企业的标志。③ 但也有学者基于我国的法律规定，明确指出商号只是企业名称中的核心字段与组成部分。④ 还有学者认为字号、商号（商业名称）均是名称的类型，只是适用对象不同，字号是个体户与个人合伙的名称，商号则是商业主体使用的名称。⑤

在商法学界，无论是由世界各国商法用语翻译成中文的实际情况所致，还是构建独特的商法概念体系之需要，"企业名称"一词往往被商号取代。商法学者们认为："从规范意义上讲，还是将商主体的名称即企业

---

① 根据《民法通则》（已失效）第 26 条规定，个体工商户可以起字号。第 33 条规定，个人合伙可以起字号。

② 参见佟柔主编：《中国民法学·民法总则》，中国人民公安大学出版社 1990 年版，第 149 页。

③ 参见江平主编：《法人制度论》，中国政法大学出版社 1994 年版，第 164 ~ 165 页。

④ 参见王利明：《人格权法研究》，中国人民大学出版社 2005 年版，第 427 页。

⑤ 参见杨立新：《人身权法论》（修订版），人民法院出版社 2002 年版，第 512 页。

名称称为商号为宜。也就是说，商主体的名称权应称为商号权，一则各国立法均如此规定，二则只有商号权才能准确地反映商主体的特殊属性。"①但从实践考察来看，有学者又将商号概括为广义和狭义两种含义，广义等同于商事名称，狭义仅仅指名称中的字号部分。②

由于《保护工业产权巴黎公约》（本文以下简称《巴黎公约》）第8条规定了工业产权的保护对象还包括厂商名称（trade name），于是知识产权法学界也加入了对厂商名称的研究。在由刘春茂主编的《知识产权》一书中，指出"厂商名称，或企业名称、商号、字号等，都是用来区别不同厂商的，即用来区别不同的生产者和销售者"。但同时，该书却又认为字号并非商号，并指出："把厂商名称（商号）等同于字号，这是欠妥的，因为字号仅是厂商名称的重要组成部分，并非全体。"③

因此，我国法律规定中对相关概念的不同界定与使用，民法学、商法学、知识产权法界学者们的不同观点，兼之我国商业实践的历史传统，以及对国外相关用语的不同翻译，共同导致了我国理论界与实务界对于企业名称及相关概念使用的混乱。为了避免因为用语的不同而导致的歧义，笔者建议抛弃"商号""商事名称""厂商名称"等概念，以"企业名称"取代这些概念，并将"字号"确立为企业名称中最具有区别意义的部分，从而统一立法、司法、法学理论的表达方式，其理由在于：

第一，尊重我国的立法实践。总体而言，尽管存在不同概念的使用，但我国大部分法律、法规均使用"企业名称"的称呼，并且已形成广泛共识。

第二，"商号"概念没有实际意义。虽然商法学者主张用"商号"取

---

① 范健、王建文：《商法论》，高等教育出版社2003年版，第467～468页。

② 参见范健主编：《商法》，高等教育出版社、北京大学出版社2002年版，第71页。

③ 刘春茂主编：《中国民法学·知识产权》，中国人民公安大学出版社1997年版，第824页、第826页。

代"企业名称"，但同时认为应"将我国商法之商主体范围界定为法人企业、合伙企业与个人独资企业"①，则其名称不统括为"企业名称"，而刻意地另称为"商号"，并无实际意义。

第三，"厂商名称"只是传统上对英文"trade name"的翻译，除了在《巴黎公约》及知识产权法学界的讨论外，无论是在立法文件中还是原司法实务中，该概念实际上并没有多少影响力。

第四，虽然《民法通则》（已失效）规定了名称意义上的"字号"，但由于其使用仅限于个体户与个人合伙，因此完全可以用"名称"来替代。更鉴于绝大部分法律规范和社会实践普遍将"字号"视为企业名称的组成部分进行规定与理解、运用，因此不宜再在名称意义上使用"字号"。

第五，最为关键的是，"商号"一词在世界各国和我国台湾地区的相关规定、市场实践、司法实务与法学理论中，实际上也是非常混乱与模糊不清的概念。在我国已经形成较为统一、规范与清晰的企业名称概念体系的背景下，实际无再使用"商号"概念取代"企业名称"的必要。

在美国的法律实践中，一方面，公司名称（corporate name）、营业名称（business name）或专业组织名称（professional organization name），总体上被称为商号（trade name），以与商标相区别。② 无论是《兰哈姆法》对于商号或商业名称的定义③，还是《美国反不正当竞争法》（第3次重述）对商号的界定④，以及各级法院裁判意见中"公司名称可以适当地作

---

① 范健、王建文：《商法论》，高等教育出版社2003年版，第385页。

② J. Thomas McCarthy, McCarthy on Trademarks and Unfair Competition §9：3（4th ed. 2002）.

③ "Trade name" and "commercial name" mean any name used by aperson to identify his or her business or vacation, 15 U. S. C. §1127.

④ A tradename is a word, name, symbol, device, or other designation, or a combination of such designations, that is distinctive of aperson's business or other enterprise and that is used in amanner that identifies that business or enterprise and distinguishes it from the businesses or enterprises of others.

为商号和服务商标使用"① "公司名称是商号而非商标"② 等一类的表述，
均表明美国法中的商号只是各种市场主体名称的统称。另一方面，在《美国
统一商法典》有关担保权益的规定与法律实践中，对商号和公司名称、法定
名称（legal name）又有着严格的区分。债权人对于由债务人继续占有和使
用的担保物，可以通过向法定机关提交融资声明（financing statement）的方
式加以确认与保护。③ 依据《美国统一商法典》9 - 402（7）条规定，该
融资声明需要载明债务人的名称等内容："债务人个人、合伙或者公司的
名称，无论是否加载其他商号或合伙人的姓名。"④ 于是，债权人如果在融
资声明中记载的是债务人的商号而非其法定名称即公司名称，其他债权人或
破产管理人就难以通过查询登记系统而发现债务人特定财产上已经存在的担
保权益，由此便产生大量的纠纷。无论美国法院对于此类融资声明及记载的
担保权益是承认其效力⑤，还是否定其效力⑥，均充分表明商号与公司名称

---

① Dial - A - Mattress *v.* Mattress Madness，841F. Supp. 1339（E. D. N. Y. 1994）.

② Application of Walker Process Equipment，Inc，233F. 2d 329（C. C. P. A. 1956）.

③ 关于 financing statement 的中文翻译，潘琪译为"融资报告"，苏号朋译为"融
资说明书"，《元照英美法词典》译为"融资声明"，本文采最后一种译法。参见《美国
统一商法典》，潘琪译，中国对外经济贸易出版社1990年版，第237页；苏号朋主编：
《美国商法：制度、判例与问题》，中国法制出版社2000年版，第291页；薛波主编：
《元照英美法词典》，法律出版社2003年版，第554页。

④ 其原文为："A financing statement sufficiently shows the name of the debt or if it gives
the individual，partnership or corporate name of the debt or，whether or not it add so the
tradenames or names of partners."

⑤ 此类裁判立场的典型判例有：Thriftway Auto Supply *v.* Star Automotive Warehouse，
39F. 3d1193（10th Cir. 1994），该案中债务人的法定公司名称是"Thriftway Auto
Supply"，而融资声明登记的是"Thriftway Auto Stores"，美国第十巡回法院认为这只是小
错误，因此认定该担保权益有效。See National Bank *v.* West Texas Wholesale Supply，
714F. 2d1316（5th Cir. 1983）；Glasco，Inc. *v.* Citizens Bank（Inre Glasco），642F. 2d793
（5th Cir. 1981）.

⑥ 此类裁判立场的典型判例有：Pearson *v.* Salina Coffee House，831F. 2d1531（10th
Cir. 1987），该案中美国第十巡回法院认为仅以商号而非公司名称（法定名称）登记的融
资声明是无效的。

的区别，正如官方对《美国统一商法典》的评论：商号过于不确定而且也不太可能被查询人了解，因此不能构成登记制度的基础。①

在德国，《德国商法典》第 17 条规定商号是商人进行营业经营和进行签名的名称，但其第 19 条规定商号必须包含法律形式的内容，而如"巴伐利亚发动机制造股份公司"这样的混合商号②，事实上就是公司的企业名称，只是德国法基于历史传统与自由主义原则并未对企业名称的组成作强制性的要求而已，正如卡纳里斯教授所指出的："当然（有关商号区分力的要求）不是意味着行业和产品描述或者地理说明在商号中根本不允许出现。它们只需要和其他要素，如姓氏或者想象词汇，连在一起即可，因为这样商号就具有了足够的区分力。"③ 因此，邵建东教授认为："如果商人是企业，那么商号同企业姓名（名称）一般便是相同的，对商号的保护同时也就是对企业姓名（名称）的保护。"④《日本公司法》第 6 条则明确规定："公司以其名称为商号。"

在法国，依据其商标法的规定，公司名称与商号存在严格的区别。《法国知识产权法典》第 L. 711-4 条规定："侵犯在先权利的标记不得作为商标，尤其是侵犯：……b）公司名称或企业名称，如果在公众意识中有混淆的危险；c）全国范围内知名的厂商名称或牌匾，如果在公众意识中有混淆的危险。"⑤ 但其中的"厂商名称"，法语原文是"nom commercial"，在世界知识产权组织的英文译本中为"trade name"，因此作"商号"理解更贴切。

---

① Jeffrey W. Morris, The Fruits of Mischievous Seed: Notice Filing under Article 9 and the Continuing of Trade Name, 11 U. Dayton L. Rev. 241 (1986).

② 参见 ［德］C. W. 卡纳里斯:《德国商法》，杨继译，法律出版社 2006 年版，第 281 页。

③ 同上书，第 290 页。

④ 邵建东:《德国反不正当竞争法研究》，中国人民大学出版社 2001 年版，第 261 页。

⑤ 《法国知识产权法典（法律部分）》，黄晖译，商务印书馆 1999 年版，第 134 页。

在欧洲法院的司法判例中，对于公司名称和商号之间的关系，有时加以严格区分①，有时却又不加区分②。

在我国台湾地区，"商号"原专指所谓的"商业登记法"调整的独资和合伙的名称，而不包括公司名称。③ 即使认为"公司之名称即公司之商号"，其具体内容仍然是"可准用商业登记法关于商号名称之规定"④。因此，当现行所谓的"商业登记法"删除了原法条中的"商号"概念后，事实上在"法律规范"层面已经不再存在所谓的"商号"制度。

综上所述，关于商号与企业名称的关系，世界各国及我国台湾地区的法律实践与理论界说法并不一致，很难说存在"立法均如此规定"的情形。粗略地予以总结，商号或许是笼统地指代在商业活动中起到表征商业活动主体作用的各种标志与称呼，形态各异、称呼多样，已不宜再作为指称具有严格法定构成要素、作为法定登记事项的企业名称这一法定名称的概念。因此下文除援引文献原有表述外，均依此理解使用相关概念。

（二）企业名称的名称权保护

正如前文所述，在我国《反不正当竞争法》颁布之前甚至实施初期，企业名称的法律保护主要是援引《民法通则》（已失效）第 99 条第 2 款

---

① For example, The purpose of a company name is to identify a company, whereas the purpose of a trade name or a shop name is to designate a business which is being carried on. CaseC – 17/06 Céline SARL v. Céline SA, Judgment of the Court, 18 January 2007, at para. 21.

② For example, The reference has been made in the course of proceedings between Céline SA and CélineSARL relating to the use by the latter of the company name 'Céline' and the shop name 'Céline'. CaseC – 17/06 Céline SARL v. Céline SA, Judgment of the Court, 18 January 2007, at para. 2.

③ 参见王泽鉴：《人格权法：法释义学、比较法、案例研究》，三民书局 2012 年版，第 138 页；王文宇：《公司法论》，中国政法大学出版社 2004 年版，第 82 页。正因如此，我国台湾地区所谓的"公平交易法"第 20 条所禁止的行为中，包括"他人姓名、商号或公司名称……为相同或类似之使用"等行为。

④ 梁宇贤：《公司法论》，三民书局 1980 年版，第 47 页。

的规定，即法人的名称权。此种名称权在归类上属于人格权、财产权还是工业产权，存在理论争议，但就其性质而言，均认为是绝对权而非相对权。[①] 换言之，名称权的法律效力与保护范围是绝对排他的，不受地域范围的限制。就企业法人的名称而言，由于其组成包括了行政区划、字号、行业或经营特点、组织形式，如"南京市新街口百货商店股份有限公司"，因此具有全国唯一性。对于这一名称，企业即名称权人，自然享有不受地域范围限制的使用、依法转让等权利。

于是，《反不正当竞争法》（1993 年）第 5 条第 3 项的规定就与《民法通则》（已失效）第 99 条第 2 款的规定没有任何本质的区别，因为"擅自使用他人的企业名称"本身就是侵犯名称权的行为，当然其前提是侵权人完整地使用了企业名称的全部内容。就此而言，《反不正当竞争法》（1993 年）第 5 条第 3 项只不过是重复《民法通则》（已失效）的规定而已。因此，全国人大常委会法制工作委员会对该条文的解释中除了勉强地增加了"形成不正当竞争"外，没有其他特别的内容可以展开与发挥。[②]

值得注意的是，有许多学者往往将商业名称权理解为具有特定地域限制性的权利。"商业名称权的排他效力和救济效力，除全国性企业以外，并不在全国范围内有效，而是根据其登记的级别分别享有登记机关行政区划范围内的排他性效力，即商业名称权具有严格的区域限制。"[③] 这种观点显然与《民法通则》（已失效）对于名称权的规定不一致。依笔者的理解，产生这种认识有两个方面的原因。

一方面，《企业名称登记管理规定》（2012 年修订）第 3 条规定存在一定的歧义。该条指出："企业名称经核准登记注册后可使用，在规定的

---

① 参见王利明等编著：《人格权法》，法律出版社 1997 年版，第 97 页；杨立新：《人身权法论》（修订版），人民法院出版社 2002 年版，第 514 页。

② 参见胡康生主编：《〈中华人民共和国反不正当竞争法〉讲话》，法律出版社 1994 年版，第 50 页。

③ 赵万一：《商法基本问题研究》，法律出版社 2002 年版，第 338 页。

范围内享有专用权。"其中"规定的范围"被误读为规定的地域范围。而事实上，依照《民法通则》（已失效）的规定，名称权作为一种绝对权，"规定的范围"这一限制并无必要。

另一方面，学者们对企业名称存在一定的误解，未将行政区划作为企业名称的组成部分。例如，有学者举例认为："法人名称权和自然人的姓名权不一样，其范围受注册区域的限制。比如，上海华联商厦股份有限公司，其权利仅在注册区域上海发生效力。实际上，各地差不多都有各自的华联百货公司。"① 但是，"上海华联商厦股份有限公司"在全国范围内是独一无二的，任何其他地区的商厦若擅自使用这一名称，均属于侵犯上海公司的名称权，法律对于该公司的保护并不受上海这一区域的限制。

当然，这种对企业名称权效力范围的错误理解，最根本的原因是学者们将企业名称与字号混同，即把企业名称权等同于字号权。

（三）企业字号的字号权保护

《企业名称登记管理规定》（2012 年修订）第 6 条第 1 款规定："企业只准使用一个名称，在登记主管机关辖区内不得与已登记注册同行业企业名称相同或近似。"由于企业名称中行政区划、行业或经营特点、组织形式具有公共性与非排他性，因此该条规定的"不得相同或者近似"实际上只针对企业名称中的"字号"部分，于是其实际含义就是在登记主管机关辖区内同行业企业的字号不得相同或近似，也即享有了在特定区域与行业范围内排他性使用该字号的权利。这种在特定区域内的排他性权利，可称为字号权。而学者们所普遍理解的具有地域限制的企业名称权，实质上就是字号权。

由于字号仅由文字组成，且适合作为字号的文字数量也有限，因此企业对于字号所享有的排他性权利往往受到地域范围的限制。许多国家和我国台湾地区也大抵如此。例如，《日本商法典》第 19 条规定，在同一市镇

---

① 金勇军：《知识产权法原理》，中国政法大学出版社 2002 年版，第 397 页。

村内，不得因经营同一营业而登记他人已登记的商号。《德国商法典》第30条第1款规定，任何一个新商号均须与在同一地点或同一乡镇已经存在的以及已经登记入商事登记簿的商号明确区别。① 《韩国商法》第22条规定，在同一特别市、广域市、市、郡内，其他人不得在同种营业中登记他人已登记的商号。② 显然，所谓商号的相同，是指其最为核心的部分相同，因为必须标明的"股份公司"字样或者营业范围内容的相同是不可避免的。而我国台湾地区关注相关规定的实务界与理论界认为，其最为核心的部分为"名称特取部分"③，也即"字号"部分。

在前文所引雪中彩影公司案中，在已经有原告"南京雪中彩影婚纱摄影有限公司"的前提下，被告"上海雪中彩影婚纱摄影有限公司"仍然可以在上海合法成立，因为原告对其企业名称中的字号"雪中彩影"所享有的排他性权利仅在南京市范围内有效。

于是，在民商法领域，通过确立字号权、企业名称权，法律为企业名称提供了应有的保护：在登记主管机关辖区内同行业企业的字号不得相同或近似，以此保障该地域范围内企业名称的区别；在全国范围内，不得擅自使用其他企业的名称，当然这一名称是由行政区划、字号、行业或经营特点、组织形式四个部分组成的完整意义上的名称。

但这也正是市场实践中诸多问题产生的根源。在登记主管机关辖区范围以外，同行业的其他企业使用与某企业相同的字号，尽管不构成对字号权的侵权，但有可能对该企业造成不利的影响，例如，因消费者混淆而致企业营业下降或商誉受损。而这种不利影响，又不可能借助于企业名称权进行救济，因为对企业名称权进行保护的前提是使用相同的名称。正如德

---

① 参见［德］C. W. 卡纳里斯：《德国商法》，杨继译，法律出版社2006年版，第333页。

② 参见《韩国商法》，吴日焕译，中国政法大学出版社1999年版，第6页。

③ 参见黄铭杰：《竞争法与智慧财产法之交会：相生与相克之间》，元照出版有限公司2006年版，第447页。

国学者所指出的："《商法典》第 30 条对于商号冲突的规制受到地域效力范围的限制，它只针对同一地区或同一城镇已经存在的商号。因为这一限制，该条款的实际意义相当小。"① 于是必须引入其他法律予以保护与救济，而这就是竞争法。

四、企业名称的竞争法保护原理

正是由于民商法对于企业名称保护的有限性，尤其是其无法应对市场竞争中各种复杂的情形，因此就必须引入竞争法对与企业名称相关的问题进行调整。

（一）竞争法的引入

企业对于其名称的利益保护需求以及民商法保护的局限性，在发达国家同样存在，而解决这些局限的途径就是引入竞争法。

在德国，"（关于商号冲突）只要不是涉及登记法院依据《商法典》第 37 条第 1 款对于不合法商号的职权干预，《商法典》第 30 条的适用常常在实践中让位于《商标法》第 15 条，后者对于混淆危险有不计空间范围的保护"。② 原《德国反不正当竞争法》第 16 条对导致混淆的企业名称使用行为作出禁止性规定："在商业交易中，以某种方式使用营利企业、营业企业的姓名、商号或特殊标记或印刷品的特殊标记，并可以引起同他人合法使用的姓名、商号或标记发生混淆的，可请求其停止使用。"《德国商标法》（1994 年修订）取消了这一规定，为企业名称和商标提供了统一保护。③ 该法第 5 条规定了名称、公司名称、特别标志等商业标识受到该法的保护，第 15 条则赋予商业标识所有人以专用权并禁止第三人未经允

---

① ［德］C. W. 卡纳里斯：《德国商法》，杨继译，法律出版社 2006 年版，第 334 页。

② 同上注。

③ 参见邵建东：《德国反不正当竞争法研究》，中国人民大学出版社 2001 年版，第 242～243 页。

许以易于混淆的方式使用他人的商业标识。

在美国，《兰哈姆法》第43（a）条第1款规定："任何主体在商业活动中，在任何商品或服务或任何商品容器上商业使用任何文字、术语、名称、符号、图案或任何它们的组合或虚假来源表示，虚假或引人误解描述事实，虚假或误导性表示事实……应在任何认为自己由此受到或可能受到的损害的主体提起的民事诉讼中承担法律责任。"① 这些包括企业名称在内的标识、符号，尽管不能获得注册商标的保护，但在特定情形下可以通过反不正当竞争法得到保护。正如美国第五巡回上诉法院曾经指出的，对于所有商事活动中违反诚实商业实践的行为，无论是法定与非法定的诉由，反不正当竞争法就是一把保护伞。②

因此，无论是单独制定《反不正当竞争法》，还是将相关条款纳入《商标法》之中，对于民法、商法、商标法（对于注册商标保护）无法纳入的违反商业道德的经营行为，《反不正当竞争法》以保护竞争秩序和消费者权益为出发点，将其纳入自己的调整领域，而针对企业名称的不正当使用便是其中的重要内容。但问题在于，为何此类行为在不能获得民商法调整的前提下，反而可以获得竞争法的调整？

（二）行为调整的两类模式

在法律的世界中，人们有意识而从事的行为，尽管有着不同的表现形态和不同的主体评价，其目标均与追求利益相关。法律对人们行为的调整，事实上就是对于行为所涉及利益的调整。就本文而言，企业名称的使用行为，涉及的是使用人与名称权人之间的利益问题，属于私利益范畴。对于私利益的保护，主要有两种途径：一是行为规制，包括个别的行为规制，即侵权行为制度和类型化的行为规制（最为典型的是《反不正当竞争

---

① 《美国商标法》，杜颖译，知识产权出版社2013年版，第52～53页。

② See David R. McKinney, *Telephone Mnemonics and Complementary Numbers：A Review of Trademark and Unfair Competition Law and Policy*, 1999 B. Y. U. L. Rev. 435, 456 (1999).

法》）。二是权利化，直接赋予私利益主体以私法上的权利，将一定的利益直接配置给特定的主体，最为典型的便是物权制度。①

就企业而言，其企业名称的利益也同样存在两种保护方式。第一种是权利化。将企业名称中整体性、根本性的利益，予以无条件的保护，即赋予企业以企业名称权，以绝对权的方式加以严格保护。对于企业名称中的字号，则通过赋予字号权，在特定地域范围内加以保护。第二种是行为规制。对企业名称领域存在的各种无法被名称权、字号权包容的利益，以禁止或限制他人行为的方式加以保护。竞争法对于超越规定地域范围的企业字号、企业名称简称的保护，就属于这种保护方式。

私利益之所以需要借助行为规制而不是全部通过权利化的方式加以保护，是因为权利化的保护方式有着严格的条件与要求，如此方能保证为相对人所设定义务的正当性与公平性。以企业名称为例，依照《民法通则》（已失效）获得的名称权保护，必须具备企业名称的法定化（符合法定要求并获得登记）、侵权行为的特定化（如侵权人使用原告完整的企业名称等）。在社会生活实践中，并非所有追求不法利益的人们所从事的行为均完全符合这些权利化保护方式所预设的情形。特别是在市场竞争中，不法经营者总是在不直接、不明显侵犯他人权利的前提下寻求自身不当利益的最大化。而这些行为不仅直接损害了合法经营者的竞争利益，也对消费者利益造成损害，破坏了竞争秩序。因此需要为这些行为设定相应的规制措施，《反不正当竞争法》就是这些规制措施的典型表现。

上述两种企业名称保护模式，与其功能密切相关。民法上为包括企业在内的组织设定名称权，其基本的理由与出发点在于：与自然人的姓名一样，"用以区别人己的一种语言上的标志，将人予以个别化，表现于外以确定其人的同一性。同一性及个别化系姓名的两种主要功能，为法律所要

---

① 参见徐棣枫、解亘、李友根编著：《知识产权法：制度·理论·案例·问题》，科学出版社 2005 年版，第 174 页。

保护的利益，使权利人使用其姓名的权利不受他人争执、否认、不被冒用而发生同一性及归属上的混淆"。① 因此，对企业名称权进行绝对权保护，也须基于企业名称的此种基本功能定位，限制在其普通使用的范围与领域。"依公司名称原本所具有之法律意义与功能，亦即将之作为表示法律行为效果或权利义务归属之主体加以使用。"② 而且此种保护对于所有的企业名称均一视同仁。但是在市场竞争的实践中，当第三人对他人企业名称特别是知名企业、知名字号的使用超越了这一范围，而是寻求与利用企业名称字号或企业名称简称所承载的商业信誉、吸引消费者等功能时，已非民法上名称权框架所能覆盖，"不再是公司法上的问题，而系公平法或商标法上之问题"③。

正如前文案例梳理所反映的，在早期的不正当竞争案例中，法官之所以认定被告单独使用原告字号的行为不构成不正当竞争，是因为原告对于超出特定区域范围的字号不享有字号专用权，因此被告不侵犯原告的权利。显然，这是一种权利化保护思路，其依据与基础在于保障字号进而保障企业名称的个别化。但法官逐渐认识到，在实践中，当字号具有足够的影响力时，被告对原告字号的利用实际上损害了原告的市场竞争利益与商业信誉。"如果确实足以导致市场混淆的后果，还确实搭原告市场声誉的便车，倒是并非绝对不能认定其构成不正当竞争行为，反而应该认定其构成不正当竞争行为。"④ 显然，这是一种行为规制的保护思路，即只要被告对于原告企业字号或者企业名称简称的使用，损害了《反不正当竞争法》所保护的原告的正当合法利益，尽管不在原告权利的范围之内，也可

---

① 王泽鉴：《人格权法：法释义学、比较法、案例研究》，三民书局 2012 年版，第135 页。

② 黄铭杰：《竞争法与智慧财产法之交会：相生与相克之间》，元照出版有限公司2006 年版，第 439 页。

③ 同上注。

④ 孔祥俊：《反不正当竞争法新论》，人民法院出版社 2001 年版，第 471 页。

以运用规制被告行为的方式加以调整。

因此，问题的关键便在于，使用原告企业名称简称这一行为，是否符合《反不正当竞争法》的行为规制要件？

（三）企业名称简称的竞争法规制

在总结理论文献与法律规范的基础上，笔者认为，不正当竞争的本质是不正当地吸引消费者的行为。对"不正当"的认定，一方面在立法中将其类型化为各种具体行为，另一方面通过一般条款由执法者、司法者运用诚实信用原则和公认的商业道德进行具体的判定。"吸引消费者"就是提升经营者自身（主要是其商品或服务）对消费者的吸引力，具体可以表现为盗用他人吸引力、虚增自身吸引力、减损他人吸引力三类情形。[①] 如果按照这样的思路，则无论是《公报》案例山起案，还是第 29 号指导案例天津青旅案，均属于被告以不正当的方式（恶意使用他人企业名称简称），盗用企业名称简称对消费者的吸引力，获得自身的经济利益，因此足以构成不正当竞争。

值得注意的是，在《公报》案例山起案中，一审法院的判决理由混淆了法律对于利益保护的不同路径，错误地以权利化思路处理该案。一审法院认为：山东山起重工有限公司使用山东起重机有限公司在先使用并知名的企业名称中最核心的"山起"字号，双方当事人所属行业相同或有紧密联系，其住所地都在山东省青州市，使相关公众产生误认，应当认定山东山起重工有限公司已构成对山东起重机有限公司名称权的侵犯。[②]

但是，在该案中，"山起"并非原告企业名称中的字号而只是企业名称简称，因此并不构成对字号权的侵犯；被告的行为也不构成对原告

---

① 参见李友根：《论消费者在不正当竞争判断中的作用——基于商标侵权与不正当竞争案的整理与研究》，载《南京大学学报》（哲学·人文科学·社会科学版）2013 年第 1 期。

② 参见最高人民法院（2008）民申字第 758 号民事裁定书。

名称权的侵犯，因为企业名称简称既然并不属于原告的法定名称，原告便不可能享有《民法通则》（已失效）所规定的名称权。而最高人民法院则正确地采用了行为规制的思路，在再审中认定被告擅自使用同地区知名企业特定简称的行为，构成 1993 年《反不正当竞争法》第 5 条第 3 项"擅自使用他人的企业名称"。这一结论并非基于被告侵犯原告的法定权利，而是基于经营者不得从事不正当竞争这一行为规制的思路而得出的。

或许这正是作为行为规制法的《反不正当竞争法》与人身权法的重要区别。如果说民法对于企业名称权的保护主要是基于同一性与个别化的功能要求，是保护企业自身权利与利益的需要，那么《反不正当竞争法》对于企业名称使用行为的调整则还基于竞争秩序维护、消费者利益保护的需要，从而将那些并不直接构成侵犯名称权但违反诚实信用原则并导致消费者混淆的名称使用行为，作为不正当竞争予以制止。"不正当竞争法的根基是普通法的欺诈侵权：它所关注的是保护消费者免受来源的混淆。"[1]

（四）解释论与立法论

尽管上述理论解说，可以在一定程度上为指导案例提供正当化的解说，但是仍然无法回避司法裁判正当性的难题：在现行法的框架下，将企业名称简称解释为企业名称，是否属于法院的司法权限范围？

最高人民法院发布的第 29 号指导案例在阐述裁判理由时指出，根据《最高人民法院关于审理不正当竞争民事案件应用法律若干问题的解释》（已失效）第 6 条第 1 款规定，具有一定的市场知名度、为相关公众所知悉的企业名称中的字号，可以认定为 1993 年《反不正当竞争法》第 5 条第 3 项规定的"企业名称"。因此，对于企业长期、广泛对外使用，具有

---

[1]　Boni to Boats *v.* Thunder Craft Boats，489 U. S. 141，157（1989）.

一定市场知名度、为相关公众所知悉，已实际具有商号作用的企业名称简称，也应当视为企业名称予以保护。

在该指导案例中，法院的逻辑思路是：司法解释将字号视为企业名称，因此企业名称简称也应当视为企业名称。但需要明确的是，指导案例是将企业名称简称视为字号进而视为企业名称，还是直接将企业名称简称视为企业名称呢？对此，我们无法得知。但在笔者看来，由于本文前述的字号与企业名称简称存在实质性区别，更为妥当的逻辑思路应当是：正如将字号视为企业名称（因为在市场竞争中，字号对于消费者而言，具有与企业名称同样的吸引力），企业名称简称也应当视为企业名称，因为具有较大市场知名度的企业名称简称，也同样具有与企业名称相同的吸引力，进而成为企业商业信誉与竞争利益的载体，因此也应当视为《反不正当竞争法》意义上的企业名称。

对企业名称作这样的扩张解释，应当有正当化的论证，有解释过程的展开，特别是对于 1993 年《反不正当竞争法》第 2 条一般条款的运用，方能为该案的结论提供有力的支撑。此外，无论是指导案例本身还是裁判要点，均对企业名称简称增加了"实际具有商号作用"的限定条件。而何谓"商号作用"，该"商号"是否就是"企业名称"，抑或就是字号本身，均不明确，反而可能会在该指导案例的指导适用过程中产生诸多混乱。

但这样的解释论终究会带来司法裁判合法性的困扰。正如前文所指出的，在反不正当竞争司法裁判中，企业名称的外延已经扩展到了字号、简称、条形码、电话号码等，今后是否还会出现其他形式的行为？单纯依赖法院的扩张解释，此种解释的范围总是会到达司法的边界，而这必然需要立法来加以解决。换言之，当司法实务、理论研究已经有了充分的积累，当比较法已经提供了足够的参考与借鉴资源时，应当到了立法予以确认和修订的时候。

五、结论：法律的发展与案例的作用

随着人民法院在审理不正当竞争纠纷案件中对于《反不正当竞争法》条文解释、运用的日积月累与不断深化，最高人民法院通过司法解释、指导性案例、《公报》案例等形式逐步推进裁判规则的细化、变迁与统一。但是，法院作为司法机关，对于法律的解释权力毕竟是受到限制的。正如《立法法》（2015 年修正）第 104 条第 1 款第 1 句所明确规定的："最高人民法院、最高人民检察院作出的属于审判、检察工作中具体应用法律的解释，应当主要针对具体的法律条文，并符合立法的目的、原则和原意。"当 1993 年《反不正当竞争法》第 5 条第 2 项所规定的"企业名称"被法院扩张解释至包含"字号"与"企业名称简称"时，更具合法性的方式就是由立法机关予以明确规定。

因此，2017 年 11 月 4 日第十二届全国人大常委会第三十次会议通过了修订《反不正当竞争法》的决定，1993 年《反不正当竞争法》第 5 条被修订后的第 6 条取代，与企业名称相关的条文第 2 项修改为"经营者不得实施下列混淆行为，引人误认为是他人商品或者与他人存在特定联系：……（二）擅自使用他人有一定影响的企业名称（包括简称、字号等）、社会组织名称（包括简称等）、姓名（包括笔名、艺名、译名等）"。这一修订不仅将"字号""简称"明确地包含在"企业名称"的内容之中，而且以"等"的表述方式为人民法院解释法律条文、发展裁判规则以应对市场经济新需要留下了合法的空间。而且，该条规定内容在 2019 年修正时，仍继续沿用。

对天津青旅案的研究也充分表明了司法案例特别是指导性案例、《公报》案例的特殊价值，这些案例构成了我国法律发展的一种重要形式与途径。"最高人民法院运用司法解释、指导性案例等各种方式试图统一与协调全国范围内的司法裁判，并进行各种可能解决方案的探索；当司法裁判经过一定时间的实践并逐渐获得理论界与实务界的普遍认同后，国家通过立法程序修订原有制度，从而实现制度的正式变迁。"① 相应地，理论界开展对案例特别是指导性案例的研究就具有特别重要的意义，即研究我国规则变迁与司法裁判的互动关系，进而总结我国法律发展和法治中国道路的内在规律，为我国法学理论的发展提供有力的实证支撑。

---

① 李友根：《"淡化理论"在商标案件裁判中的影响分析——对 100 份驰名商标案件判决书的整理与研究》，载《法商研究》2008 年第 3 期。

刑　法

正当防卫限度的司法适用问题研究

——以侯某某正当防卫案和盛某某
正当防卫案为例

◀ **贾 宇**

  法学博士、教授、博士研究生导师。上海市高
级人民法院党组书记、院长,第十四届全国人民代
表大会代表。任"马克思主义理论研究和建设工
程"重点教材《刑法学》课题组首席专家、主编,
中国刑法学研究会会长。曾任浙江省人民检察院党
组书记、检察长,西北政法大学党委副书记、校长,
获第五届"全国十大杰出青年法学家"称号。长期从事中国刑法学、国
际刑法学、中国司法制度、反恐怖主义与国家安全等领域研究,著有
《国际刑法学》《死刑研究》《犯罪故意研究》《罪与刑的思辨》《中国
反恐怖主义法教程》《检察官客观公正立场》《新时代检察理念研究》
《新时代"枫桥经验"检察实践案例精选》《大数据法律监督办案指引》
等著作。

一、典型案例

（一）侯某某正当防卫案①

侯某某系葛某经营的养生会所员工。2015 年 6 月 4 日晚，某足浴店股东沈某因怀疑葛某等人举报其店内有人卖淫嫖娼，遂纠集本店员工雷某、柴某等四人持棒球棍、匕首赶至葛某的养生会所。沈某先行进入会所，故意推翻大堂盆栽挑衅，随之与葛某等人扭打。雷某、柴某等人随后持棒球棍、匕首冲入会所，殴打店内人员，其中雷某持匕首两次刺中侯某某右大腿。其间，柴某所持棒球棍掉落，侯某某捡起棒球棍挥打，击中雷某头部致其当场倒地。该养生会所员工报警，公安人员赶至现场，将沈某等人抓获，并将侯某某、雷某送医救治。雷某经抢救无效，因严重颅脑损伤于 6 月 24 日死亡。侯某某的损伤程度构成轻微伤，该会所另有二人被打致轻微伤。

（二）盛某某正当防卫案②

2018 年 7 月 30 日，传销人员郭某（已判刑）以谈恋爱为名将盛某某骗至杭州市桐庐县。根据以"天津天狮"名义活动的传销组织安排，郭某等人接站后将盛某某诱至传销窝点。盛某某进入室内先在客厅休息，郭某、唐某某（已判刑）、成某某等传销人员多次欲将其骗入卧室，意图通过采取"洗脑"、恐吓、体罚、殴打等"抖新人"措施威逼其加入传销组织，盛某某发觉情况异常便予以拒绝。后在多次请求离开被拒并在唐某某等人逼近时，拿出随身携带的水果刀予以警告，同时提出愿交付随身携带的钱财以求离开，但仍遭拒绝。之后，事先躲藏的传销人员邓某某、郭某某、刘某某（已判刑）等人也先后来到客厅。成某某等人陆续向盛某某逼近，盛某某被逼后退，当成某某上前意图夺刀时，盛某某持刀挥刺，划伤

---

① 参见最高人民检察院第十二批指导性案例检例第 48 号（2018 年）。
② 参见《涉正当防卫典型案例》，载最高人民法院官网，https：//www. court. gov. cn/zixun – xiangqing –251621. html，2021 年 6 月 28 日访问。

成某某右手腕及左颈，并刺中成某某的左侧胸部，致其心脏破裂。随后，盛某某放弃随身行李趁乱逃离现场。

当晚，传销人员将成某某送到医院治疗。医生对成某某伤口进行处理后，嘱咐其回当地医院进行康复治疗。同年 8 月 4 日，成某某出院，未遵医嘱，未继续进行康复治疗。同年 8 月 11 日，成某某在传销窝点突发昏迷，经送医抢救无效于当晚死亡。经法医鉴定：成某某系左胸部遭受锐器刺戳作用致心脏破裂，在愈合过程中继续出血，最终引起心包填塞而死亡。

二、正当防卫的制度嬗变与适用情况

侯某某正当防卫案（本文以下简称侯某某案）和盛某某正当防卫案（本文以下简称盛某某案）都出现了侵害人死亡的严重后果，在案件办理中都存在是否防卫过当的争议。侯某某案涉及《刑法》（2020 年修正）第 20 条第 3 款"其他严重危及人身安全的暴力犯罪"的认定，盛某某案涉及《刑法》（2020 年修正）第 20 条第 2 款"明显超过必要限度造成重大损害"的认定，二者都涉及正当防卫限度的问题。在目前的司法实践中，相当一部分正当防卫案件的争议点集中在防卫限度的认定。根据《刑法》（2020 年修正）第 20 条规定，正当防卫的成立需要同时具备防卫前提、防卫时间、防卫对象、防卫意图、防卫限度五个条件，其中防卫限度条件在实践中对正当防卫的判定占据相当大的权重。如何准确把握防卫限度，合理划定防卫权的边界，是理论上和司法上亟待破解的问题。正当防卫与国家的国情、社会现状及文化传统相关，因而对正当防卫限度条件的理解以及个案的认定，离不开对正当防卫制度的整体考察。

正当防卫的思想萌发于血亲复仇习惯。在氏族时代，氏族组织可以弥补氏族成员自卫力量的不足，当某一氏族成员被异族侵害时，整个氏族就要进行复仇，这种复仇习惯便是正当防卫的原始形态。随着氏族制度的瓦解和奴隶制国家的产生，复仇的习惯也逐步上升为法律，形成刑罚权。但在国家形成的初始阶段，私刑仍然盛行，甚至承担着补充国家刑罚权的作用。中国《周礼》记载"凡报仇者，书于士，杀之无辜""凡杀人而义者，令勿仇；仇之则死""凡盗贼军乡邑及家人，杀之无罪"。这里的"杀之无辜""杀人而义""杀之无罪"都是指不受国家刑罚权追究的私刑行为，蕴含着"正义暴力"的价值取向。此时的防卫理念主要源于人类抵御侵害的本能，体现了侵害与防卫的对等性，是一种朴素的公平正义观念。

随着封建专制主义中央集权的确立和强化，私刑逐步收归国家，正当防卫规则逐步丰满成型。《唐律疏议》对正当防卫作了详尽的规定，之后宋、明、清的律法大体沿袭了《唐律疏议》的精神和内涵。这一时期法律对正当防卫的规定呈现出精细化的特征，防卫的情形包括夜间侵入住宅、通奸、长辈被殴、抓捕现行犯等，同时发展出防卫的时机条件、限度条件、对象条件、防卫目的的条件等。虽然这些规定分散在各罪条款中未形成体系，且尚未提炼出正当防卫的概念，但正当防卫的制度雏形已基本显现。此时的防卫规则逐步摆脱了复仇时代、私刑时代防卫本能的自发性，具有一定的社会性，其价值基础在于统治者维护社会秩序的需要。

清末，我国正当防卫制度的初级范式在域外法治文明影响下得以正式确立。清末法治改革中沈家本主持修律，将西方立法经验与本国固有传统相融合，在《大清新刑律》总则中对正当防卫作出原则性规定，在附则《暂行章程》作出"对尊亲属有犯，不适用正当防卫之例"的例外规定。[①]这是中国法制史上第一次明确、系统地提出正当防卫的概念，正式确立了正当防卫制度，并赋予其出罪的功能地位。除了例外条款带有封建传统礼教的痕迹外，其基本内容与当代正当防卫制度大体一致。值得一提的是，这里明确提出了防卫限度条件，规定防卫过当应减轻处罚，这是基于防卫的有效性考量，以平衡受损的社会关系为限度，将防卫行为的危害性降到最低。虽然《唐律疏议·斗讼》在祖父母、父母被殴击的防卫中也有类似

---

① 参见怀效锋主编：《清末法制变革史料》（下卷），中国政法大学出版社2010年版，第470~498页。

防卫限度的规定①，但更多的是基于同态复仇的同害刑理念。后来，民国初年对《大清新刑律》进行了修订，基本沿袭了正当防卫原有的制度规定。然而，根据《大理院刑事判例辑存（1912~1928）》所载，民国初期16年间只有26件正当防卫案件②，也许是由于正当防卫作为一项舶来法则水土不服，也许是由于当权者为维护统治秩序限制了作为私力救济的正当防卫的适用，总之该制度在当时的司法实践中并未被普及。

1979年《刑法》专条设立正当防卫制度，包括正当防卫的一般概念和防卫过当两款规定。然而，该制度进入司法领域却困难重重，特别是在20世纪80年代的"严打"刑事政策影响下，大量本应认定为正当防卫的案件被认定为刑事犯罪。在1979年《刑法》施行期间，最高人民法院发布了三个正当防卫认定存在争议的指导性案例③，其中只有朱某红案被认定为正当防卫。这一时期的正当防卫虽已制度化，但其立法目的和出罪功能并未很好地得以实现。于是1997年《刑法》对正当防卫的相关规定作了重大修改，完善了正当防卫的一般概念，调整了防卫限度条件，增设特殊防卫的规定。防卫过当条件的紧缩和特殊防卫权的增加均放宽了正当防卫的适用范围，但司法实践状况并未随之产生明显改观。

从正当防卫制度的历史维度来看，防卫限度条件的产生和完善是正当防卫制度进化成熟的一个重要方面。当代国家对暴力的垄断合法化以后，公民防卫的基础逐渐从自然权利演变为法定权利，防卫权的行使需要在国家法秩序的框架内进行，而非私人复仇或"替天行道"的恣意。防卫限度

---

① 《唐律疏议·斗讼》规定："诸祖父母、父母为人所殴击，子孙即殴击之，非折伤者，勿论；折伤者，减凡斗折伤三等，至死者，依常律。"在长辈被殴打的情形下，子孙有防卫义务，但防卫超过一定范围应负刑事责任。

② 黄盛源纂辑：《大理院刑事判例辑存（1912—1928）》，梨斋社2013年版。该书收录了1912—1928年6月大理院的刑事判例全文。

③ 三个案例分别是：孙某亮案，载《最高人民法院公报》1985年第2期；妥某尔案，载《最高人民法院公报》1992年第2期；朱某红案，载《最高人民法院公报》1995年第1期。

条件正是抑制防卫人恣意的主要内容，是正当防卫之所以具有"正当性"的重要依据，因而防卫限度的认定直接关系着正当防卫适用的门槛和范围。然而，长期以来，在司法实践中形成的防卫限度条件的适用习惯，使正当防卫制度一直被称为"沉睡条款"。

一是认定逻辑的结果主义。正当防卫限度包括行为限度和结果限度。在实践中，以结果限度为逻辑起点考量行为限度的倾向较为明显，很容易将造成严重后果特别是出现死亡后果的防卫行为即认定为防卫过当或者故意犯罪。正如在侯某某案中，公安机关以故意伤害罪立案侦查并移送审查起诉。在盛某某案中，公安机关虽然承认其防卫性质，但仍然认为防卫过当，构成故意伤害罪。虽然这两个案件最终都被检察机关认定为正当防卫，作不起诉处理，但在司法裁判中受案件损害结果的影响而未被认定为正当防卫的案件仍然很多。有学者通过对 1976 例正当防卫个案判决进行实证分析发现，"损害结果"对裁判结果的实际影响力远超其他法定情节，对正当防卫案件的最终裁判结果具有更大的解释力。[1]《中国法治实施报告（2021）》公布的相关司法数据显示，在司法部门认定的案件中，以"造成被害人伤亡"为依据的就占到所有防卫过当案件的 4/5 以上。[2] 为此，有学者将以结果为逻辑起点的司法倾向，归因于将正当防卫的正当化根据定位于法益衡量原理[3]以及结果无价值的法益观；[4] 还有论者认为，在防卫限度判断标准上倡导侵害行为与防卫行为强

---

[1]　参见赵军：《正当防卫法律规则司法重构的经验研究》，载《法学研究》2019 年第 4 期。

[2]　参见《报告：正当防卫制度仍存缺陷，"唯结果论"扩大防卫过当范围》，载百家号，https://baijiahao.baidu.com/s? id = 1699255839649606317&wfr = spider&for = pc，2021 年 6 月 7 日访问。

[3]　参见劳东燕：《法益衡量原理的教义学检讨》，载《中外法学》2016 年第 2 期。

[4]　参见劳东燕：《结果无价值逻辑的实务渗透：以防卫过当为视角的展开》，载《政治与法律》2015 年第 1 期。

度均衡性的"基本相适应说"可以为正当防卫认定提供强大理论根据。①然而，实际上司法人员往往为支持某种既定的立场，选择性地采用理论上的学说，而进行有目的性的解释，因而很难判断法教义学上的某一原理对司法趋势产生了决定性的影响。于是有论者从社会心理学角度寻求其深层次原因，认为唯结果论的盛行源于中国人特殊的生死观和实用理性思维。② 但实用理性思维导致为追求各方满意的处理结果而无视纠纷是非曲直的说法，这是对司法实务界追求"三个效果"有机统一的误解。实际上，结果主义与长期以来形成的维稳政策有关，维稳政策虽然符合社会治理需要，但"维稳"内涵和外延的模糊性，使司法适用效果与规范目的相去甚远。

二是审查立场的视角。在防卫限度的判断标准上，司法中习惯采用更为严格的态度，往往在证据收集和司法审查中，以事后理性人的视角来审视防卫措施的正当性，这实际上是要求防卫者准确把握防卫火候，恰到好处地制止不法侵害。如盛某某案的争议源于徒手实施的不法侵害与持刀捅刺致人死亡的防卫行为之间存在悬殊的差异，该案中侵害人成某某等人只有不断逼近的行为和夺刀的行为，与侯某某案持械斗殴的严重暴力侵害相比，其不法侵害的现实性和紧迫性表现相对较弱，在这种情况下，不法侵害强度与防卫行为强度是否均衡很难判断。如果站在事后审查视角分析，不难得出持刀捅刺致人死亡的防卫明显超过了制止不法侵害的必要限度的结论。可见，事后审查视角导致过分要求手段相适应，只要不法侵害人没有使用凶器施加侵害，防卫人使用了工具加以对抗，就容易被认定为防卫过当。以此判断防卫限度，容易忽视对防卫人所处的不法侵害情景的考察，忽视防卫人对侵害危险的感受和认知，而将不法侵害者实际造成的损

---

① 参见陈璇：《正当防卫：理念、学说与制度适用》，中国检察出版社 2020 年版，第 120～122 页。

② 参见陈璇：《正当防卫、维稳优先与结果导向——以"于欢故意伤害案"为契机展开的法理思考》，载《法律科学》2018 年第 1 期。

害与防卫人实际造成的损害进行比较。然而，不法侵害可能造成但尚未出现的损害也是防卫人进行防卫的动因，防卫人在面对突如其来的危险时，其精神处于高度紧张状态，要求防卫人准确判断不法侵害的强弱并精准控制防卫行为的打击方式、打击力度，是不符合常情常理和正当防卫立法精神的。例如，在盛某某案中，盛某某被六个陌生人控制，对方动机不明，其误认为对方要摘除自己的器官具有一定的合理性，基于此，其认为自身人身安全乃至生命安全受到极大威胁是符合常理的。盛某某防卫限度的合法性不能被审查认为"对方只是想要非法拘禁"的客观判断否定。

三、正当防卫限度认定的司法规则和实践路径

《刑法》（2020 年修正）第 20 条第 2 款规定："正当防卫明显超过必要限度造成重大损害的，应当负刑事责任，但是应当减轻或者免除处罚。"从性质上来看，与正当防卫的犯罪阻却性不同，防卫过当在本质上是应当承担刑事责任的犯罪行为，但属于法定从轻情节，应当减轻或者免除处罚。从四要件犯罪构成论来看，对防卫过当的评价不仅包括客观要件，还应包含主观要件，而防卫过当的客观方面就是防卫限度的边界，因而该条款既是对防卫过当的界定，也是防卫限度条件的标准。从规范含义理解，正当防卫的"必要限度"并非防卫限度的全部内涵，法律允许正当防卫超过"必要限度"，但禁止"明显"超过必要限度。换言之，即使超过了"必要限度"，只要不是明显超过必要限度造成重大损害，仍然属于正当防卫。只有明显超过必要限度造成重大损害的防卫，才属于超出防卫限度条件，以防卫过当论处。① 对于"明显超过必要限度造成重大损害"的理解，理论上有一元论和二元论两种解释路径。一元论认为，应对"明显超过必要限度造成重大损害"作一体化的综合判断，防卫行为和其所造成的重大损害是统一的，不应当将二者分割，不存在所谓"明显超过必

---

① 参见王政勋、贾宇：《论正当防卫限度条件及防卫过当的主观罪过形式》，载《法律科学（西北政法学院学报）》1999 年第 2 期。

要限度"但没有造成"重大损害"或者相反的情况，只是在造成重大损害的情况下，才存在明显超过必要限度的问题。① 二元论认为，"明显超过必要限度造成重大损害"包含两个独立的条件，"明显超过必要限度"是行为限度，"造成重大损害"是结果限度，只有同时满足才能构成防卫过当。② 一元论实际上是将"造成重大损害"的判断依附于"明显超过必要限度"的判断，其基本逻辑是由结果向行为推论，容易陷入前述"唯结果论"的窠臼。然而，机械地划分"明显超过必要限度"和"造成重大损害"，将二者作为完全独立、互不隶属的要素也并不妥当。笔者认为，不能简单地只将"明显超过必要限度"作为行为限度标准，所谓"必要限度"既包含行为限度，也包含结果限度，"明显超过必要限度造成重大损害"应同时满足防卫行为明显超过必要限度和防卫结果明显超过必要限度，虽然在个案审查中只有发生重大损害的情况下才有进入防卫过当评价的可能，但并不意味着防卫过当的结果缺乏独立评价的价值。易言之，对防卫限度的评价应包含行为限度和结果限度这双重要素，在评价过程中应结合防卫结果优先考察防卫行为是否过当，再在防卫行为过当的基础上，进一步考察结果过当是否可归因于行为过当。

（一）防卫行为的限度

关于防卫行为限度的判断标准，学界素来有必需说和基本相适应说之争。而折中说则对二者进行了融合，认为"必要限度的掌握和确定，应当以防卫行为是否能够制止住正在进行的不法侵害为标准，同时考察所防卫的利益的性质和可能遭受的损害的程度，同不法侵害人造成损害的性质、

---

　　① 参见马克昌主编：《犯罪通论》，武汉大学出版社 1999 年版，第 754～755 页；张明楷：《正当防卫的原理及其运用——对二元论的批判性考察》，载《环球法律评论》2018 年第 2 期。

　　② 参见陈兴良：《规范刑法学》（第三版）（上），中国人民大学出版社 2013 年版，第 149 页。

程度大体相适应"。① 目前学界"一边倒"地倡导必需说，而司法实践中仍然倾向于折中说，且基本相适应说的思维在个案裁判中占据主导地位。如 2015 年《最高人民法院、最高人民检察院、公安部、司法部关于依法办理家庭暴力犯罪案件的意见》（法发〔2015〕4 号）规定："认定防卫行为是否'明显超过必要限度'，应当以足以制止并使防卫人免受家庭暴力不法侵害的需要为标准，依据施暴人正在实施家庭暴力的严重程度、手段的残忍程度、防卫人所处的环境、面临的危险程度、采取的制止暴力的手段、造成施暴人重大损害的程度，以及既往家庭暴力的严重程度等进行综合判断。"这一规定实际上是结合了必需说和基本相适应说的折中判断标准。笔者认为，基本相适应说的诟病主要在于，其容易导致对不法侵害的强度和防卫手段进行机械化对比，而忽略了防卫人所处的情景、心境以及社会伦理认可度等因素的考察，进而陷入"武器对等论"等思维，不当缩小了正当防卫的范围。而基本相适应说之所以被司法界广泛应用，是由于其与必需说相比，更具有可操作性。必需说与基本相适应说并不存在根本对立，折中说也不是两学说在同一层面上的简单相加，折中说所融合的必需说可以理解为一般意义上的判断原则，折中说所融合的基本相适应说则属于技术层面的判断方法，问题就在于如何在必需说的指导原则下完善技术层面的判断方法。对此，最高人民检察院在朱某某故意伤害（防卫过当）案②的指导意义中指出："司法实践中，重大损害的认定比较好把握，但明显超过必要限度的认定相对复杂，对此应当根据不法侵害的性质、手段、强度和危害程度，以及防卫行为的性质、手段、强度、时机和所处环境等因素，进行综合判断。"据此，防卫行为的"必要限度"是以最低强度制止不法侵害所需要的防卫措施，防卫行为超过的限度是否属于"明显超过"

---

① 高铭暄主编：《刑法专论》（第二版），高等教育出版社 2006 年版，第 427 页；马克昌主编：《犯罪通论（根据 1997 年刑法修订）》，武汉大学出版社 1999 年版，第 757 页。

② 参见最高人民检察院第十二批指导性案例检例第 46 号（2018 年）。

应该结合案件事实，在充分考量个案不法侵害事实的基础上加以判断。

1. 判断标准

上帝视角下的审查方法是典型的"事后诸葛亮"，属于事后判断，而防卫人并非全知全能的神，只能根据不法侵害发生时的危险进行防卫，而难以根据事后造成的实际损害确定采取何种防卫措施。为避免上帝视角，需要站在不法侵害发生时的立场，采用世俗人的视角加以判断。对此，各国司法实践中存在防卫人标准和社会一般人标准两种方法。普通法法系如美国确立了"行为人合理确信标准"即防卫人标准[1]，大陆法系如德国采用"审慎第三人合理确信标准"即社会一般人标准[2]。防卫人标准以个性化视角审查防卫行为的合理性，只要防卫人在当时情景下，根据自身的认知水平和反应能力确信其防卫行为是为制止不法侵害所必需的，则没有"明显超过必要限度"。社会一般人标准以大众化视角审查，如果社会一般人处于防卫人的境遇下以社会大众的认知水平和反应能力确信其防卫行为是制止不法侵害所必需，则没有"明显超过必要限度"。在通常情况下，采用社会一般人标准和防卫人标准得出的结论基本是一致的，只是在防卫人明显异于常人的情况下，才有可能产生不同的评价结论：如果防卫人属于精神病人，那么其防卫能力和认知水平明显低于常人，其对不法侵害的判断与社会一般人相比，存在偏差，严格以社会一般人能力进行考察，更容易认定为防卫过当。如果防卫人是警察，那么其防卫能力和对不法侵害的认知水平明显高于常人，此时采用防卫人标准更容易认定为防卫过当。实际上，社会一般人标准不完全等同于以社会一般人能力为参照，还包含了对社会伦理、常情等因素的考量，社会一般人标准也就是社会伦常标准。在防卫人明显异于常人的情况下，以社会一般人标准加入社会情理等

---

[1] 参见姜敏：《正当防卫制度中的"城堡法"：渊源、发展与启示》，载《法学评论》2018 年第 5 期。

[2] 参见［德］克劳斯·罗克辛：《德国刑法学总论》（第 1 卷），王世洲译，法律出版社 2005 年版，第 440 页。

因素的考量同样可以得出恰当的结论。

2. 判断步骤及考量因素的展开

第一，通过不法侵害的强度、性质确定防卫措施的基准强度。不法侵害的强弱关系着制造的危险的大小，直接影响着防卫必要性判断和防卫措施的选择，防卫行为的范围应与不法侵害的强度成正比。具体可对比双方在武器、人数、力量、法益的性质等方面的事实，来确定不法侵害所需要的最理想的防卫强度。一是武器的攻击性。侵害工具是衡量不法侵害危险性的重要因素，不法侵害人使用枪支、管制刀具等杀伤力较强的工具远比赤手空拳制造的危险更大。在有多种防卫工具选择的情况下，采用恰好能抵御侵害的防卫手段是最理想的状态，即能够以赤手空拳制止不法侵害的最好不使用枪支射击。但正当防卫往往是在紧急情况下的自救行为，不应禁止防卫人使用在现场最容易获取的工具，如果防卫人选取了杀伤性远远高于不法侵害的工具，也应避免使用致命性的防卫力度或者避免攻击身体致命部位。二是人数、力量。对不法侵害危险性的判断还需要对比双方的人数、力量，如果防卫人在人数、力量上明显不足，那么应允许防卫人通过杀伤性明显较强的防卫工具或者明显较高的防卫强度加以补充，此时应扩大允许防卫行为超过必要限度的空间。如果在人数相当的情况下，防卫人的能力明显高于不法侵害人，如青壮年对老年残疾人、拳击手对普通人，那么应该缩小允许防卫行为超过必要限度的空间。三是法益的性质。正当防卫是为了保护公民合法权益免受不法侵害而实施的，防卫行为所保护的法益应该与所损害的法益相当，同时防卫行为所保护的法益重要程度越高，其防卫行为的必要限度就越高。如为了保护财产利益免受不法侵害，可以采用侵犯财产的手段或轻微人身伤害手段进行防卫；如果为保护轻微财产进行致命性反击，显然明显超过了制止不法侵害所必需的措施。因此，生命等重大法益被侵害与轻微人身或财产法益受侵害相比，其防卫行为限度的标准更高。对轻微人身法益和纯粹财产法益的侵害，不能采用置人于死地的防卫措施。

第二,通过不法侵害发生时的情景确定危险系数并修正防卫措施的基准强度。防卫行为是否为制止不法侵害所必需,并不是简单地衡量防卫行为与不法侵害在手段、强度上的正比关系,还需要坚持事中判断立场,充分考察不法侵害发生的时间、地点等客观场景,以此确定防卫的紧迫程度以及对防卫措施的特殊需求。如果在对不法侵害强度、性质进行考察后,确定的理想的基准防卫强度是 X,那么通过对防卫人所处情景的考察可以进一步确定其危险系数的高低,如果危险系数升高,那么防卫措施的强度也应该在 X 的基础上有所增加。主要理由在于以下三点。一是封闭空间的危险性大于开放空间。在公共场所等相对开放的空间中,防卫人更容易寻求援救。在封闭的环境中,特别是住宅内,防卫人的紧迫感和危机感更强烈。不法侵入他人住宅一向被认为是具有高度危险性的行为,中国古代对"夜无故入人家者"可以实施特殊防卫①,英美法系也有"城堡法则"②。因而,对于侵入他人住宅或家中实施不法侵害的,防卫行为"必要限度"的标准更高,允许其"明显超过"的幅度也应更大。二是夜间实施不法侵害制造的危险大于白天。夜间大部分人处于休息状态,加之光线、视野不如白天,自行防卫或者请求外援的难度都相对较大,更容易使人产生恐惧等心理,也容易影响防卫人反击的有效性。总之,在特定时空范围内进行的不法侵害会增加防卫难度,采用通常的防卫措施,其防卫效果可能不足,因而"必要限度"的标准也应该更高。三是不法侵害持续时间越长,制造的额外风险越大。不法侵害持续时间越长给防卫人造成的心理压力越大,且双方在持续的争斗中会引发暴力升级,应允许防卫强度随之升级。在不法侵害结束后而防卫行为未停止的情况下,如果继续实施的防卫行为没有造成更大的损害,那么不能认为后续防卫行为明显超过必要限度。

---

① 如《唐律疏议·贼盗》规定:"诸夜无故入人家者,笞四十。主人登时杀者,勿论。"此处"登时杀者,勿论"类似现在的无限防卫规定。

② 城堡法则,是指当一个人的住所遭遇不法侵入时,就可认为是不法侵害行为,主人的退避义务减弱,可启动防卫权。

第三，加入社会伦理常情因素考量防卫人误判危险的合理性。防卫人通过对不法侵害的强度以及对客观情景的观察和感受，对不法侵害正在发生的损害和危险形成一定的预判，据此采取相应的防卫行动。受到特定心理因素和精神状态的影响，这种预判可能与实际情况不符，成为误判。如果防卫人对风险的误判是合理的，那么所采取的防卫措施具有不可避免性，即使该防卫措施明显超过不法侵害的强度，也不能认为"明显超过必要限度"。侵害风险的误判是否合理，需要结合社会伦理常情加以判断。例如，通过对不法侵害强度的考察，理想中的防卫措施的强度是 X，根据防卫情景下的危险系数的升降，一般人认为采取 X＋1 的防卫措施是有效的，但防卫人由于紧张或者惊恐误判了危险系数，从而采用了 X＋2 的防卫措施，对于这种误判，如果社会伦理常情认为"情有可原"，没有期待防卫人作出精准判断的可能性，那么其防卫措施是合理的。

（二）防卫结果的限度

与防卫行为限度判断方法不同，对防卫结果限度的判断应采用事后一般人标准，在防卫行为结束后，对防卫人所造成的损害结果与不法侵害的损害结果进行衡量，但并非防卫实害结果超过不法侵害实害结果的部分即为防卫结果过当的部分。由于不法侵害可能造成的法益损害也是防卫人进行防卫的原因，因而不法侵害造成的结果不仅包括已经造成的实际损害，还应包括因防卫行为的介入而阻断的可能发生的预期损害。所以，对防卫结果限度的考察，应该假设防卫行为阙如，不法侵害继续进行，继续进行的不法侵害所造成的损害，则是法律允许防卫结果超过的限度。据此，如果防卫结果大于不法侵害所造成的实害结果与预期结果之和，那么防卫结果属于明显超过必要限度。例如，不法侵害人使用棍棒、刀具等实施严重暴力侵害，防卫人及时反击造成了不法侵害人重伤的结果，而防卫人只受到轻伤，如果防卫人不进行反击或者防卫不利，不法侵害继续实施将会造成防卫人重伤或死亡的后果，因而其防卫结果并未明显超过必要限度造成重大损害。所以，评价防卫结果是否明显超过限度必须结合不法侵害可能造成的结果进行考量。

防卫结果过当应当归因于过当的防卫行为。过当的防卫行为是造成防卫结果过当的直接原因，二者需有直接的因果关系。如果防卫行为之后，因介入其他因素导致了重大损害，那么该损害后果不可归因于防卫人，亦不属于防卫结果过当。例如，不法侵害人在路上抢夺他人金项链后逃跑，防卫人见状追赶不法侵害人并用砖头打中不法侵害人小腿，不法侵害人仍继续逃跑，因慌不择路被马路上的车辆撞死。由于不法侵害人的死亡不是由防卫人直接导致的，因而不能将重大损害完全归因于防卫行为，不能认为超过防卫限度。

（三）盛某某正当防卫案防卫限度的认定思路

第一，考察不法侵害的强度。传销人员的不法侵害行为主要有：诱骗盛某某进入传销窝点并劝说其进入卧室休息，被盛某某发现异常拒绝后，传销人员继续逼近，在盛某某用水果刀警告后未后退，反而上前夺刀。盛某某的防卫行为主要有：用水果刀警告并提出交付钱财离开的请求，被传销人员拒绝并步步逼退后，用刀刺中成某某的右手腕、左颈、心脏。据此分析，在工具对比上，盛某某使用的是随身携带的水果刀，是现场最方便获得的工具，其杀伤力低于一般的管制刀具，但高于赤手空拳的不法侵害人。在人数、力量上，传销人员共六人，而盛某某只身一人，明显处于劣势。在侵害法益性质上，传销人员侵犯了盛某某的人身自由，尚未危及其身体健康和生命安全。此时，防卫人最低限度的防卫行动是摆脱人身控制，可以徒手反抗后逃跑，或者用水果刀刺伤不法侵害人致轻伤后获得逃跑机会。

第二，考察当时所处的客观环境。不法侵害发生在出租屋，属于传销窝点，这一空间不仅十分封闭，而且对盛某某来讲也很陌生，其逃跑难度相对较大。因而，盛某某徒手反抗并伺机逃跑成功的机会非常小。加之，不法侵害持续的时间较长，原本盛某某面对三个传销人员，僵持一段时间后又有三人从其他房间来到客厅，不法侵害人瞬间增至六人，其危险系数瞬间升高。据此，社会一般人都会认为用随身携带的水果刀反抗并刺伤对方是能够获得逃跑机会的有效途径。实际上，盛某某在防卫过程中已经做到了必要克制，穷尽了其他的防卫手段，其掏出水果刀后没有直接伤人，而是给予警告，同时试图通过留下随身财物请求离开，但都遭到拒绝，在传销人员步步逼近上前夺刀的瞬间，盛某某才用刀挥刺。然而，盛某某一刀刺中成某某造成重伤，最终出现成某某死亡的结果，实际上采用了致人重伤、死亡的防卫手段应对非法控制人身自由的法益侵害，这在防卫强度上，与不法侵害显失均衡，因而需要进一步考察盛某某对其防卫强度是否具有预见，是否能够避免。

第三，考察防卫人对侵害危险是否存在误判。传销人员不法控制盛某某真实意图是通过"洗脑"、恐吓、体罚、殴打等"抖新人"措施逼迫其加入传销组织，盛某某所面临的最大危险是人身自由被控制且受到轻微人身伤害。而传销人员始终没有表明自己的身份和邀请盛某某加入传销组织赚钱的意图。盛某某没有认识到自己进入的是传销窝点，而是误认为对方要摘除自己的器官，其所预判的侵害危险是重大人身安全乃至生命安全受到极大威胁。这种误判直接导致盛某某产生了极大的恐惧心理，在高度紧张的精神状态支配下，一刀刺中成某某要害部位后，趁乱慌忙逃脱。盛某某对客观危险的预判和防卫力度的把握均存在一定的偏差，而这种偏差是能够被社会伦理常情理解和接受的。相反，要求防卫人在惊慌恐惧之下，对侵害危险和防卫手段的选择、把控作出精准的判断，才是不合常理、不近人情的。据此判断，盛某某对防卫强度和防卫结果缺乏预见和预见可能性，其所采取的措施具有不可避免性，其防卫行为没有明显超过必要限度。

第四，考察防卫结果的限度。成某某死亡的结果不可直接归因于防卫行为，成某某重伤的结果超过了防卫限度。成某某被刺伤后进入医院，医生对伤口处理治疗后，嘱咐其回当地医院进行康复治疗。但成某某出院后没有继续进行康复治疗，而是出院7天后在传销窝点突发昏迷，经送医院抢救无效死亡。经法医鉴定，成某某系左胸部遭受锐器刺戳作用致心脏破裂，在愈合过程中继续出血，最终引起心包填塞而死亡。可见，盛某某的捅刺行为直接导致成某某心脏破裂，至于死亡结果的出现是由于成某某未遵医嘱进一步促成的，还与怠于送医、疏于照看等因素有关。因此，成某某的死亡介入了其他因素，不能直接归因于盛某某的防卫行为，该案的防卫结果是重伤害。对该重伤害是否过当的评价，需要结合防卫行为阙如的情景。从一般认识来看，传销组织"抖新人"主要是在封闭环境里对新人反复"洗脑"，最终达到精神控制的目的。假设盛某某没有反抗，其遭受的最严重的伤害大概率是轻伤害，不排除因不堪精神压力而自杀的小概率事件，通常情况下不会导致重伤或死亡的结果，这与盛某某所导致的重伤害之间存在较大的差距，所以防卫结果明显超过了必要限度，而防卫行为没有超过限度，故该案不属于"正当防卫明显超过必要限度造成重大损害"的情形，盛某某不应承担刑事责任。

四、特殊防卫与防卫限度的关系及适用

（一）《刑法》（2020 年修正）第 20 条第 3 款的性质

《刑法》（2020 年修正）第 20 条第 3 款规定："对正在进行行凶、杀人、抢劫、强奸、绑架以及其他严重危及人身安全的暴力犯罪，采取防卫行为，造成不法侵害人伤亡的，不属于防卫过当，不负刑事责任。"该条款被称为"无限防卫"条款或"特殊防卫"条款，对其性质的理解有不同的观点。如果将该条款看作注意规定，则认为只是提示性规定了防卫不过当的情形，其原本就没有超过防卫限度的正当防卫行为，即第 20 条第 3 款情形原本就满足防卫限度条件。[①] 然而，在实践中，该条款普遍被视为

---

① 参见张明楷：《防卫过当：判断标准与过当类型》，载《法学》2019 年第 1 期。值得注意的是，"无过当防卫的情形不属于《刑法》第 20 条第 1 款规定的防卫限度的例外，属于第 20 条第 1 款规定的防卫限度的进一步明确提示，这是立法者担心司法依然会扩大防卫过当的认定范围所作的明确规定"，参见曲新久：《刑法学》（第四版），中国政法大学出版社 2017 年版，第 128 页。

拟制规定，认为这种情况原本是防卫过当的，但得到法律的允许，即针对严重危及人身安全的暴力犯罪实施防卫不受限度条件的约束，第 20 条第 3 款是独立于该条第 1 款的例外规定。拟制论存在两个逻辑缺陷：其一，如果不法侵害属于严重危及人身安全的暴力犯罪，防卫人在侵害人明显丧失侵害能力后继续攻击的行为，仍然属于正当防卫或者单独评价为故意犯罪，而没有被评价为防卫过当的空间。其二，只有针对严重危及人身安全的暴力犯罪实施防卫，造成不法侵害人伤亡，才是法律许可的，其他不法侵害情形下造成伤亡，则属于防卫过当。如果用拟制论分析盛某某案，成某某等人的不法侵害不属于《刑法》（2020 年修正）第 20 条第 3 款规定的情形，但防卫行为造成成某某死亡，因而属于防卫过当。如果用注意论分析盛某某案，则首先根据第 20 条第 1 款和第 2 款考察是否符合一般正当防卫的构成要件，而不是直接适用第 20 条第 3 款。可见，拟制论很容易令司法者忽略对限度条件的判断，从而使防卫结果的考察成为首要的判断标准，进而陷入结果主义。将第 20 条第 3 款理解为注意规定，更有利于从行为限度出发认定案件，能够准确处理《刑法》（2020 年修正）第 20 条三个条款之间的关系。此外，根据前述防卫结果过当的判断方法理解《刑法》（2020 年修正）第 20 条第 3 款，也可以得出注意条款的结论。实施行凶、杀人、抢劫、强奸、绑架以及其他严重危及人身安全的暴力犯罪本身是具有"伤亡"危险的高强度不法侵害，在正当防卫行为阙如的情况下，这种不法侵害将直接导致被害人重伤或死亡，无论防卫人采取何种超过必要限度的防卫行为，其防卫结果都没有超过限度，因而这种情形本身就是满足正当防卫限度条件的。这意味着，在司法审查中，不必单独认定防卫限度条件，在符合正当防卫其他构成要件的基础上，只需要认定不法侵害的性质是否属于"严重危及人身安全的暴力犯罪"即可。

（二）侯某某正当防卫案的指导意义及"严重危及人身安全的暴力犯罪"的内涵

对《刑法》（2020 年修正）第 20 条第 3 款的适用，核心在于认定

"严重危及人身安全的暴力犯罪"。最高人民检察院在侯某某正当防卫案的指导意义中给出了"其他严重危及人身安全的暴力犯罪"的认定方法，即以《刑法》第 20 条第 3 款规定的四种犯罪行为为参照，通过比较暴力程度、危险程度和刑法给予惩罚的力度作出判断。同时，需要注意三点：一是不法行为侵害的对象是人身安全，即危害人的生命权、健康权、自由权和性权利；二是不法侵害具有暴力性，且应达到犯罪的程度；三是不法侵害行为应达到一定的严重程度，即有可能造成他人重伤或死亡的后果。据此，特殊防卫中不法侵害的认定应包含以下要素：

第一，不法侵害对象的人身性。与身体有关的权益一旦遭到不法侵害将带来不可逆转、不可恢复的损害，对其救济的紧迫性和必要性远远大于其他权益。因而，特殊防卫的不法侵害要以人的身体为攻击目标，侵害的法益包括与身体有关的生命权、健康权、自由权和性自主权，不包括财产权、民主权利等合法权利。在侯某某案中，不法侵害人已经打伤三人，侯某某也被刺中两刀，雷某的行为直接危及侯某某的生命权、健康权，属于"严重危及人身安全的暴力犯罪"的侵害对象。

第二，不法侵害性质的犯罪性。特殊防卫的不法侵害不是一般意义上的违法行为，而是达到犯罪程度的侵害行为。由于正当防卫不是私刑权，防卫对不法侵害者造成的损害也不具有刑罚意义[①]，故"严重危及人身安全的暴力犯罪"中的"犯罪"并非指具体罪名，《刑法》第 20 条第 3 款列举的"杀人、抢劫、强奸、绑架"也不仅指具体犯罪行为，还包括以此种行为方式为手段触犯其他罪名的犯罪行为。在我国《刑法》分则规定的具体罪名中，严重危及人身安全犯罪的法定最高刑一般为死刑、无期徒刑以及 10 年以上有期徒刑，抢劫罪、强奸罪的法定最低刑为 3 年以上有期徒刑，故有学者认为"严重危及人身安全的暴力犯罪"不是轻微犯罪，而应该为法定最低刑至少 3 年以上有期徒刑，法定最高刑不得低于 10 年以

---

① 参见林亚刚：《刑法学教义（总论）》，北京大学出版社 2014 年版，第 281 页。

下有期徒刑的犯罪。① 笔者不赞同上述观点，轻微暴力犯罪行为也有致人"伤亡"的可能，如聚众斗殴罪的法定最低刑为 3 年以下有期徒刑，然而其结果加重犯为故意伤害罪、故意杀人罪，因而不能把轻微暴力犯罪排除在特殊防卫的前提条件之外。在侯某某案中，不法侵害人沈某伙同其他四人持棒球棍、匕首进入葛某经营的养生会所进行挑衅，沈某与葛某等人扭打，雷某等人殴打会所其他人员，这一系列不法侵害属于单方持械聚众斗殴，符合《刑法》第 292 条第 1 款第 4 项，构成聚众斗殴罪。本罪的惩罚力度虽然不重，但根据《刑法》第 292 条第 2 款规定，聚众斗殴致人重伤、死亡的，依照《刑法》关于故意伤害致人重伤、故意杀人的规定定罪处罚。可见聚众斗殴行为也有致人伤亡的危险，故该案防卫行为的认定可以适用特殊防卫条款。

第三，不法侵害形态的暴力性。与一般的不法侵害相比，"严重危及人身安全的暴力犯罪"在外在形态上具有暴力特征，其所具有的危险紧迫性和现实性更强，具体表现为以下两点。一是有形作用力。暴力是以有形力量作用到被害人身体上，通常使用武器，也可能借助物理力量。但暴力的认定不要求一定要借助外在力量，如果不法侵害人是拳击手等特殊职业，具有徒手一招致命的特异体能，与被害人相比，在个体力量上占有压倒性优势，也可以认定为暴力。二是瞬间爆发、强度剧烈。暴力侵害一般突然发生，猛烈且迅速攻击，短时间内爆发出"伤亡"后果，而被害人事发前无防备，事发时来不及对整个事态产生清晰完整的认识。在侯某某案中，沈某等人携带棒球棍等凶器冲进会所后直接推翻大堂盆栽，肆意殴打店内人员，短时间内造成会所三人受伤，其中侯某某被雷某刺中大腿两次。不法侵害一方人多势众，手持器械，攻击猛烈，迅速制造混乱，给被害一方造成强有力的压制，其暴力特征明显。

---

① 参见郭泽强：《"权利与权力"框架下的正当防卫制度研究》，湖北人民出版社 2019 年版，第 96 页。

第四，不法侵害程度的严重性。暴力犯罪应该具有极大的破坏性，能够达到致人伤亡的严重程度，但对严重性的考量，不能以是否出现致人伤亡后果为标准。不法侵害的严重性不仅包括已经造成的实害后果，也包括尚未发生的严重危及生命安全和身体健康等重大人身法益的危险。如侯某某的损害只有轻微伤，没有达到重伤或死亡的严重程度，但在当时的情景下，不法侵害方来势凶猛，侯某某徒手面对持刀的雷某，身体处于被强力压制的状态，稍不留神就可能被打成重伤或死亡，其人身安全面临巨大危险。侯某某在混乱之中，顺势捡起柴某掉落的棒球棍反击雷某，在常理之中，也在防卫限度之内，适用特殊防卫条款不存在障碍。

五、检察机关在激活正当防卫制度中的作用

（一）诉讼程序控制

侯某某案和盛某某案都是在检察机关审查起诉阶段被认定为正当防卫，在审查起诉环节得以及时出罪。在侯某某案中，公安机关以侯某某涉嫌故意伤害罪将其移送检察机关审查起诉。浙江省杭州市人民检察院根据审查认定的事实，依据《刑法》（2017 年修正）第 20 条第 3 款的规定，认为侯某某的行为属于正当防卫，不负刑事责任，并根据《刑事诉讼法》（2018 年修正）第 177 条第 1 款的规定，决定对侯某某不起诉。浙江省杭州市桐庐县公安局以盛某某涉嫌故意伤害罪立案侦查，桐庐县人民检察院批准逮捕后，案件移送审查起诉，杭州市人民检察院认定盛某某的行为属于正当防卫，根据《刑事诉讼法》（2018 年修正）第 177 条第 1 款的规定，对盛某某作出不起诉决定。由此可见，正当防卫的规范适用不仅是实体法上规范解释的问题，也需要通过程序控制加以实现。

1. 外部制约机制

公安机关、检察机关和审判机关在刑事诉讼活动中分工负责、相互制约和相互配合，能够在各自程序权限范围内对正当防卫案件作出实体处

置，为纠正正当防卫适用中的偏差提供了程序性保障。在侦查阶段，如果公安机关认为案件构成正当防卫，可以作出撤销案件的决定。如果案件被检察机关起诉到法院，法院在审判阶段认为构成正当防卫的，可以作出无罪判决；一审适用正当防卫不当的，可以通过二审或者再审程序改判认定正当防卫或者防卫过当。与公安机关、审判机关相比，检察机关作为法律监督机关，其职能贯穿刑事诉讼活动始终，在正当防卫案件的引导认定和程序控制方面能够发挥更大的作用。检察机关具有立案监督、侦查监督、审判监督等职能，在侦查阶段可以作出不批准逮捕决定，在审查起诉阶段可以作出不起诉决定，在审判阶段可以提出抗诉，在判决生效后还可以启动审判监督程序进行抗诉，在每一个诉讼环节都可以对正当防卫的实体认定施加影响。

一是通过引导侦查提供专业意见。检察机关针对公安机关立案侦查的重大、疑难、复杂刑事案件，有权在案件尚未按法定程序进入审查起诉环节时，提前介入并引导侦查，即应公安机关的邀请或者检察机关认为有必要时，参加或参与侦查机关正在侦查的案件相关工作并发表意见。如在于某某正当防卫案①立案后，江苏省昆山市人民检察院第一时间派员依法提前介入侦查活动，查阅案件证据材料，对侦查取证和法律适用提出意见和建议，并依法履行法律监督职责。与此同时，省、市两级人民检察院及时派员指导，最高人民检察院也对此案高度关切。最终公安机关听取了检察机关的意见，作出撤销案件决定。对此，有论者对正当防卫判断权由公安机关行使提出质疑②，认为正当防卫的认定应当由司法机关通过裁判程序加以确立，案件未经检察院审查起诉、法院开庭审理不符合法治逻辑，这是中国司法体制尚未形成以审判为中心的刑事诉讼格局的体现。然而，通

---

① 参见最高人民检察院第十二批指导性案例检例第 47 号（2018 年）。

② 参见《昆山反杀案之反思：正当防卫的认定权不该由公安机关掌握》，载网易网，https://www.163.com/dy/article/DSKDMP490514BL2N.html，2021 年 6 月 28 日访问。

过提前介入，引导侦查对没有犯罪事实的案件不再移送审查起诉，是检察机关充分履行监督职责的体现，更能彰显程序法治的精神，更利于保障当事人合法权益。公安机关撤销案件，是在充分听取检察机关意见的基础上作出的决定，也包含了司法机关的判断，具有结论的正当性。据此，建议侦查机关在侦查重大复杂暴力犯罪案件时，发现涉及正当防卫性质的判断，尤其是特殊防卫权的判断问题时，应当主动及时地邀请检察机关介入侦查，为案件准确处理提供专业法律意见。[①]

　　二是通过不捕、不诉及时出罪。逮捕的制度功能在于对侦查权进行司法控制，是防止冤假错案的重要程序设计。检察机关在审查逮捕阶段，发现案件属于正当防卫，应当作出不批准逮捕决定。检察机关在审查起诉阶段，发现公安机关移送审查起诉的案件属于正当防卫，依法不应追究刑事责任的，应当作出不起诉决定；审查后认为证据不充分，根据存疑有利于防卫人原则，应当作出相对不起诉决定。检察机关通过严把事实关、证据关和法律适用关，能够有效实现正当防卫案件在侦查阶段和审查起诉阶段及时出罪。此外，检察机关在履行审查逮捕、审查起诉职能时可充分利用检察听证制度，对拟不批准逮捕、拟不起诉案件通过公开听证程序审查，既能确保对正当防卫性质的准确认定，又有利于化解矛盾，进而实现民意沟通、舆论引导的效果。为了充分发挥检察机关在正当防卫案件办理中的审查逮捕、审查起诉职能，最高人民检察院公布了一批正当防卫不捕不诉典型案例。在最高人民检察院公布的第十二批指导性案例中，陈某正当防卫案[②]是通过不批准逮捕对案件进行终局处理，侯某某案是通过不起诉决定进行终局处理，都有效保障了无罪的人不受刑事追究。近年来，检察机关充分发挥不捕不诉职能作用，促使正当防卫司法适用状况得以改观，2019 年和 2020 年因正当防卫不捕不诉 819 人，是之前两年

---

　　① 参见刘哲：《正当防卫认定"前移"的程序建构》，载《检察日报》2021 年 3 月 24 日，第 3 版。

　　② 参见最高人民检察院第十二批指导性案例检例第 45 号（2018 年）。

的 2.8 倍①，充分释放了正当防卫制度的生命力，实现了其制度功能。

三是通过审判监督及时纠偏。检察机关有权对刑事判决、裁定是否正确进行监督，上级人民检察院有权对下级人民检察院的起诉指控是否正确进行监督纠正。对于已经生效的判决、裁定，如果被告人认为，应当认定正当防卫或防卫过当而没有认定提出申诉，或者检察机关认为正当防卫认定有失偏颇的，可以依法按照审判监督程序提出抗诉或发出再审检察建议。如果被告人对一审判决提出上诉，检察机关依法审查，认为上诉理由成立的，应在二审中予以支持。如在朱某某故意伤害（防卫过当）案②中，一审公诉和判决均未认定其防卫性质，之后朱某某以防卫过当为由上诉，检察机关二审审查认为，朱某某的行为属于防卫过当，应当负刑事责任，但是应当依法减轻或者免除处罚。二审法院采纳了检察机关的意见，对量刑部分予以改判。如果上级人民检察院对下级人民法院已经发生法律效力的判决和裁定，发现确有错误，有权按照审判监督程序向同级人民法院提出抗诉。如在蔡某某正当防卫案中③，一审法院认定蔡某某犯故意伤害罪，判决生效后，浙江省人民检察院在审查其他案件时发现关联案件蔡某某正当防卫案属于错误起诉、错误判决，依法启动审判监督程序予以纠正，最终法院认定该案属于正当防卫，依法改判蔡某某无罪。

2. 内部指导机制

对于正当防卫这类出罪事由的适用，地方司法机关长期受"维稳思维"的影响而持有相对保守的态度，特别是在案件引发重大舆情的情况下，通常只有在得到最高司法机关指示或表态后，地方司法机关才会作出相应处理，因而构建自上而下的司法指导机制尤为必要。上下级检察机关

---

① 参见张军：《最高人民检察院工作报告——2021 年 3 月 8 日在第十三届全国人民代表大会第四次会议上》，载最高人民检察院官网，https://www.spp.gov.cn/spp/gzbg/202103/t20210315_512731.shtml，2021 年 6 月 28 日访问。

② 参见最高人民检察院第十二批指导性案例检例第 46 号（2018 年）。

③ 参见浙江省丽水市中级人民法院（2021）浙 11 刑抗 1 号刑事判决书。

是领导与被领导的关系，在建立自上而下的指导中更具优势，目前检察系统内部已经形成相对完善的司法办案指导决策机制。根据《人民检察院案件请示办理工作规定（试行）》的规定，上级人民检察院对下级人民检察院的司法办案有指导权，下级人民检察院办理具体案件时，对涉及法律适用、办案程序、司法政策等方面确属重大疑难复杂的问题，经本级人民检察院研究难以决定的，应当向上级人民检察院请示。赵某正当防卫案①即是在上级检察机关的指导下，经历了从防卫过当到正当防卫的认定过程。该案由福建省福州市晋安区公安局以涉嫌过失致人死亡罪移送审查起诉，晋安区人民检察院认定防卫过当，根据《刑事诉讼法》（2018 年修正）第177 条第 2 款作出相对不起诉决定。之后在最高人民检察院的指导下，福建省人民检察院指令福州市人民检察院对该案进行审查，经审查认定赵某的行为属于正当防卫，原不起诉决定适用法律错误，依法决定予以撤销，并依据《刑事诉讼法》（2018 年修正）第 177 条第 1 款作出不起诉决定。该案两次处理结果都是不起诉，但对案件性质的认定和法律的适用截然不同。在办案过程中，检察机关四级联动，案件定性一波三折，最终在最高人民检察院和上级检察机关的指导下依法正确行使不起诉权，使案件得以公正处理。

（二）司法案例指引

2009 年，备受舆论关注的邓玉娇案促使理论界广泛探讨正当防卫司法与立法的落差。2017 年于欢案、2018 年于海明正当防卫案再一次将正当防卫的司法适用问题推到风口浪尖，由此引起最高司法机关高度重视。为及时回应社会关切，2018 年 12 月 19 日最高人民检察院专门以正当防卫为主题发布第十二批指导性案例，以此规范司法实践。随后，最高人民法院、最高人民检察院、公安部于 2020 年 8 月 28 日联合发布《关于依法适

---

① 参见《涉正当防卫典型案例》，载最高人民法院官网，https：//www. court. gov. cn/zixun－xiangqing－251621. html，2021 年 6 月 28 日访问。

用正当防卫制度的指导意见》，并同时发布 7 个正当防卫典型案例，进一步统一了司法适用标准。2020 年 11 月 27 日，为准确理解和把握《关于依法适用正当防卫制度的指导意见》，最高人民检察院发布 6 个正当防卫不捕不诉典型案例，为检察阶段的正当防卫案件办理提供了指引。面对与立法精神不相匹配、与人民群众法治需求不相协调的正当防卫司法实践，最高人民检察院单独发布和联合发布的一系列指导性案例、典型案例，在引领正当防卫司法走向中彰显了检察担当，也在一定程度上促使正当防卫制度呈现出从规范法治向案例法治转型的趋势。

1. 提炼司法适用规则

正当防卫的构成要件是相对抽象的，理论上对每个要件涉及的问题争论不一，实践中受执法司法理念、环境等因素影响，各地司法机关对正当防卫审查和裁判尺度不一。司法案例通过提炼规则以案释法，能够具体阐释正当防卫的界限，即用典型个案为类案办理提供"由具体到具体"的参照标准，有利于确保同类案件的法律适用基本统一、处理结果基本一致。① 例如，对于防卫限度的把握，最高人民检察院在盛某某案的指导意义中都明确指出，防卫过当应当同时具备"明显超过必要限度"和"造成重大损害"两个条件，即结果过当和措施过当缺一不可。在赵某正当防卫案②、江西省宜春市高某某正当防卫不起诉案③中又进一步指出，对"明显超过必要限度"的认定，不应当苛求防卫人必须采取与不法侵害基本相当的反击方式和强度，应当坚持综合考量原则。又如，关于特殊防卫的认定，在于某某正当防卫案④明确了"行凶"的认定标准，在侯某某案中明确了"其他严重危及人身安全的暴力犯罪"的认定标准。此外，指导

---

① 参见周颖：《〈最高人民检察院第十二批指导性案例〉解读》载，《人民检察》2019 年第 2 期。

② 参见最高人民检察院第十二批指导性案例检例第 45 号（2018 年）。

③ 参见最高人民检察院正当防卫不捕不诉典型案例之案例三（2020 年）。

④ 参见最高人民检察院第十二批指导性案例检例第 47 号（2018 年）。

性案例、典型案例还针对不同侵害情形下的正当防卫认定予以指导，如相互斗殴情况下正当防卫认定，对强奸行为实施特殊防卫的认定，因婚姻家庭、邻里矛盾等民间矛盾引发侵害情形下的正当防卫认定等，都为司法人员准确把握正当防卫提供了较全面的参考和借鉴。

2. 传导司法政策理念

造成正当防卫司法异化更深层次的原因是采用以"维稳"为主要思想的刑事政策主张而背离了刑事政策的初衷与正当性基础。[①] 维稳政策与正当防卫制度的价值选择有关，正当防卫制度的法理基础在于正义与秩序，如果倾向于秩序的价值取向，则以维稳政策为主导，正当防卫的适用容易被抑制；如果倾向于正义的价值取向，则采用防卫人优先保护理念，正当防卫的适用更容易被激发。然而，过分强调正义也容易对秩序造成冲击，正如最高人民检察院检察长张军所指出的："涉及正当防卫问题，司法实践中也要防止法律适用中的矫枉过正，特别要注意确属防卫过当，或者本不属于正当防卫的斗殴、伤害行为，像防卫挑拨、假想防卫等，因为受一时舆论的影响，把不是正当防卫作为正当防卫处理。如果那样，违背立法本意，社会治安秩序将受到严重挑战。"[②] 因而，最高人民检察院发布的一系列指导性案例、典型案例，意在激活正当防卫制度，但又不是单纯推崇"防卫者优先保护理念"，而是倡导"依法防卫者优先保护理念"[③]，即均衡实现正义与秩序价值，把握好正当防卫的"度"，既不让防卫权难以实现，也避免防卫权的滥用。在本文选取的指导性案例和典型案例中，既有被认定为正当防卫的案例（如盛某某案、侯某某案[④]），又有被认定为

---

① 参见周详、李耀：《正当防卫司法纠偏的刑事政策视角》，载《河北法学》2019年第9期。

② 张军：《关于检察工作的若干问题》，载《人民检察》2019年第13期。

③ 参见周颖：《〈最高人民检察院第十二批指导性案例〉解读》，载《人民检察》2019年第2期。

④ 参见最高人民检察院第十二批指导性案例检例第46号（2018）。

防卫过当的案例（如朱某某故意伤害案），也有在同一案件中对部分防卫人认定正当防卫、部分防卫人认定防卫过当的案例（如杨某1故意伤害、杨某2正当防卫案①），还有滥用防卫权不构成正当防卫的案例（如刘某某故意伤害案），全面、充分地阐释和宣示了"依法防卫者优先保护理念"，有利于司法人员准确把握正当防卫的边界。

3. 引领社会法治观念

当代法治观念不再拘泥于纯粹的规则自治，而是强调良法之治和良法善治，法律适用也不是机械的逻辑推演，而存在天理、人情的渗透和制约。②正当防卫的司法适用也必须同时融入法、理、情的考量，强化社会主义核心价值观的导向作用，尊重社会公众朴素的道德情感，提升司法的社会认同和情理认同。案例是传递司法价值观的重要载体，检察机关发布指导性案例和典型案例，是以法治手段维护社会主义核心价值观的重要途径，能够让正当防卫案件的处理成为全民普法的法治公开课。在盛某某案中，充分考虑到防卫人对持续侵害累积危险的感受，没有过分苛求防卫措施的相适应性，对在精神高度紧张状态下导致防卫结果过当的行为认定为正当防卫。在湖南省宁乡市文某某正当防卫不起诉案③中，针对多人共同实施不法侵害的，既可以针对直接实施不法侵害的人进行防卫，也可以针对在现场共同实施不法侵害的人进行防卫。这些案例都融入了"法不强人所难"的"情理"判断，传达出鼓励正当防卫、提倡见义勇为的信号，有助于鼓励人民群众自觉运用正当防卫保护自身合法权益，从而促进形成良好道德风尚和正确价值导向。

---

① 参见《涉正当防卫典型案例》，载最高人民法院官网，https://www.court.gov.cn/zixun-xiangqing-251621.html，2021年6月28日访问。

② 参见最高人民检察院第一厅编著：《最高人民检察院第十二批指导性案例适用指引》（正当防卫），中国检察出版社2019年版，第173页。

③ 参见最高人民检察院正当防卫不捕不诉典型案例之案例六（2020年）。

婚恋纠纷引发的杀人行为之死刑适用研究

——以王某某故意杀人案和李某故意杀人案为例

◀ **陈兴良**

北京大学博雅讲席教授。1999 年获第二届"全国十大杰出青年法学家"称号，2004 年获"长江学者"称号。学术成果包括：《陈兴良刑法学系列丛书》（共计 31 卷），《陈兴良作品集》（共计 10 册）。个人著作六次获得高等学校科学研究优秀成果奖（人文社会科学），其中一等奖一个、二等奖三个、三等奖两个。

一、基本案情

（一）王某某故意杀人案①

被告人工某某与被害人赵某某（女，殁年 26 岁）在山东省潍坊市科技职业学院学习期间建立恋爱关系。2005 年，王某某毕业后参加工作，赵某某考入山东省曲阜师范大学继续专升本学习。2007 年，赵某某毕业

---

① 参见最高人民法院指导案例 4 号（2011 年）。

参加工作后，王某某与赵某某商议结婚事宜，因赵某某家人不同意，赵某某多次提出分手，但在王某某的坚持下，二人继续保持联系。2008 年 10 月 9 日中午，王某某在赵某某的集体宿舍再次与赵某某谈及婚恋问题，因赵某某明确表示二人不可能在一起，王某某感到绝望，愤而产生杀死赵某某然后自杀的念头，即持赵某某宿舍内的一把单刃尖刀，朝赵某某的颈部、胸腹部、背部连续捅刺，致其失血性休克死亡。次日 8 时 30 分许，王某某服农药自杀未遂，被公安机关抓获归案。

王某某平时表现较好，归案后如实供述自己的罪行，并与其亲属积极赔偿被害人，但未与被害人亲属达成赔偿协议。

（二）李某故意杀人案①

2006 年 4 月 14 日，被告人李某因犯盗窃罪被判处有期徒刑二年；2008 年 1 月 2 日刑满释放。2008 年 4 月，经他人介绍，李某与被害人徐某某（女，殁年 26 岁）建立恋爱关系。同年 8 月，二人因经常吵架而分手。8 月 24 日，当地公安机关到李某的工作单位给李某建立重点人档案时，其单位得知李某曾因犯罪被判刑一事，以此为由停止了李某的工作。李某则认为其被停止工作与徐某某有关。同年 9 月 12 日 21 时许，被告人李某拨打徐某某的手机，因徐某某外出，其表妹王某某（被害人，时年 16 岁）接听了李某打来的电话，并告知李某，徐某某已外出。后李某又多次拨打徐某某的手机，均未接通。当日 23 时许，李某到黑龙江省哈尔滨市呼兰区徐某某开设的某某形象设计室附近，再次拨打徐某某的手机，与徐某某在电话中发生吵骂。后李某破门进入徐某某在某某形象设计室内的卧室，持室内的铁锤多次击打徐某某的头部，击打徐某某表妹王某某的头部、双手数下。稍后，李某又持铁锤先后再次击打徐某某、王某某的头部，致徐某某当场死亡、王某某轻伤。为防止在场的某某形象设计室学徒工佟某报警，李某将徐某某、王某某及佟某的手机带离现场并抛弃，后潜

---

① 参见最高人民法院指导案例 12 号（2012 年）。

逃。同月 23 日 22 时许，李某到其姑母李某某家中，委托其姑母转告其母亲梁某某送钱。梁某某得知此情后，及时报告公安机关，并于次日晚协助公安机关将来姑母家取钱的李某抓获。

在该案审理期间，李某的母亲梁某某代为赔偿被害人亲属 4 万元人民币。

二、死刑适用条件的司法考察

王某某故意杀人案与李某故意杀人案都是十分典型的因婚恋纠纷引起的杀人案件。在目前的司法实践中，此类杀人案件占有相当大的比重。如何处理由于婚恋纠纷所引起的杀人案件，对于司法机关来说，是一个重要的课题。在上述两个故意杀人案的处理中，涉及死刑立即执行与死刑缓期执行的界限区分。死刑立即执行与死刑缓期执行同属于死刑的范畴，都是以犯罪分子所犯罪行极其严重、论罪应当判处死刑为前提的。那么如何区分死刑立即执行与死刑缓期执行的界限呢？从我国《刑法》第 48 条的规定来看，适用死刑缓期执行的条件是："对于应当判处死刑的犯罪分子，如果不是必须立即执行的，可以判处死刑同时宣告缓期二年执行。"可以说，这项法律规定是十分笼统的，几乎就是一项授权性的规定。在个案中对犯罪分子是否判处"死缓"，完全取决于法官对该犯罪分子是否必须判处死刑立即执行的内心确信。当然，该规定在刑法理论上还是可以为死刑立即执行与死刑缓期执行的区分提出刑法教义学的根据。

（一）死刑适用条件的一般理解

值得注意的是，1979 年《刑法》对于死刑适用条件的规定采用的是"罪大恶极"一语，从客观上的社会危害性极大与主观上的人身危害性极大两个方面为死刑适用提供了一般性条件。尽管"罪大恶极"四字仍然是极为概括性的，但毕竟指出了从主客观两个方面加以考察的基本思路。但是，1997 年《刑法》将"罪大恶极"一语修改为"罪行极其严重"，那么，这一修改的用意究竟何在呢？对于这一修改，高铭暄教授指出，1979

年《刑法》公布后，对于"罪大恶极"一词，一些学者指出，这一死刑适用标准在理论上有多种解释，实践中理解和执行的标准不一，势必造成司法的不统一，故应当将其具体化为"犯罪性质和危害后果特别严重，而且犯罪人的主观恶性特别巨大"。考虑到立法用语规范化的要求，1997年《刑法》将"罪大恶极"修改为"罪行极其严重"。在这里，"罪行极其严重"应当理解为犯罪性质和犯罪情节极其严重，而且犯罪分子的主观恶性也极其严重。① 从以上解释来看，"罪行极其严重"是"罪大恶极"的替代语，两者只是具体与抽象的关系，即立法者试图采用较为具体的"罪行极其严重"一语代替"罪大恶极"一词。当然，"罪行极其严重"一语也并不具体。从立法本意来说，"罪行极其严重"仍然是客观危害与主观恶性的统一。但是，从文字来看，"罪行极其严重"一语似乎只是指客观上的危害而并不包括主观上的恶性。对此，我国刑法学界存在质疑。例如，我国有学者指出，不论刑法的修改意义如何，单从文字来理解，似乎让人感觉在死刑的适用上，1997年《刑法》更加注重客观罪行的标准，因而冲淡了可能因为单纯恶极被判处死刑的适用可能性。② 但这同样带来了一个令人思索的问题：立法者将"罪大恶极"修改为"罪行极其严重"，岂不是降低了死刑（包括死缓）适用的条件？也即按照1997年修订《刑法》之规定，是否只要从犯罪的客观危害一个方面去确定是否应当判处死刑，而置行为人的主观恶性和人身危险性于不顾？对此，笔者认为，不论立法者对这一词语的修改是旨在将概念含义具体化，还是要对死刑适用的条件作实质性的变更，降低死刑适用条件的立法意图是可以排除的。唯一合理的解释是，立法者为了便于司法操作、力求概念明确化，出于这一初衷的用语却导致了不应有的概念异化（"罪行极其严重"与将"罪大恶

---

① 参见高铭暄：《中华人民共和国刑法的孕育诞生和发展完善》，北京大学出版社2012年版，第225~226页。

② 参见储槐植：《死刑司法控制：完整解读刑法第四十八条》，载《中外法学》2012年第5期。

极"具体化的立法本意相去甚远），这不能不说是立法技术上的一个缺憾。以上学者所说的概念异化，是指立法上的言不达意。在这种情况下，如果根据立法者的本意，"罪行极其严重"应该包括客观上的危害极其严重与主观上的恶性极其严重两个方面。但如果仅从法条的文字来理解，则"罪行极其严重"是指客观上的危害极其严重，而不能包含主观上的恶性极其严重。从我国刑法学界的解释来看，基本上还是采取基于立法者本意的理解。因为如果把适用死刑的条件"罪行极其严重"从需要具备客观上的危害极其严重与主观上的恶性极其严重这两方面的要素，改为只需要客观上的危害极其严重这一个方面的要素，显然是降低了死刑的适用标准，这与限制死刑适用的刑事政策精神存在抵牾。

我国学者储槐植教授对我国《刑法》规定的死刑适用条件作了全新的解读，他指出"罪行极其严重"为死刑适用的一般化标准，即不能因人而异，属行为刑法，体现形式理性、同等情况同等对待；具体"犯罪分子"为死刑执行方式裁量的个别化根据，即需因人而异，属行为人刑法，体现实质理性、不同情况不同对待。① 综观《刑法》（2011 年修正）第 48 条，兼有形式理性与实质理性，协调行为刑法与行为人刑法，是谓矛盾统一。《刑法》（2011 年修正）第 48 条同时规定了死刑适用的标准和死刑执行的两种方式，即死刑立即执行和缓期二年执行，两种执行方式的区分适用主要取决于"犯罪分子"的不同情况，理论和实践都只能得出这样的结论。根据以上论述，对于我国《刑法》（2011 年修正）第 48 条所规定的"死刑只适用于罪行极其严重的犯罪分子"，应该将"罪行极其严重"与"犯罪分子"这两个用语分别理解。"罪行极其严重"是指客观上的危害特别严重，这是死刑适用的一般标准。而"犯罪分子"则是对行为人的主观恶性的考察，其决定了死刑执行方式是死刑立即执行还是死刑缓期执行。由此可见，储槐植教授认为应当根据文字本身对法条进行解释，适用死刑的

---

① 参见黄伟明：《死缓制度的当代价值》，科学出版社 2007 年版，第 137 页。

条件是罪大，而决定死刑是否立即执行的条件是犯罪分子是否恶极。在这种情况下，就必然得出结论：1979 年《刑法》的法定死刑圈小，1997 年后的《刑法》的法定死刑圈大。因此，"死缓"的适用条件就是罪大但不恶极。这一解释当然是具有一定新意的。根据储槐植教授的这一解释，罪大恶极是死刑立即执行的适用条件，罪大不恶极则是死刑缓期执行的适用条件。这对于正确区分死刑立即执行与死刑缓期执行，是具有参考价值的。当然，储槐植教授也认识到这样一种对《刑法》（2011 年修正）第48 条有关死刑适用条件的理解与立法本意并不符合，但又认为这是立法初义（原义）在司法实践过程中发生了合乎生活逻辑的蜕变，是客观解释论之典范。① 从司法实践的情况来看，确实是客观上的"罪大"容易把握，而主观上的"恶极"不太容易把握。而恰恰是主观上的是否恶极对于确定是否适用"死缓"具有重要意义，对于故意杀人罪的死刑适用来说，尤其如此。

因为死刑适用条件是适用于所有的死刑案件的，所以我们还要考虑到不同犯罪类型之间的差别。一般来说，故意杀人、故意伤害、强奸、抢劫等所谓自然犯的主观恶性是较为明显的，可以从其客观危害当中比较容易地分离出来。然而，诸如贪污、受贿等职务犯罪以及集资诈骗等法定犯，除了犯罪数额这一客观危害的要素区分度较高以外，其主观恶性的差别并不大。在这种情况下，死刑立即执行与死刑缓期执行的区分在很大程度上取决于犯罪数额这一要素。因此，笔者还是倾向于对"罪行极其严重"予以更全面的解释，以其为一个综合性的判断标准。在这个意义上，笔者认为作为死刑适用条件的"罪行极其严重"完全是一个政策界限，更需要的是政策上的指导。而死刑立即执行与死刑缓期执行之间，并没有根本性的区别。换言之，这种区分本身是相对的。因此，对于死刑适用标准，从政

---

① 参见储槐植：《遵从立法多判死缓：罪大但不恶极》，载赵秉志主编：《刑法评论》（2012 年第 1 卷），法律出版社 2012 年版，第 237 页。

策上予以把握是极为重要的。当然，这并不是说，刑法教义学的分析可以缺位。即使是体现死刑政策的司法解释，也是需要通过刑法教义学的分析使之具体化，并在个案中得以适用的。

（二）故意杀人罪的死刑适用

基于"杀人者死"的传统观念，在我国刑法中，故意杀人罪是被判处死刑最多的罪名之一。在这种情况下，如何限制故意杀人罪的死刑适用是我国司法机关面临的一个考验。对于故意杀人罪，面临的主要是一个是适用死刑立即执行还是适用死刑缓期执行的界限把握问题。本文所涉及的王某某故意杀人案和李某故意杀人案，均面临此问题。在故意杀人罪中，客观上的"罪行极其严重"的标准是较容易把握的，这就是将人杀死。换言之，只要将人杀死，一般而言就具备了适用死刑的条件。这一点也是存在法律根据的，我国《刑法》（2020年修正）第232条对故意杀人罪的法定刑是按照"死刑、无期徒刑或者十年以上有期徒刑"这样一个从重到轻的顺序排列的，这在我国《刑法》分则有关法定刑的规定中可谓独一无二。这表明，立法者认为故意杀人罪是我国《刑法》中最为严重的犯罪，对其应当适用最为严厉的刑罚。这一立法精神与我国公众对于故意杀人罪的法感觉是吻合的。就我国目前的死刑限制来说，更多的还是应当大量减少非暴力犯罪的死刑适用，而对于故意杀人罪的死刑限制应当慎之又慎。从各国废除死刑的经验来看，故意杀人罪是死刑废除的"最后堡垒"。如果在大量存在非暴力犯罪的死刑适用的情况下，贸然减少故意杀人罪的死刑适用，必然会引起民意的反弹，对此是值得警觉的。当然，这并不意味着只要是故意杀人罪就一概适用死刑，尤其是适用死刑立即执行，因为故意杀人罪在死刑适用中所占的比重较大，如果在故意杀人罪的死刑适用上无所作为，则减少死刑适用就会无能为力。因此，对于故意杀人罪的死刑适用应当采取一种谨慎而又稳妥的做法。

笔者认为，对于故意杀人罪，当务之急是减少死刑立即执行的适用，而扩大死刑缓期执行的适用。所以，就故意杀人罪来说，死刑立即执行与死刑缓期执行的区分是更为重要的。目前，在我国司法实践中，关于故意杀人罪的死刑适用的政策、法律根据主要是 1999 年 10 月 27 日发布的《最高人民法院关于印发〈全国法院维护农村稳定刑事审判工作座谈会纪要〉的通知》（法〔1999〕217 号，本文以下简称 1999 年《纪要》）的有关规定。在论及故意杀人罪的死刑适用时，该《纪要》指出："对故意杀人罪是否判处死刑，不仅要看是否造成了被害人死亡结果，还要综合考虑案件的全部情况。对于因婚姻家庭、邻里纠纷等民间矛盾激化引发的故意杀人犯罪，适用死刑一定要十分慎重，应当与发生在社会上的严重危害社会治安的其他故意杀人犯罪案件有所区别。对于被害人一方有明显过错或对矛盾激化负有直接责任，或者被告人有法定从轻处罚情节的，一般不应判处死刑立即执行。"根据这一规定，在考虑对故意杀人罪是否判处死刑的时候，应当考虑以下三个方面的因素。

1. 杀人起因所决定的犯罪性质

正如世界上没有无缘无故的爱，也没有无缘无故的恨一样，世界上也没有无缘无故的杀人。即使是那些看来是无故杀人的情形，其实也是有因的杀人，只不过该杀人原因可能与被害人无关而已。在一定程度上，杀人的起因决定着故意杀人罪的性质。1999 年《纪要》区分了两种杀人犯罪，即因婚姻家庭、邻里纠纷等民间矛盾激化引发的故意杀人犯罪与发生在社会上的严重危害社会治安的其他故意杀人犯罪，并且认为这两种杀人犯罪之间存在性质上的根本区别。这是故意杀人罪的死刑适用首先必须把握的一条政策、法律界限。以上两种杀人犯罪的主要区别就在于杀人的起因不同。前一种杀人犯罪是由于婚姻家庭、邻里纠纷等民间矛盾激化引发的，后一种杀人犯罪是其他原因引发的。在民间矛盾激化引发的杀人犯罪中，因婚姻家庭纠纷激化引发的杀人犯罪，是指由于当事人处理婚姻家庭事务不当产生矛盾，这种矛盾进一步激化，由此而发生的杀人犯罪案件。在这种杀人案件中，被告人与被害人之间存在较为密切的人际关系，甚至是亲属关系。例如，发生在夫妻之间的杀人案件，其父母子女既是被告人的亲属，又是被害人的亲属，具有双重身份。所谓邻里纠纷激化引发的杀人犯罪，是指被告人与被害人之间存在邻里关系的杀人犯罪案件。以上杀人案件都是从民事纠纷转化而来的刑事犯罪案件，并且都发生在熟人之间，这就决定了这种杀人犯罪是一种侵犯他人生命权的、单纯的杀人犯罪案件。与这种婚姻家庭、邻里纠纷等民间矛盾激化引发的杀人犯罪案件不同，发生在社会上的严重危害社会治安的其他故意杀人犯罪，具有两个特征：一是发生地域的公共性；二是严重危害社会治安。所谓发生地域的公共性，是相对于发生在家庭或者邻里之间的杀人犯罪而言的，表明两种犯罪在犯罪地点上的差异。所谓严重危害社会治安，是指对社会治安的危害性。这对于故意杀人罪来说，是一种间接的危害后果。当然，在以上两个特征中，前者是表象性的特征，后者才是实质性的特征。以上两个特征决定了上述两种故意杀人罪在杀人起因上的不同。例如，寻衅滋事或者聚众斗殴引发的杀人案件，以及报复性的杀人案件等，这些杀人案件不仅侵犯了被害人的生命权，而且严重危害了社会治安。另外，这些杀人案件的被害人是不特定的，因此对其他人产生了心理上的恐惧与影响。由此可见，以上两种杀人犯罪在性质上是有所不同的。

在相关司法文件中，曾经论及注意区分这两类不同性质的故意杀人案件的原则。例如，2010 年最高人民法院刑事审判第三庭在《在审理故意杀人、伤害及黑社会性质组织犯罪案件中切实贯彻宽严相济刑事政策》（本文以下简称《犯罪案件刑事政策》）中指出："实践中，故意杀人、伤害案件从性质上通常可分为两类：一类是严重危害社会治安、严重影响人民群众安全感的案件，如极端仇视国家和社会，以不特定人为行凶对象的；一类是因婚姻家庭、邻里纠纷等民间矛盾激化引发的案件。对于前者应当作为严惩的重点，依法判处被告人重刑直至死刑。对于后者处理时应注意体现从严的精神，在判处重刑尤其是适用死刑时应特别慎重，除犯罪情节特别恶劣、犯罪后果特别严重、人身危险性极大的被告人外，一般不应当判处死刑。对于被害人在起因上存在过错，或者是被告人案发后积极赔偿、真诚悔罪，取得被害人或其家属谅解的，应依法从宽处罚，对同时有法定从轻、减轻处罚情节的，应考虑在无期徒刑以下裁量刑罚。"该司法文件正确区分两类不同性质的故意杀人案件的精神是十分可取的，应当在司法实践中切实予以贯彻。

2. 被害人的过错

被害人的过错，是故意杀人罪在死刑适用中需要考虑的一个重要因素。除了诈骗罪以外，被害人过错一般都会影响对被告人的量刑，这是一个基本原则。对于故意杀人罪来说，考虑是否对被告人适用死刑时，尤其需要注意被害人是否存在过错，以及这种过错在何种程度上影响对被告人的死刑适用。

在犯罪学上，被害人的过错也是犯罪起因的一种，它对于促使被告人实施犯罪行为起到了一定的激发作用。换言之，被害人的过错本身就是引起被告人的犯罪行为的动因。在暴力犯罪中，因被害人的过错所引起的案件往往占有一定的比例。根据我国学者的总结归纳，在司法实践中，被害人过错在暴力犯罪案件中主要有以下四种表现形式。一是挑衅。这类被害人过错主要发生于聚众斗殴、民事纠纷等原因引起的故意杀人、故意伤害等暴力犯罪案件中。挑衅是指被害人向守法者进行攻击而使之受到刺激的行为。被害人的故意挑衅行为，在一定的情境之下，激发了被告人的犯罪意识及犯罪行为，因而可以认为被害人在犯罪起因上存在过错。二是激将。即在一般纠纷或争吵斗殴中，被害人使用刺激性语言或行为诱发犯罪人的犯罪意识，导致受到侵害的行为。学理上往往把激将称为"被害人推动"，即加害人本无实施严重加害行为的故意，由于被害人用语言刺激加害人，而促使加害人实施犯罪行为。三是暴力或生活中品质恶劣的其他行为。这类被害人过错主要发生在婚姻家庭矛盾引发的暴力犯罪案件中，例如，被告人长期因生活琐事遭其丈夫即被害人的殴打、辱骂，被告人因此将被害人杀死；又如，被告人的配偶与第三者发生不正当性关系，被告人十分愤怒，遂将其配偶或第三者杀死。上述情况中的被告人原亦系被害人，但正是案件中被害人的种种恶劣行为，经长时间的积累而导致了被告人的报复心理，使被告人实施了犯罪。因而被害人的行为对于案件的发生具有直接的因果关系。四是贪欲。被害人的贪欲常常表现为勒索行为，勒索对象包括金钱等物质利益，也包括其他非物质的利益。例如，被害人因敲诈麻将室老板而被该老板开枪打死。又如，被害人与被告人发生不正当两性关系后，常常以将此事告知被告人工作单位为要挟，多次向被告人索要巨额钱款，被告人不堪重负，遂起意将被害人杀死。① 上述被害人的过错，都或多或少地对于被告人实施暴力犯罪起到了一定的激发作用，在对被告人量刑的时候，都是应当予以考虑的。

但是，对于死刑的适用，如是否判处死刑以及是否适用死缓等的裁量发生作用的，并不是一般意义上的被害人过错，而是重大且明显的被害人过错。这里的"重大过错"，是指该被害人的过错对于被告人实施杀人犯罪行为具有根本性的激发作用。例如，被害人抓住被告人的把柄一而再，再而三地进行勒索，促使被告人将被害人杀死。这就是被害人的一种重大的过错，因为这一勒索行为本身不仅是违法的，而且涉及犯罪。但如果只是一般性的言语辱骂、刺激，由此而导致被告人杀人的，虽然被害人也有一定的过错，但这一过错是微小的而非重大的。这里的"明显过错"，是就该被害人过错的表现程度而言的，指这种过错具有显而易见的性质，根据社会一般人的是非观都会认为其存在过错，而不是只有被告人自认为存在过错。因此，在被害人是否存在过错的判断上，应当采用社会一般人标准说，而不是被告人的个人标准说。

被害人的过错在故意杀人罪中之所以能够影响死刑的适用，主要是因为它反映出被告人的主观恶性较小。最高人民法院刑事审判第三庭在《犯罪案件刑事政策》中指出："主观恶性是被告人对自己行为及社会危害性所抱的心理态度，在一定程度上反映了被告人的改造可能性。一般来说，

---

① 参见任志中：《死刑适用问题研究》，知识产权出版社 2012 年版，249～250 页。

经过精心策划的、有长时间计划的杀人、伤害，显示被告人的主观恶性深；激情犯罪，临时起意的犯罪，因被害人的过错行为引发的犯罪，显示的主观恶性较小。对主观恶性深的被告人要从严惩处，对主观恶性较小的被告人则可考虑适用较轻的刑罚。"在对故意杀人罪适用死刑的时候，被害人的过错以及程度是一个重要的评价因素，对于是否适用死刑以及死刑立即执行与死刑缓期执行的区分，都具有重大的影响。同时，这也是律师辩护的一个主要理由。

在司法实践中，法官应当实事求是地认定被害人的过错，以便对被告人正确地量刑。在人民法院指导案例中，曾经发布过因为被害人过错而致被告人从死刑改判"死缓"的案例。例如，在王某故意杀人案中，一审法院以被害人有明显过错判处被告人王某死刑缓期二年执行。一审宣判后，附带民事诉讼原告人以对王某犯罪应当判处死刑立即执行、赔偿数额太少为由提出上诉。二审法院经审理认为，被告人王某故意非法剥夺他人生命，已构成故意杀人罪，且犯罪手段凶残，情节特别严重，应依法严惩；但被害人无故打伤被告人王某的父亲，又找到王某家，对引发本案有一定的过错责任，且被告人王某作案后能投案自首，故依法从轻判处。原判决定罪准确，量刑适当，审判程序合法，故裁定驳回上诉、维持原判。相关裁判理由指出，在该案中，被害人董某某无理纠缠并打伤被告人王某的父亲，引起被告人与被害人争吵、厮打，过程中，被告人用刀当场杀死被害人。被害人董某某打伤被告人王某的父亲，与被告人王某杀死董某某的行为是紧密联系的。被害人无故纠缠被告人王某的父亲，并致其父头皮血肿、胸壁软组织损伤，属于有严重过错。因此，虽然被告人王某用菜刀对被害人头部、面部等要害部位连砍数刀，致其死亡，手段残忍，后果严重，亦可以酌情从轻处罚。① 王某故意杀人案是以被害人有明显过错而对

---

① 参见最高人民法院刑事审判第一庭编：《刑事审判参考》（1999年第3辑），法律出版社1999年版，第21页。

被告人适用死刑缓期执行的一个范例，对于此后在司法实践中根据被害人的明显过错对被告人正确适用"死缓"具有参考价值。当然，我们还须注意，在王某故意杀人案中，被告人不仅存在被害人有明显过错这一酌情从轻的情节，还存在自首这一法定从轻情节。

3. 法定的从轻情节

是否具有法定的从轻情节，对于故意杀人罪的死刑适用，同样具有重要意义。所谓法定的从轻情节，是相对于酌定的从轻情节而言的，一般是指自首、立功，以及 2011 年修正的《刑法》新增的坦白。关于自首、立功与坦白，在《刑法》中都有明文规定，但这些法定的从轻情节如何在故意杀人罪的死刑裁量中正确适用，则是需要进一步研究的问题。值得注意的是，在有关司法文件中都有这方面的规定，这为司法机关处理此类问题提供了参考依据。例如，最高人民法院刑事审判第三庭在《犯罪案件刑事政策》中指出："对于自首的故意杀人、故意伤害致人死亡的被告人，除犯罪情节特别恶劣，犯罪后果特别严重的，一般不应考虑判处死刑立即执行。对亲属送被告人归案或协助抓获被告人的，也应视为自首，原则上应当从宽处罚。对具有立功表现的故意杀人、故意伤害致死的被告人，一般也应当体现从宽，可考虑不判处死刑立即执行。但如果犯罪情节特别恶劣，犯罪后果特别严重的，即使有立功情节，也可以不予从轻处罚。"从以上规定可以看出，凡是具有自首、立功等法定从轻处罚情节的，除了特殊情况以外，一般都可以考虑适用死刑缓期执行。当然，如何在故意杀人案件中正确地进行死刑立即执行与死刑缓期执行的裁量，仍然是一个具有较高的政策把握难度与法律理解深度的专业问题，可谓"差之毫厘，失之千里"。对此，笔者将在下文结合个案进行较为细致的探讨。

（三）指导案例的比较分析

王某某故意杀人案和李某故意杀人案都有一个从死刑立即执行到死刑缓期执行的改判过程，这里涉及故意杀人罪的死刑立即执行与死刑缓期执行的正确区分问题。从上述两案的具体案情来看，既存在从轻处罚的情节，又存在从重处罚的情节。

在王某某故意杀人案中，法院裁判理由认为，被告人王某某的行为已构成故意杀人罪，罪行极其严重，应当判处死刑。鉴于该案系因婚恋纠纷引发，王某求婚不成而恼怒并起意杀人，归案后坦白悔罪，积极赔偿被害方经济损失，且平时表现较好，故对其判处死刑，可不立即执行。同时考虑到王某某故意杀人手段特别残忍，被害人亲属不予谅解，要求依法从严惩处。因此，为有效化解社会矛盾，依照《刑法》（2011 年修正）第50 条第 2 款等规定，判处被告人王某某死刑，缓期二年执行，同时决定对其限制减刑。由此可见，王某某故意杀人案具有以下从轻处罚的情节：一是该案系由婚恋纠纷引发；二是被告人归案后坦白悔罪；三是被告人积极赔偿被害方经济损失；四是被告人平时表现较好。王某某故意杀人案从重处罚的情节是：被害人亲属不予谅解，要求依法从严惩处。

在李某故意杀人案中，法院裁判理由认为，被告人李某的行为已构成故意杀人罪，罪行极其严重，应当判处死刑。该案系因民间矛盾引发的犯罪；案发后李某的母亲梁某某在得知李某杀人后的行踪时，主动、及时到公安机关反映情况，并积极配合公安机关将李某抓获归案；李某在公安机关对其进行抓捕时，顺从归案，没有反抗行为，并在归案后始终如实供述自己的犯罪事实，认罪态度好；在该案审理期间，李某的母亲代为赔偿被害方经济损失；李某虽系累犯，但此前所犯盗窃罪的情节较轻。综合考虑上述情节，可以对李某酌情从宽处罚，对其可不判处死刑立即执行。同时，鉴于其故意杀人手段残忍，又系累犯，且被害人亲属不予谅解，故依法判处被告人李某死刑，缓期二年执行，同时决定对其限制减刑。由此可见，李某故意杀人案具有以下从轻处罚的情节：一是该案系民间矛盾引发的犯罪；二是案发后李某的母亲梁某某在得知李某杀人后的行踪时，主动、及时到公安机关反映情况，并积极配合公安机关将李某抓获归案；三是李某在公安机关对其进行抓捕时，顺从归案，没有反抗行为，并在归案后始终如实供述自己的犯罪事实，认罪态度好；四是在该案审理期间，李某的母亲代为赔偿被害方经济损失。李某故意杀人案从重处罚的情节是：被告人系累犯；被害人亲属不予谅解。

应该说，以上两案被告人罪行极其严重，因此就故意杀人罪而言，具备适用死刑的条件。问题在于：是否应当适用死刑缓期执行？根据最高人民法院1999年《纪要》规定："对于因婚姻家庭、邻里纠纷等民间矛盾激化引发的故意杀人犯罪，适用死刑一定要十分慎重，应当与发生在社会上的严重危害社会治安的其他故意杀人犯罪案件有所区别。对于被害人一方有明显过错或对矛盾激化负有直接责任，或者被告人有法定从轻处罚情节的，一般不应判处死刑立即执行。"这里的"一般不应判处死刑立即执行"，笔者认为其界限是明确的。王某某故意杀人案和李某故意杀人案都符合上述规定，不宜判处死刑立即执行，而应当判处死刑缓期执行。

在王某某故意杀人案和李某故意杀人案的描述中，都存在"手段特别残忍"这一用语，甚至存在以手段特别残忍代称罪行极其严重的现象。笔者认为，这是不正常的，不能将"手段特别残忍"这一用语泛化，以至于将其适用于所有的故意杀人案。只要是故意杀人就是手段特别残忍，这显然是一种错误的认识。在故意杀人罪中，存在手段特别残忍的故意杀人与手段不是特别残忍的故意杀人之分。换言之，"手段特别残忍"并不是一句套语，不可以随便乱用，而是需要证据证明的、需要论证的一个具体影响量刑的情节。事实上，王某某与李某都只是一般性杀人，还谈不上手段特别残忍。我国学者认为，目前我国司法实践在故意杀人的案件中，当其他因素不发挥影响或影响很小的时候，对于以特别残忍手段杀人者一般处以死刑立即执行，而对于不是以残忍手段杀人者一般处以"死缓"、无期徒刑甚至有期徒刑，这也是长期以来在司法实践中形成的一种不成文的裁判惯例。① 但事实上，并不尽然。司法实践并没有自觉地形成以手段特别

---

① 参见车浩：《从李昌奎案看"邻里纠纷"与"手段残忍"的涵义》，载《法学》2011年第8期。

残忍作为区分死刑立即执行与死刑缓期执行的标志的惯例。在王某某故意杀人案和李某故意杀人案中，重审判决虽然都认定被告人杀人手段特别残忍，但仍然判处死刑缓期执行。可见，故意杀人罪的"手段特别残忍"还在相当程度上是一句内容空泛的套语。另外，同时杀死二人或者杀死妇孺老人也不能称为手段特别残忍。就故意杀人罪的手段特别残忍而言，这里的手段是指杀人所采取的具体方法以及行为方式，如杀人毁容、杀人碎尸等。如果只是出于将人杀死的目的而采取的一般杀人手段，就不存在手段特别残忍的问题。换言之，手段特别残忍的杀人只是故意杀人罪中较为例外或者较为特殊的一种类型，它并不能等同于罪行极其严重，即使没有采取手段特别残忍的方式杀人，同样可以被认定为罪行极其严重。

通过对王某某故意杀人案与李某故意杀人案的讨论，我们看到，死刑立即执行与死刑缓期执行之间的界限还是不够明晰，更多的是一种政策把握而非裁量规则的指引。当然，案例的指导作用对于此后的死刑判决仍具有重要的参照作用。

三、限制减刑制度的司法裁量

限制减刑制度是我国在 2011 年《刑法修正案（八）》中新设的一种刑罚制度。我国《刑法》（2011 年修正）第 50 条第 2 款规定："对被判处死刑缓期执行的累犯以及因故意杀人、强奸、抢劫、绑架、放火、爆炸、投放危险物质或者有组织的暴力性犯罪被判处死刑缓期执行的犯罪分子，人民法院根据犯罪情节等情况可以同时决定对其限制减刑。"《刑法》（2011 年修正）第 78 条第 2 款第 3 项的规定，限制减刑的犯罪分子实际执行的刑期应当按照以下规定执行："人民法院依照本法第五十条第二款规定限制减刑的死刑缓期执行的犯罪分子，缓期执行期满后依法减为无期徒刑的，不能少于二十五年，缓期执行期满后依法减为二十五年的，不能少于二十年。"这就是我国《刑法》有关限制减刑制度的完整规定。

限制减刑制度是为减少死刑适用而设立的一种制度，因此将其称为死刑制度的一部分并不为过。事实上，我国《刑法》就是把限制减刑制度规定在死刑制度当中的。在限制减刑制度设立之前，随着在以往《刑法》修订中死刑罪名的增加，我国刑法的刑罚体系中存在一个结构性矛盾，这就是"死刑过重，生刑过轻"。针对这一结构性矛盾，笔者提出了"限制死刑，加重生刑"的对策，指出在严格限制死刑适用的前提下，首先应当做到重者更重。这里所谓重者更重，是指那些严重犯罪，包括暴力犯罪与非暴力犯罪，由过去判处死刑立即执行改判为"死缓"和无期徒刑以后，应当加重"死缓"和无期徒刑的处罚力度。被判处"死缓"的，原则上关押终身。个别减刑或者假释的，最低应关押 30 年以上。被判处无期徒刑的，多数应关押终身；少数减刑或者假释的，最低应关押 20 年以上。有期徒刑的上限提高至 25 年，数罪并罚不超过 30 年。① 笔者的上述观点虽然是使生刑趋重之论，但从根本上说还是为了减少死刑适用，调整我国刑罚结构，使之更为合理。在 2011 年《刑法修正案（八）》的立法讨论过程中，围绕着如何加重生刑，存在一个从"不得减刑"到"限制减刑"的转变过程。对此，高铭暄教授曾有以下描述：最初拟定的条文是以"不得减刑"为基调的，以此体现宽严相济的刑事政策的要求。② 但也有意见认为，这一规定过于严厉，只强调了刑罚的惩罚性，不符合我国以改造人为宗旨的刑罚目的。立法机关综合各方面意见，将草案原先"不得再减刑"的写法改为"限制减刑"，并最终获得通过。尽管这只是一种有限度地加重生刑的立法，但对于减少死刑的适用还是具有积极意义的。

　　限制减刑实际上在死刑立即执行与死刑缓期执行之间又增加了一个裁量的层次，即除了死刑立即执行外，由于限制减刑制度的存在，死刑缓期执行被分为两种：一种是没有附加限制减刑的死刑缓期执行；另一种是附

---

① 参见陈兴良主编：《宽严相济刑事政策研究》，中国人民大学出版社 2007 年版，第 20 页。
② 参见高铭暄：《中华人民共和国刑法的孕育诞生和发展完善》，北京大学出版社 2012 年版，第 230 页。

加了限制减刑的死刑缓期执行。那么，限制减刑如何适用呢？笔者认为，并非对因实施刑法所列举的各种犯罪而被判处死刑缓期执行的犯罪分子一概适用限制减刑，而只对那些本来应当被判处死刑立即执行，因为对存在着某些从轻情节，而被判处一般的死刑缓期执行又不足以体现罪刑相适应原则的犯罪分子，才能适用限制减刑的规定。因此，法官需要在死刑立即执行与死刑缓期执行之间进行尺寸的准确拿捏。王某某故意杀人案和李某故意杀人案都属于因婚姻家庭、邻里纠纷激化引发的杀人案件。但无论是王某某故意杀人案还是李某故意杀人案，都存在一些从重的因素需要考虑。例如，在王某某故意杀人案中，其亲属虽然积极赔偿，但未与被害人亲属达成赔偿协议，因此不判处死刑立即执行存在来自被害人亲属方面的压力。而在李某故意杀人案中，被告人系累犯，且被害人亲属不予谅解。在这种情况下，在判处死刑缓期执行的同时，适用限制减刑，笔者认为是一种较为合理的判决结果：既减少了死刑立即执行的适用，又体现了对犯罪分子较为严厉的惩罚，也给被害人亲属一个交代。换言之，在王某某故意杀人案中，如果被告人不仅积极赔偿，而且与被害人亲属达成了赔偿协议，获得了被害人亲属的谅解，则只能判处死刑缓期执行，不应再适用限制减刑。在李某故意杀人案中，如果被告人不是累犯，并且获得了被害人亲属的谅解，同样也不应再适用限制减刑。因此，从实体裁量上说，王某某故意杀人案和李某故意杀人案对限制减刑适用条件的把握，为此后司法机关正确适用限制减刑提供了可以参照的范例。

在限制死刑的适用中，还存在一个刑法限制减刑制度的时间效力问题。《刑法修正案（八）》于 2011 年 5 月 1 日施行，那么，对于此前发生的案件符合限制减刑规定的，是否适用限制减刑呢？这个问题涉及对刑法的溯及力的理解与适用。同样在 2011 年 5 月 1 日施行的《最高人民法院关于〈中华人民共和国刑法修正案（八）〉时间效力问题的解释》（法释〔2011〕9 号）第 2 条第 2 款明确规定："被告人具有累犯情节，或者所犯之罪是故意杀人、强奸、抢劫、绑架、放火、爆炸、投放危险物质或者有组织的暴力性犯罪，罪行极其严重，根据修正前刑法判处死刑缓期执行不能体现罪刑相适应原则，而根据修正后刑法判处死刑缓期执行同时决定限制减刑可以罚当其罪的，适用修正案后刑法第五十条第二款的规定。"王某某故意杀人案和李某故意杀人案的一审与二审都发生在《刑法修正案（八）》生效之前，而限制减刑的判决作出时间是 2011 年 5 月 3 日，可以说这两个案件是第一批适用限制减刑的案件。

四、最高人民法院在控制死刑适用中的作用

王某某故意杀人案和李某故意杀人案都经历了一个由死而生的司法转折历程，即一审法院和二审法院都宣告了死刑立即执行的判决，只是到了最高人民法院的死刑复核程序，才因没有被核准死刑立即执行而被发回原审法院，并最终改判为死刑缓期执行且宣告限制减刑。例如，在王某某故意杀人案中，山东省潍坊市中级人民法院于 2009 年 10 月 14 日作出（2009）潍刑一初字第 35 号刑事判决，认定被告人王某某犯故意杀人罪，判处死刑，剥夺政治权利终身。宣判后，王某某提出上诉。山东省高级人民法院于 2010 年 6 月 18 日作出（2010）鲁刑四终字第 2 号刑事裁定，驳回上诉，维持原判，并依法报请最高人民法院核准。最高人民法院根据复核确认的事实，作出（2010）刑三复 22651920 号刑事裁定，不核准被告人王某某死刑，发回山东省高级人民法院重新审判。山东省高级人民法院经依法重新审理，于 2011 年 5 月 3 日作出（2010）鲁刑四终字第 2－1 号刑事判决，以故意杀人罪改判被告人王某某死刑，缓期二年执行，剥夺政治权利终身，同时决定对其限制减刑。而在李某故意杀人案中，黑龙江省哈尔滨市中级人民法院于 2009 年 4 月 30 日作出（2009）哈刑二初字第 51 号刑事判决，认定被告人李某犯故意杀人罪，判处死刑，剥夺政治权利终身。宣判后，李某提出上诉。黑龙江省高级人民法院于 2009 年 10 月 29 日作出（2009）黑刑三终字第 70 号刑事裁定，驳回上诉，维持原判，并依法报请最高人民法院核准。最高人民法院根据复核确认的事实和被告人

母亲协助抓捕被告人的情况，作出（2010）刑五复66820039号刑事裁定，不核准被告人李某死刑，发回黑龙江省高级人民法院重新审判。黑龙江省高级人民法院经依法重新审理，于2011年5月3日作出（2011）黑刑三终字第63号刑事判决，以故意杀人罪改判被告人李某死刑，缓期二年执行，剥夺政治权利终身，同时决定对其限制减刑。从以上两案的诉讼过程来看，如果没有最高人民法院的死刑核准程序，即最高人民法院具有死刑的终审权，则王某某和李某两被告人均已被执行死刑。通过王某某故意杀人案和李某故意杀人案死刑判决结果的逆转，可以明显地看出最高人民法院在控制死刑适用中有重要作用。

限制死刑可以分为立法控制与司法控制。立法控制，是指通过立法程序，减少死刑罪名，以达到限制死刑的目的。司法控制，是指通过司法裁量活动，减少死刑判决，以达到限制死刑的目的。死刑的立法控制与司法控制各有利弊。立法控制从根本上取消了某些罪名，使法律上的死刑罪名得以减少，具有一劳永逸之效，这是死刑的立法限制之利。但死刑的立法限制同样存在弊端，即具有一定的政治风险。尤其是在死刑的社会基础尚较为稳固的情况下，骤然减少死刑，可能会引起社会动荡。而死刑的司法控制是一种个案的控制，社会影响没有那么大，但个案死刑控制可以产生聚沙成塔的累积效应。从世界各国限制与废除死刑的经验来看，除了个别国家出于某种特定目的，如加入以废除死刑为前提的欧盟，而对死刑采取休克疗法以外，大多数国家首先通过司法逐渐减少乃至于完全不适用死刑，在社会就废除死刑达成共识的情况下，再水到渠成地在立法上废除死刑。当然，死刑的司法控制也会受到来自被害人以及其亲属和民意的较大压力，尤其是在较为极端的个案中，如果把握不好，同样会有风险。笔者认为，在中国的具体国情下，对于限制死刑来说，目前主要还是应当采取司法控制的途径。

死刑的司法控制，从法院的级别来说，可以区分为最高人民法院的控制与中、高级人民法院的控制。中、高级人民法院承担着死刑案件的一审与二审，处在死刑案件审理的第一线，承担着死刑司法控制的主要职责。但是，中、高级人民法院毕竟属于地方法院，因此在审理死刑案件的时候易受到来自各方面的干扰与压力。相对来说，最高人民法院更具有超脱性。因此，最高人民法院在死刑的司法控制中发挥着独特的作用。最高人民法院对死刑的司法控制又可以分为直接控制与间接控制，分别论述如下。

（一）最高人民法院对死刑的直接控制

最高人民法院对死刑的直接控制，是指通过履行死刑案件的复核职责，严格控制死刑适用条件，以期通过个案的改判或者不核准，直接减少死刑的适用。应该说，最高人民法院对死刑的直接控制是以其行使死刑核准权为前提的。虽然，我国 1979 年《刑法》规定最高人民法院行使死刑核准权，但在 20 世纪 80 年代初 "严打" 中，基于严厉惩治犯罪的需要，死刑核准权被授予高级人民法院行使，除了少部分特殊类型的案件外，最高人民法院对于具体案件的死刑复核权不复存在。自 2007 年 1 月 1 日起，死刑案件的核准权统一收回由最高人民法院行使。最高人民法院严格掌握死刑适用条件，统一死刑裁判标准，对于那些没有达到死刑立即执行条件的案件不予核准死刑，对于死刑的司法控制起到了重要的把关作用。从实际情况来看，那些没有核准死刑的案件，存在的主要问题有：（1）对于具有法定从宽处罚情节的案件，充分体现、落实政策不够。（2）对于因日常琐事、感情纠葛、民间矛盾激化引发的案件，适用死刑立即执行，从严把握不够。（3）对于共同犯罪案件，仔细区分各被告人在共同犯罪中的地位、作用的差别，体现区别对待的政策精神不够。（4）对于被告人同时具有从重、从宽处罚情节，综合考虑，争取更好裁判效果的司法能力有待加强。（5）做附带民事调解工作不力，积极争取当地党委政府及有关部门的支持、协助，充分发挥基层组织的作用不够。（6）有的案件，直至复核阶段再做依法不核准的善后工作，才实现被害方对依法从轻处罚被告人的谅解。最高人民法院行使死刑复核权，对于减少死刑适用起到了重要的作用。

（二）最高人民法院对死刑的间接控制

最高人民法院对死刑的间接控制，是指通过制定死刑的司法政策，发布死刑的指导性案例，为死刑适用提供明确可行的统一规则，指导中、高级人民法院死刑案件的审判活动，以达到限制死刑的司法适用之目的。笔者认为，最高人民法院对死刑的直接控制与间接控制之间，存在某种相关性。最高人民法院通过对死刑案件的核准工作，可以较为具体地发现中、高级人民法院在死刑适用中存在的问题，然后通过制定死刑适用的政策与规则，指导中、高级人民法院的死刑审判活动，并使这种指导具有针对性与有效性。最高人民法院对死刑的间接控制，主要有以下三种方式。

1. 制定死刑的司法政策

我国刑法的死刑政策从总体上来看，是"保留死刑，严格控制和慎重适用死刑"。目前，在世界上有相当多的国家已经废除死刑的情况下，考虑到我国的犯罪状态和具体国情，我国在短时期内尚不具备废除死刑的条件，仍然存在保留死刑的必要性。但是，减少、限制死刑是势在必行的，应当在条件许可的情况下，尽可能地减少死刑适用。从 20 世纪 80 年代初"严打"以来，我国立法上的死刑罪名一直呈现增长的势头。直至 2011 年《刑法修正案（八）》，我国立法机关取消了《刑法》中的 13 个罪名的死刑，从而使我国刑法开启了减少死刑罪名的立法发展进程。这是一个具有里程碑意义的事件，也足以表明我国死刑政策的价值取向。在这种情况下，死刑的司法政策也应当与死刑的立法政策同步，且方向一致，都是要严格控制死刑适用。最高人民法院在制定死刑的司法政策方面起步较早，前文提及的 1999 年《纪要》，对于故意杀人罪的死刑适用的控制就起到了积极的作用。值得注意的是，2010 年最高人民法院发布了《最高人民法院印发〈关于贯彻宽严相济刑事政策的若干意见〉的通知》（法发〔2010〕9 号，本文以下简称 2010 年《意见》），根据宽严相济的刑事政策具体提出了死刑的司法政策。2010 年《意见》第 29 条规定："要准确理解和严格执行'保留死刑，严格控制和慎重适用死刑'的政策。对于罪行极其严重的犯罪分子，论罪应当判处死刑的，要坚决依法判处死刑。要依法严格控制死刑的适用，统一死刑案件的裁判标准，确保死刑只适用于极少数罪行极其严重的犯罪分子。拟判处死刑的具体案件定罪或者量刑的证据必须确实、充分，得出唯一结论。对于罪行极其严重，但只要是依法可不立即执行的，就不应当判处死刑立即执行。"

在司法活动中控制死刑适用、严格把握死刑适用标准是宽严相济刑事政策的应有之义。最高人民法院所制定的死刑司法政策对中、高级人民法院审理死刑案件的司法活动具有重要的指导意义。

2. 提供死刑的裁判规则

我国《刑法》对死刑适用条件的规定是极为抽象、笼统的，即使是死刑立即执行与死刑缓期执行的法律界限也具有裁量性。这是由立法本身的局限性所决定的。但是，司法活动所面临的死刑案件需要的是极为具体的裁判规则。在这种情况下，最高人民法院承担着制定死刑裁判规则的使命。死刑的裁判规则可以分为实体规则与证据规则两部分。相对来说，制定统一、完整的死刑适用的实体规则是有难度的。从目前的情况来看，最高人民法院主要是在那些适用死刑较多的罪名的相关司法解释中，制定了死刑适用的实体规则。例如，运输毒品罪的死刑适用存在较多问题，尤其是那些受雇佣为他人运输毒品的案件，其毒品的数量巨大，如何掌握死刑适用标准，就是一个值得关注的问题。2008 年最高人民法院发布《最高人民法院关于印发〈全国部分法院审理毒品犯罪案件工作座谈会纪要〉的通知》（法〔2018〕324 号），就对运输毒品罪的刑罚适用问题作了规定，其中涉及运输毒品罪的死刑适用问题。该纪要规定了毒品犯罪死刑适用的数量加情节的原则，即"审理毒品犯罪案件掌握的死刑数量标准，应当结合本地毒品犯罪的实际情况和依法惩治、预防毒品犯罪的需要，并参照最高人民法院复核的毒品死刑案件的典型案例，恰当把握"。例如，关于运输毒品罪的死刑适用，该纪要指出："对于运输毒品犯罪集团首要分子，组织、指使、雇佣他人运输毒品的主犯或者毒枭、职业毒犯、毒品再犯，以及具有武装掩护、暴力抗拒检查、拘留或者逮捕、参与有组织的国际毒品犯罪、以运输毒品为业、多次运输毒品或者其他严重情节的，应当按照刑法、有关司法解释和司法实践实际掌握的数量标准，从严惩处，依法应判处死刑的必须坚决判处死刑。""对有证据证明被告人确属受人指使、雇佣参与运输毒品犯罪，又系初犯、偶犯的，可以从轻处罚，即使毒品数量超过实际掌握的死刑数量标准，也可以不判处死刑立即执行。毒品数量超过实际掌握的死刑数量标准，不能证明被告人系受人指使、雇佣参与运输毒品犯罪的，可以依法判处重刑直至死刑。"这一规定对于运输毒品罪的死刑适用是具有指导性的，它有利于区分运输毒品犯罪中不同性质的案件，使运输毒品罪的死刑适用具有更为明确的裁判规则。

除了死刑适用的实体裁判规则外，死刑适用的证据规则也是十分重要的。因为死刑涉及对人的生命的剥夺，因此在证据标准上死刑案比一般的案件要求要高，必须达到确实、充分，排除合理怀疑，得出的结论应当具有唯一性。为此，最高人民法院、最高人民检察院、公安部、国家安全部、司法部联合发布了《关于办理死刑案件审查判断证据若干问题的规定》，对办理死刑案件的证据规则作了专门规定。该规定确立了死刑证据的裁判原则，即其第2条规定："认定案件事实，必须以证据为根据。"这是"以事实为根据"的法律原则的具体化。其实这一规定不仅适用于死刑案件，还适用于普通案件。该规定还细化了死刑案件的证明标准，明确了死刑案件的证明对象。尤其是该规定还创设了死刑证据的裁判规则，如第33条对死刑案件中间接证据的裁判规则作了具体规定，强调根据间接证据定案的，判处死刑应当特别慎重。以上这些死刑案件的证据规则，对于保障死刑案件的证据质量具有重要意义。

3. 发布死刑案件的指导案例

通过案例指导死刑的司法适用，是一个较为直观、具有成效的途径。

最高人民法院历来重视对死刑适用的案例指导。在《最高人民法院公报》《刑事审判参考》等刊物中，都发布了一些死刑案件的指导案例。与此同时，最高人民法院还注重通过案例进行死刑审判工作的内部工作指导。例如，2009 年《最高人民法院关于印发严格执行死刑政策依法不核准死刑典型案例的通知》选取了 19 个严格执行死刑政策、依法不核准死刑的典型案例，印发给中、高级人民法院，要求组织刑事法官和审判委员会委员进行学习讨论。该通知中选择的死刑案例大多是故意杀人案，并对依法不核准死刑的理由都作了具体说明，这对于中、高级人民法院把握死刑适用条件，无疑具有直接的示范效应。

应该说，指导案例所提供的裁判规则具有较司法解释和政策原则更为具体的表现形式，对于司法活动来说，具有更为直观的可参照性。关于死刑立即执行与死刑缓期执行的界限，尽管以往的政策原则是明确的，司法解释的规定也是可行的，但是在实践操作上仍然不易掌握。例如，关于民间纠纷激化引发的故意杀人案件的司法解释提出，原则上不应适用死刑立即执行，但是，这里的原则内与原则外如何界分，就是一个较为疑难的问题。而王某某故意杀人案的裁判要旨指出："因恋爱、婚姻矛盾激化引发的故意杀人案件，被告人犯罪手段残忍，论罪应当判处死刑，但被告人具有坦白悔罪、积极赔偿等从轻处罚情节，同时被害人亲属要求严惩的，人民法院根据案件性质、犯罪情节、危害后果和被告人的主观恶性及人身危险性，可以依法判处被告人死刑，缓期二年执行，同时决定限制减刑，以有效化解社会矛盾，促进社会和谐。"李某故意杀人案的裁判要旨指出："对于因民间矛盾引发的故意杀人案件，被告人犯罪手段残忍，且系累犯，论罪应当判处死刑，但被告人亲属主动协助公安机关将其抓捕归案，并积极赔偿的，人民法院根据案件具体情节，从尽量化解社会矛盾角度考虑，可以依法判处被告人死刑，缓期二年执行，同时决定限制减刑。"这两个裁判要旨是从具体案件中引申出来的，结合案情能更为准确地把握死刑立即执行与死刑缓期执行的界限，而这也正是案例指导制度中的裁判规则所具有的优越性。

2010 年，最高人民法院正式确立了案例指导制度，使案例指导成为一种除了司法解释以外的裁判规则的提供方式。在最高人民法院发布的第一批和第二批指导案例中，就有王某某故意杀人案和李某故意杀人案。通过这两个依法不核准死刑的案例，确立了故意杀人罪死刑适用的裁判规则。这是值得我们重视的。

刑事诉讼法

错案是如何避免的

——以陶某故意杀人案和范某某故意杀人案为例

◀ **胡云腾**

　　国家法官学院教授、博士研究生导师，中国法学会案例法学研究会会长。二级大法官，曾任最高人民法院审判委员会副部级专职委员。致力于法学教育、法学研究与法律实务工作20余年，系我国改革开放以后培养成长起来的知名法学专家，对刑法、刑事诉讼法、人权和司法制度有较为深入的研究。在《中国法学》《法学研究》等期刊发表论文100多篇；出版个人专著、译著、教材、合著等近40部。其中，代表作《死刑通论》《存与废——死刑基本理论研究》是国内引用率较高的死刑研究著作，在国际刑法学界也有一定影响，反映了我国法学界对该问题的研究水平。曾参与"2010年初步建成中国特色社会主义法律体系研究"等10多项国家和中国社会科学院重点课题的研究，其中关于人权两公约（《公民权利和政治权利国际公约》《经济、社会 、文化权利国际公约》）与中国现行法律比较研究的报告等研究成果，受到国家有关部门的高度重视。参与我国1997年《刑法》的修改研究、《刑法修正案》和刑法立法解释的研究与讨论。

一、基本案情

（一）陶某故意杀人案①

1. 检察机关指控的事实与证据

贵州省遵义市人民检察院于 2012 年 1 月向遵义市中级人民法院提起公诉，指控被告人陶某（女）实施的犯罪事实是：陶某与被害人冉某某多年保持不正当两性关系。2011 年 4 月 5 日，经冉某某相邀，陶某从外地赶到贵州省湄潭县与冉某某会合。次日凌晨 2 时许，二人来到湄潭县求是园小区冉某某的一处住房住下。陶某因与冉某某的感情纠葛，心生怨恨，于凌晨 5 时许，趁冉某某熟睡之机，持羊角刀朝冉某某胸、背连刺数刀，致冉某某死亡。当日下午，陶某在逃往外县途中被抓获。

检察机关提供的主要证据有以下几项。（1）冉某某的亲属发现冉某某被害后报案的记录。（2）多人证明陶某与冉某某有不正当关系，案发前二人见面，案发后陶某迅速离开二人住宿之处。监控录像显示，案发时段求是园小区没有陌生人出入，案发后仅见陶某一人离开。（3）现场检出陶某的多处血迹，陶某的皮靴、现场羊角刀上检出冉某某的血迹，陶某的指甲检出其与冉某某的混合基因分型。（4）陶某的姐姐陶某萍、冉某某的朋友张某某均证明，2011 年 4 月 6 日清晨陶某打电话对他们说冉某某被小偷杀了。（5）案发后陶某嘴角、手臂有划伤。（6）陶某在侦查阶段共有 13 次供述和辩解，前 4 次否认犯罪，称留宿于冉某某家，一男子入室盗窃，将冉某某杀害，自己亦被捅伤，因害怕其与冉某某的不正当关系暴露、说不清楚而没报案就离开；后 9 次认罪，称觉得冉某某对不起自己，越想越气，遂持刀杀人。

检察机关认为，陶某供述的因爱生恨杀人符合情理，作案动机合乎逻

---

① 参见贵州省遵义市中级人民法院（2012）遵市法刑一初字第 14 号刑事附带民事判决书。

辑。其有罪供述能得到印证，无罪辩解与在案证据不符，特别是现场没有发现第三人作案的痕迹，小区唯一出入口处的监控录像显示案发时段没有陌生人出入，且如果是他人作案，陶某既不呼救，也没报案，而是悄悄出走，不合常理。所以，虽然本案证据存在一定瑕疵，但能够排除他人作案的合理怀疑。被告人陶某故意非法剥夺他人生命，其行为已经触犯《刑法》（2011 年修正）第 232 条规定，应当以故意杀人罪追究刑事责任。

被害人冉某某的父母、妻子和子女作为附带民事诉讼原告人，对陶某提出了总计 528 344 元的赔偿请求，并强烈要求法院判处陶某死刑。

2. 被告人的辩解与辩护人的辩护意见

被告人陶某推翻了其在侦查阶段所作的有罪供述，辩称是在被逼迫情况下的违心编造，自己没有杀害冉某某，也不会杀害冉某某，冉某某是被小偷杀害的。检察机关指控其实施故意杀人与事实不符，其不构成故意杀人罪。对附带民事诉讼原告人提出的诉讼请求，陶某辩称不是自己杀的冉某某，故不应由其来赔偿。指定辩护人提出，公诉机关指控被告人陶某犯故意杀人罪的事实不清、证据不足，陶某的有罪供述不应当被采信，应当宣告被告人陶某无罪。

3. 遵义市中级人民法院的审判情况和宣告无罪的理由

遵义市中级人民法院审判该案的合议庭经过阅卷、开庭、补查补证、查看现场，并通知了侦查人员和鉴定人出庭作证，合议庭成员多次研究、评议后，最终形成以下一致意见。（1）合议庭经实地查看，发现不能排除他人作案的可能。该小区大门口虽然有监控录像，但监控录像存在盲区，小区另有　个人员可以进出的小门。且案发前停电，故呈堂的无他人出入小区的监控录像，不具有全覆盖性、全程性和排他性。（2）公安机关多次勘查现场后认为，现场没有第三人痕迹，可以排除他人作案。但是，侦查人员勘查现场前，冉某某的亲属已将其尸体运走，原始现场已因外人介入而被破坏，此种情况下未发现第三人作案痕迹的证据已经被污染，并不能排除他人作案的可能。（3）被告人陶某有罪供述的真实性存疑。陶某在前

4 次讯问中均不认罪，从第 5 次讯问时才开始认罪，但此次讯问时间长达 11 个小时。庭审中，陶某供述称当时因为被侦查人员采取反铐、不让吃喝等措施才不得不认罪。侦查人员出庭作证称，当时虽然没有对陶某刑讯逼供，但承认在讯问过程中反铐陶某近 3 个小时。（4）陶某的有罪供述前后不一，与其他证据存在诸多矛盾且无法作出合理解释：冉某某的上衣和陶某的挎包案发后均下落不明，陶某时而供述将它们留在现场，时而供述将它们扔在小区围墙处，但经公安机关多次搜寻，均未能找到；陶某供述给姐姐陶某萍打电话时自称杀害冉某某，但陶某萍作证称陶某打电话说是小偷杀了冉某某；陶某供述杀人后身上有很多血，并用冉某某的裤子、棉毛衫擦拭血迹，但从冉某某的棉毛衫和陶某的衣服上并未检出冉某某的血迹；陶某供述羊角刀是从现场沙发上拿的，但冉某某的亲属均证明家里此前并没有这把羊角刀；陶某供述杀人时未受伤，但案发后发现其身上有伤，现场还检出其多处血迹。（5）陶某的无罪辩解相对稳定，且有证据印证：陶某称离开现场后给陶某萍、张某某打电话说冉某某被小偷杀害，有该二人的证言和通话清单印证；陶某称被小偷捅伤，有伤情印证；陶某称挎包被小偷拿走，案发后侦查机关确实未找到该挎包；陶某称冉某某家房门可以不用钥匙直接推开，冉某某亲属证明案发前门锁损坏等。（6）案发后陶某的一些反常行为可以得到合理解释，不像逃避法律追究的情形。如陶某解释冉某某被杀后，自己之所以不报警反而逃逸，是因为她和冉某某的关系见不得人，害怕冉某某的家人发现后打她，同时她也无法说清楚冉某某是小偷所杀，与其留在现场受辱，不如一走了之。又如，她对在侦查阶段之所以作出有罪供述的解释也合乎情理，即受不了刑讯逼供和指供诱供。

遵义市中级人民法院审判委员会对该案进行了两次讨论，全面审查、研究了控辩双方的意见和合议庭的处理意见，于 2012 年 9 月 11 日作出判决，决定以公诉机关指控的事实不清、证据不足为由，宣告被告人陶某无罪。

4. 检察机关抗诉、撤诉情况

对于遵义市中级人民法院作出的无罪判决，遵义市人民检察院不服并在法定期限内提出抗诉，抗诉的理由与起诉理由基本相同。但是，贵州省人民检察院经审查后，先是支持了遵义市人民检察院的抗诉，而后从贵州省高级人民法院撤回了抗诉，一审判决遂产生法律效力。

5. 真凶出现

2014年2月，贵州省湄潭县看守所接到在押人员举报称，因涉嫌其他命案被羁押的犯罪嫌疑人黎某自称在湄潭县求是园小区杀过人。经讯问，黎某供述曾携刀潜入该小区一房间盗窃，门没有锁，因被发现，持刀捅伤一男一女，自己手指也被尖刀划伤，劫得一个女式提包和一件男式皮夹克，尖刀则留在现场。办案机关根据黎某的供述，在其摩托车工具箱里查获该皮夹克，经冉某某亲属混杂辨认，确认系冉某某生前所穿。经再次鉴定，现场羊角刀的刀刃擦拭物中检出冉某某与黎某的混合基因分型，足可认定系黎某作案。2018年，经最高人民法院核准，黎某被执行死刑。

（二）范某某故意杀人案①

1. 检察机关指控的事实与证据

陕西省延安市人民检察院于2013年12月向延安市中级人民法院提起公诉，指控被告人范某某实施故意杀人罪。事实是：2012年8月，原延安市太和山道教管理委员会（本文以下简称管委会）主任冯某某去世后，其大女婿毛某某接任管委会主任，身为副主任的被告人范某某因没有当选主任且与冯某某有多年积怨，遂起意杀害毛某某。同年12月13日，范某某在自己占用的库房中取出装在药瓶里的毒药（金属铊），用纸包起来装入所穿的衣服里，后来到毛某某的办公室准备投毒。因没有找到机会，投毒行为未能付诸实施，便将毒药重新放回库房。12月14日12时许，范某某

---

① 参见陕西省延安市中级人民法院（2013）延中刑一初字第00054号刑事附带民事判决书；陕西省高级人民法院（2015）陕刑二终字第0022号刑事附带民事裁定书。

再次从库房里拿上毒药，来到毛某某办公室，待同在办公室的会计陈某某离开后，趁毛某某不注意，把毒药纸包拿出打开，将毒药投入毛某某办公室茶几上的烧水壶后离开。范某某将包装毒物的纸片丢在厕所里，回到自己办公室后又将装毒物的药瓶烧毁。12月15日，毛某某身体出现不适，17日就医并被确诊为急性铊中毒（重度），后经医治无效死亡。12月15日12时许，太和山管委会职工曹某在毛某某办公室接了一杯水饮用后，于18日出现身体不适，19日也被确诊为急性铊中毒。经鉴定：毛某某系铊中毒死亡，曹某的损伤属轻微伤。

延安市人民检察院提供的主要证据有以下几项。（1）公安机关初步确定几名犯罪嫌疑人后，请专家进行心理测试，确定范某某有作案嫌疑，随即对其监视居住。（2）毛某某的妻子冯某证明，毛某某被确诊为铊中毒后，在重症监护室亲笔写下了怀疑投毒的4个人是：张某缘、范某某、陈某某、赵某某。（3）微量元素物证检验报告证明，在范某某道服上衣口袋、范某某办公室和库房内的物品上均检出铊元素含量。（4）监控视频显示案发前范某某在毛某某办公室、自己办公室、库房等处的活动情况，与范某某的有罪供述相互印证。（5）会计陈某某证明案发前在毛某某办公室见过范某某，离开时范某某还坐在沙发上，面前的茶几上放着烧水壶。（6）范某某在侦查阶段共有17次供述和辩解，其中在监视居住期间有12次，在看守所有5次。前5次均否认作案，从第6次开始供认投毒，第8次又否认投毒，从第9次开始稳定供述，虽然供述的作案过程、投毒方式、毒物属性、毒物来源前后反复，但不影响其供述的真实性。

2. 附带民事诉讼原告人及其代理人的意见

该案附带民事诉讼原告人之一即被害人之一的曹某提出两点诉求：一是要求被告人范某某赔偿其治疗费用和损失共计71 560元人民币；二是要求法院判处范某某死刑。被害人毛某某之妻冯某代表毛某某父母和子女向法庭提出诉求，以故意杀人罪判处范某某死刑，并赔偿其各种费用和损失共计939 300余元人民币，另向法庭提交了原国土资源部西安矿产资源监督检测中心作出的检测报告，证明范某某在毛某某办公室的烧水壶中投放了毒物。

3. 被告人的辩解和辩护人的辩护意见

被告人范某某当庭辩解并未投毒杀害被害人毛某某，并未买过杀虫剂等毒药，之前灭跳蚤的"灭害灵"系在庙会上统一购买，其在侦查阶段的供述投毒杀人系遭受刑讯逼供所致，请求法院为其主持公道。其辩护人提出，公诉人庭审出示的证据无法证明范某某投毒的毒物来源及是否包括铊元素，被害人毛某某办公室烧水壶中未检出铊元素，范某某在侦查阶段的供述多次反复，且辩解系侦查人员吊、绑形成，此伤情与其入所健康检查显示双手腕、双足部水肿相吻合。故公诉机关指控被告人范某某实施故意杀人罪缺乏法律上的因果关系，事实不清、证据不足，指控的罪名不能成立，应当宣告被告人范某某无罪。

4. 延安市中级人民法院的审理情况和宣告无罪的理由

延安市中级人民法院审理后，发现该案既存在证明被告人范某某有罪的证据，如被害人毛某某和曹某确系急性铊中毒，范某某承认投毒杀人的口供，范某某与被害人生前的多次接触等，还同时存在难以认定其犯罪的证据疑点，如下所述。（1）范某某在侦查阶段的供述系认定其犯罪的重要证据，但其供述前后反复且与其他证据不能互相印证，侦查机关在取证程序上存在瑕疵，导致供述的客观性、真实性方面存在疑问，不足以采信。（2）附带民事诉讼原告人冯某及其诉讼代理人提供的西安矿产资源监督检测中心检测报告证明毛某某烧水壶中检出铊元素含量的证据，因其依据的检材来源不明，且与公安部物证检验报告证明的烧水壶中未检出铊元素的结论存在矛盾，检验结论可靠性存疑，不足以采信。公诉机关指控被告人范某某在毛某某办公室烧水壶中投毒致使毛某某、曹某系饮用烧水壶中的水中毒，没有事实支持，证据不足。公诉机关认定的毒物来源依据不充分，投毒方式依据不确实，与范某某在侦查阶段有罪供述不能相互印证，相关证据之间的矛盾和疑点无法合理解释、排除，全案证据达不到确实、充分的证明标准，不能得出系范某某作案的唯一性结论。（3）范某某曾经供述过其投放的毒物是老鼠药，也曾供述是杀虫剂，且供述是多年前庙会统一购买后用剩下的。经查，虽然范某某庙会统一购买过杀虫剂，但都是七八年前的事了，其所供述的兽药早在多年前就禁止售卖，当年的店员也记不清范某某是否来买过杀虫剂，故范某某的供述前后不一，反复不定，更供述不清楚毒物的来源，侦查机关亦无法查清毒物究竟从何而来，案发后未能从范某某身上、办公室、库房等处提取到老鼠药、杀虫剂等毒物。现有证据也无法证明范某某如何获取、是否存有铊元素。（4）范某某对于作案过程、投毒时间的有罪供述存疑。范某某曾经供述作案是当天中午，被害人毛某某打电话叫他到毛某某的办公室，他去之后实施了投毒，但通话清单上并没有相应通话记录。虽然范某某供述的作案过程与监控视频证明的范某某活动轨迹相符，但监控视频调取在先，范某某供述在后，不排除有指供、诱供的情形。而且由于监控视角的限制，不能直接证明范某某供述的两次进出库房取药的情节。陈某某的证言也仅能证明毛某某中毒前与范某某同在被害人毛某某的办公室待过，仅凭此证据证明范某某投毒，证明力明显不足。（5）案件进入审查起诉阶段后，范某某即翻供并辩称其有罪供述系刑讯逼供所致，而公诉人和侦查人员对于范某某当时双手腕、双足部水肿的原因不能作出合理解释，无法排除刑讯逼供的可能。（6）除了在范某某办公室、库房、道衣和毛某某办公室纸杯中检出微量的铊元素外，还在毛某某喝的雪碧饮料瓶内的中药、太和山道观其他道士的道衣上检出含量明显更高的铊元素，这些铊元素从何而来，与毛某某死亡有无因果关系，排除不了合理怀疑。（7）确定范某某系本案犯罪嫌疑人是通过使用测谎器确定的，而测谎过程中固有的主观性和不可靠性，决定其只能作为侦破案件的辅助手段，而不能作为认定犯罪的诉讼证据使用，更不能作为直接认定犯罪嫌疑人的主要依据。

综上，延安市中级人民法院认为，公诉机关指控被告人范某某犯故意杀人罪的事实不清、证据不足，指控的罪名不能成立。附带民事诉讼原告人曹某、冯某等人提出的附带民事诉讼赔偿请求缺乏事实依据，于2014年12月21日宣告被告人范某某无罪。

5. 该案上诉、抗诉和陕西省高级人民法院的审理情况

一审宣判后，附带民事诉讼原告人向陕西省高级人民法院提出上诉，检察机关提出抗诉，理由如下。（1）被告人范某某的有罪供述虽然出现了多次反复和一些细节上的冲突，但有讯问同步录音录像和侦查机关的证明为证，可以排除刑讯逼供。范某某的翻供明显系逃避法律责任的辩解，不应影响本案基本事实的认定。（2）范某某的有罪供述与其去毛某某办公室的情况得到监控视频印证。对此，其供述的在毛某某办公室遇到陈某某一节与陈某某的证言相吻合，其供述的毛某某办公室陈设与现场勘查的情形一致，进一步证实了范某某有罪供述的客观真实性。（3）范某某多次供述因前主任冯某某去世后，其女婿毛某某接任主任，自己未当上主任而怀恨在心，心理不平衡而投毒，作案动机可信。（4）监控录像证实范某某于2013年12月14日12时30分进入毛某某办公室，与毛某某单独相处四五分钟，有充足的作案时间。（5）本案事实清楚，证据确实、充分，范某某系本案真凶无疑，应当撤销原判，以故意杀人罪追究其刑事责任，并依法赔偿附带民事诉讼原告人的物质损失。陕西省人民检察院支持延安市人民检察院的抗诉，支持抗诉的理由与抗诉理由基本相同。

二审辩护人提出如下辩护理由。（1）抗诉机关认为本案事实清楚、证据确实充分的抗诉意见无证据支持，依法不能成立。一是指控范某某所投毒物究竟为何物，是否含有铊元素，无相应证据证明。二是公诉、抗诉机关均认为毛某某铊中毒死亡系范某某向其办公室内的烧水壶中投毒所致，但鉴定意见却证明该烧水壶中未检出铊元素，印证了范某某关于其没有投毒杀害毛某某的供述。三是侦查机关从被害人毛某某所喝的中药瓶中和太和山其他道士的衣物上均检出了铊元素，这些铊元素是否与毛某某铊中毒有关，无法排除合理怀疑。（2）抗诉机关与公诉机关一样，认定范某某投

毒杀人的主要证据是其在侦查阶段的有罪供述，但这一供述反复不定，不能排除刑讯逼供的可能性，供述的客观性、真实性存在重大瑕疵，不应采信。（3）认定范某某因未当上太和山道观管委会主任而对毛某某怀恨在心，从而实施投毒杀人行为的犯罪动机与多名证人证言不符，包括太和山道观管委会办公室主任陈某某在内的多名证人证明，范某某与毛某某关系不错，从未听说他们有过矛盾，故范某某的供述得不到其他证据印证，怀疑系刑讯逼供情形下的虚假供述。综上，请求二审法院驳回抗诉，维持一审法院的正确判决。

陕西省高级人民法院在检察机关坚持不撤诉的情况下，对该案进行了精细审理，分别列出了该案的各类证据，并对案涉证据的证明力进行了分析评判，充分考虑了附带民事诉讼原告人、抗诉机关、二审辩护人和一审法院的判决理由，并进行了充分说理，以致二审裁定书罕见地比一审判决书篇幅长了近3倍。2015年8月18日，陕西省高级人民法院裁定驳回抗诉、上诉，维持延安市中级人民法院的无罪判决，宣告被告人范某某无罪。

6. 真凶出现

时隔近3年后的2018年7月，延安市太和山道观厨师刘某某向公安机关投案自首，称毛某某铊中毒死亡系张某缘指使其投毒所致。公安机关据此抓获张某缘。张某缘供述，其曾想到太和山道观管委会任职，但遭到时任主任冯某某拒绝，遂起杀机。在学得用铊投毒的方法并购得金属铊及硝酸后，将金属铊溶解为硝酸铊，直接或指使道观厨师李某义、刘某某投放硝酸铊液体杀害冯某某、毛某某和另外二人。经开棺验尸，冯某某尸体内也含有大量铊元素。办案机关根据张某缘的供述，从其亲戚家提取到尚未被使用的金属铊块。公安机关又抓获了涉嫌参与投毒的李某义、涉嫌传授犯罪方法的李某元和涉嫌违法出售金属铊的王某俊，上述人员均供认不讳。至此，该案真相大白。

二、陶某故意杀人案、范某某故意杀人案的共性特点

陶某故意杀人案和范某某故意杀人案，前者发生在西南地区，后者发生在西北地区，两地都属于经济社会发展欠发达的西部地区；前者发生在2012年，后者发生在2014年，两案分别跨越党的十八大召开前后。虽然两地法院相距千里，时间间隔两年多，但两个案件的办案法官追寻案件事实真相的执着精神，坚持以法律为准绳和坚持无罪推定、疑罪从无原则的崇法精神，敢于得罪人、敢于负责的担当精神，坚持证据裁判原则、坚守公平正义最后一道防线的专业精神，似乎不约而同，甚至是如出一辙。从这两个案件的处理即可看出，多年来人民法院连续推进的司法体制改革和法官队伍建设，取得了明显成效。如陶某故意杀人案，在党的十八大召开之前就已结案，遵义市中级人民法院能够在一审时顶住各方压力，以事实不清、证据不足，即疑罪从无为理由宣告陶某无罪，体现了人民法院慎重适用死刑，坚定维护社会公平正义的极大勇气，模范地贯彻了2010年6月最高人民法院、最高人民检察院、公安部、国家安全部和司法部联合发布的《关于办理死刑案件审查判断证据若干问题的规定》（本文以下简称《规定》），这是中央政法机关首次对死刑案件的证据问题的联合发文，着重从死刑案件证据的收集、保存、审查、质证、认证、采信、运用等环节作了详细规定，对如何区分非法证据和有瑕疵的证据、如何排除非法证据等问题也予以明确。《规定》的出台施行，对于提高死刑案件的审判质量、防止死刑案件出现冤假错案意义重大；对法院、法官依法独立公正裁判死刑案件，发挥了撑腰打气的作用，有助于法官面对事实证据有疑问的死刑案件作出有利于被追诉人的裁判。

范某某故意杀人案一审判决宣告于党的十八届四中全会闭幕后不久，党的十九大、十八届三中全会和十八届四中全会部署的司法体制改革，如加强人权司法保障，坚持证据裁判原则，贯彻疑罪从无原则，建立健全冤假错案的严格防范和及时纠正机制，实行"让审理者裁判、由裁判者负

责"的司法责任制，以及司法人员须对冤假错案终身负责的错案追究制度等，有的已经付诸实施，有的正在试点，有的已经取得成果。司法体制改革有力地冲击了过去怕放纵犯罪分子，怕被害人家属闹庭、闹访的心理和观念，不仅让法官敢于对未决案件宣告无罪，还推动了冤假错案的纠正。

第一，从案件性质来看，两个案件都是故意杀人案，且都是被害人已经死亡、被告人可能被判处死刑的重大案件。由于双方当事人的关系比较特殊，被告人与被害人原来或是情人或是同事，一旦一方认准了另一方是杀人凶手，被告人与其亲属之间就会反目成仇，被害方对"熟人杀手"的仇恨比对陌生凶手的仇恨往往更大。通常，被害人亲属要求判处被告人死刑的意愿会十分强烈，并会通过各种方式给公安、司法机关办案施加压力。这两个案件的被害人家属的行为在情理之中当然也难以避免。故办案机关特别是人民法院一直面临着应对网络舆情、安抚被害方情绪和化解涉诉信访、闹访的巨大压力。如陶某故意杀人案中，被害人冉某某的父亲感到法庭有可能否定陶某杀人后，当庭威胁本案审判长："你要敢宣判陶某无罪，我就让你下不了审判台！"其母亲也谴责办案法官："坏人已经抓起来了，你要是把坏人放出来，这是要遭天谴的！"并质问："你说不是陶某杀的，那是谁杀的？你回答我，回答不出来就是枉法裁判。"范某某故意杀人案中，被害人毛某某家是当地颇有声望的大户，在诉讼过程中，其家人也采取多种方式强烈要求判处范某某死刑，并对法官为了追求真相所做的大量工作表示不满，甚至还对法官进行人身威胁。实践中出现了此类刑事案件审理中两个常见的现象。一是刑事案件中被害方与被告方之间的矛盾，往往会随着诉讼进程转化为被害方或者被告方与办案机关之间的矛盾，即常常会有一方认为办案机关偏袒了另外一方。二是被追诉方（如犯罪嫌疑人、被告人、辩护人或者代理人等）与追诉方（侦查机关和公诉机关及被害人）之间的矛盾，常常会转化为被追诉方与人民法院之间的矛盾，即认为法院没有主持公道或者没有纠正追诉方的违法行为。陶某故意杀人案和范某某故意杀人案的审理中，这两种情况可谓交替出现。

第二，从办案法院来看，两个案件的一审法院既是西部地区的中级人民法院，也都是红色革命老区法院。其中，由于经济社会发展不平衡，改革开放后很长一段时间内，西部地区的法治建设水平同经济社会发展水平一样，与沿海发达地区有差距，如法院的信息化建设水平、司法物质装备和经费保障，司法人员的学历层次与职业培训，司法调研能力和办理重大疑难复杂案件的能力等，一般难以比肩东部地区，甚至比不上一些中部地区。从全国法院每年的调研和案例研究成果，可以看出东西部的差距。另从执法、司法环境看，越是相对落后、封闭的地区，影响司法机关依法独立行使职权的思想观念和人情社会越是浓厚、复杂，相应地，司法机关在处理此类案件过程中遇到的阻力也更多。然而，进入 21 世纪以来，持续推进的司法改革，特别是党的十八大召开以来开启的新一轮司法改革，使西部地区办案机关长期存在的办公无房、办案无钱和人才流失等诸多短板，在较短的时期内得到了迅速改善。遵义市中级人民法院和延安市中级人民法院能够在一审程序中就干净利索地以疑罪从无原则办结具有争议的重大案件，充分证明了西部地区的法院在坚持严格司法、公正司法和防范冤假错案方面的过硬能力与应有水平。

第三，两个案件的办案机关对于所办案件的处理意见，既表现为系统内部的高度一致，又表现为系统之外的原则分歧。系统内部的高度一致，主要表现为上下级检察机关的意见一致，如陕西省人民检察院自始至终地支持延安市人民检察院的抗诉意见，贵州省人民检察院开始也是支持遵义市人民检察院抗诉意见。与此同时，审判系统内部也是高度一致，贵州省高级人民法院完全支持遵义市中级人民法院的无罪意见，这是贵州省人民检察院撤回抗诉的重要原因。陕西省高级人民法院在二审中不仅完全支持延安市中级人民法院的无罪意见，而且给出的裁判理由更详细、更有说服力。这说明，一起重大案件在处理过程中发生争议时，司法理念和司法标准在系统内更容易取得一致，而在系统外则难以形成共识，可谓"上下一致容易，左右看齐很难"。从陶某故意杀人案和范某某故意杀人案，可以看出检法两个系统在司法理念、证据判断、证据采信、证明标准、事实认定和法律适用等方面，存在明显的部门差别，这种差别既可能是职能不同所致，也可能是司法理念的差异形成的。不过，笔者认为，对有争议刑事案件的处理，存在系统或者部门差别是正常的，强求一致反而不符合各部门的职能定位和司法规律。

第四，两个地方的侦查活动都存在不规范之处。在陶某故意杀人案的侦查环节，有关办案人员明显采取了疲劳战的讯问方式以获取陶某的口供，让陶某产生了不认罪就过不了关的心理，从而被迫作出有罪供述。连续讯问 10 多个小时明显违背了有关司法文件和司法解释的规定。范某某故意杀人案的侦查机关违法办案的痕迹更为明显，为了获得范某某认罪的口供，侦查机关以监视居住的形式，将范某某关押在看守所之外，直到范某某承认投毒杀人才将其收进看守所内，以致在看守所的入所记录中记载了范某某的伤情。根据《最高人民法院关于适用〈中华人民共和国刑事诉讼法〉的解释》的规定，讯问犯罪嫌疑人应当在看守所内进行，具有法律规定的特别情形方可在所外进行。把犯罪嫌疑人关在看守所外，名为监视居住实为非法获取有罪口供的做法，不仅为刑事诉讼法所不容许，还使口供被司法文件定性为非法证据，应当予以排除。根据最高人民法院发布的《人民法院办理刑事案件排除非法证据规程（试行）》第 26 条第 3 项规定，对于侦查机关没有在规定的办案场所讯问，现有证据不能排除以非法方法收集证据情形的，应当予以排除。这条规定对于遏制司法机关利用拘留所、看守所以外的办公、办案场所搜集非法证据，具有重要意义。

第五，两个案件都是在没有发现真凶的情况下，一审法院就宣告被告人无罪，虽然在诉讼过程中出现过巨大争议，但法院内部自始至终没有出现疑罪从有、疑罪从挂和疑罪从轻等声音。尤其在检察机关提起抗诉的情况下，两地法院仍能够敢于担当，坚持判决被告人无罪，这种让无罪判决不再难的勇气、见识和精神，让人民群众和社会各界都感到难能可贵，也增强了人们对法院作为守护公平正义的最后一道防线的信心。

三、陶某故意杀人案、范某某故意杀人案的法治价值与意义

两案已成过去，两个案件的真凶也都已经伏法。然而，这两个案例的法治价值和意义还有待进一步发掘，很多问题值得进一步思考，应当总结其中的经验教训，提炼相关法治规则和裁判要旨，传播蕴藏其中的法治意义。

1. 高度关注两个案例的警示价值

这两个案件本是很普通的凶杀案件，陶某故意杀人案从表面上看是因情生恨而杀死情人，范某某故意杀人案从形式上看是因争权夺位而杀死竞争对手。这类案件在实践中经常发生，且由于缺乏直接证据，犯罪嫌疑人归案后往往拒不交代，很多案件都是从口供突破的。陶某故意杀人案和范某某故意杀人案的侦查人员显然也是这么认为，采取的也是从口供突破的传统思路。由此给人的启示是，冤假错案往往隐藏在看似寻常甚至简单的案件中，且善于通过钻办案人员的经验、常识或者习惯的空子而把"错案隐患"变成"错案现实"。如果司法人员滥用职权或者马虎、草率，冤假错案就可能成为现实。即使是在刑事法律法规不断完善、刑事司法制度机制程序不断健全、刑事物证技术和刑事侦查手段不断进步、执法办案条件不断改善的新时代，如果不解决办案人员的思想认识问题，冤假错案仍然无法避免。值得欣慰的是，形成冤假错案的原因发生了根本变化，几十年前的冤假错案主要错在落后的科学技术手段和落后的执法办案条件，现在的冤假错案主要错在执法办案人员错误的思想、理念和责任心不到位。因此，应当强调，无论执法、司法人员面临什么样的破案压力和舆情压力，都不允许不顾一切、不择手段地追求破案，避免因此造成冤假错案。执法、司法人员应当铭记习近平总书记提出的"执法司法中百分之一的错误，就是对当事人百分之百的伤害"的重要论述，深刻认识冤假错案的严重危害，始终对冤假错案保持戒备之心，在办理刑事案件特别是重大刑事案件时要有"如履薄冰""战战兢兢"的审慎态度和忧患意识，在思想上

筑牢防范冤假错案的坚固防线。

2. 要认真研究如何根治刑讯逼供的顽疾

刑讯逼供一度是人类传统司法普遍实行的合法、有效的破案手段。由于存在严重侵犯被追诉人的人权和容易酿成冤假错案等诸多弊端，在人类进入法治和人权保障时代以后，刑讯逼供已经作为落后、野蛮的司法手段被国际社会和各法治国家禁止。我国在民主革命时期，中国共产党制定的刑事政策中就有"重证据、重调查研究、不轻信口供、严禁逼供信"的人民司法基本原则。现行《刑事诉讼法》（2018 年修正）第 52 条也规定，严禁刑讯逼供和以威胁、引诱、欺骗以及其他非法方法收集证据，不得强迫任何人证实自己有罪，彰显了国家反对和禁止刑讯逼供的坚决态度。就这两个案例而言，陶某、范某某二人在侦查阶段之所以一度认罪，与侦查机关涉嫌采用刑讯逼供或者变相刑讯逼供方法强迫两被告人供述实施杀人行为很有关系。一般来讲，让一个无辜者承认自己犯下可能判处死刑的严重罪行，如果不使用严重暴力、重大欺骗或者暴力威胁是不可能做到的。因此，防范冤假错案，必须坚持以遏制刑讯逼供为主要抓手，要像预防犯罪一样防范刑讯逼供。要将规范侦查权力行使作为遏制刑讯逼供的重点领域，加强对包括普通案件刑事侦查、渎职失职案件刑事侦查、贪污贿赂犯罪案件刑事侦查、检察机关自行调查侦查、检察机关退回补充侦查等侦查权力的审查监督。切实改变一些办案人员思想上存在的"刑讯逼供情有可原""刑讯逼供难以避免"等错误认识，明确树立"刑讯逼供是知法犯法""刑讯逼供是错上加错"的思想理念，从源头上减少乃至避免刑讯逼供行为发生。

3. 敢于并善于排除非法证据

我国《刑事诉讼法》对于非法证据的态度，采取的是区别排除的方式。《刑事诉讼法》（2018 年修正）第 56 条第 1 款规定："采用刑讯逼供等非法方法收集的犯罪嫌疑人、被告人供述和采用暴力、威胁等非法方法收集的证人证言、被害人陈述，应当予以排除。收集物证、书证不符合法定程序，可能严重影响司法公正的，应当予以补正或者作出合理解释；不能补正或者作出合理解释的，对该证据应当予以排除。"由此可见，《刑事诉讼法》对于非法言词证据，采取一律排除的方式，而对于违反法定程序收集的物证、书证等物态证据，采取补正而后采纳的方式，补正不能的才予以排除。在司法实践中，由于合法证据与非法证据并无明显界限，控、辩、审三方对于具体案件中是否存在非法证据、是否排除非法证据、如何排除非法证据等问题，往往会发生争议甚至引发冲突。由排除非法证据引发的庭审时间大大拖延，辩护律师闹庭、罢庭甚至被赶出法庭的例子，时有所见。为防止此类冲突，笔者建议在排除非法证据这一问题上，既要树立排除非法证据就是排除冤假错案隐患，敢于排除非法证据就是敢于严格、公正司法的理念；也要从司法实际出发，采取务实有效的方式。如法官对于被追诉人及其辩护律师提出的排除非法证据申请，除非发现其是恶意利用排除非法证据规则拖延庭审乃至逃脱惩罚，否则应当尽量予以采纳，以体现对处于弱势地位的被告人及其辩护律师辩护权的尊重和支持。对于其他办案机关或者相对人不配合排除非法证据的，法院应当敢于依法独立行使审判职权，敦促有关部门和个人配合审查和排除非法证据。与此同时，也要善于采取灵活的、效果更好的方式排除非法证据，即在不启动排除非法证据程序、也不明确宣布某一证据是非法证据的情况下，从证据的"三性"和证明力缺陷等方面着手，认定某个证据不具有真实性或者没有证明力，以达到排除非法证据的实际效果。这种排除方式可称之为"软排除"或者"隐性排除"。就陶某故意杀人案和范某某故意杀人案而言，两案都涉及刑讯逼供导致的口供不真实即非法证据排除问题，按理说当事人和辩护人都可以提出排除非法证据请求，法院也可以主动启动排除非法证据程序。但是，这两个案件的被告人及其辩护律师，只是向法庭提出被告人有罪供述的内容不自愿、不真实，没有请求法院启动排除非法证据程序。这种辩护方式既没有指责办案人员的违法办案行为，又从内容上否定了有罪供述的真实性和证明力，是很高明的辩护，也是很有效的辩护，可以称之为"善于辩护"。从两家法院的判决书来看，通篇都没有采用排除非法证据的表述，但都明确指出了被告人的认罪供述存在不真实、无法得到其他证据印证等问题，导致案件事实不清、证据不足，故两家法院对公诉机关的指控都表示不能采纳。这两家法院采取的也是隐性排除非法证据的方式，既不明确表示排除，又明确表示不采用。这种方式值得学习和借鉴，尤其值得那些动辄就向法庭提出排除非法证据申请的辩护人借鉴。隐性排除非法证据，既可以防止非法证据被法院采纳而形成错案风险，又不至于把法庭变成控辩双方为某个证据而争执不休的竞技场。因此，陶某故意杀人案和范某某故意杀人案的判决，不仅是坚持依法公正裁判的典范，也是善于排除非法证据的范例。

4. 必须坚守证据裁判原则

证据裁判原则是现代刑事诉讼的基本原则，其核心要义就是认定犯罪事实必须以证据为根据。在中华传统法文化中，就有坚持证据裁判原则的元素，如"捉贼要捉赃、捉奸要捉双""诉要当堂对质、判要善于五听""兼听则明、偏听则暗"等法谚，就富含证据裁判原则的哲理。我国刑事诉讼法和刑事司法实践对证据裁判原则的认识，经历了逐渐深化的过程。1979 年《刑事诉讼法》第 35 条规定："对一切案件的判处都要重证据，重调查研究，不轻信口供。只有被告人供述，没有其他证据的，不能认定被告人有罪和处以刑罚；没有被告人供述，证据充分确实的，可以认定被告人有罪和处以刑罚。"该条对证据裁判原则的强调突出表现在"重证据、轻口供"这一抽象层面。1996 年修正《刑事诉讼法》时，对该条没有作修改。2012 年再次修正《刑事诉讼法》时，证据裁判原则受到前所未有的重视，立法机关除了将该条中的"充分确实"修改为"确实、充分"外，还单独增加一款作为第 2 款："证据确实、充分，应当符合以下条件：（一）定罪量刑的事实都有证据证明；（二）据以定案的证据均经法定程序查证属实；（三）综合全案证据，对所认定事实已排除合理怀疑。"该款既是对"证据确实、充分"的立法解释，又以基本法律的形式明确了证据裁判原则的基本要素。在 2018 年修正《刑事诉讼法》时，立法机关对该条内容没有作任何变动。

根据《刑事诉讼法》的相关规定，证据裁判原则的核心要义是认定犯罪事实必须以证据为根据，刑事诉讼活动的各个阶段或环节都必须以证据为中心，围绕证据进行。坚持有一分证据认定一分事实，有几分证据认定几分事实，没有证据或者证据不足的，不认定事实。坚持用事实说话、说理，用证据证明、支撑。综合法律、司法解释和司法文件的规定，证据裁判原则包括但不限于以下内容：（1）凡是作为定罪量刑的事实都必须有证据证明；（2）凡是证据证明的定罪量刑事实都必须符合客观真相①；（3）凡是用作证明定罪量刑事实的证据，都必须经过法定程序查证属实；（4）证据对定罪量刑事实的证明，都必须达到确实、充分的标准；（5）凡是被作为定罪量刑的事实，都必须达到排除合理怀疑的要求；（6）只有被告人供述，没有其他证据的，不能认定被告人有罪和处以刑罚；（7）没有被告人供述，证据确实、充分的，可以认定被告人有罪和处以刑罚；（8）非法证据不得作为认定定罪量刑事实的依据；（9）控辩双方对于证人证言、鉴定意见有争议的，证人、鉴定人应当出庭作证，否则不能作为证明定罪量刑事实的证据；（10）定罪量刑的事实不清，证据不足的，不能认定被告人有罪等。

5. 必须坚持疑罪从无原则

疑罪是事实不清、证据不足的刑事犯罪案件的简称。疑罪从无原则是证据裁判原则的重要方面，只要坚持证据裁判原则，处理事实不清、证据不足的案件，就必然会选择疑罪从无。疑罪从无原则也是一项价值选择，

---

① 参见党的十八届四中全会通过的《中共中央关于全面推进依法治国若干重大问题的决定》规定："健全事实认定符合客观真相、办案结果符合实体公正、办案过程符合程序公正的法律制度。"对此，中国政法大学终身教授陈光中先生认为，这是新时期党中央确定的刑事司法公正的标准，在一定意义上平息了事实认定符合客观真相还是法律真实的学理争论。

对于一个事实不清、证据不足的案件，选择有罪必然对被告人不利，选择无罪必然对被告人有利，故在无法查清案件事实真相的情况下选择疑罪从无，是法律从保护被告人利益出发作出的一种价值选择。此外，疑罪从无原则还是一项功利选择，疑罪的真实情形无非两种：一种是被告人确实无罪，阴差阳错地成为被追诉人；另一种是被告人确实有罪，只是因为事实不清、证据不足无法认定有罪。故选择疑罪从无，弊端是有可能放纵真正的犯罪分子，但不可能冤枉无辜的好人，即只可能犯一个错放坏人的错误。如果选择疑罪从有，则既放纵了真正的犯罪分子，又会伤害无辜的好人，因而会犯两个错误。从这个意义上讲，疑罪从无原则是两害相权取其轻之下的一种功利选择。

我国 1979 年《刑事诉讼法》并未规定疑罪从无原则，该法第 108 条只是规定，提起公诉的案件如果"主要事实不清、证据不足的，可以退回人民检察院补充侦查；对于不需要判刑的，可以要求人民检察院撤回起诉"。退查的倾向性是疑罪从有，退查的结果显然对被告人不利。为解决实践中的疑罪处理问题，1989 年 12 月 13 日，《公安部 最高人民法院 最高人民检察院 司法部关于办理流窜犯罪案件一些问题的意见的通知》〔（89）公发 27 号〕中规定："对抓获的罪犯，如有个别犯罪事实一时难以查清的，可暂不认定，就已经查证核实的事实，依法及时作出处理。"这里虽然只是就个别犯罪事实而言，但"难以查清""暂不认定"也算有些疑罪从无的意味。1994 年 3 月 21 日，最高人民法院在《关于审理刑事案件程序的具体规定》（已失效）中规定，人民法院对于"案件的主要事实不清、证据不充分，而又确实无法查证清楚，不能证明被告人有罪的，判决宣告被告人无罪"。这个规定虽然非常谨慎，对疑罪作了严格限制，却是首次以司法解释的形式提出了疑罪从无的意见，这个意见为 1996 年修正《刑事诉讼法》确立疑罪从无原则，起了投石问路的作用。

1996 年修正的《刑事诉讼法》首次以立法的形式规定了疑罪从无原则。该法第 162 条第 3 项规定："证据不足，不能认定被告人有罪的，应当作出证据不足、指控的犯罪不能成立的无罪判决。"这项规定，解决了长期以来疑罪处理中的疑罪从有、疑罪从轻、疑罪从挂等不规范做法，明确肯定了疑罪从无的坚决态度，促进了司法公正。本文所讨论的陶某故意杀人案和范某某故意杀人案，遵义市中级人民法院和延安市中级人民法院当时都是以疑罪从无原则宣告二人无罪的。从 2013 年 3 月第十一届全国人大第一次会议以来纠正的 60 余起重大冤假错案看，90% 以上是以疑罪从无宣告无罪的，充分说明《刑事诉讼法》的这项规定对于刑事司法实践产生了巨大影响。也正因如此，2012 年和 2018 年两次修正《刑事诉讼法》时，有关疑罪从无的规定都未作更改。

6. 必须坚持以审判为中心

推进以审判为中心的诉讼制度改革，确保侦查、起诉的事实经得起法律的检验，这是党的十八届四中全会《中共中央关于全面推进依法治国若干重大问题的决定》部署的一项重大司法改革举措。多年来，党中央对这项改革多次进行部署，中央政法委也多次召开司法改革推进会，对这项改革进行督办。2016 年 7 月，《最高人民法院、最高人民检察院、公安部、国家安全部、司法部印发〈关于推进以审判为中心的刑事诉讼制度改革的意见〉的通知》（法发〔2016〕18 号，本文以下简称《意见》），从工作层面对中央政法机关共同推进以审判为中心的诉讼改革进行了部署。《意见》第 2 条第 2 款和第 3 款规定："侦查机关、人民检察院应当按照裁判的要求和标准收集、固定、审查、运用证据……人民法院作出有罪判决，对于证明犯罪构成要件的事实，应当综合全案证据排除合理怀疑，对于量刑证据存疑的，应当作出有利于被告人的认定。"前一句把侦查标准、公诉标准与审判标准统一起来，否定了过去一些人长期主张的侦查标准、公诉标准和审判标准应当是递进式和多元化的观点，对于提高侦查和公诉案件质量，减少退回补充侦查，防止程序倒流，意义重大。后一句对影响定罪和量刑的证据分别进行评价，确立不同的判断标准，也是卓有见地的，故不应一概否定。2017 年 2 月，《最高人民法院印发〈关于全面推进以审判为中心的刑事诉讼制度改革的实施意见〉的通知》（法发〔2017〕5号）中规定了33条实施意见，主要从如何贯彻落实《意见》和《刑事诉讼法》的相关规定提出一些具体的、刚性的要求，由于是法院单发的实施文件，故没有诉讼制度改革方面的内容。

笔者认为，推进以审判为中心的刑事诉讼制度改革，既是意义重大的一项刑事诉讼制度改革举措，也是难度最大、内容最复杂的一项司法职权配置改革。它涉及司法理念的彻底转变，要从以侦查为中心转向以审判为中心；涉及司法职权的重新配置，主要是诉讼程序决定权的重新配置问题。由于历史原因，我国法院诉讼程序决定权配置内容是相对较少的，越来越影响审判职能发挥和司法公正实现，因此，应当尽快加以调整，保障法院审判权力顺畅运行。此外，还应加强配套措施的建设，如推进公诉引领侦查活动和不认罪案件讯问时律师在场制度等。简言之，一切改革调整都是以审判为中心，也就是要让审判程序拥有最终决定权。具体来讲，应当从五个方面研究推进以审判为中心的诉讼制度。一是一切为了审判。刑事诉讼的各个环节和各个部门，都要以实现公正审判为目的，依法做好本职工作，而不能忽视公正审判的宗旨和使命自我设限。二是一切围绕审判。公正审判需要什么证据，侦查机关就收集什么证据；公诉机关就移送什么证据，侦查机关、公诉机关都要围绕庭审开展工作。三是一切符合审判。审前程序进行的程序、开展的活动、收集的证据，都必须符合公正审判的要求和标准，经得起法庭的评价与判断。四是一切经过审判。凡是用作对被告人定罪量刑的证据和相关材料，都必须经过法定程序查证属实，特别是经过法庭的质证、认证，确保庭审发挥决定性作用。五是一切服从审判。对于人民法院依法认定的事实证据、作出的判决或裁定，除了检察机关可以依法提起抗诉外，任何单位和个人都必须服从，不得拒不执行人民法院的生效裁判。

综上，就陶某故意杀人案和范某某故意杀人案而言，给人最深刻的印象是，案件的最终处理是因为审判程序发挥了关键性作用。在两个案件的诉讼过程中，尽管两地的侦查机关、公诉机关、被害人及其所在单位，甚至其他政法机关，对于法院坚持宣告被告人陶某、被告人范某某无罪这个问题，持有不同看法和意见，引发了抗诉和被害人的闹访。但是，由于审判程序做到了独立、公正，不为他人所左右，所以司法公正审判仍然可期、可靠。反观司法实践中的一些疑罪案件，之所以难以宣告被告人无罪甚至变成错案，归根结底是由于各种因素干扰导致庭审无从发挥决定性作用，审判程序难以做到真正的公平公正。从这个意义上讲，深入推进以审判为中心的刑事诉讼制度改革，就是为了不折不扣地落实《刑事诉讼法》规定的"未经人民法院依法判决，对任何人都不得确定有罪"这一基本原则，确保人民法院对刑事案件的最终处理结果能够有独立的判断，因为这是从根本上防范冤假错案的方法和原则，也是这两个无罪案件给人们带来的最有益的启示。

认罪认罚案件的二审问题研究

——以余某某交通肇事案为例[*]

◀ **胡 铭**

　　浙江大学特聘教授、博士研究生导师，现任浙江大学光华法学院院长、立法研究院院长，浙江省法制研究所所长。第九届全国杰出青年法学家，国家万人计划领军人才，教育部长江学者青年学者、国家重点研发项目首席专家，国家社科基金重大项目首席专家，浙江省151人才工程重点层次培养人选。兼任中国刑事诉讼法学研究会常务理事，浙江省法学会副会长，吉林大学、华东政法大学等校兼职教授。曾获教育部哲学社会科学优秀成果奖二等奖、中国法学优秀成果奖一等奖、董必武青年法学成果奖一等奖、全国中青年刑事诉讼法学优秀成果奖一等奖、浙江省哲学社会科学优秀成果奖一等奖等荣誉。在《中国社会科学》《法学研究》《中国法学》等国内核心期刊，以及 *Criminology & Criminal Justice* 等国际知名刊物上发表论文100余篇；出版《超越法律现实主义》《刑事司法民主论》《错案是如何发

---

　　* 参见北京市第一中级人民法院（2019）京01刑终628号刑事判决书。

生的》《审判中心与刑事诉讼》《认罪认罚从宽制度的实践逻辑》《比较刑事诉讼程序（英文版）》等 10 余部专著。

一、基本案情

2019 年 6 月 5 日 18 时许，余某某与朋友聚餐，其间喝了四两左右 42 度汾酒。20 时 30 分左右，聚餐结束，余某某步行离开。21 时 2 分，余某某步行到达单位。21 时 4 分，余某某驾车驶离单位内部停车场。21 时 28 分，余某某驾车时在行车道内持续向右偏离并进入人行道，后车辆右前方撞击被害人宋某，致宋某身体腾空砸向车辆前机器盖和前挡风玻璃，后再次腾空并向右前方连续翻滚直至落地，终致宋某当场因颅脑损伤合并创伤性休克死亡。后余某某驾车撞击道路右侧护墙，校正行车方向后回归行车道，未停车并驶离现场。6 月 5 日 21 时 39 分，路人杨某发现该事故后电话报警。北京市公安局门头沟分局交通支队民警进行现场勘查后，确定肇事车辆，且该车在事故发生后驶离现场。被害人倒在人行便道且已死亡。现场遗有肇事车辆的前标志牌及右前大灯罩碎片。6 月 6 日 1 时 25 分，民警在余某某居住地的地下车库查获肇事车辆，并勘查现场提取物证。北京市公安局门头沟分局交通支队认定，余某某负全部责任，宋某无责任。

6 月 5 日 21 时 33 分至 6 月 6 日 5 时，余某某驾车进入其居住地地下车库，查看车身后发现车辆右前部损坏严重，右前门附近有斑状血迹。余某某随后用毛巾擦拭车身血迹并抛弃毛巾，步行前往现场。离开现场后，余某某进入足疗店。6 月 6 日 5 时左右，余某某前往北京市公安局门头沟分局交通支队投案。余某某接受血液酒精检验，但未检出酒精。6 月 17 日，余某某在妻子协助下与被害人母亲李某达成和解协议，妻子代为赔偿并实际支付李某各项经济损失共计 160 万元人民币，李某出具《谅解书》，对余某某的行为表示谅解。

余某某在本案审查起诉阶段认罪认罚，获得被害人近亲属的谅解，检察机关提出判处其"有期徒刑三年，缓刑四年"的量刑建议。一审裁判未采纳量刑建议，并判决被告人余某某犯交通肇事罪，判处有期徒刑二年。

未采纳量刑建议的理由在于，被告人余某某作为一名纪检干部，本应严格要求自己，其明知酒后不能驾车，但仍酒后驾车从海淀区回门头沟区的住所，且在发生交通事故后逃逸，特别是逃逸后擦拭车身血迹，回现场附近观望后仍逃离，意图逃避法律责任，表明其主观恶性较大，判处缓刑不足以惩戒犯罪。因此，不予采纳公诉机关建议判处缓刑的量刑建议。鉴于被告人余某某自动投案，到案后如实供述犯罪事实，可认定为自首，依法减轻处罚。其系初犯，案发后其家属积极赔偿被害人家属经济损失，得到被害人家属谅解，可酌情从轻处罚。

一审裁判结果宣告后，被告人余某某提出上诉，北京市门头沟区人民检察院同时提起抗诉，北京市人民检察院第一分院支持抗诉。2019 年 12 月 9 日，北京市第一中级人民法院依法组成合议庭审理此案，针对余某某案发时是否明知发生交通事故且撞人、余某某的行为是否构成自首、余某某的行为是否构成交通运输肇事后逃逸、对交通运输肇事后逃逸情节的评价、对酒后驾驶机动车情节的评价、对余某某身份的评价、对主观恶性的评价、对犯罪情节的评价等具体问题作出评述；针对一审法院作出与量刑建议不同的判决是否属于程序违法、余某某是否符合适用缓刑的条件及量刑建议是否适当、一审法院对余某某判处实刑是否属于"同案不同判"、对余某某宣告缓刑能否取得更好社会效果等争议焦点作出综合评述。

北京市第一中级人民法院最终作出（2019）京 01 刑终 628 号刑事判决，判决驳回北京市门头沟区人民检察院的抗诉及余某某的上诉；撤销北京市门头沟区人民法院（2019）京 0109 刑初 138 号刑事判决；上诉人余某某犯交通肇事罪，判处有期徒刑三年六个月。

二、认罪认罚案件中二审基本原则的法律分析

（一）如何理解全面审查原则

现行《刑事诉讼法》（2018 年修正）第 233 条规定："第二审人民法院应当就第一审判决认定的事实和适用法律进行全面审查，不受上诉或者

抗诉范围的限制。共同犯罪的案件只有部分被告人上诉的，应当对全案进行审查，一并处理。"这一条文被概括为刑事二审程序的"全面审查原则"。与此同时，《最高人民法院关于适用〈中华人民共和国刑事诉讼法〉的解释》（法释〔2021〕1号，本文以下简称《刑诉法解释》）第399条在遵循全面审查原则的基础上，规定对于开庭审理的上诉、抗诉案件，可以重点围绕对第一审判决、裁定有争议的问题或者有疑问的部分进行，法庭调查应当重点围绕对第一审判决提出异议的事实、证据以及新的证据等进行，而对没有异议的事实、证据和情节，可以直接确认。

　　虽然全面审查原则在实施期间招致学界的诸多批评，但是《刑事诉讼法》经历三次修改，均未删除该条文。支持全面审查原则的代表性观点认为：（1）二审终审制决定了应当实行全面审查原则，如果二审法院只审查上诉或者抗诉的范围，将难以全面发现一审裁判在事实认定或者法律适用上的错误；（2）全面审查原则有利于保障被告人的权益，弥补当事人自我救济能力的不足；（3）违背司法审判被动性和中立性原则不能成为废除全面审查原则的理由，全面审查原则是有效发挥法官的职权作用，进而保障被告人利益的重要原则；（4）不符合诉讼效率原则也不能成为废除全面审查原则的依据，在公正与效率问题上，公正第一、效率第二。[①] 批评全面审查原则的观点则认为，如果二审法院可以无视诉争的范围，而机械地进行貌似公允的全面审查，不仅有悖司法审判权运作的基本规律和诉讼程序的安定性，最终也将造成诉讼拖延和诉讼效率的下降。[②] 在余某某交通肇事案中，对二审裁判的批评之一就是二审法院在代替检察机关行使控诉职能。本案的上诉理由和抗诉理由未提及不服一审裁判的自首情节认定，二审法院却主动审查余某某成立自首情节的正确性，评述自首与认罪之间的

---

　　① 参见陈光中、曾新华：《刑事诉讼法再修改视野下的二审程序改革》，载《中国法学》2011年第5期。

　　② 参见陈卫东、李奋飞：《刑事二审"全面审查原则"的理性反思》，载《中国人民大学学报》2001年第2期。

关系，撤销一审裁判认定的自首情节。对此，有观点认为："这种裁判实系诉讼法理上的'突袭裁判'，违背诉讼辩论原则，违背法律的可预期性法理，对被告人也是不公平的。"①

全面审查原则明确了二审法院的审判范围，批评全面审查原则的观点则认为该原则背离了"控审分离"这一法理基础，毕竟"控审分离"反映了司法中立和司法被动的司法规律，虽然全面审查原则具有法律依据，但是其形式合法性无法证成实质正当性。对此，分析余某某交通肇事案的二审裁判结果，有必要将理论与实践区分对待。首先，在当前的实践语境中，二审法院并未背离"控审分离"的法理基础。"控审分离"的核心内涵在于法院只应审理指控的事实和被告人，不能审理超出指控之外的"事"和"人"。一审程序必然要具备"控诉分离"这一法理基础，其审理对象和范围仅限于检察机关指控的与定罪、量刑有关的事实、证据。二审程序则与一审程序不同，其审理对象和范围是一审裁判结果在事实认定、法律适用、证据等方面的正确性和程序合法性。虽然余某某交通肇事案的二审法院超出上诉理由和抗诉理由去纠正一审裁判结果，但是其裁判的事实基础并未超出一审检察机关的指控范围。其次，"控审分离"约束的是诉权和审判权，而一审程序和二审程序的审理对象和诉讼关系不同，检察机关的抗诉权并非指控犯罪的诉权，而是一种监督诉讼活动的监督权。一审程序需要巩固"控审分离"这一法理基础，构建控辩双方平等、法官中立的"金字塔"诉讼结构，法院不得审理任何未经指控的被告人和行为。相形之下，二审法院、检察机关和上诉人之间未必存在"金字塔"诉讼结构。在余某某交通肇事案中，检察机关抗诉一审裁判量刑过重，余某某及其辩护人同样上诉要求改判更轻的刑罚，二审法院则全面审查一审裁判结果。二审法院、检察机关和上诉人的目的都在于审查一审裁判结果的正确性，故检察机关的抗诉结果也可能有利于上诉人。最后，从结构功

---

① 龙宗智：《余金平交通肇事案法理重述》，载《中国法律评论》2020 年第 3 期。

能主义的视角观察，目前有关全面审查原则争议的背后是对二审程序功能的观念分歧。二审程序兼具救济和纠错的功能，如果侧重救济功能，那么二审法院要集中审理上诉理由的内容，避免对上诉人作出实质性不利的裁判。余某某交通肇事案的二审裁判结果超出上诉理由，撤销自首这一法定从轻情节，就难以实现二审程序的救济功能，支持全面审查原则的观点显然在本案中难以证成。如果侧重纠错功能和公共功能，那么二审法院当然要充分发挥司法能动性，全面审查一审裁判结果，纠正一审裁判的错误。正如余某某交通肇事案的二审裁判在裁判理由中评述的："其在自动投案后始终对这一关键事实不能如实供述，因而属未能如实供述主要犯罪事实，故其行为不能被认定为自首。因此，一审法院认定余某某具有自首情节并据此对其减轻处罚有误，二审应予纠正。"

（二）如何理解上诉不加刑原则

上诉不加刑原则被视为刑事二审程序的另一基本原则，指第二审人民法院审理只有被告人一方提出的上诉案件时，不得以任何理由加重被告人的刑罚。该原则的核心目的是保障被告人的上诉权，消除被告人一方对上诉的思想顾虑，充分行使其法定权利。对于上诉不加刑原则的理解，可以从以下三个方面展开。一是上诉不加刑原则的意义。上诉不加刑原则有利于保障被告人充分行使其上诉权；有利于维护上诉制度，保证人民法院正确行使审判权；有利于促使一审法院的审判人员加强责任心，努力提高审判工作质量，并使上级法院能够及时发现下级法院审判工作中的错误并及时纠正，保证审判权的正确行使；有利于促使检察院认真履行审判监督职责，并提高检察机关的公诉和抗诉水平。[1] 二是上诉不加刑原则是法律明文规定的二审基本原则。现行《刑事诉讼法》（2018 年修正）第 237 条第1 款规定："第二审人民法院审理被告人或者他的法定代理人、辩护人、近亲属上诉的案件，不得加重被告人的刑罚。第二审人民法院发回原审人

---

[1] 参见胡铭：《刑事诉讼法学》，法律出版社 2016 年版，第 353 页。

民法院重新审判的案件，除有新的犯罪事实，人民检察院补充起诉的以外，原审人民法院也不得加重被告人的刑罚。"对于何谓"加刑"，《刑诉法解释》第401条采取了实质不利后果的识别标准，该条文明确，二审法院可以改变罪名，如将轻罪名变更为重罪名，但不得加重刑罚或者对刑罚执行产生不利影响；可以改变罪数，并调整刑罚，如将一罪变更为数罪，但不得加重决定执行的刑罚或者对刑罚执行产生不利影响；一审判决对被告人宣告缓刑的，不得撤销缓刑或者延长缓刑考验期。三是上诉不加刑原则存在例外情形，即人民检察院提出抗诉或者自诉人提出上诉的，二审判决不受上诉不加刑原则的限制。《刑事诉讼法》（2018年修正）第237条第2款规定："人民检察院提出抗诉或者自诉人提出上诉的，不受前款规定的限制。"《刑诉法解释》第401条第2款内容再次重述了这一例外情形。

《刑事诉讼法》《刑诉法解释》未区分抗诉是有利于被告人还是不利于被告人。在检察机关提出抗诉的情形下，无论其抗诉结果是有利于被告人还是不利于被告人，二审裁判均不再适用上诉不加刑原则。虽然《刑事诉讼法》《刑诉法解释》可以证成"抗诉求轻却加重"的合法性，但是余某某交通肇事案的二审裁判结果仍然引发了程序合法与程序法理之争——一个于法有据、符合法定程序的裁判结果，在法理和情理上却难以为人所接受。本案的一审判决未采纳检察机关"有期徒刑三年，缓刑四年"的量刑建议，最终判决被告人"有期徒刑二年"。检察机关抗诉和被告人上诉一致要求改判适用缓刑，二审法院则最终改判"有期徒刑三年六个月"。有观点认为，法院不应加重刑罚，"采用目的解释或同向原则，若检察院为被告人利益即为求轻而提起的抗诉，应该服从于被告人利益最大化原则，法院不得利用检察院的求轻抗诉而为被告人加重刑罚"[1]。参与立法

---

[1] 卢建平：《余金平交通肇事案事实认定与法律适用争议评析》，载《中国法律评论》2020年第3期。

的改革者同样认为："人民检察院认为第一审判决确有错误，处刑过重而提出抗诉的，第二审人民法院经过审理也不应当加重被告人的刑罚"①。从程序法理看，"'上诉不加刑'的法理基础在于'禁止不利益变更'原则（又称不利益变更禁止原则），就是对于被告人上诉或者为被告人利益而上诉者，第二审法院不得宣告比原判更重的刑罚"②。在 2012 年《刑事诉讼法》修正时，就有学者提出上诉不加刑原则旨在保障被告人的利益，"只要是为了被告人利益引起的上诉程序，不管是被告人及他的法定代理人、辩护人、近亲属一方提出的上诉，还是由检察机关为了被告人利益提出的抗诉，都适用上诉不加刑原则"③。立足禁止不利益变更原则的法理来推导，虽然法律文本没有区分检察机关是为被告人之利益或不利益而提出抗诉，但是当检察机关为被告人之利益而提出抗诉时，二审裁判不应加重刑罚是符合实质合理性的逻辑结果。

与之不同的是，另有观点认为，余某某交通肇事案的二审裁判过程和结果符合法律规范，其合理性和正当性则是另一个待讨论的问题。④ 那么，当检察机关的抗诉有利于被告人时，司法裁判应该如何进行？对此，是否要以禁止不利益变更原则去约束上诉不加刑原则之例外情形？针对这一问题有必要回到刑事抗诉和刑事二审程序的制度语境中去分析。在当前的制度框架内，上诉不加刑原则之例外情形是否适用"为被告人之利益而提出抗诉"的讨论，颠倒了一个逻辑，即将"被告人之利益"视为目的

---

① 王爱立、雷建斌主编：《〈中华人民共和国刑事诉讼法〉释解与适用》，人民法院出版社 2018 年版，第 450 页。

② 林钰雄：《刑事诉讼法》（下册），中国人民大学出版社 2005 年版，第 234 页。

③ 陈光中、曾新华：《刑事诉讼法再修改视野下的二审程序改革》，载《中国法学》2011 年第 5 期。

④ 参见龙宗智：《余金平交通肇事案法理重述》，载《中国法律评论》2020 年第 3 期；卢建平：《余金平交通肇事案事实认定与法律适用争议评析》，载《中国法律评论》2020 年第 3 期；顾永忠：《对余金平交通肇事案的几点思考——兼与龙宗智、车浩、门金玲教授交流》，载《中国法律评论》2020 年第 3 期。

而非结果。事实上，检察机关并非为被告人之利益才提出抗诉，而是为监督一审裁判结果。只是这种监督结果，客观上有利于被告人。具体而言，检察机关作为宪法确定的法律监督机关，其核心职能是对刑事诉讼的合法性、合理性进行法律监督，通过刑事抗诉纠正错误的裁判。"上诉不加刑原则的适用前提，是被告人上诉或者辩方其他主体为了被告人利益上诉，检察官上诉即使客观上有利于被告人，也不属于'为被告人利益提出的上诉'，上诉审法院改判不受限制。"[①] 刑事抗诉的目的和功能都在于监督一审裁判的正确性和程序合法性，刑事抗诉启动刑事二审程序后，二审法院最终判断抗诉理由是否成立。二审裁判结果可能有利于被告人，也可能不利于被告人。即使二审裁判结果在客观上有利于被告人，也仅仅是监督一审裁判的结果。此外，刑事抗诉与上诉的目的和功能也有所区别，后者在于为被告人之利益提供救济途径。被告人之利益，对于刑事抗诉而言，是监督结果；而对于被告人而言，则是上诉的目的。

三、认罪认罚案件中诉审关系的制度分析

在认罪认罚案件的二审基本原则适用之外，对余某某交通肇事案的讨论还应深入认罪认罚案件中的诉审关系及其权力配置层面。法院认为自身是认罪认罚案件的量刑权主体；检察机关则认为其承担着认罪认罚案件的主导责任，并对未采纳量刑建议且未充分说理论证的裁判文书提出抗诉。由此一来，认罪认罚案件的二审程序成为呈现诉审关系冲突的"第二道闸口"。

有学者将余某某交通肇事案的制度性意义比喻为"马伯里诉麦迪逊案"[②]，透过本案，诉审关系的紧张可以具象化为三个方面的问题，即量

---

① 刘计划：《抗诉的效力与上诉不加刑原则的适用——基于余金平交通肇事案二审改判的分析》，载《法学》2021 年第 6 期。
② 参见倪化强：《余金平案的历史意义与认罪认罚制度的完善》，载微信公众号"法小炜"，2020 年 4 月 26 日发布。

刑建议与量刑权、检察机关法律监督与法院审级监督、检察机关主导责任与审判中心主义。当然，这种紧张的诉审关系未必是不可接受的。关系的紧张增加了权力相互制约，改变实践中"重配合、轻制约"的可能。对此，要以法院作为定罪量刑主体为逻辑起点，来理解并规范认罪认罚案件的诉审关系，避免被告人成为紧张关系的不利结果的承担者。

（一）量刑建议与量刑权

综合《刑事诉讼法》（2018 年修正）第 201 条和《最高人民法院、最高人民检察院、公安部、国家安全部、司法部印发〈关于适用认罪认罚从宽制度的指导意见〉的通知》（高检发〔2019〕13 号，本文以下简称《认罪认罚从宽制度指导意见》）第 40 条、第 41 条的规定，一审法院对于认罪认罚案件的量刑建议有三种处理情形。一是采纳量刑建议。法院对认罪认罚案件依法作出判决时，一般应当采纳检察机关指控的罪名和量刑建议；对于检察机关提出的量刑建议，法院应当依法进行审查，对于事实清楚，证据确实、充分，指控的罪名准确，量刑建议适当的，法院应当采纳。二是调整量刑建议，具体包括罪名调整和量刑调整。对于检察机关起诉指控的事实清楚，量刑建议适当，但指控的罪名与审理认定的罪名不一致的，法院可以在听取诉讼各方对审理认定罪名的意见后，依法作出裁判。法院认为量刑建议明显不当，或者被告人、辩护人对量刑建议提出异议且有理有据的，法院应当告知检察机关，检察机关可以调整量刑建议。法院认为调整后的量刑建议适当的，应当予以采纳。检察机关不调整量刑建议或者调整量刑建议后仍然明显不当的，法院应当依法作出判决。三是不予采纳量刑建议的情形。当认罪认罚案件存在五种例外情形时，法院应当不予采纳量刑建议并依法作出判决。五种例外情形包括：（1）被告人的行为不构成犯罪或者不应当追究其刑事责任的；（2）被告人违背意愿认罪认罚的；（3）被告人否认指控的犯罪事实的；（4）起诉指控的罪名与审理认定的罪名不一致的；（5）其他可能影响公正审判的情形。

法律条文的规定直接产生了有关认罪认罚案件量刑建议效力的争议。

认罪认罚案件中的量刑建议对法院是否有约束力？笔者认为，认罪认罚案件的量刑建议不同于普通刑事案件的量刑建议，检察机关办理认罪认罚案件时，需要与被追诉人就罪名和量刑进行双向交流，充分听取被追诉人、辩护人或者值班律师的意见，尽量协商一致。如果侧重法律条文规定的"一般应当采纳人民检察院指控的罪名和量刑建议"，那么法院的量刑权似乎受到了制约，检察机关在事实上代替法院决定被追诉人的定罪量刑。对此，有学者指出："关于认罪认罚案件'一般应当采纳'量刑建议的规定以及量刑建议调整程序的规定，以牺牲法官对定罪量刑的中立裁判权为条件，过度保护检察官的主导地位，既不符合关于求刑权与量刑裁判权关系的基本法理，也很容易导致不必要的抗诉和二审，从而违背认罪认罚从宽制度着重追求的效率价值。"① 通过余某某交通肇事案的抗诉理由和上诉理由会发现，法院未采纳量刑建议是检察机关抗诉和被告人上诉的关键动因。一审法院认为："被告人余某某作为一名纪检干部，本应严格要求自己，其明知酒后不能驾车，但仍酒后驾车从海淀区回门头沟区的住所，且在发生交通事故后逃逸，特别是逃逸后擦拭车身血迹，回现场附近观望后仍逃离，意图逃避法律追究，表明其主观恶性较大，判处缓刑不足以惩戒犯罪，因此公诉机关建议判处缓刑的量刑建议，本院不予采纳。"针对一审裁判结果，门头沟区人民检察院认为：本案不属于法定改判情形，一审法院改判属程序违法；一审法院不采纳量刑建议的理由不能成立；余某某符合适用缓刑条件，提出的量刑建议适当。北京市人民检察院第一分院认为余某某符合适用缓刑的条件，门头沟区人民检察院提出的量刑建议适当，一审法院不采纳量刑建议无法定理由。

认罪认罚从宽制度的量刑建议对于及时有效地惩治犯罪、加强人权司法保障、优化司法资源配置、提高刑事诉讼效率、化解社会矛盾纠纷、促

---

① 孙长永：《认罪认罚从宽制度实施中的五个矛盾及其化解》，载《政治与法律》2021 年第 1 期。

进社会和谐稳定等具有重要意义。检察机关因量刑建议未被采纳而提起抗诉启动二审程序，可能背离认罪认罚从宽制度的立法目的，也不利于认罪认罚案件中诉审关系的良性互动。通过量刑建议与量刑权的互动，理解认罪认罚案件的诉审关系，可形成以下几个观点。其一，法院未采纳量刑建议的情形属于少数情形，并不会影响认罪认罚从宽制度的实施效果。2021年度最高人民检察院工作报告中指出，2020 年，全年认罪认罚从宽制度适用率超过85%，量刑建议采纳率接近95%，一审服判率超过95%，高出其他刑事案件21.7 个百分点。① 其二，从诉讼原理看，公诉权是一种求刑权，检察机关提起公诉的目的在于请求法院对被追诉人定罪量刑，审判权才是决定被追诉人定罪量刑的最终权力。因此，量刑建议的适当性仍然要接受司法审查，正如《刑事诉讼法》《认罪认罚从宽制度指导意见》所规定的，未经人民法院依法判决，对任何人都不得确定有罪。只有经过法院审查，确认事实清楚，证据确实充分，指控罪名准确，量刑建议适当时，法院一般才应当采纳量刑建议。其三，认罪认罚案件的量刑建议能够提升程序安定性，为被追诉人提供了可预期的量刑减让，保障被追诉人认罪认罚的自愿性。量刑减让是控辩双方"合意"的关键动力，在不违反罪责刑相适应等基本原则的前提下，法院应当尊重检察机关的量刑建议。基于这种尊重，即使法院最终未采纳量刑建议，也有必要先行通知检察机关调整量刑建议，保障控辩双方参与量刑建议调整，并就未采纳量刑建议进行充分的说理论证。

（二）法律监督与审级监督

刑事二审程序具有纠错和救济的功能，是法律监督和审级监督的重要场域。二审阶段的诉审关系，表现为检察机关法律监督职能与法院审级监督之间的互动关系。就检察机关的法律监督而言，检察机关是宪法

---

① 参见张军：《最高人民检察院工作报告——2021 年 3 月 8 日在第十三届全国人民代表大会第四次会议上》，载《检察日报》2021 年 3 月 16 日，第 2 版。

规定的法律监督机关，刑事抗诉是检察机关履行法律监督职能的重要手段之一。检察机关通过抗诉启动刑事二审程序，纠正错误的一审裁判结果，确保国家法律得到正确实施。《刑事诉讼法》（2018 年修正）第 228条规定："地方各级人民检察院认为本级人民法院第一审的判决、裁定确有错误的时候，应当向上一级人民法院提出抗诉。"《人民检察院刑事诉讼规则》（高检发释字〔2019〕4 号）第 584 条和《最高人民检察院关于印发〈人民检察院刑事抗诉工作指引〉的通知》（高检发诉字〔2018〕2号）第 9 条规定进一步细化了"一审裁定、判决确有错误"的抗诉情形，主要包括：（1）事实认定错误或采信证据错误，导致定罪或者量刑明显不当；（2）适用法律错误；（3）严重违反法定诉讼程序；（4）刑事附带民事诉讼部分裁判明显不当；（5）犯罪嫌疑人、被告人逃匿、死亡案件违法所得的没收程序所作的裁定确有错误；（6）审判人员存在不法行为。就法院的审级监督而言，下级人民法院的审判工作受上级人民法院监督。被告人可以提起上诉请求二审法院启动二审程序，纠正一审裁判结果，审查一审裁判结果的正确性，救济自身权利。法律监督和审级监督都在于监督一审裁判结果的正确性，检察机关履行法律监督职能，提起抗诉以启动二审程序。二审法院出于审级监督的需要，全面审查案件的事实认定问题和法律适用问题，依法作出判决、裁定。

在余某某交通肇事案中，门头沟区人民检察院提出抗诉，认为原判量刑错误，主要理由包括：（1）本案不属于法定改判情形，一审法院改判属程序违法；（2）一审法院不采纳量刑建议的理由不能成立；（3）余某某符合适用缓刑条件，宣告其缓刑对其所居住社区没有重大不良影响，该院提出的量刑建议适当；（4）一审法院对于类似案件曾判处缓刑，对本案被告人判处实刑属"同案不同判"。北京市人民检察院第一分院支持抗诉，认为原判量刑确有错误，原公诉机关提出抗诉正确，建议予以改判，主要理由有：（1）余某某符合适用缓刑的条件；（2）门头沟区人民检察院提出的量刑建议适当，一审法院不采纳量刑建议无法定理由；（3）一审法院曾判处类似案件的被告人缓刑，对本案被告判处实刑属"同案不同判"；
（4）对余某某宣告缓刑更符合诉讼经济原则，也能取得更好的社会效果。
余某某及其辩护人同样要求撤销一审判决，改判适用缓刑。虽然门头沟区
人民检察院、北京市人民检察院第一分院和余某某及其辩护人均要求改判
适用缓刑，但是二审法院经审查后认为抗诉理由和上诉理由均不能成立，
主要理由有：（1）一审法院已建议调整量刑建议，后在门头沟区人民检察
院坚持不调整量刑建议的情况下，依法作出本案判决，审判程序符合《刑
事诉讼法》的有关规定；（2）余某某不符合适用缓刑的条件，门头沟区
人民检察院适用缓刑的量刑建议明显不当，一审法院未采纳该量刑建议
正确合法；（3）对余某某判处实刑符合北京市的类案裁判规则；（4）司
法不能擅自突破法律的规制而一味地强调同情，容易引发社会公众对裁
判本身的质疑。在抗诉理由和上诉理由之外，二审法院还认为，"一审
法院认定余某某具有自首情节并据此对其减轻处罚有误，二审应予纠
正"，"一审法院在已查明余某某交通肇事时系酒后驾驶机动车的情况
下，却未据此在量刑时对余某某予以从重处罚，量刑不当。对此，二审
应予纠正"。

余某某交通肇事案的二审裁判反映了法律监督和审级监督之间的关
系，以及二者如何发挥各自的功能。也就是说，抗诉作为法律监督手段，
是二审程序的启动方式之一；二审裁判的具体内容则是审级监督的结果。
在现行法律框架内，二审法院全面审查案件的事实认定问题和法律适用问
题，不受上诉理由和抗诉理由的制约。因此，二审裁判结果未必都符合抗
诉请求，甚至会加重被告人的刑罚。

（三）审判中心主义与检察机关主导责任

余某某交通肇事案的一审法院、二审法院与检察机关都在论证本机关
决定的正当性、合法性，折射出刑事司法改革背景下司法权力重新配置的
角力。《中共中央关于全面推进依法治国若干重大问题的决定》提出，要
"推进以审判为中心的诉讼制度改革，确保侦查、审查起诉的案件事实证

据经得起法律的检验"。围绕以审判为中心的刑事诉讼制度改革，检察系统提出了要发挥检察机关的诉前主导作用。以审判为中心的刑事诉讼制度改革，可以细分为四个层面的命题。（1）在诉讼阶段层面，审判阶段是刑事司法程序的中心，侦查阶段和审查起诉阶段的证据搜集标准、权利保障标准要向审判阶段看齐。（2）在诉讼构造层面，法庭审判处于控辩审构造的中心，要兼听控辩双方的意见，审查控辩双方提出的事实和证据，最终决定被告人的定罪量刑。（3）在审判方式层面，要推进庭审实质化，法官审理案件要遵循亲历性、中立性、判断性、终局性等司法规律。（4）在审级体制层面，在第一审程序、第二审程序和审判监督程序中，第一审程序最先接触事实和证据，第二审程序和审判监督程序的进行以第一审程序查明的事实为基础和前提。在以审判为中心的刑事诉讼制度改革推进的同时，认罪认罚从宽制度开始进行改革试点。检察机关在办理认罪认罚案件中的职责与诉讼地位越发突出，从刑事案件的诉前主导拓展为认罪认罚案件的全流程主导。2019年度最高人民检察院工作报告中首先提出检察机关在办理认罪认罚案件中应充分发挥主导作用，检察机关在认罪认罚案件中的主导责任体现在六个方面：开展认罪认罚教育转化工作、提出开展认罪认罚教育工作的意见、开展平等沟通协商、提出确定刑量刑建议、积极做好被害方的工作、对案件进行分流把关。① 检察机关办理认罪认罚案件的一系列职权间接决定着案件结果，特别是在审前阶段，检察机关建议案件是否适用速裁程序，要与被追诉人就定罪量刑的内容尽量协商一致，并提出量刑建议，且法院一般应当采纳量刑建议。

　　审判中心主义与检察机关主导责任双线并行，衍生出法院和检察机关之间的紧张关系。一方面，认罪认罚案件的控辩双方已就指控的犯罪事实、量刑达成一致意见，法庭审理环节被简化，法庭的主要审查对象从犯

---

　　① 参见陈国庆：《适用认罪认罚从宽制度的若干问题》（上），载《法制日报》2019年11月27日，第9版。

罪事实与证据，转变为认罪认罚的自愿性和认罪认罚具结书内容的真实性、合法性。《刑诉法解释》第 347 条第 3 款规定："被告人认罪认罚的，可以依照刑事诉讼法第十五条的规定，在程序上从简、实体上从宽处理。"在控辩双方就犯罪事实和量刑问题达成一致意见的前提下，法院基于审判中心主义的要求，要维护定罪量刑在法庭的审判权威，确保诉讼以审判为中心、审判以庭审为中心、庭审以证据为中心。因此，审判部门的实务者就提出："法院对认罪认罚从宽案件的审查，要切实履行司法审判职责，从证据采信、事实认定、定罪量刑、程序操作、各方参与和建议说理等方面进行全面的、实质的审查。"① 另一方面，"'审判中心'与'检察主导'地位之争引发的控审冲突，在一审审判机关未采纳检察机关量刑建议而检察机关提出抗诉时表现得最为明显"②。认罪认罚从宽制度的有效实施需要一种程序安定性，量刑建议为被追诉人提供了超前于审判结果的可预期判断。当法院审查量刑建议后，但未采纳量刑建议时，就会使得原本"确定"的结果变得"不确定"，进而影响到检察机关履行办理认罪认罚案件的主导责任。

　　事实上，认罪认罚从宽制度与审判中心主义并不是非此即彼的对立关系。审判中心主义"揭示了诉讼的本质、审判的本质、庭审的本质，实际上也提出了检察机关应当在庭审中、在刑事诉讼中发挥好主导责任的问题"③。虽然认罪认罚案件简化了庭审中的事实审查，但是检察机关办理认罪认罚案件的主导责任并没有偏离审判中心主义的核心命题。首先，《认罪认罚从宽制度指导意见》规定，侦查机关、检察机关和法院办理认罪认罚案件，要贯彻宽严相济刑事政策，坚持罪责刑相适应原则、证据裁判原则、公检法三机关配合制约原则。据此，侦查机关和检察机关办理认

---

① 胡云腾：《正确把握认罪认罚从宽　保证严格公正高效司法》，载《人民法院报》2019 年 10 月 24 日，第 5 版。

② 韩轶：《认罪认罚案件中的控审冲突及其调和》，载《法商研究》2021 年第 2 期。

③ 张军：《关于检察工作的若干问题》，载《国家检察官学院学报》2019 年第 5 期。

罪认罚案件，仍要对标审判阶段的事实审查标准和证据要求。被追诉人在审前阶段认罪认罚，并不意味着侦查机关和检察机关可以降低证明标准，怠于收集、审查证据。其次，"承认认罪认罚案件应遵循以审判为中心并不是否认检察机关的主导责任，相反，相对于一般案件而言，检察机关的主导责任在此类案件中更加凸显"①。检察机关要按照审判阶段的量刑标准，审慎提出认罪认罚案件的幅度型量刑建议或确定型量刑建议，确保量刑建议一般应当被法院接受。最后，法院仍然具有相当的审判职权，检察机关的主导责任并未影响庭审实质化改革的推进。法院要审查被告人认罪认罚的自愿性，审查认罪认罚具结书内容的真实性、合法性，审查量刑建议是否存在例外情形、是否适当，审查程序适用是否需要转换，才能最终裁断认罪认罚案件被告人的定罪量刑。当案件出现指控罪名与审理认定的罪名不一致、量刑建议明显不当、被告人及其辩护人对量刑建议提出异议等情形时，法院可以听取控辩双方对审理认定罪名的意见并依法作出裁判，告知检察机关调整量刑建议，等等。法院在适用速裁程序审理案件的过程中，发现被告人的行为不构成犯罪或者不应当被追究刑事责任的，被告人违背意愿认罪认罚，或者被告人否认指控的犯罪事实情形时，应当转为普通程序审理。

四、从余某某交通肇事案看认罪认罚案件的二审裁判文书说理

（一）裁判文书说理的必要性及其要求

尽管学界对余某某交通肇事案中的实体法问题和程序法问题见解不一，但是一致认为本案二审裁判文书的说理水平较高。裁判文书释法说理关系到司法裁判的正当性和可接受性，法院充分阐明裁判理由、逐一回应

---

① 汪海燕：《认罪认罚从宽制度中的检察机关主导责任》，载《中国刑事法杂志》2019 年第 6 期。

争议问题后，裁判结果才能为当事人和社会公众所信服。裁判文书说理"不仅要告诉当事人和社会公众，对于特定的纠纷，法院给出的判断是什么，而且要告诉他们，为什么给出了这一判断"①。如果当事人和社会公众无法从裁判文书中回溯法官心证和司法裁判过程，那么裁判结果很有可能无法被当事人和社会公众接受。

在以往的刑事司法实践中，裁判文书说理存在不愿说理、说理不充分、说理用词用语不规范等突出问题。实务者早有感慨："裁判文书的写作是法官的一项基本功，而说理则是法官撰写裁判文书的基石。"② 近年来，最高人民法院先后发布《最高人民法院印发〈关于加强和规范裁判文书释法说理的指导意见〉的通知》（法发〔2018〕10 号，本文以下简称《裁判文书释法说理指导意见》）、《最高人民法院印发〈关于统一法律适用加强类案检索的指导意见（试行）〉的通知》（法发〔2020〕24 号）、《最高人民法院关于完善统一法律适用标准工作机制的意见》（法发〔2020〕35 号）、《最高人民法院印发〈关于深入推进社会主义核心价值观融入裁判文书释法说理的指导意见〉的通知》（法发〔2021〕21 号）等司法解释，以期进一步推进裁判文书释法说理的工作，裁判文书不仅要依法、充分、规范释法说理，还要做到类案同判，将社会主义核心价值观融入裁判文书释法说理。首先，《裁判文书释法说理指导意见》将裁判文书说理的类型分为证据审查判断的说理、事实认定的说理、法律适用的说理和自由裁量的说理，要求裁判文书说理要做到事理、法理、情理和文理相统一。一是要阐明事理，说明裁判所认定的案件事实及其根据和理由；二是要释明法理，说明裁判所依据的法律规范以及适用法律规范的理由；三是要讲明情理，体现法理情相协调，符合社会主流价值观；四是要讲究文

---

① 雷磊：《从"看得见的正义"到"说得出的正义"——基于最高人民法院〈关于加强和规范裁判文书释法说理的指导意见〉的解读与反思》，载《法学》2019 年第 1 期。

② 胡云腾：《论裁判文书的说理》，载《法律适用》2009 年第 3 期。

理，语言规范，表达准确，逻辑清晰，合理运用说理技巧，增强说理效果。其次，裁判文书在援引法律法规、司法解释的规定之外，可以结合指导性案例、立法说明、法理及通行学术观点、公理、情理、经验法则、交易惯例、民间规约、职业伦理等材料，运用历史、体系、比较等法律解释方法，提升裁判结果的正当性和可接受性。最后，裁判文书说理要遵循类案同判的要求，统一法律适用标准，在案件与另一案件的事实和证据相类似的情况下，案件之间的法律适用要尽可能一致。当法律适用结果不一致时，裁判文书要对法律适用和自由裁量进行充分说理。

（二）余某某交通肇事案中的裁判文书说理

《裁判文书释法说理指导意见》第 10 条规定："二审或者再审裁判文书应当针对上诉、抗诉、申请再审的主张和理由强化释法说理。二审或者再审裁判文书认定的事实与一审或者原审不同的，或者认为一审、原审认定事实不清、适用法律错误的，应当在查清事实、纠正法律适用错误的基础上进行有针对性的说理；针对一审或者原审已经详尽阐述理由且诉讼各方无争议或者无新证据、新理由的事项，可以简化释法说理。"余某某交通肇事案中既有程序法争议，也有实体法争议。本案二审裁判文书逐项回应相应争议并说明了理由，为刑事裁判如何说理论证提供了可借鉴的案例。

本案的程序法争议集中在一审裁判未采纳量刑建议，是否属于程序违法。门头沟区人民检察院认为："本案不属于法定改判情形，一审法院改判属程序违法。余某某自愿认罪认罚，并在辩护人的见证下签署具结书，同意该院提出的有期徒刑三年、缓刑四年的量刑建议，且其犯罪情节较轻、认罪悔罪态度好，没有再犯的危险，宣告缓刑对其所居住社区没有重大不良影响，符合缓刑的适用条件，因而该院提出的量刑建议不属于明显不当，不属于量刑畸轻畸重影响公正审判的情形。一审法院在无法定理由情况下予以改判，既不符合刑事诉讼法的规定，也不符合认罪认罚从宽制度的规定和精神，属于程序违法。"二审法院对此专门作出综合评述："本案中，一审法院经审理认为原公诉机关适用缓刑的量刑建议明显不当，并建议调整量刑建议，后在原公诉机关坚持不调整量刑建议的情况下，依法作出本案判决。一审法院的审判程序符合刑事诉讼法的规定，并无违法之处，抗诉机关的该项意见不能成立。"

本案的实体法争议主要集中在余某某的身份能否作为从重处罚的依据？余某某是否符合适用缓刑的条件？在定罪和量刑中同时认定酒后驾车情节和肇事后逃逸情节，是否属于对同一情节的重复评价？是否属于"同案不同判"？在上诉理由和抗诉理由之外，二审法院还对一审裁判的错误之处进行有针对性的说理。

针对余某某的身份问题，门头沟区人民检察院认为："一审法院以余某某系纪检干部为由对其从重处罚没有法律依据。根据中国中铁股份有限公司出具的工作证明，余某某担任该公司总部高级经理，在纪检部门工作，负责撰写领导讲话、工作总结、筹备会议等事宜，不参与纪检案件的办理，不属于纪检干部，且余某某是否具有纪检干部身份与其交通肇事犯罪行为无关，该主体身份并非法律、司法解释规定的法定或酌定从重量刑情节。"二审法院审理后，认为一审裁判结果的认定正确："第一，无论余某某在中国中铁股份有限公司纪检部门具体从事办公室文字工作还是纪检案件办理，其从事的都是纪律检查工作，其本人对自己工作岗位的性质、职责与工作内容非常清楚。一审法院认定余某某系纪检干部并无不当。第二，一审法院的判决理由仅将余某某作为纪检干部未严格要求自己及知法犯法，作为不采纳原公诉机关判处缓刑的量刑建议的理由，而并未作为从重处罚的理由。是否适用缓刑只是刑罚执行方式的选择，而非对刑罚种类或者刑期长短的调整，不存在刑罚孰轻孰重的问题。因此，抗诉机关对一审法院判决理由的理解不能成立。第三，余某某的纪检干部身份与其本次交通肇事犯罪行为本身确实不存在因果关系，但该特殊身份却系评估应否对其适用缓刑的重要考量因素。法院在评估适用刑罚执行方式时，不仅要考虑到个案本身的罪责刑相一致问题，还要考虑到个案判决对社会公众的价值导向问题。就本案而言，余某某作为纪检工作人员，本身应比普通公民更加严格要求自己，更加模范遵守法律法规。法院在评估对余某某是否适用缓刑时，应该充分考虑到本案判决对于社会公众严格遵守道路交通安全法规、高度尊重生命价值、充分信任司法公正的积极正面导向。一审法院将余某某系纪检干部作为对其不适用缓刑的理由之一，并无不当。因此，抗诉机关及辩护人的该项意见不能成立。"

针对余某某是否符合适用缓刑的条件，门头沟区人民检察院认为余某某具有自首、积极赔偿并取得被害人近亲属谅解、自愿认罪认罚等从轻、减轻处罚情节；酒后驾车交通肇事属过失犯罪，在肇事后逃逸但又在数小时后投案自首，主观恶性较小，犯罪情节较轻；认罪悔罪态度好，系偶犯、初犯、过失犯。北京市人民检察院第一分院在支持门头沟区人民检察院的理由之外，还认为对余某某宣告缓刑更符合诉讼经济原则，也能取得更好的社会效果。余某某及其辩护人的意见补充说明一审裁判以余某某身份为纪检干部、在交通肇事后逃逸、意图逃避法律追究、主观恶性较大为由，对其不判处缓刑，没有法律依据。针对门头沟区人民检察院、北京市人民检察院第一分院和余某某及其辩护人的意见，二审法院一一进行评述。首先，本案的现场道路环境、物证痕迹、监控录像等证据反映了案发时的环境条件和余某某自身条件，检察机关、余某某及其辩护人提出的"事故发生时不明知撞人"的意见不能成立。其次，余某某不存在自首情节，一审法院认定余某某具有自首情节并据此对其减轻处罚的意见有误。自首要求犯罪嫌疑人自动投案，并如实交代自己的主要犯罪事实。在交通肇事案件中，主要犯罪事实包括交通事故的具体过程、事故原因及犯罪对象等方面的事实。对于驾驶机动车肇事致人死亡的案件而言，行为人在事故发生时驾车撞击的是人还是物属关键性的主要犯罪事实，应属犯罪嫌疑人投案后必须如实供述的内容。在本案证据反映"余某某明知撞人"这一事实的前提下，余某某始终未供述这一关键事实，属于未能如实供述其主要犯罪事实，故其行为不能被认定为自首。最后，关于对余某某宣告缓刑能否取得更好的社会效果，法院在个案裁判时首先考虑的是本案裁判是否公平公正，能否确保罪责刑相适应，其次要考虑判决的社会价值导向。经济赔偿金额、获得谅解与宣告缓刑之间不存在直接法律关系，赔偿与谅解是裁量刑罚时应该考虑的因素，但不是唯一因素。在法律与情感之间出现冲突并无法兼顾时，司法不能擅自突破法律的规制而一味地强调同情。如果抛开犯罪的事实、性质与具体犯罪情节，而只考虑赔钱、谅解和家庭困难即突破法律明确规定与类案裁判规则作出判决，则容易引发社会公众对裁判本身的质疑。

针对一审裁判在定罪和量刑中同时认定酒后驾车情节和肇事后逃逸情节，是否属于对同一情节的重复评价的问题，门头沟区人民检察院认为交通肇事的逃逸情节属于加重情节，一审法院在事实认定时已将之作为加重的犯罪情节作出了评价，在量刑时不应再作为量刑情节予以从重处罚，否则属于对同一情节的重复评价。余某某的辩护人认为余某某的行为构成一般的交通肇事罪，不属于"交通肇事后逃逸"情形。对此，二审法院运用大篇幅进行评述，内容主要包括以下五点。（1）余某某交通运输肇事后逃逸，该行为构成交通肇事罪的加重犯。一审法院并未将交通运输肇事后逃逸情节二次评价为从重处罚情节，本案中的逃逸行为属于法定的加重情节而非入罪情节，故不存在二次评价的问题。（2）是否适用缓刑并非具体刑罚的裁量，而系刑罚执行方式的选择，一审法院在将交通运输肇事后逃逸评价为法定刑加重情节的同时，再评价为不适用缓刑的理由，并不属于对同一情节的重复评价。（3）余某某酒后驾车并非认定其承担交通事故全部责任的理由，即便不存在酒后驾驶及逃逸行为，余某某也应承担本起交通事故全部责任，且构成交通肇事罪。

（4）一审法院在事实认定时并未将酒后驾车作为加重的量刑情节作出评价，一审法院在裁判理由中仅将余某某酒后驾车情节作为不宜对其适用缓刑的理由评价，余某某系因其具有交通肇事后逃逸情节而非因酒后驾车情节才导致法定刑升格。（5）在交通肇事犯罪中，酒后驾驶机动车辆应属于从重处罚情节，可以增加基准刑。一审法院在已查明余某某交通肇事时系酒后驾驶机动车的情况下，未将酒后驾车作为量刑情节予以评价并据此从重处罚，量刑不当。

针对一审裁判是否存在"同案不同判"的问题，门头沟区人民检察院和北京市人民检察院第一分院认为，一审法院对于类似案件曾判处缓刑，率某交通肇事案与本案案情相似、量刑情节相同、案发时间相近，一审法院作出一例实刑、一例缓刑的判决属"同案不同判"，应予纠正。对此，二审法院认为："第一，本案与率某交通肇事案存在诸多差异。两案虽在酒后驾车、交通肇事致一人死亡、肇事后逃逸及赔偿谅解等方面确有一定的相似性，但也在被告人是否存在救助行为、是否立即逃离现场及是否具有自首情节等方面存在较大差异，因而两案不能构成同案，本案裁判亦不属于同案不同判。第二，法院在对个案裁量刑罚及决定刑罚执行方式时，一般应当与类案裁判规则保持一致。合议庭经检索北京市类案确认，交通肇事逃逸类案件的类案裁判规则是交通肇事致人死亡，负事故全部责任而逃逸的，不适用缓刑；交通运输肇事后逃逸，具有自首、积极赔偿等情节而予以从轻处罚的，慎重适用缓刑。率某交通肇事案只是个案而非类案，具体判决不能代表类案裁判规则。第三，法院在对个案量刑时必须遵守罪责刑相适应原则。本案中，余某某在明知发生交通事故及撞人后逃离事故现场，依法应当在3年以上7年以下有期徒刑的法定刑幅度内量刑。其虽然在案发后积极赔偿并取得被害人亲属谅解，但经济赔偿属其法定义务；其虽然在案发后自动投案，但投案时距离事故发生已近8小时，此时肇事车辆已被查获，现场勘查已经完成，物证痕迹已经提取，因而其投案仅能反映其具有一定的认罪悔罪态度，而对于案件侦破的价值极为有限，亦不具有救治伤者的价值。在不具有自首情节且未考虑酒后驾驶机动车这一从重处罚情节的情况下，本案如比照率某交通肇事案，对其大幅从轻或者减轻处罚并适用缓刑，将与余某某犯罪的事实、犯罪的性质、情节和对于社会的危害程度不相适应。"